# 落ちこぼれ王女は
# 竜の愛されお世話係

JN151852

逢　坂　と　こ

T O K O　O U S A K A

一迅社文庫アイリス

CONTENTS

序章 8
第一章　落ちこぼれ王女、北に向かう 11
第二章　落ちこぼれ王女、竜を育てる 92
第三章　落ちこぼれ王女は考える 158
第四章　落ちこぼれ王女、戦う 199
第五章　落ちこぼれ王女の帰還 237
番外編　ある英雄のこれまでとこれから 267
あとがき 319

Characters
登場人物
紹介
アレクセイ
辺境の聖殿で出会った騎士。
ユリアの乳母の息子と名乗る、
生活能力が皆無のユリアの
世話役兼護衛となった青年。
ユリア
聖ロクレア王国の末姫で第四王女。
兄姉の中でひとりだけ母親が違い、
『落ちこぼれ王女』扱いされている。
唯一豊富な魔力をかわれ
『竜の巫女』となった。
長姉ナターシャを敬愛している。
シエル
聖殿に置かれていた卵から
生まれた聖なる竜。
深緑の鱗に覆われた
蜥蜴に似た姿で、
角と翼がある。
落ちこぼれ王女は
竜の愛され
お世話係

## ナターシャ

ユリアの姉で第一王女。
文武両道で『姫将軍』と呼ばれ、
西の隣国との戦争を
停戦に導いた才媛。
華やかな美女。

## ベルーナ

ユリアの姉で第二王女。
聖竜教の敬虔な信者で、
語学の天才。
控えめで穏やかな清楚系美少女。

## マリー

ユリアの乳母。
ユリアが生まれたときから仕える
母親のような存在。

# Keywords 用語紹介

### 聖竜教

聖ロクレア王国の国教。
竜を信仰対象としている。

### 竜の巫女

王国の北の果てにある『はじまりの聖殿』の守り手。
王家の血を引き、祈りの魔術を使える
金の瞳の女性がその役目を担う。

### 魔術剣士（メイジナイト）

剣による攻撃に魔術を付与し戦う剣士。
魔力が偏って発現した存在で、
基本的には剣術に関連する魔術しか使えない。

### 魔術師（メイガス）

魔術（マギ）を行使する術師。
空間の浄化、回復魔法、火や水を発生させる……
など、その能力は多岐にわたる。

イラストレーション◆鈴ノ助

落ちこぼれ王女は竜の愛されお世話係

Ochikobore Oujo wa Ryuuno Aisare Osewagakari

# 序章

聖殿は光に満ちている。

北の大地の春は短く、夏と呼べる期間は更に短いと聞いている。爽やかな緑の合間を縫い、聖殿の中に入り込んだユリアは、高い窓から差し込む夏の陽の暖かさに頰を緩めた。

洗濯物がよく乾く、心地よい一日になりそうだ。

ユリアはそのまま、聖殿の窓という窓を開け放ち、中の空気を入れ替える。それから部屋の中心に立ち、深呼吸をひとつして、もうすっかり手に馴染んだ儀式をはじめた。

目を閉じて、宙に手をかざす。

ひとつめ、清拭の魔術で聖殿全体を掃き清め、ふたつめ、守護の魔術に綻びができていないことを確認する。部屋をぐるりと見渡して、異常がないことを目視でも確認してから、ユリアは部屋の奥へと向き直り、少しだけ慎重に足を進めた。

聖殿の最奥。降り注ぐ光を集めるような台の上に、丸いものが鎮座している。ユリアが両手でどうにか抱えられるぐらいの大きさのそれは、有り体に言えば、『卵』だった。

本物ではない。つるりとした光沢は大理石のそれで、触れればただひたすらに冷たい。石でできた、大きな卵。

卵を下ろす。卵はそれなりの重さがあるから、この瞬間が一番緊張する。落としたときのことは考えないことにしている。どうにか膝の上に乗せてほっと息を吐き、鞄から清潔な布を取り出す。聖句をゆっくりと唱えながら、表面を丁寧に磨いていく。

――廻る時が満ち、天に祈り満ち、地に愛が満つ。守りは此処に。願いは其処に。約定は永遠に――

繰り返す回数は三度と決められている。磨き上がりに満足したら、仕上げに三つめ、浄化の魔術をかけてしまえば、ユリアの仕事は完了だ。

竜の巫女。

聖ロクレア王国の、北の果て。『はじまり』の名を冠した小さな聖殿で、竜の卵（と言われている石）を日々守って過ごすのが、『竜の巫女』であるユリアに課せられた、たったひとつの役目だった。定められた手順をなぞり終え、ユリアは卵を台へと戻す。無事元の場所に戻った卵を見て一息ついて、さて朝食を、と卵に背を向けた瞬間。

ぴし、と。

ユリア以外誰もいないはずの聖殿に、確かに、小さな音が響いた。

「……ん？」

振り返る。

走る。走る。

聖殿を転がり出て、隣の建物——巫女が生活するための宿舎——に、裏口から転がり込む。

「あ、あ、あ、アレクセイ!!　どうしましょうどうしましょう!!」

中は炊事場になっていて、若い男が一人、パンを器用に切り分けている。朝食の支度だ。大慌てのユリアを見て顔を顰(しか)める。

「なんですか、姫様。朝っぱらから騒がしい」

例の卵、ついに落としましたか？　と面倒そうな声へ、被(かぶ)せ気味にしてユリアは叫んだ。

「生まれました!!!」

「は？」

ユリアが、おっかなびっくり抱えた、手の中の。

ふにゃあ、ふにゃあと、人の赤子によく似た声で鳴いている——それは確かに、竜の子だった。

# 一章　落ちこぼれ王女、北に向かう

ユリア・ロクレアは、聖ロクレア王国の末の姫。人呼んで『落ちこぼれ王女』である。兄が一人、姉が三人いるが、ユリアだけが妾腹(しょうふく)の生まれである。王妃の侍女であったユリアの母親は、ユリアを産んでまもなく他界し、王は、ユリアの存在を隠そうとした。

――が、王族特有の『金の眼(まなこ)』を受け継いだ子を養子に出すことは、王であっても難しかった。そうして、ユリアは、表向きは正妃の娘として、他(ほか)の姉たちと変わらぬ待遇で育てられることとなった。

けれども、ユリアが腹違いであることは、残酷なぐらい明らかだった。

瞳(ひとみ)だけはなるほど同じ色をしていたものの、王族らしい豪奢(ごうしゃ)な金の巻毛、美しい細面を持つ兄姉たちに比べ、母親似のユリアは癖のない黒色の髪、おまけに子どものような丸顔で、まるで貴族然としていない面立ちをしていた。体のほうもまるで育たず、低い背丈に華奢(きゃしゃ)すぎる体躯(たいく)は、十七になった今でも女性らしい丸みとは縁遠いままだ。

そのうえ、優秀な兄姉に比べて、ユリアはとにかく不器用だった。何をやらせても人並み以下で、唯一魔力だけは豊富だったが、それさえ『宝の持ち腐れ』と嘲笑(あざわら)われた。『魔術(マギ)』とはいわば道具であって、人を使う側である王族本人が行使する機会など、儀式用の簡易なものぐらいしかありえないからだ。

国王は、為政者としては申し分なかった。そして、国王一家は、見た目の気高い麗しさもあって、国民からの人気が高かった。

結果として、一般の人々から見たユリアの存在は、『善き王の過ちを知らしめる存在』となり、『我らが誇りである王家に紛れ込んだ異分子』となった。

仕事人間の王は、嫡子はともかくとして娘たちにはそもそも興味がなかった。正妃はおっとりと穏やかなだけの人で、ユリアを殊更に差別することはなかったが、口さがない人々からわざわざ守ってくれることもなかった。

故に、ユリアは、『実の娘だ』などというおためごかしを言われることもなく、己が不貞の子だということも、それが公然の秘密であるということも、物心ついたころから理解していた。

故人となった今では流石に公に口にされることはないが、ユリアの母も、悪女だ妖女だと散々に言われていたらしい（あるいは、その心労が、彼女の命をより短いものにしたのかもしれない――彼女が生きていたほうが良かったのかは、ユリアには判断のつかないことではあったが）。

落ちこぼれ、穀潰し、国の恥。

人々がひっそりと口にするそれらの単語が自分のことを指すと知ったとき、ユリアは、落ち込むよりも先に納得した。誰に何を言われなくとも、ただ横に並んで立つだけで、家族との差は明らかなのだ。誰だってユリアを『王家の一員』と見做したくはないだろうし、ユリア付きの侍女や護衛として働きたいとも思わないだろう。

家族に馴染めず、人々に疎まれ、使用人たちからも軽んじられる。

そんなユリアが、それでも兄姉同様の教育を受け、大事なく王宮で暮らすことができたのは、体面（というより、『金の瞳』が示す王家の血そのもの）を守ることだけはしようとした国王のおかげであり――それ以上に、兄弟の中で最も優れた、一番上の姉のおかげであった。


「せめて、お前が男であればね」

ナターシャ・ロクレア。

聖ロクレア王国の第一王女。『ロクレアの姫将軍』と呼ばれる彼女は、本心から惜しそうに嘆息した。

幼い頃から容貌に秀で、勉学にも武芸にも優れ、数ヶ国語を容易く操り、溢れんばかりの魔力を持っていた長姉ナターシャ。自ら軍を率いて戦い、長く膠着していた西の隣国・ドミナス王国との戦を停戦へと導いたいわば英雄である彼女は、そのうえ人格にも優れ、ユリアの立場をも気遣って、何くれとなく世話を焼いてくれ――ユリアの魔力を惜しんでよくそう言った。

同じ『金の瞳』であっても、ユリアのそれは淡く浮かぶ星の光であって、彼女のそれは苛烈な太陽だ。それほど強い煌めきを放つ大きな瞳に、今は、とても似合わない陰が乗っている。

憂い顔も美しいなと思うユリアの前で、ナターシャはつくづくとため息を吐いた。

「お前が男子であったなら、魔術師(メイガス)として、存分に力を揮えただろうに……」

魔力を持って生まれても、王家の女である以上、それを使う機会はほぼ存在しない。

魔術とは、つまるところ便利な『道具』である。空間を浄化したり、火や水を発生させたり、怪我(けが)を癒したり――その用途は多岐にわたるが、同時に、魔術の行使はあくまで魔術師の仕事だ。身支度すら自分自身で行うことがない、人に『使われる』こともまた当然ありえない身分のものにとって、魔術は必須の素養ではない。

そして、ナターシャの言うとおり、王族であっても男子であれば、政務や軍務に就くのと同様に、宮廷魔術師や従軍魔術師になることもなくはないが、そもそも職を得ることがない女性王族においてはそれも叶(かな)わない。

ナターシャ本人は、女性王族でありながら将軍であり、卓越した魔術師でもある。けれどもそれは稀有(けう)すぎる例だ。魔力以外は凡庸(ぼんよう)な能力しか持ちえないユリアでは、ナターシャのようには生きられない。

わかっている。ユリアの存在は、いずれ婚姻によって王家の益になることができれば御の字で、今の評判ではそれすら怪しい。魔術で身を立てるなど以(もっ)ての外で、ナターシャの役に立つことなどできるわけもない。それでも、わかっていることと納得できることは別だから、ユリアは一応の反論を試みた。

「そりゃあ私は、宮廷で働くことはできないかもしれませんが……軍のほうは、志願してはいけないということはないでしょう？　それこそ姉様なんて、『ロクレアの姫将軍』、ベルジナ砦(とりで)

を守り隣国ドミナスとの間に停戦を成し遂げた、救国の将軍様なんですから」

　ナターシャが長く赴任していた砦――ドミナスとの国境沿いにあるベルジナ砦、防衛の要となるそこには、その周辺一帯を治める辺境伯の預かりであるバルディア騎士団が存在する。ナターシャは一時的にその騎士団の団長の任を得て、砦の防衛に努めていた。

　ユリアも慰問のために幾度か訪れ、『儀式的な用途の魔術』である戦勝の祈りの魔術をパフォーマンス的に行ったことのあるそこで、ナターシャは、まさしく国を救った。隣国との確執にけりをつけ、両国間に平和を齎(もたら)したのだ。自分にも彼女の十分の一でもいいから才があったなら――と願うユリアに、ナターシャは「買いかぶりだよ」と言って笑った。

「確かに、ドミナスと交渉したのは私だけどね。停戦そのものの立役者は、『ベルジナ砦の英雄』だ。お前だって、話ぐらいは聞いているだろう？」

　長年の膠着状態を破った要因が、ナターシャの赴任ともうひとつ――ひとりの『魔術剣士(メイジナイト)』の活躍にあるいうことは、勿論(もちろん)、ユリアの耳にも入っている。彼が『英雄』と呼ばれているということも。けれども。

「その英雄さえ従えたのが、姉様でしょう？　……私も、医療魔術だけでなく、戦闘に関する魔術を学べばよかった。そうすれば、姉様のおそばで、姉様のお役に立てたのに」

「馬鹿(ばか)なことを言うんじゃない。お前の魔術は、十分私の力になったし――こんなに可憐(かれん)な妹を、前線になど送れるものか。行くと言っても許さないよ」

「……私を『可憐』と見てくれるのも、姉様ぐらいのものですけどね」

美しく優秀な姉、国民の誰もが慕い敬う『姫将軍』。

幼い頃から憧れていた、ユリアのことを唯一認めてくれた、愛しい姉姫。二番目と三番目の姉がユリアを避けていたからこそ、ナターシャはユリアを特別可愛がり、ユリアが劣等感を持たないようにと心を砕いてくれていた（ただ、そのナターシャの気遣いは、ユリアの周囲に対してはあまり効果がなかった。使用人たちは、ユリアのようなものを気にかけるナターシャへの尊敬を強めこそすれ、ユリア自身への認識を改めることはついぞなかった。そして、それらすべての軋轢に対処するには、ナターシャは忙しすぎたのだ）。

ともあれ、そうしてユリアを気にかけていてくれたナターシャだからこそ、ユリアを見る眼には曇りが生じる。ナターシャはユリアを過大評価してしまっているし、ナターシャにこうして可愛がられることそのものが、ユリアにとっては過分すぎるのだ。

「……姉様は、私に気を使いすぎです。私のようなものを、王宮で家族として過ごさせてくれるのみならず……」

「おや、おかしなことを言うね。その『金の瞳』に誓って、お前は間違いなく我が妹だが？」

「やりたいことも、学びたいことも、不自由なくやらせてもらって。そのうえ、姉様のような素晴らしい方と、こうして直接お話ができる。十分すぎます。ですから」

「その『素晴らしい方』の話を聞く気はないのかなあ……」

ナターシャはいつでも身内贔屓で大げさにユリアを褒め称えるから、ユリアはすっかり聞き流すのがうまくなっている。それに、ユリアが口にした言葉はすべて、決して謙遜や遠慮ではなかった。

王妃付きの侍女、下級貴族にすぎなかった母の身分を思えば、ユリアが得ているものは、筵の上のようであることを差し引いたとしても、十分以上のものであるのだ。

どんな陰口を叩かれようと、侍女たちから軽く扱われようと、民からの評判が悪かろうと、ユリアが王家の一員であることに変わりはない。衣食住に影響が出ているわけではないどころか、十分な教育を受けさせてもらい、ひとりで公務を行うこともあるぐらいには、きちんと存在を認められている。

だから、誰も悪くない。悪いのは、言われて仕方のないことを、気にする必要のないことを、どうしても気にしてしまうユリアひとりなのだ。わかっているから、ユリアは微笑む。

「ですから、私も……どうにかして、姉様に……皆さんに、恩返しができればいいんですけど」

ナターシャが、処置なしと言いたげに肩を竦める。

そう、ユリアの『恩返しがしたい』は、そのとき、間違いなく本心だった。

ただ、その『恩返し』のときは――ユリアの予想よりはるかに早く、予想外に、やってきたのである。

＊　＊　＊

建国神話に曰(いわ)く。——一人の男と、一匹の竜がいた。

竜は神の使いである。どんな獣よりも巨大で、大きな翼を持ち、紅蓮(ぐれん)の炎を吐き、人間以上の知性を持つ生物だ。男は竜と心を通わせ、その背に乗って、地に蔓延(はびこ)る魔と戦い、戦乱で荒れた土地を平定した。

男は、死に際に、国の行く末を見守るよう竜に願った。

竜は男の願いを叶えた。男の没後、竜は国の危機のたびにその姿を現し、国を平和へと導いてきた。


……と、言われている。


現在では、竜は神話上にのみ存在する生物であり、つまり、実在しなかったという説が大勢を占めている。それでも、聖ロクレア王国の国教であり、国内で最も信仰されているのは竜を信仰対象とした『聖竜教』だ。王都には、数百年前に建てられたと言われる、宮殿並みに立派な聖殿もある。

——本来、『聖竜教』の本拠地たる聖殿は、男と竜が出会ったと言われる、北の果ての地に存在していた。

そこより北は険しい雪山しかない、まさしく『果て』と呼ぶしかない土地は、聖ロクレア王国が広がっていくにつれ、信仰の中心となるにはあまりに不便になっていった。首都は気候の良い南に移転され、それに伴い五代目の王が聖殿の移転を決めて、以来、元の聖殿は『はじまり』の名を冠して、王家の血を引くものが、初代の教えに従いながら、ひっそりと守っていく決まりとなった。

その『はじまりの聖殿』の守り手こそが、『竜の巫女』である。

王家の血を引く証である、『金の瞳』の持ち主であること。祈りの魔術が使えること。女であること。

巫女になるための条件はその三つであり——ユリアは確かに、『竜の巫女』に相応しかった。

おいたわしい、と乳母のマリーは泣いた。

元は母親の同僚だった、ユリアが生まれたときから仕えてくれている、まさしく母親のような存在である。

「『竜の巫女』！　北の果てで、祈りとともに生涯を過ごすだなんて……なぜ、姫様が、そのような役目を負わされねばならないのでしょう……!?」

先代の巫女は隣国からの出戻りで、王族といえど傍系の出であったらしい。なるほど『金の瞳』を持つ『女性』ということだけが条件なのだから、現王家の娘である必要は特にないのだ。

それでも、次代にと選ばれたのはユリアだった。

「なぜって……それは、体の良い厄介払いでしょうねえ」

「姫様！」

王女というものは、意外と扱いが難しい。

ユリアの場合、『落ちこぼれ』の印象が染み付いているから尚更だ。政略結婚に使おうにも、降嫁させようにも、『王家の姫を頂いた』という箔より『他の姫を与えるほどではないと判断された』という印象が先に立つようでは意味がない。高位貴族にはそういう微妙な立場の娘というのが案外存在していて、だいたいは聖竜教に仕える道を選ぶことになる。

だから、ユリアが『巫女』になることは、客観的に見ても妥当と言えた。

「聖竜教会側だって、『落ちこぼれ』を引き受けたくはないでしょうけど……仮にも『王女』となれば十分以上に教会の面目が立ちますし、王家からの支度金も期待できる。王家は王家で、教会への信仰心を民へと示すいい機会になる。ついでに、私の評判も少しはマシになるかも。総じて悪くない選択ですよ」

「ですが！」

「それにね、マリー」

指折り数えるユリアに、マリーが叱責するような声を出す。ユリアはそれを制して笑った。浮かべた微笑みが、強がりでなかったといえば嘘になる。それでもユリアはきちんと笑った。

「私自身にとっても悪くない話だと思いますよ、これは。王宮での、息が詰まるような暮らしには、もう、うんざりしてるんです」

「……それは……」

「多少不便なところであっても、私は魔術が使えますから……何もさせてもらえない今よりも、却って便利になるかもしれないなあって」

ユリアが生まれたときからずっと仕えてくれていた、ほとんど母親代わりだったマリーには、下手な演技に見えたかもしれない。けれどもユリアは、嘘を言っているつもりはなかった。少なくとも、欠片であっても真実はあった。

ユリアはもう、王宮にはいたくなかった。

王宮でのユリアの雑な扱い、魔力があってもろくに使わせてもらえないジレンマ。ユリアの抱える事情すべてを理解しているマリーは、何も言い返せずに口を閉ざす。それを見て、ユリアは「そうだ」と、何でもないことのように付け加えた。

「それから、付き人なんですけど……新しく、教会側から出していただくようにお願いしました。私についてきたい侍女なんていないでしょうし、小さいとはいえ聖地ですからね。色々作法もあるかもしれませんから」

「！　姫様、せめて私を」

「え？　貴方は一番駄目ですよ、マリー。娘さん、そろそろ産み月だって、私、ちゃあんと聞きましたから」

王宮勤めは、若い女性にとっては箔付けや婚活の意味合いもある。偶然王女付きになっただけの未婚の侍女たちが、僻地にまで着いていかされるのは、あまりに運がないというものだ。

そして、唯一ユリアについてきたがってくれるマリーは、ユリアにとっては『母親のよう』だが、もちろん本物の母親ではない。

マリーには、ユリアではない、愛すべき四人の実子がいる。ユリアを優先しろと言えるわけがない。

「だから、心配しないで」

手紙を書くから。

先手を打って笑ったユリアに、マリーが言葉を失うのがわかる。

嘘はついていない。何ひとつ。そう、確かにユリアはその時、自分が置かれた状況を、『悪くない』と思っていたのだ。


その数日後。

ユリアは聖竜教会からの呼び出しを受け、王都にある大聖殿を訪れていた。

王都の中心部、王城の敷地と接した位置にあるそれは、王城と比肩するほどに立派な建物である。輝かんばかりの白さの外壁と、精巧な装飾が施された大きな扉。そして何より特徴的なのは——通るものすべてを見下ろすように扉の上に鎮座している、大きな『竜』の像だった。

実在の生物のなかではおそらく蜥蜴(とかげ)が一番近く、首が長く、蝙蝠(こうもり)のような形の翼がついている——ユリアはこの姿を見るたびに、絶対に空を飛べなそうな見た目をしているなと思う。鳥の体と翼との比率に比して、あまりにその胴体が大きく、翼が小さく見えるのだ。この歪(いびつ)さが

『竜』の非実在性をより強く感じさせるのかもしれない、と、その『竜』を信仰の総本山である大聖殿で行うには不敬すぎる思考を巡らせながら門をくぐると、出迎えた神官により貴賓室へと案内された。

「大神官様の予定が立て込んでおり……申し訳ありませんが、こちらでお待ちいただけますか」

「はい。姫様は、この後の予定はありませんので」

　これほどの建物を本拠とし、国教にも指定されている宗教の最高位に位置する大神官であれば、王女を待たせることも可能というわけか。ユリアは元々さほど尊重されていないから、待たされるのにも慣れてはいるが。侍女とともに貴賓室に足を踏み入れたユリアは、そこに先客がいることに気づいて僅(わず)かに眉(まゆ)を寄せた。

「……ベルーナ姉様？」

「あら。ユリア？」

　テーブルの上には、ティーセットと菓子とが供されている。その周りで和やかに談笑していたのは、ユリアの二番目の姉であるベルーナと、その友人の貴族令嬢たちだった。

　ベルーナは、『王女』の理想をその身に体現したような、美しく可憐な姫君である。

　金の髪と瞳はナターシャのものよりは薄い色で、唇と頬(ほお)は淡い薔薇(ばら)色。全体的に小作りな美しい面立ちが、すらりとした肢体の上に乗っている。博識で語学に優れ、立ち居振る舞いはこれ以上なく優美で、海外からの賓客は皆彼女に魅了されて帰国すると言われる――ナターシャとは別の意味で、ベルーナは『完璧(かんぺき)な姫君』だった。魔力こそ少なく、魔術の素養もほとんどないが、それは、彼女にとっては、ひとつの瑕疵にもなりはしない。

　そして彼女は、ユリアにとって、家族の中で最も苦手な存在だった。

「……ご無沙汰しております」

「そうね」

にこり、と、穏やかに微笑んでユリアを見る顔には、一切の——親しみも侮蔑も、本当に、一切の感情が存在しない。その証拠のように、視線はすぐに逸らされて、ユリアの存在はベルーナの中から掻き消される。

　その虚無感——存在しないものとして扱われている、という感覚こそ、ユリアがベルーナを最も苦手とする理由であった。ユリアがおずおずと席に座り、ベルーナがティーカップに口をつけると、それを合図にするように、取り巻きの令嬢たちが口を開く。

「ユリア様と聖殿で会うのは、はじめての気がいたしますわね」

「言われてみれば、礼拝などでもお見かけしたことはないような……。今日は、何かご用事ですの？」

　ベルーナは兄姉の中で最も信心深く（ベルーナのユリアへの冷淡な態度の原因を、ユリアは、その信心深さに由来するものと推測していた——聖竜教は婚外交渉を禁じているので）、そんな彼女の友人たちもまた同様である。今日も、恐らくは、寄付や慈善事業についての打ち合わせ、あるいは神官による説諭を聞くために聖殿を訪れていたのだろう。

　つまりは、この一見にこやかに聞こえる声掛けに、『この不信心ものが』の揶揄が含まれていることは間違いがない。ユリアは引きつった笑顔とともに、ただ過不足ない事実で答えた。

「『竜の巫女』について話があるとのことで、大神官様と接見の予定が……」

ちらり、と、ベルーナがユリアを一瞥する。それに応えるように、他の令嬢が口を開いた。

「ああ、そういえば、ユリア様は次の『竜の巫女』に内定されたんでしたわね」

「『はじまりの聖殿』……たしか、ディエタにあるのでしたっけ？」

「初代の王と聖竜様とが出会った場所なのですよね。一度は訪れてみたいのですが……」

「ディエタは北の果てでしょう？　遠すぎますわ。なにもないといいますし」

「あら。いくら辺境も辺境だからといって、なにもない、は言いすぎですわ！　ユリア様が不安になられるでしょう？」

「そもそも、『竜の巫女』以外は、聖殿への立ち入りが禁じられているんでしょう？」

「らしいですわね。だから、一度任についた『竜の巫女』は、解任までその地を離れることもできないのだとか……」

ユリアが口を挟む間など少しもないままに、流れるように会話は進んでいく。ベルーナは何も言わず、頷きながら会話を聞いている。令嬢たちはちらりとユリアを見て、「……まあ」と、見た目はあくまでも朗らかに、ひとつの他意もなさそうに微笑んで言った。

「それほど大事なお役目に任じられるなんて！　流石ですわねえ、ユリア様は」

「そうね」

ベルーナがはじめて、同意という形の反応を示して微笑んだ。

「ユリアの才あってのことでしょう。誇らしいわ」

どれほど美しく微笑んでいたって、『誇らしい』だなんて思っていないことはあまりに明らかだった。——なにせ、辺境と言って差し支えない場所に位置する教会の、ユリアの前は、他国からの出戻りの、少し魔術が使えるだけの女性が務めていたような『巫女』の仕事だ。『大事な役目』であるわけがないことなど、ベルーナも他の令嬢たちも、当たり前に承知している。名ばかりも名ばかり、名誉職とも言えないような仕事で——そのうえおそらく、二度と、華やかな都に戻ることもない。

若い娘には過酷な、ほとんど島流しのような任務である。令嬢たちの目に浮かぶ同情にも、薄暗い喜悦にも気づかぬふりをして、ユリアもまた微笑みを貼り付けて応じた。

「ありがとうございます。私のようなものに務まるといいのですが……」

「でも、あのあたりは今は雪でしょう？　出立はいつのご予定で？」

令嬢たちは、ユリアの言葉など聞いているようで聞いていないから、問いは脈絡なく飛んでくる。わかっているので、ユリアはただ問いへの回答に努めた。

「雪解けを待ってと聞いています。恐らくは、春先になるのではないかと」

「そうなのですか。となると、バルディア騎士団の皆様とは、入れ違いになるのでしょうか？」

「……バルディア騎士団？」

西のベルジナ砦を本拠とする、ナターシャが一時的に率いている騎士団。彼らが王都に来る、いわば『凱旋』するということだろうか？　先日ナターシャに会ったときはなにも言っていなかったけれど、と、ユリアが困惑したのがわかったのだろう、ベルーナが説明を促すようにその令嬢へと視線を向ける。令嬢は、「あら」と困ったように口元を押さえた。

「すみません、まだ正式なお話ではなかったかしら？　下の兄が所属しているものですから」

「私も聞きましたわ。ベルジナ砦の防衛に尽力した功を労して、特に活躍のあった騎士様方に、報奨が授けられるのだとか。慰労のため、舞踏会なども開かれるのですよね」

「デュバル家の方々――かの『ベルジナ砦の英雄』もいらっしゃるのでしょうか？」

　きらり、と、令嬢たちの目が光るのが傍目にもわかる。

　デュバル家はベルジナ砦を含む西の一帯を治める辺境伯であり、バルディア騎士団の団長職を代々受け継いでいる一族でもある。ここに集う令嬢たちは、王女であるベルーナが個人的に付き合うほどの家格の持ち主だが――そんな彼女たちですら色めき立つような魅力が、『英雄』の二つ名に、あるいは『デュバル家』の名前には存在するのだ。

「当然でしょう？　あのナターシャ様が、此度の停戦は彼の功だと認めているんですもの。……なんでも、その剣によって数十人の敵兵を一掃し、幾度となく戦況を塗り替えたとか」

「デュバル家のご長男で、まだお若いんですよね」

　どんなお方なのでしょう、と発された言葉に、僅かな期待が籠もっている。

　若き英雄、身分も高い、と言われれば、自然その容姿にも夢を見るのが乙女心というものだ。

　先程『兄が騎士団所属である』と言っていた令嬢に視線が集まり、令嬢は少しばかり得意げに

「そうですわね……」と勿体ぶった。

「お兄様から聞いた話ですけれど……普段はとても戦場に立つようには見えない、穏やかで、物腰柔らかな方だそうですよ。顔立ちも、ちっとも無骨なところはなくて、近衛に交じっていても気づかれないだろうと」

「まあ！　近衛の騎士様方に？　うつくしい方ですのね……！」

近衛隊は、王城の守備などを務めるのみならず、儀式やパレードに参加することもある。故に、採用条件に見た目が含まれていると言われるほど容姿端麗な騎士が多いのだ。それに比肩しうるとはなかなかだ、と、令嬢たちがますます色めき立つ。

「性格は控えめで、目立つのをあまり好まれず、普段はひとりで武具の手入れなどをなさっていることも多いとか……それなのにひとたび戦場に出れば、百戦錬磨の騎士たちを堂々と従え、その剣に宿した魔術で岩をも砕くのですって！」

まあ、と感嘆する令嬢の隣で、『何が起きれば戦場で岩を砕くようなことになるのだろう』とユリアは思ったが、勿論口には出さなかった。これから『竜の巫女』になり、生涯を男子禁制の地で過ごすことが確定したユリアにとっては、別世界も別世界の話である……と思っていたら、「そういえば」と、今までただ話を聞いていただけのベルーナに、突然、水を向けられた。

「ユリアは、ベルジナ砦に行っていたでしょう。会ったことはないの？」

「えっ」

ベルーナは、ユリアがベルジナ砦への慰問の任についていることを知っていたのか。知らなかったらしい令嬢たちが驚いた顔をしているのを横目に、ユリアは慌てて首を横に振った。

「行ったと言っても、戦勝祈願の儀式をしに行っただけですので……デュバル家のご当主様にご挨拶(あいさつ)はしましたが、ご長男は戦場に出られていていつも不在で……」

他に、救護室の手伝いをさせてもらったときに、数名の騎士と顔を合わせてはいる——が、そのときは、相手の顔と名前を気にするような余裕がユリアになかった。ので、ベルジナ砦に行ったは行ったが、バルディア騎士団との接点が多いとは言いづらいのだ。

ただ。

『英雄』の話は、ユリアも、聞いたことがあった。——あったことを、今、思い出した。

救護室の中。誰もが慌ただしく立ち歩いていて、初級の医療魔術しか使えないユリアは、処置が完了した兵士に回復補助の魔術をかける係をしていた。そのときに——ひとりの兵士が、譫言(うわごと)のように『恐ろしい』と言った。『何がですか』とユリアは尋ねた。ここにはもう恐ろしいものはないのだと、そう伝えたくて、兵士の枕元にしゃがみ込んだ。

高熱に浮かされた目で兵士は言った。

『あの人が怖い。——英雄。彼は、確かに英雄だ……』

——英雄とはつまり、誰よりも効率良く、たくさん、人を屠(ほふ)ったものの呼び名だ。

兵士はそう言って、そのまま、気絶に近く眠りに落ちた。

耳にその言葉がこびりつき、ユリアはしばらくその場に凍りついていた。

人を屠る。

戦場なのだ、と、その時思った。


ここは戦場だ。そして、英雄とは――……


「……おそらく、その方とは、一度も顔を合わせていないと思います」

思い出したが――口から出たのは、当たり障りのない事実だけになった。そもそも、見たことがあるなどと口に出したなら、『落ちこぼれのくせに立場を利用して』などと反感を買うことは目に見えている。令嬢たちの顔に生温い同情と納得とが広がるのを感じて目を伏せるユリアに、ベルーナはなにも気づいていないふうに「そうなの」と頷いた。

「まあ、それほど功績を挙げておられる方ですもの。前線にいる時間が長かったのでしょうね」

辺境伯の長男であっても、前線に居続けることを求められる。魔術剣士とは、それほどの強さと戦術的価値を持つ、あらゆる兵器よりも強い存在なのである。ベルーナはひとりで納得し、それから、変わらぬ微笑みとともに言った。

「騎士様方がいらっしゃるのは、早月の予定と聞いています。ユリアの出立は、それよりは早くなりそうということかしら。残念ね」

ベルーナの言葉に、ユリアは表向き「はい」と頷いた。――とはいえ、自分には関係ない話だ、という思いのほうがやはり強かった。令嬢たちは「本当に」「騎士様方の勇姿が見られれば、ユリア様にとっても、都での最後の思い出になったでしょうに……」などと、そろそろ嘲(あざけ)りの本音を隠せなくなってきている会話をしているが、それもまるで気にならなかった。

ユリアはこれから、『竜の巫女』になる。それは、世俗の一切から断絶され、ある意味では解放されるということだ。

そんなユリアにとって――『英雄』など、誰よりも遠い存在であるはずだった。

＊　＊　＊

そうしてユリアは北への旅路についた。ついたのだが――その道中が、そもそも、若干おかしかった。

まず、人数が少なかった。王都の聖殿で大々的に行われた任命式の後、派手な聖衣から一転質素な旅装に着替えさせられ押し込められた馬車に乗っていたのは、なんとユリアひとりきりだった。ユリアの世話は侍女や修道女ではなく、そもそも少ない護衛騎士のうち二人、近衛に所属しているという女性騎士が交互に担当した。同行する魔術師も一人しかいなかったため、獣避(よ)けなど道中で必要な魔術については、ユリアも交代で行うように請願された。道中は市井の宿に泊まって、領主に迎えられることさえなかった。

いや、おかしなことではない、と、その時のユリアは考え直した。

付き人となる修道女は教会からの派遣なのだから、近隣の聖殿から別日程で向かっているのかもしれない。魔術については、聖殿について以降はどちらにせよ使用することになるものばかりだ。腕慣らしと思えばちょうどいい。王族の姫ではなく巫女としての道中であれば、普通の宿に泊まることも、領主による歓待が行われないのもありうる話だ。

そういうふうに、すべての違和感に理由をつけて、問題ないと自分に言い聞かせ続けた。

どんなに異常を感じても、『間違っていない、何も問題はない』と思っていたい。そういう心理が人間にはある。

結果として、すべてが手遅れになる。

「それでは、我々はここで」

ユリアひとりを聖殿の前に下ろし、馬車に積まれた荷を宿舎らしき建物の中に移し終え――慇懃無礼に頭を下げた護衛兵たちが、当然のように立ち去っていく。その後ろ姿を、ユリアは呆然と見送った。

そして、恐る恐る、振り返る。

古びた……明らかに年季が入っているとわかる（支度金で補修が行われるという話だったはずなのに？）……建物は静まり返り、人のいる気配は微塵も感じ取れない。

……もしかして。

…………えっ？　本当に？

「入らないんですか？」

「ひゃあっ⁉」

人がいた⁉

斜め上から降ってきた声にびくっと顔を上げると、いつの間にか、背後に、ひとりの男が立っていた。

上から、と感じたのは、その男の背が随分と高かったかららしい。先程いなくなった兵たちと同じ制服を着ているから、護衛兵のうちのひとりだろうか？　全く気づかなかった。とはいえ、ユリアは彼らと言葉を交わすことはなかったので、彼が本当にそのうちのひとりなのか、そうだったとしても誰であるのかはわからなかった。

戻ってきたのだろうか。ひとりで？

「あ、あの……？」

どうしよう。何から聞いていいのかわからない。途方に暮れ、視線を向けて——やっとしっかりと男の風貌（ふうぼう）を視界に収め、ユリアは、僅かに目を見張った。

整っている、と言って差し支えない、端正な面立ちをした男だった。

歳（とし）はユリアよりは当然上、二十代半ばといったところだろうか。明るい茶色の柔らかそうな髪と、榛（はしばみ）色の垂れ気味の目。薄い唇は緩く弧を描き、垂れ目と相俟って、見るものに柔らかく優しげな印象を与える顔立ちだ。

近衛の隊服、きっちりとした紫紺のそれが少し浮いているように見えるのは、その柔らかすぎる印象のせいか、小柄なユリアからすると見上げるのに苦労するほどの長身のせいか——あるいは、彼の立ち姿から受ける印象が、ユリアが王宮で接してきた『近衛兵』のものとはどこか違った緊張感を帯びているせいだろうか。ユリアがまじまじと見る間、男はユリアから目を逸らすことはなく——その瞳が、『優しい』というようにしてもあまりに柔らかであるように思えて、ユリアは知らずどきりとした。

知らない顔、の、はずだ。少なくとも王宮で見たことはない。言葉を失ったまま立ち尽くすユリアを見て、男は、少し困ったように眉を下げた。

「その様子じゃあ、本当に知らなかったんですねえ……」

「……え?」

まるでわかっていないユリアの反応に、男が、深々とため息を吐く。どうしよう。どうやら、呆(あき)れられている。戸惑い狼狽(うろた)えるユリアに、男は一から説明をはじめた。

「姫様に支払われた金は、教会が、そのまま懐に入れました。付き人も護衛も、姫様自身が拒否したことになってます」

「……へ?」

「画策したのはベルーナ様で、神官どもは、小金欲しさに話に乗った」

「ベルーナ……姉様が? え? なんでですか?」

大聖殿で顔を合わせたとき、ベルーナは、良くも悪くもいつもと変わりない態度だった。ユリアの巫女就任を表面上は祝福し、令嬢たちのようにわかりやすく嘲りや当て擦りをすることはなくとも、それを窘めることもない。ユリアのことなど歯牙にもかけない、身内というより『知り合い』の態度だ。だからユリアは、いつものとおり、ベルーナの大きな瞳、その視界に入ってさえいないのだろうと感じていたのだが。

「理由までは知りませんよ」

「ええー……いや、それにしたって、ひとり置いていくなんて無理がありませんか!? 王女ですよ？　いや王女じゃなくても若い女ひとりですよ!?」

「うーん……おっしゃるとおりのはずなんですけどねえ……」

あまりの状況に、流石に声が高くなる。ユリアの糾弾を受けた男は、真面目くさった顔をして、考えるみたいに腕を組んだ。

「教会じゃあ、ちょっとした魔術が使える神官が、ひとりで地方に派遣されるなんて話はザラですからね」

「過酷な職場すぎませんか？」

「そうですすよ？」

「ていうか、さっきさらっと、『そのまま懐に』とか『小金欲しさに』とか言いませんでした？　流石に腐敗しすぎでは!?」

「知らなかったんですか？」

そんな『子どもでも知ってますけど』みたいな声で言わないでほしい。ユリアとて王族の端くれとして、教会自体には何度も訪問しているけれど、そんな素振りを感じたことはなかっ……いや今思えば、ユリアが巫女に任じられた大聖殿の建物も、神官たちの服装もなにもかも、だいぶ豪華であるなとは思っていた。王宮育ちのユリアが思うのだから、よく考えれば相当だ。

「それで、まあ、姫様は魔術の才だけは有名ですし」

「今ちょっと『だけ』を強調しませんでした？」

「それにほら、人間嫌いで通ってますし。だから周りもまあ、ありうる話だと思ったのでは？」

「人間嫌い……？」

「違うんですか？」

「初耳です」

陰口を聞くのも嫌になり、近頃は噂話の類の一切を耳に入れないようにしていたから、『不出来』と『庶出』ベース以外に陰口のバリエーションが増えていたとは知らなかった。抗議の声につい力が入るユリアに、男が不思議そうに首を傾げる。

「公式行事のとき以外姿を見せず、侍女は基本部屋から下がらせて、公務で外出するときも誰とも喋らず、今回の道中も必要最低限の会話しかしてないみたいでしたけど……？」

「事実陳列罪！　いや違います、それは嫌いだからじゃなくてですね……！」

ごくごく素朴な口調で問いかけられて、ユリアは慌てて言い訳をした。

人間嫌い。

ユリアの側に『嫌い』という意識はなかったが、そうやって並べられてみれば、確かにユリアは人を避けすぎていた。でも、違うのだ。

周りからはそう見えたとしても、ユリアからしてみれば、違うのだ。

「……だって」

「だって？」

「みんな、嫌でしょう。私がいるのが。だから……」

嫌い、なのは、ユリアの側ではない。相手の側だ。そう抗弁するユリアに、男は「なるほど」とだけ言って、はん、と小さく鼻で笑った。

最初に『優しげ』だなんて思ったのが悔しくなるような、人を小馬鹿にするような笑い方だった。『苦労知らずのオヒメサマがなにか言っている』と思われたのだろうな、と思ったけれど、自分がどれだけ嫌われているのか――なんてことをわざわざ説明するのも嫌で口を噤む。

それから、ユリアははたと顔を上げた。

「と、いうか」

それ以前の話だ。

「待ってください。そもそも、貴方は誰なんですか？」

なぜこんなにも好き勝手言われ、ユリアの側が言い訳する羽目になっているのか。今更男に尋ねたユリアに、男は『やっと気づいたのか』とでも言いたげな、やっぱり人を馬鹿にしているみたいな顔をしてから、胸に片手を当てる騎士の礼をとった。

なにせそもそもの見目がいい。動きも、文句がつけられないぐらいには洗練されている。つまり当たり前に様になっている――それが癪だ、と、ユリアは思った。

「アレクセイ、と、申します。アレクとでも呼んでください。……アレクセイ・リズと言えば伝わりますかね」

知らないはずがなかった。乳母の――マリーの姓だ。

「マリーの関係者、ということですか？　そういえば、末の息子が騎士になったと、マリーが喜んでいたような」

「ご存じでしたか。元々は近衛ではなくて、バルディア騎士団に……ベルジナ砦に所属していたんですが」

「ベルジナ砦に？」

ならば、顔を合わせたことがあるのだろうか。記憶にないだけで？

「姫様がこういう状況に置かれるらしい、と、噂で知った母に、どうにかしてくれと泣きつかれましてね」

「えっ」

「といっても、俺にはどうしようもないことですし。上が『無理』っていったら母も諦めてくれるだろうと、一応上司に相談だけしてみたらですね……なんと、『今からじゃあ教会に働きかけるのは無理、だがお前一人を護衛にねじ込むぐらいならできる』とか言われてしまいまして」

「そんな適当な!?　というか、貴方ひとりがですか!?」

「いや、もうひとり。付き人として、下の姉を連れてくるつもりだったんですが……運悪く、流行病に倒れまして」

マリーの家には、上の娘が里帰り中ではなかったか。

「ああ、勿論、家族からはすぐ隔離して、幸い後遺症もなく治りましたし、上の姉の出産のほうも、無事に済んだと聞いてます。……が、長旅となると流石に厳しい。ことがことですから、代わりの人間の手配も難しい。というわけで、とりあえず俺だけが潜りこ……えーと、派遣されてきたわけです」

「なるほど……」

ここが北の果てであること。期間が不明であること。ベルーナと教会の意向に背くこと。諸々を考えあわせると、事情を知らない人間にはとても依頼できない、そもそも誰も引き受けてくれそうにない仕事である。ありえない流れではない、と、ユリアは思った。

「えーと……話は、はい、わかりました。では、アレクセイ」

「アレクでいいですよ」

「帰ってもらって結構です」

ユリアはにこりと笑みを作った。

「よく考えたら、『人間嫌い』、言い得て妙ですね。他人の目にうんざりしてここに来たようなものなので、ひとりきりなのは寧ろありがたいことです。必要な物資は元々村から届けてもらえる予定でしたし、だいたいのことは魔術でなんとかなります」

「なんとか?」

「なります」

わかりやすく疑われていたので、ユリアはわかりやすく胸を張った。なにせ魔術の才『だけ』は有名なので。

「ですから、貴方は不要です」

「不要ですか……」

ばっさり言いますねえ、と、特に驚いた様子も見せずにアレクセイは言った。垂れ目のせいか下がり気味の眉のせいか、何を言っていてもどこか困ったような顔に見えるなと思う。そうしてその優しげな困り顔で、子どもの我儘（わがまま）を宥（なだ）めるみたいにアレクセイは言った。

「そう言われましてもねえ……。いやまあ、俺としても、姫様の意向は汲（く）んであげたいとこなんですけど、今帰っても母に叩き返されることは目に見えてるんで」

叩き……返すかもしれない。マリーなら。

「ま、俺としても、姫様がひとりで大丈夫ってんならそれでいいんです。ここでのんびりしてればいいなら、砦でピリピリするよりよっぽど楽な仕事だ。停戦も成って、今は大分平穏になりましたけど……それでも、戦場はもうこりごりなんでね」

そう言って肩を竦めるアレクセイは、騎士にしては、あまりに軽薄であるように思えた。

だから、ユリアはふと納得した。なるほど彼は、ユリアのことを案じているというより、ただ、戦場に戻りたくないのだ。いくら和平が成立したとはいえ、すべての蟠（わだかま）りが溶けたわけではない。だから、いつ戦場に逆戻りしてもおかしくない場所にいるのが——戦場に行くのが、嫌なのだ。だとしたら、こんな辺境にいたいというのも頷ける。

ユリアは更に妄想する。彼は、その上司とやらにも、持て余されて放り出されたのかもしれない。マリーには申し訳ないけれど、彼はきっと、兵士としての実力がないのだろう。やる気のない兵士が交じっていると士気が下がって困る——と、かつてナターシャも言っていた気がするし。そんな考えを肯定するみたいに、アレクセイはやっぱり軽薄に見える顔で笑った。

「ま、姫様が嫌ってんなら、なるべく顔は見せないようにしますし」

「見せないように、って、どうやって」

「ほら、あっちにもう一個建物があるでしょう。多分あれ、男が万が一宿泊するのに備えてのものですから」

アレクセイが指したほうに視線を向けると、聖殿に付随する宿舎より、更にひとまわり小さく簡素に見える建物が、ひっそりとした風情で存在している。最寄りの村からここまでは片道一時間半、通いでは無理な用件に備えた簡易宿泊施設といったところか。

「そう、『万が一』、必要になったら呼んでください。それでいいでしょう？」

アレクセイが、小馬鹿にする調子を隠さずに言う。ユリアはあっさりと挑発されて怒鳴った。

「ひ、必要にはなりません！　から！」

「はいはい」

今後に対する不安を振り払いたくて大きな声を出す、そんなユリアを見透かしているみたいに、ちっとも信じていない顔でアレクセイは笑う。ユリアは奮然とアレクセイに背を向けて、勢い任せに宿舎へと入った。

——そして、十分後。

「……あの……」

控えめな音とともに、古く薄い木の扉を叩く。扉はすぐに開けられる——まるで、呼ばれることを予期していたみたいに。

「はい？」

「服の脱ぎ方が……わからなくて……」

アレクセイは咄嗟に口元を押さえたけれど、その口角が僅かに上がったのをユリアは見逃さなかったし、なにより、噴き出す音が抑えきれていなかった。

屈辱的だ。けれども、笑われて当然とも言える。

そもそも、高貴な女性が着る服というものは、ひとりでの着脱など考慮されていない——考慮されていないということに、ユリアは今日、はじめて気づいた。なにせ旅の間中もずっと、女性騎士二人が身支度を手伝ってくれていたからだ。

構造はわかる。後ろにたくさんつけられたボタン。中の下着は、締め付けた後に後ろできつく結ばれている。

そのどれもが、自分では、到底手が届かなかったのだ。

「……すみません。ちょっと……待ってくださいね……」

アレクセイは手のひらで口元を覆ったまま、ユリアを見ないように顔を背けている。どうやら、笑いが収まらないらしい。『それ見たことか』と嘲笑われなかっただけよしとすべきなのか、こちらの反応のほうがひどいと思うべきなのか。わからないなと思いながら、ユリアは黙って耐え忍んだ。

「はー……いやー裏切らないな……はい、すみません、もう大丈夫なんで。外せばいいですか？」

「……はい」

そうして落ち着いてからは、仮にも王女、でなくとも年頃の女相手だというのに、微塵も緊張する様子なく背中のボタンを外していく。そんなアレクセイのあまりにも平然とした態度に、ユリアはなんだか一層惨めにさせられた。いっそ泣きたいような気持ちを振り払うため、ユリアは早口でまくし立てる。

「そ、備え付けの！　修道女用の服は！　ひとりで着られそうなものだったので！　今回だけですから!!」

「はいはい」

わかってますよ、と、アレクセイはあしらうように軽く笑う。子ども扱いだ。なるほどユリアはあらゆるところが小さい作りで、女には見えなくて、だから平気だとでも言うのだろうか。

けれども、ユリアはもう十七だ。子どもとは言えない。

だから思う。

あの、ユリアに過保護なマリーが——本当に、やむをえない事態とはいえ、そして自分の息子であるとはいえ、男ひとりをユリアのもとに行かせることを決めるだろうか？

そのとき確かに浮かんだはずの疑惑は、ユリアの服を脱がせるアレクセイの慣れすぎた手付きで深まりはしたものの——現実としてどう対処するのが正解なのかがわからない、という、消極的理由で放置された。

そうしてユリアは、若干の自暴自棄とともに、アレクセイとふたりきりの辺境ぐらしを受け入れることにしたのである。

＊＊＊

荷車から、積荷が降ろされる。

ユリアたちがこの聖殿にやってきてから、人がやってくるのはこれが二度目だった。一度目はやたらと仰々しく着飾った男が『領主の使いだ』と言ってやってきて、ユリアの趣味にはまるで合わない宝石や服を差し出してきたので、アレクセイに頼んで丁重に引き取ってもらった。

聖殿の周辺は王家の直轄地だが、聖殿を含んだ一帯の管理そのものは、近隣の領主へと委託されている。使者はその領主から前任の巫女へ賄賂（わいろ）が贈られていたということを表しており、教会に引き続き国内の腐敗を見せつけられる形となったユリアは、一王女として胸を痛めた。
ともあれ、最低限、教会側が手配した食料その他の日用品は、問題なく届けてもらえるらしい。僥倖である。無事届いたはじめての支給品（これまでは、元々貯蔵庫にあった備蓄品を使用して日々を賄っていた）を、アレクセイがリストと照らし合わせ、配達人にてきぱきと指示を出し、追加するもの、次回以降は不要なものなどを切り分けていく――その様子を、ユリアはただ呆然と見た。

「……これ」

なにかが、大きな麻袋に入っている。茶色く丸いもの。橙色で細長いもの。さらさらの粉。小さな粒。液体で満たされた瓶、茶色く乾いたもの……ユリアが目にしたことのないものたちが、宿舎の一室、調理場横の貯蔵庫にどんどん運び込まれていく。

「なんですか？　食べ物、ですよね？」

隣でアレクセイが咳き込んで、別に誤魔化せていないから大いに笑ってくれていいのにとユリアは思う。
いつもの発作のような笑いが収まってから、アレクセイは生温く口を開いた。

「……そこからかあ……」

――どうやら、またやってしまったようだ。

「いや、どうしてこんな何にも知らなくて、ひとりで大丈夫と思ったんですかね？」

「……だって……必要なものは届くって聞いてましたから……」

芋を剥（む）いている。

単語としては知っているので、聞けば何かはすぐにわかった。じゃがいも、にんじん、小麦、等々。どんな料理に使うのかも知っている。

材料から料理ができあがる、その過程が、すっぽりと知識から抜け落ちているだけだ。

「届いたものを食べて、届いたものを着ればいいのかと……」

「いやまあ、大枠は間違っちゃいないんですがねえ」

ユリアにとって、食事とは調理済みのものが出てくることであり、服とはただ着るだけのものである。部屋の汚れは知らぬ間になくなっているものであり、湯浴みの後の浴室が、起きたあとの寝台が、どのように整えられていたかをユリアは知らない。

そういうことを目にしない、気にする機会さえ与えられないのが、王族という身分であるのだ。ユリアはじとりとアレクセイを見上げた。

「貴方だって、身分的には貴族でしょう。どうして料理などできるんですか？」

「うちは田舎（いなか）ですからねえ」

アレクセイの母、ユリアの乳母であるマリーは、生家は地方の貴族であった。嫁入り先も同じような田舎貴族で、結婚後は城下の館（やかた）から通いで仕事を続けていたのだという。アレクセイは幼少期より、そちらの館と田舎とを半々で過ごすような生活をしていたらしい。

地方貴族、それも次男坊であれば、地元の子どもたちに交じって野山を駆け回ることもないわけではない。ついでに狩りと料理も覚えた――というのが、アレクセイの言い分だった。

「だからまあ、できるってほどじゃないですよ。切って煮て、こねて焼いて。その程度なんで、味は期待しないでください」

アレクセイが三つ芋を剥き、葉物の野菜を刻んで火にかけ、干し肉を戻す。その間にやっと、ユリアの一つ目の芋が剥き終わる……と思った瞬間に、指先に鋭い痛みが走った。

「……っ！」

ぱっくりと割れた傷口から、ぷつりと赤い血が浮き出て溢れる。

ずきずきとした痛みより、その赤さに目を奪われて動きが止まった。アレクセイが慌てた様子もなく「止血しますよ」と言って立ち上がろうとするので、ユリアははっとそれを制した。

「あ、いえ、大丈夫です！」

「いやそれ、けっこう深くいってますよ。放っておいたら」

「大丈夫ですから」

そう言っている間にもぽたぽた溢れる血をそのままに、ユリアは傷口に手のひらを翳した。

一瞬だけ痛みが強くなり、むず痒いところをそっと掻くような心地よさがして、こんな感じなのかと思っている間にすべてが治まる。袖口できゅっと血を拭えば、つるりとした皮膚が顔を出した。

「ほら」

ふふん、と、ユリアはちょっと得意げに指先を翳した。

これが、魔術の才『だけ』はあるユリアの実力である。治癒魔術はそれなりに難易度が高く、ユリアも身につけるにはそれなりの苦労を要した。ベルジナ砦のような戦地であれば勿論使える術師もいただろうが、めったにお目にかかるものでもないはず……と、称賛を期待して見た先で、アレクセイはちゃんと「おおー」と反応してくれた。思ったより驚いた様子ではないのは残念だけれど、ぱちぱちぱち、と拍手までしてくれる。ユリアは満足して笑みを深めた。

「すごいですねえ」

「そうでしょうそうでしょう」

「で」

アレクセイの口元が、不吉な感じに引きつっている。堪えている顔だ。

「……なんですか？」

「いえ、その……」

アレクセイの指が、ユリアの服の袖口を示す。傷が治ったあと、溢れていた血を拭った袖だ。黒ベースのワンピースにつけられた白い袖……が、べっとりと赤く濡れている。

「姫様、一応聞くんですけど。染み抜きの魔術ってのはあるんですかね？」

「……染み……？」

「洗濯、やり方教えましたよね？」

「それは聞きましたが……それとこれと、一体何の関係が」

ユリアが首を傾げると、ふはっ、と、決壊するみたいにアレクセイが笑う。

震える声で「血はなかなか落ちないですよ……」と言われても、ユリアにはまず、その意味が理解できなかった。

蒸して塩をかけただけの芋は、ほくほくとして美味しかった。

そして『染み抜き』はとても大変で、そのうえ、血は最後まで落ちきらなかった。


そのようにして、アレクセイにひととおりのことを仕込まれ——教わってから、ユリアの一日は恙なく回るようになった。

勿論、はじめはユリアもアレクセイも苦労した。アレクセイはユリアの物知らずを知るたびに笑いに肩を震わせ、その後一度はしっかり丁寧に、頼めば何度でも（皮肉を交えながら）教えてくれた。

アレクセイは、思いの外面倒見のいい教師だった。

けれどもユリアのほうはといえば、とても良くできた生徒とは言えなかった。元より不器用で、そのうえ、基本的に邪険に扱われてきたので、他人に何かを尋ねることに慣れていない。ユリアにとって学びとはひたすらに自習することであり、それは魔術や机上の学問とはまだ相性が良かったのだが、家事には相性が悪いのだった。

故に、ユリアは幾度となくアレクセイに笑われ、同じぐらい呆れ顔をされる羽目になった。

「あのですね、姫様」

あれは、何度目かの洗濯の失敗のときだっただろうか。それとも、食材をごみにしてしまったときだっただろうか。

「わかんなくなったら、途中でも聞いてくださいって、何度か言ったと思うんですがね。捨てるにしろやり直すにしろ、余計に手間が増えるんですから」

「……すみません……」

やっぱり自分は『落ちこぼれ』なのだ、と、ユリアは俯いて唇を噛んだ。

誰もができるようなことなのに、どうしても、うまくこなせない。王女なのになにもできない、と思っていたけれど、その認識がまず間違っていた。王女だから、これほど何もできなくても大丈夫だったのだ。身分を背負わされていると思っていたけれど、本当は、身分に守られていた。その事実こそが、一層ユリアを落ち込ませる。

落ちこぼれ。言われ慣れた言葉が、耳の奥で反響する。そうだ、アレクセイもきっと――

「まあ、いいですけどね」

「え」

「え？」

「……手間が……」

「増えますけど、まあ、捨てるのもやり直すのも姫様ですし？」

　突き放したような言葉だったけれど、続いた「どっからわかんなくなりました？」があまりに自然で、何の含みも衒いもないことがわかった。

「なんですかその顔。……大丈夫ですよ。姫様はまあ、ちょっと……なんだ……不器用なとこがあるみたいですけど……」

「言葉を選んでくださってありがとうございます……」

「どういたしまして……？　でもまあ、どんな新人も、一ヶ月もすればひととおりできるようになりますから。大丈夫です。あのね、姫様は全然マシですよ、ほんとに」

「別に、慰めていただかなくても」

「いや、ほんとですって。配属されたばっかりの、甘やかされまくった商家の三男坊とかに比べれば、ほんとに、ほんとにマシです。自分のことは自分でやる、少なくともそうしたいって、ちゃんと気持ちを切り替えてる。姫様なのに。十分ですよ」

　アレクセイの顔にいつもの笑いがないので、ユリアにもどうやら彼が本気で言っているらしいことがわかった。軍、思っていたのとは別の意味で、大変なところなのかもしれない。

「……そうなんですか？」

「そうなんですよ。だから姫様、できないのも俺に何回も聞くのも、恥ずかしいことじゃないですからね」

「でも……面倒じゃないですか？」

「面倒ですよ？」

「えっ」

梯子を外されたような気持ちになったが、アレクセイは当たり前のような調子で続けた。

「当たり前でしょう。でも、面倒でも教えます。新人教育っていうのはそういうもんです。……姫様は、日常生活の新人でしょう。知らないことしかなくて、失敗して。そういうもんです」

「そう……なんですか」

そういうものなのか。そういうものだと思っていいのか。

アレクセイが言うならそうなのだろう、と、すとんと思うことができたのは、おそらく、彼が今までユリアに教えてくれたときの態度そのものが、言葉に反していなかったからだろう。

何度でも、何度でも、教えてくれると信じられる。

「じゃあ、あの、……頑張ります。聞くのも。……ただ、その……」

「その?」

「……笑うの、やめてもらえませんか?」

「あ、それは無理です」

「即答!?」

無理なのか。ユリアにも一応、ほんのちょっとは、自尊心というものが残っているのだが。

「てか、今でも結構頑張って堪えてるつもりなんですけど」

「それは……わかりますが……」

頑張った結果、震える程度で収まっている、とも言える。しかしユリアとしては、笑われているというのがわかる時点で、程度問題なんて誤差だと思う。

「いや、まあ、仕事ですし、姫様がほんとに嫌っていうなら……」

「割とほんとに嫌です」

「うっ。ならこう……四六時中肩肘張ってればどうにか……なる……なるかな……？　よく考えなくても不敬ですもんね？」

「その反応は流石に今更すぎません？」

アレクセイが『不敬』という概念を持ち合わせていたことに寧ろ驚いた。初手から今まで、不敬でなかったときがなかった気がするのだが。ユリアは小さくため息を吐いた。

「どうにもならなそうですね。……いいです、構いません。ならもう、どうぞ好きなだけ笑ってください」

王宮にいた頃、落ちこぼれでもハズレでも、ユリアは間違いなく王女ではあった。だから、陰口は際限なく吐かれたし、裏ではいいだけ笑われていただろうけれど――ユリアを直接笑うものなど、ナターシャの他にはいなかった。

だから、わかるといえばわかるのだ。アレクセイの笑いは、ユリアに直接向けられたそれは、陰にこもった嘲笑(ちょうしょう)ではない。あえて近いものを探すのであれば、幼子に向けるような、少しの呆れと微笑ましさとが混ざった明るい笑いだ。幼子であれば、その笑いを真正面から受け止めて傷つきもするのだろうが、ユリアは一応幼子ではないので、そこに悪意がないことはわかる。

ユリアが望まれた成果を出せないとき、決して口に出さないままに、『ほら見たことか』と、嘲るように見た彼らの笑いとは違う。

「え、いいんですか？　いやー助かるな、結構キツかったんですよ、いちいち口押さえるのも」

……違う。はずだ。おそらく。多分。きっと。

呆れながら、笑いながら、アレクセイはユリアを否定しない。そう思うと、少しだけ、息が楽になるようだと思った。

＊　＊　＊

ユリアたちが暮らす『はじまりの聖殿』は、三つの建物で構成されている。

聖殿本体と、巫女と修道女のための宿舎、それに、一時的に寝泊まりするもののための簡易宿舎だ。アレクセイははじめこそ簡易宿舎のほうで寝泊まりしていたが、ユリアの生活力に早々に見切りをつけて、メインの宿舎のほうへと移ってきていた。宿舎はそもそも集団生活のためのものだから、部屋はいくらでも余っていたのだ。

その宿舎の中、『竜の巫女』のための最も上等な部屋で、ユリアは毎日すっきりと目覚める。

それから、もうすっかり慣れた修道服に着替え、宿舎の裏手にある井戸で水を汲む――こともあるし、アレクセイが汲んでくれていることもある。

冷たい水で、顔を洗う。

聖殿で、『竜の巫女』としての唯一の仕事――聖殿全体を清め、『竜の卵』に祝福の魔術をかける——をする。

ユリアが仕事を行い、聖殿とその周り一帯にかけた魔術を張り直している間に、アレクセイが朝食を作ってくれる。ふたりで食べる。

それからは、日によって、掃除をしたり——と言っても、ふたりでは当然建物すべてまでは手が回りきらないので、炊事場や浴室、応接間など、最低限使用する部屋だけだ——、各々洗濯をしたり、生きていくための家事を淡々とこなす。

アレクセイはたまに街まで買い出しに行き、頻繁に狩りに行く。ユリアの知らないところで獲物を捌く。

ユリアは、書庫で見つけた料理本の料理を試したり、読書をしたり、魔術書から生活に役立つものを見つけては試してみたりする(染み抜きの魔術は血には効果がなかった)。

アレクセイとともに、今日あったたわいないことを話しながら、のんびりと穏やかに夕食をとる。湯浴みをする。

ベッドに入ったとき心地よさを感じる。そのぐらいの疲れとともに、眠りにつく。

そういうふうに、日々を過ごす。

ユリアはこの北の果てで、どうやら、はじめて『生活』していた。


その日の夕食は、ユリアが焼いたちょっと生焼けのパンと、アレクセイが釣ってきた魚を塩で焼いたものだった。

季節が初夏へと移り変わったせいか、アレクセイの獲物に魚が増えた。王宮で食べていたものより小骨が多いそれに苦労しながら、ユリアは「そういえば」とアレクセイに尋ねる。

「ベルジナ砦にいたんですよね。姉様と会ったことはあるんですか？」

「なんですか、いきなり」

アレクセイは川魚を骨ごと食べる派なので、とっくに食べ終えて食器を片付けている。訝しげに眉を寄せるアレクセイに、ユリアは勝手に「あるわけないですよね」と納得した。

「姉様は司令官ですもんね。一兵卒が会えるようなひとであるわけがありませんでした」

「なんか腹立つ言い回しですねえ……」

「せいぜい遠目に見たくらいですよね。……いえ、昨夜、姉様に手紙を書いていたら、なんだか懐かしくなってしまって」

ユリアはここに来たことを（アレクセイとふたりきりになってしまったことを含めて）後悔していないが、唯一、ナターシャと会えなくなってしまったことだけは残念に思っていた。元々頻繁に会っていたわけではないとはいえ、ナターシャは、ユリアの心の拠り所だ。ナターシャが『心配だから日々のことを知らせてほしい』と言ってくれたこともあり、ナターシャに日々のあれこれをしたためた手紙を送るのは、ユリアの日課のひとつとなっていた。

そんな日課の中で、アレクセイのことも勿論既に手紙に書いていて――ふと、思ったのだ。

このふたり、面識がある可能性があるのか、と。

「貴方がバルディア騎士団に所属していたのなら、司令官としての姉様のお話が聞けるのかなと、そう思って聞いてみたんですが……」

ベルーナからも指摘があったとおり、ベルジナ砦には、ユリアも行ったことがある。

前線へは、兵の士気を上げることが目的として、慰安と称した王族の訪問が行われることがある。戦闘が比較的落ち着いているタイミングを見計らい、たくさんの物資とともに訪問し、日々の奮闘への感謝を告げて、戦勝への祈りをこめた魔術儀式を執り行う。場合によっては、直接兵を慰労することもある。アレクセイの記憶に残っているかは定かではないが（なにせユリアは『落ちこぼれ』だ、兵にとっても、その祈りに価値などなかっただろう）、ユリアは何度かその役目を担い、ベルジナ砦を訪れていた。

ともあれ、そこで見た『姫将軍』としての姉は——長い金の髪をきつく結い上げ、男物と変わらない軍服を着て、少しの化粧もせず、厳しい顔で立っている姉は、うっとりするほど気高くうつくしかった。うつくしかったが——皆の前を離れ、ユリアに微笑む姿は、いつもの『王女』で『姉』のナターシャにすぎなかった。

だから、ユリアではない、ベルジナ砦の一員であったアレクセイなら、ナターシャの違う姿、正しく『姫将軍』である勇姿を見たことがあるのではないかと考えたのだ。

「兵の間の評判とか……いや、悪いわけがないんですけど、生の声が聞きたいんです。どうでしたか？」

推しの情報はいくらあってもいい。わくわくして尋ねるユリアに、アレクセイは「うーん」

と思い出すように腕を組んだ。

「……まあ、なんだ。すごい方ですよ」

そんなことは、言われなくても知っている。

「最初に会ったときは、変な人だと思いましたけど。なにせ、急に来て指揮権を要求してきたわけですからね。姫様の遊びになんて付き合えないと、随分反発もありました」

その話は、聞いたことがあった。

国境防衛から停戦締結までの戦略を片手に父親である王へ直談判した当時の姉は、今のユリアと同じぐらいの歳だったという。ナターシャの策を『子どもの夢想』と切り捨てた大臣や将軍らをことごとく説き伏せ、ベルジナ砦の派遣を勝ち取ったナターシャは、それでも前線の将や兵士たちからしてみれば、物知らずの小娘にすぎなかった。当然と言えば当然の反応だ。

「でもまあ、王家の命ですし、何より、本人が、早々に戦果を挙げましたからね。敵味方の情報をすべて頭に叩き込み、最適効率で魔術干渉に対する結界魔術の広域展開と、相手の混乱に乗じた奇襲をやってのけた。勿論、魔術師本人であるあの人は、最前線にいる必要があって……無茶だと誰もが止めたのに、あの人は自ら馬を駆り、その無茶すぎる戦術をあっさりやり遂げた。それからもずっと、自身で兵を率い続けて――だから、あの人が皆に認められるまで、そう時間はかからなかった」

ひとつひとつ、思い出すみたいにアレクセイは語る。慰問でしか軍を知らないユリアにも、その空気感が伝わるように。というか、成功したとわかっているからさらりと聞けるが、『自ら馬を駆って最前線に』だなんて、よくよく考えると恐ろしすぎる話だ。

「それだけじゃない。というか、それからが……軍を掌握してからが、またなんというか、すごいというか、恐ろしいというか」

「恐ろしい？」

「ええ。軍規違反に厳しくて、誰であれ容赦なく、それこそ貴族の子息だろうと、平等に罰を与えるんですけど……ああ、恐ろしいのはそこじゃあなくて」

そんなのは当然のことですからね、と、アレクセイは軽く肩を竦めた。ユリアの知らない世界の常識。

「その一方で、その辺の兵士が飲んでるとこに、ひょこっと交じってきたりするんですよ。笑ったりもして、そのときはね、全然怖く感じない。すごく気さくにみんなの名を呼んで話しかけて——雲の上の人から名前を呼ばれたら、そりゃあ、誰だって嬉しいでしょう？」

その気持ちは。

ユリアには、ユリアだからこそ、あまりにもよく理解できた。

「あの砦の隅から隅まで、兵士どころか下働きも出入りの業者も、全部覚えてたって言われても驚かないな。その調子で誰も彼もを誑し込んで、誰だって『あの人のためなら死ねる』と思ってた。そういう集団ってのはやっぱり強い。停戦が成ったのは、間違いなく、そういう集団を作り上げてドミナスに重圧をかけることに成功した、あの人ひとりの功績ですよ」

わかる、という気持ちしかなかった。ユリアだって、流石に『死ねる』とは言えないけれど、姉の助けになるならなんだってしたいと思っていた。流石ナターシャだ。素直に感嘆しかけて、ふと気がついて首を傾げる。

「……『あの人ひとりの功績』？」

なんだか聞いていた話と違う。

「はい？」

「姉様が言うには――というか、都の評判でも、姉様の功績は勿論ですが、『ベルジナ砦の英雄』という魔術剣士の活躍が大きかったとのことですが……実際に砦にいた貴方からすると、違うのでしょうか？」

「あー……」

アレクセイが、僅かに顔を顰めしかめる。

「『英雄』ですか……」

「はい。確か、デュバル辺境伯の御子息だとか。都の令嬢たちの間で評判だったんですよ。一目お目にかかりたい、と。名前は……そういえば知らないんですけど、貴方は当然ご存じですよね？」

「……はあ、まあ、知ってはいますが。……まあ、なんだ、普通の男ですよ？」

その言い方があんまり雑なので、ユリアはきょとんと目を瞬まばたいた。『普通』？『英雄』を称するには不適切すぎる言葉だ。

「知り合いなんですか？」

「え？　いや、……まあ……部分的にそう……、……令嬢たちの、ってことは、姫様も興味があるんですか？　会ってみたいとか？」

「私ですか？」

なんだか巧妙に話を逸らされた気がしたが、救護室で聞いた兵士の言葉が思い出されて、その違和感が上塗りされる。

『恐ろしい』。――あのとき、確かに、そう聞いた。

「……私は、ベルジナ砦で、救護室にいさせていただいたことがあるのですが」

「！」

「あれ？　ご存じでしたか？」

「いいえ、……続けてください」

「？　はい。……そこで治療をした兵士は、その英雄のことを、『恐ろしい』と言っていました。『英雄とは、誰よりも多く人を屠ったものだ』と」

「……」

アレクセイの顔が、なにか、痛むように歪む。ユリアはそれに気づかず続ける。

「けれども、都では、『英雄』は、優しく穏やかな人物だと噂されていました。そして貴方は、『英雄』を『普通の男』だと言っている……」

「……どれが真実か、気になりますか？」

皮肉な――冷たいと言っていい声音に、ユリアははっと顔を上げた。

アレクセイの唇が、見たことのない形に歪んでいる。笑っているのに、どうしてだろう、その顔は、ちっとも笑っているように見えなかった。その歪な笑みで、不自然なぐらいに突き放した声で、ユリアの答えを待たずにアレクセイは言う。

「すべてですよ。すべてが事実だ。『恐ろしい』ことと『穏やか』なことと『普通』なことは、ごく当たり前に共存しうる。……でもまあ、どの要素が最も真実に近いかで言えば、それは、『恐ろしい』でしょうね」

「……恐ろしい？」

「ええ。その兵士の言葉は正しいですよ。『魔術剣士』という生き物は、一種の兵器です。勿論、味方を巻き込まないよう制御はしていますが——魔術による、強力で広範囲な攻撃を展開するんです。味方のひとりやふたり、巻き込まれたっておかしくない。少なくともそう見える。そういうものを恐れないのは、とても難しいことだと思いますよ」

「……詳しいんですね」

魔術剣士は特殊な存在だ。『英雄』ほどの使い手でなくても、ベルジナ砦に数人いたかどうかだろう。ユリアの疑問に、アレクセイは軽く肩を竦めた。

「一般論です。が、その兵士でなくても、恐れていたものは多かったでしょうね。——そういう人物が、戦場以外で『穏やか』であったところで、兵士の恐怖は軽減されない。だからまあ、最も正しいのは『恐ろしい』でしょうと。……姫様も」

アレクセイは、その言葉を、ごくさらりと口にした。当たり前のことを、当たり前だと受け入れるように。

「きっと、その姿を見たら、『恐ろしい』と思うでしょうね」

そうだろうか。

ユリアは少し考え込んだ。兵器とすら言われる魔術を使う剣士。考えてもわからなかったので、大真面目にユリアは尋ねた。

「……あの、」

「はい」

「知っていたら、教えていただきたいのですけど——その『兵器』って、どの程度のものを想定されています？」

「………は？」

「火薬を使った砲弾でしょうか？　爆発物の類？　私が知る限りの『兵器』であれば、魔術障壁による緩衝が可能だと思うのですよね。いえ、でも、かの『英雄』はひとりで戦場を圧倒したわけですから、敵軍の魔術師の障壁はものともしなかったということになりますか……うーん、じゃあ確かに恐ろしいかも……？」

「………魔術障壁、ですか」

「はい。先程の姉様の策にもありましたよね？」

「ありましたし……確かに、ナターシャ様の魔術障壁であれば、かの『英雄』の魔術も防ぎきれる可能性はありますが」

「ああやっぱり。そうですよね」

「その可能性が思いつくということは、姫様も、同様の魔術が可能だと……？」

「え？　いえまさかそんな」

　ユリアは慌てて首を横に振った。「ですよね」とアレクセイが同意しかけるのに、続けた言葉が重なる。

「流石に姉様には敵（かな）いませんよ。少なくとも、範囲は及びません」

「……緩衝力自体は張るということですか……!?」

　愕然（がくぜん）としたようにアレクセイが呟（つぶや）き、そんなに驚くことかとユリアは思う。狙（ねら）って魔力を練る必要がある攻撃魔術（魔術剣士が使うものはこれを強化したものだ）、細やかな魔力コントロールが必要になる医療魔術に比べて、ただ広く展開すればいい防護魔術は一段落ちる魔術だ。

「張る、かどうかはわかりませんが、先生は『実戦でも問題なく使える』と言ってくださいました。……だから、そうですね、魔術的な意味では、その『英雄』という方には、私は『恐ろしい』と思うより先に、感嘆を覚えるかもしれません」

「感嘆？」

「ええ。だって、あの姉様が認めておられるんですもの。すごいことですよこれは」

　ナターシャは、その『英雄』のことを、自分以上の勝利の立役者だと言っていた。ナターシャは謙遜をするような性格ではないので、それは単純な事実なのだろう。

「それに、姉様も、人からは『恐ろしい』と言われることがある方で、貴方もそう言っていましたけど……私は、そうは思いません。なので、……だから、そうですね……」

うーん、とユリアは考えて言った。

「その方のことも、見てみるまではわかりませんね。恐ろしい方なのかも、その魔術が、恐ろしいものであるのかも」

噂には尾ひれも背びれもつくし、人々はそれに対しあまりに無責任だ。ユリアの噂を聞いたものはユリアをとんでもない王女だと思うだろうし、ナターシャの噂を聞いたものはナターシャを素晴らしく、同時に、途方もなさすぎるとも思うだろう。だからユリアは、噂そのままで判断するより、実際の彼を見て判断したい。当たり前の結論に落ち着いたな、と思うユリアの前で、アレクセイは言葉を失ったようだった。

当たり前の結論に落ち着いた、つもりだったのだが。

「……あ、『だから会いたい』と言っているわけではないですよ？　そもそも無理ですし」

「…………あー、はい、ええと、そうですね」

「というか、そもそも、会っていないのがおかしいんですよね本来は。彼の従兄(いとこ)？　という方にはご挨拶してるんですが、彼のほうとは一度も機会がなく……もしかしたら、会う必要はないと判断されていたのかも。彼は『英雄』で、私は落ちこぼれですし」

「いや!?」

「えっ？」

「それはないで、……と、思いますよ!?　純粋に作戦や怪我の都合だと思います！」

「……そうなんですか？」

「そう、……ええと、おそらく。そもそも姫様は王族で、こちらからの依頼で来ていただいていたはずですから。会いたくないと言って通る相手じゃないですからね」

「まあ……それはそうですが……」

なんだか必死に否定された気がするが、自己卑下がすぎるユリアを窘めてのことかもしれない。確かに不要な自虐だった、とユリアは反省し、アレクセイは空気を変えるように「あの」と、もはや忘れ去られた冒頭の話題を不自然に引っ張り出した。

「……手紙、でしたっけ。書き上がってるんですか？　明日(あす)街に行くんで、ついでに出してきましょうか」

「あ、いえ。大丈夫です。専用の魔術があるので」

この国での配達は、大きな街に集約し、転送の魔術を使うのが一般的である。

それ以外に、個人で使う魔術として、送り手と受け手双方が魔力を持つ場合のみ、魔術で鳥を作って封書を届けるものがある。後者の中にも、術者がその場で鳥を編むもの、既に編まれた魔術を起動するだけのもの（この場合は、多くの魔術具と同じように、魔力さえあれば魔術師でなくても起動可能だ）と様々なパターンがあり、ユリアが使うのはその場で編むタイプで、かつ、瞳と同じ色の金の鳥に封書を託す王族専用のものだった。どんな距離でも一日で手紙を届けてくれる優れものである。

「なるほど。姫様、ほんとに魔術はなんでも使えるんですね」

「これは別に難しい魔術ではないですよ？　というか、そういう貴方は、魔術は全く使えないんですか？」

貴族であれば、多少なりとも魔力を持っている場合が多い。アレクセイは「魔力そのものはあるんですが……」と言葉を濁した。

「……魔術は、得意ではない？」

沈黙は、おそらく肯定だろう。そうなのか。アレクセイにもできないことはあるのか。ユリアが驚いたのが伝わったのだろう、アレクセイは「あのですね」とため息を吐いた。

「言っときますけど、姫様の魔術の技量は相当ですよ。ここに来てから使っている人避け獣避け……結界系の魔術は勿論、魔術障壁に医療魔術に？　そこまで広範囲の魔術を使いこなす魔術師はそうはいません。ナターシャ様が勿体ながるのも頷ける」

「そうですか？　そう言っていたのは姉様ぐらいですよ？」

「誰かに教わっていたんじゃないんですか？」

「それは勿論。ナターシャ姉様と同じ先生が、そのまま王宮に来てくださっていましたが……」

「……それはつまり、魔術学院の……？」

「おじいちゃん先生でしたね」

ユリアが師事していたのはルーヴェン老という魔術学院の大魔術師で、話が長くて眠くなるという欠点があったが、とにかく博識で、知りたいことは何でも教えてくれたし、あらゆる範囲の魔術に長(た)けていた。彼がユリアに下した判定は、彼が学院から引退することになった日の「合格」の一言だけだったので、ぎりぎりまで及第点が出せないような生徒が最後の教え子で申し訳ないなと、そう思ったことを覚えている……というような話をすると、アレクセイは胡乱(うろん)に目を細めた。

「……？　なんですか？」

「いえ。姫様は、きちんと学院に通うべきでしたね」

「？　そうでしょうか？　ついていけなくて困ったと思いますよ」

「うーん……まあ、俺は、魔術については門外漢なので」

そういうことにしておきましょうか、と、曖昧(あいまい)にアレクセイが言う。ユリアはきょとんと目を瞬き、それから、食べ終わっていた皿に気づいて、はっと「片付け手伝いますよ」と席を立ったのだった。

＊　＊　＊

日差しはいよいよ強さを纏(まと)い、北の地に、短い夏がやってきた。

水の匂いが鼻を擽(くすぐ)る。風とともに、爽やかな心地が肌を撫(な)でる。息を吸い込む。

「……川ですね！」

「はい、川ですよ」

「入っていいですか?」

「駄目です。魚が逃げるでしょう」

何しに来たんですか、と、呆れた顔でアレクセイが言う。ユリアは「そうでした」と首を竦めた。

「釣り……ええと、釣りって、何をするんですか?」

「はいはい。これ持ってくださいね」

と、釣り竿を渡されて、きょとんとしている間にアレクセイが針先になにやら取り付ける。それから「あそこに座ってください」と川岸の大きな石を示され、隣り合って座って、言われたとおりに釣り糸を垂らす。

「以上です」

「以上!?」

「なんか引っ張られたなー、と思ったら、引っ張り返してください。運が良ければ魚がくっついてきます」

「ええ……」

本当か、と、疑わしい目をしたのがわかったのだろう、アレクセイは肩を竦めた。

「本当ですよ? ……少し下流に罠も仕掛けてあるんで、釣れなくても魚にはありつけますし」

「明らかにそっちが本命ですね!?」

釣りがしてみたい、と言ったのはユリアで、アレクセイは二つ返事でユリアを釣り場に連れてきてくれた。狩りは即答で拒否されたのにどうしてだろう、と思っていたが、なるほどこういうことか。ユリアは納得し、それから、言われたとおりに釣り竿を持ち続ける。

「……姫様、暑くないですか？」

「大丈夫です。日陰ですし、風もありますし」

「ちゃんと水分とってくださいよ」

「大丈夫ですって。心配性ですね」

川のせせらぎ。鳥の声。静かだ。ぴくりともしない釣り竿をぎゅっと握っていると、「もっと力を抜いていいですよ」と笑われた。

「固定する魔術とかあるんでしたら、使ってもらってもいいですし」

「腕が疲れたら考えます」

「あるんだ、固定する魔術……。というか、なんでいきなり釣りなんですか？」

「手記で読んだんです」

日々の生活が安定し、時間に余裕ができて以降のユリアの楽しみは、書庫に残された様々な本を読むことだった。

必要な物資は届けられ、仕事らしい仕事は朝の祈りしかない身の上では、何もない土地でただ過ごすのも流石に退屈になってくる。代々の『竜の巫女』や修道女たちも、きっと同じ気持ちだったのだろう。彼女らが集めたらしい多種多様の本は、一部屋を埋め尽くすぐらいには多く、そしてどれも大切に読み込まれているのが見て取れた。

そしてその中に、彼女らが書いたらしい手記も、大量に残されていたのである。

「昔はですね、自給自足に近い生活を送っていたらしく……釣りや狩り、あと畑や家畜の話などが出てきまして……」

「ああ、そういえば。確かにありますね、畑」

ユリアの言葉に、アレクセイが頷く。

「厩舎(きゅうしゃ)っぽいものもあったんで、ある程度自給自足してた時代があったのかもしれないとは思っていたんですが……でも、ここ、女性だけですよね。狩りはともかく、牛馬の世話までしていたんですか?」

「それなんですけど」

同じ疑問はユリアも抱き、それもまた、手記によって解決していた。

「昔の話にはなるんですが、ここ、元々は、男性の修道士もいたらしいんです」

「……え?」

アレクセイが、驚いた顔でユリアを見る。それはそうだろう。ユリアも最初に見たときは目を疑った。

「かなり古い記録になりますが……百年と少し前の手記には、ごく普通に男性の話が出てきます。派遣が女性のみとなったのは、ここ百年程度の話なのではないかと思いますね」

「そんなことあるんですか?」

「あるようですね。理由まではわかりませんが……ただ、この聖殿のトップが『竜の巫女』であったのは元々のようで、それが拡大解釈されたという推測は成り立つのではないかと……」

「なるほど」

アレクセイが、「まあ、あの教会だから、どんなヘマがあってもおかしくはないか」と妙な納得をこめて呟く。買収事例を目の当たりにしてしまったユリアとしても、同感より他に言葉がない。うんうん頷き、話を戻す。

「それでですね、あ、その手記は、私と同じような年頃の、私と同じように王宮育ちの女性が書いたものだったんですが……釣りたての魚をその場で焼いて食べ、その美味しさに感動しているところがありまして……」

「あー……」

「ちなみに、畑の取れたての野菜と、搾りたての乳についても同様なのですが……」

「話が読めてきたな……」

アレクセイは少し遠い目をして、それから軽く唇を上げて笑った。

「というか、姫様、意外と食い意地が張ってますよね」

「失敬な」

ユリアはむっと唇を尖らせた。

「王宮時代は少食で通っていたんですよ？」

「細っこいですもんねえ……いやでも、ここに来てからは普通に食べてますよね？」

「労働、お腹が空きますよね……」

「姫様に必要なのは適度な運動でしたか……」

動けばお腹が空き、お腹が空けばご飯が美味しい。美味しいご飯を食べれば、もっと美味しいものが食べたくなる。当然の流れだ。不器用と運動音痴は生来のもので、ナターシャのように剣や乗馬を習うこともなかったユリアは、体を動かす機会がそもそもなかった。故に、空腹感とさえ縁遠かったのだ。お腹が空くとご飯が美味しい。

「まあ、自給自足はふたりじゃ不可能ですが……なにか作ってみたいなら、種を仕入れてくるぐらいはできますよ」

「本当ですか！」

「牛はちょっと、面倒が見きれないので無理ですが……山羊(やぎ)ぐらいならどうにかなるかも」

「山羊で十分です！　というか、手記で見たのも山羊の乳だったように思います」

取れた乳は飲用のみならず、チーズやクリーム、様々なものに加工されていた。それももしかしたら作れるだろうか。期待に胸を膨らませるユリアに釘(くぎ)を差すように、アレクセイが言う。

「でも、姫様が思うより大変だと思いますよ？」

「……手間でしょうか？」

ふと尋ねたのは、最近のユリアはだいぶ生活に慣れ、アレクセイの手を煩わせることが減ってきていたからだった。やっと手が離れたと思っていたとしたら、新たな仕事を背負わせるのは申し訳ない。

「いや、手間なのは別にいいですけど。姫様もだいぶしっかりしてきて、つまら……えーっと、余裕もできてますし」

「今『つまらない』って言いかけましたね？」

「食べ物を育てるのは、姫様の食育にもいいですしね」

「人のこと子どもだと思ってます？」

思わずじとっとした視線を送ると、「いやそんなことは」とアレクセイが視線を逸らす。絶対思ってる。追求を重ねようとしたところで――くん、と、手の中の釣り竿が引っ張られた。

「……!?」

何が起こった。反射で離しそうになったユリアの手に、アレクセイががっと片手を重ねる。どんな反射神経だ。

「来てます！　引きますよ！」

「は、はい!?」

何が起こっているのかわからないままのユリアの手を、アレクセイの手が握り込んでいる。大きな手だ――思う間に、強い力でぎゅっと掴まれる。

どきん、と、大きく心臓が跳ねる。釣り竿がぐいっと引き上げられて、ぴしゃっ、と頬に水がかかって――ユリアは大きく目を見開いた。

石の上に、何かが跳ねている。

「……釣れた……？」

「釣れましたよ。小さいですが、まあ、食べられる大きさですね」

「釣れた……」

ぴちぴち、ぴちぴち、小さい体で懸命に暴れる魚を、アレクセイがひょいと持ち上げる。

「ちょうどいい頃合いですし、仕掛けのほうも見てきますか。昼食にしましょう」

動いている。ユリアは魚から目が離せず、アレクセイはそんなユリアを見て、少しばかり不安になったように言った。

「姫様？　……あの……食べるんですよ、これ。大丈夫そうですか？」

「……は、はい！」

「ほんとに大丈夫かこれ……よく考えたら、生きてる魚なんて、見るのもはじめてか……？」

アレクセイの危惧（きぐ）するとおり、正真正銘、生まれてはじめて見る『食卓にない魚』だ。こんなふうなのか。表面は濡れてつるりとしていて、とても触れそうにないぐらい元気に跳ねていて、きらきらしていて、少し不気味だ。

「えぇっと……これ、切るんですか？」

「内臓は苦みがあるので、腹のあたりを切って取り出しますが……俺はまあ、あとはそのまま焼きますね」

「そのまま」

「はい。駄目そうなら、頭を落として捌きますけど」

それはつまり、ユリアがいつも食べている形、切って身だけになった形で提供してくれるということだろう。少し考えて、首を振る。

「いえ、大丈夫です。……そのまま、食べてみたいです」

そういうわけで、釣った魚と罠にかかった魚は、アレクセイが簡単な処理だけして串に刺してくれた。

ふたりで薪を集め、ユリアの魔術で火を熾す。先程見た姿そのままで焼けている魚に、恐る恐る口をつける。ぴちぴち元気に跳ねていた姿は、極力思い出さないようにした。生きていたものを食べている。当たり前のことだ。

熱く、少し焦げてぱりっとした皮に、歯を立てる。

「…………!!」

「あ、気をつけてくださいね。熱いので」

やっぱり子どもだと思われている。けれども、文句を言う気も起きなかった。

口の中いっぱいに、ほんの少しの塩を振っただけの魚の、新鮮な旨味が広がっている。

「大丈夫ですか？　火傷してません？」

「……」

「ほら、水飲みますか？　骨も、気をつけてくださいね。小骨でも喉に刺さりますからね」

子ども扱いにしても過剰な気がしてきた。ユリアはアレクセイの差し出した水筒を片手で拒否し、それから、やっとのことで口を開いた。

「……美味しいです……！」

「あ、そういう沈黙でしたか」

なら良かった、と、アレクセイが安心したみたいに笑う。きちんと内臓が洗い出されているからだろうか、生臭さは少しも感じられず、焼き目の香ばしさだけがふわりと鼻を抜けていく。程よい塩気が食欲を煽り、焼きたてで、火傷しそうなほど熱いのに、食べたい気持ちが抑えられない。大きな骨は避けつつ、小骨はもう気にせず噛んで飲み込んでしまう。はぐはぐと無言で食べ進めるユリアに、アレクセイが、再び水筒を差し出した。

「落ち着いてください。逃げませんから」

「……あ、ありがとうございます。……逃げませんか？」

「この状態でどうやって逃げるんですか」

「いや、魚そのものがではなくて、なんというか、味とかが……？」

ほんの少しでも食べるのを止めたら、その瞬間に、失われてしまうものがある気がする。なにせ、『釣りたて』『作りたて』の焼き魚なんてはじめて食べるのだ。この美味しさが新鮮さ由来であるならば、時間経過とともに失われていくと考えるのが妥当ではないか。大真面目な顔でそんなことを言うユリアに、アレクセイがたまりかねたように小さく噴き出した。

「……なるほど。まあ、そりゃ、焼きたてのほうが美味しいかもはしれませんが……」

「やっぱり……！」

「でもまあ、水を飲む一瞬ぐらいじゃ変わりませんよ。満足したらでいいんで、パンも食べてくださいね。軽く炙(あぶ)っておいたので」

「ありがとうございます……」

たいへん気が利く。ユリアは水をごくごく飲んで、それもなんだかいつもより美味しく感じて、渡されたパンもぱくぱく食べた。美味しい。不思議なぐらい、全部が美味しい。いくらでも食べられる気がする、と思い、けれども物理的な限界はある。魚をまるまる二匹とパン二つをぺろりと平らげ、ユリアはやっと一息ついた。

「美味しかった……」

「そりゃ良かった」

しみじみとした声が出た。満腹すぎて、お腹の上あたりが少し苦しい。ちらりとアレクセイを伺ってから、ユリアは後ろに両手をついて、軽く状態を伸ばすように倒した。少し楽になり、少し眠くなる。

川の音。水の匂い。青々とした葉を風が揺らすさわさわとした音。

「……空気が、気持ちいいです」

「このあたりは、王都より随分北ですからね。夏の盛りぐらいが、ちょうどいい気候かもしれません」

「冬は寒そうですね……」

「雪もかなり積もるらしいですよ。もう少ししたら、冬支度もはじめないといけないか……」

「冬支度？」

「吹雪いたりすると、荷物が届くのが遅れるかもしれませんから。日持ちする食料を仕込んでおいたり、冬用の服を用意しておいたり、薪を溜めたり……まあ、冬になる前に少し多く頼んでおけばいいだけの話ですけど」

なるほど、と、ユリアは笑った。

「楽しそうですね」

「……そうですか？　ま、そのあたりも、手記とやらに書いてあるかもしれませんよ」

「探してみます」

王都では、季節を感じることがなかった――というわけではなかった。季節ごとの行事は多く、庭園の花々はどの季節でも楽しめるように調整され、供される食事も勿論変わる。寧ろ、ことあるごとに『季節』を『楽しめ』と、そう突きつけられてきたと言ってもいいだろう。

けれども今、ユリアは、不思議なことに、はじめて『夏』を楽しんでいるような気がするのだった。こんな北の地で。

「……ちょっとだけ、川に入ってもいいですか？」

「いいですよ。でも、本当に少しにしてくださいね。見えてるより深いところもありますから」

わかりました、と頷いて立ち上がり、水辺へと歩み寄る。

靴を脱いで、靴下も脱いで、濡れないようにと、ほんの少しだけスカートを持ち上げる。川辺のつるりとした石も、素足で踏みしめるとごつごつしているように感じる。

つま先を、そうっと、水と河原との間に浸す。

「……つめたい」

思わずぱっと振り向くと、アレクセイもまた立ち上がり、こちらへ向かってきているのが見えた。体を屈め、確かめるように指先でも触れながら言う。

「つめたい！　アレクセイ、つめたいです!!」

「そりゃそうでしょう」

「気持ちいいです！」

言うと、アレクセイがひどく可笑しそうに笑い——その顔に、どきん、と、つい先程と同じ心地で心臓が跳ねた。川の冷たい水で冷えた指先が、ふ、と、先程の熱を思い出して震える。

そりゃ良かった、と、笑いながらアレクセイが言う。

心の底からそう思っていて、心の底から祝福している。そうであることがはっきりとわかる。優しげな垂れ目が細められると、ただ『優しげ』ではない本当の『優しさ』が宿り——その、深すぎる『優しさ』の理由がわからないと思う。

わからない？

否、わかりきっているはずだ。アレクセイがユリアに優しいのは、ユリアが王女であり、アレクセイにとって護衛の対象であり、母親から世話を頼まれた被保護者であるからだ。理由としては十分すぎる。

十分すぎるのに、胸の中に蟠るものがある気がするのは——アレクセイの態度と、ユリアの受け取り方と、どちらに原因があるのだろう？

＊＊＊

雨の音が聞こえる。

「……姫様、なにしてるんですか」

「いえ、あの……」

午前中から降りはじめた雨が、昼時を過ぎ、夕方近い時間になってもなお降り続けている。

炊事場の窓からちらちら外を見ながら、ユリアは僅かに眉を下げた。

「昨日、種を植えたでしょう。それなのにこんなに降ってしまって……雨で、流されてしまいませんか？」

ふ、と、アレクセイが笑った気配がする。視線を向けると、手のひらで口元を押さえたいつもの姿勢で肩を震わせる姿が見えて、こっちは本気で心配しているのにと思わずむくれた。

「大丈夫ですよ。いやまあ、大丈夫じゃないかもしれませんけど」

「どっちですか！　どうしましょう、今からでも雨避けの魔術をかけましょうか？」

「なんでも魔術で解決しようとしてくるな……。そもそも、ちゃんと発芽するかも、数日たたないとわからないんですから。出なかったら植え直せばいいんですよ」

「……そういうものなんですか？」

一般に、夏は植え付けに向かない時だという。それでもアレクセイは、『畑をやってみたい』

というユリアの願いを尊重し、買い出しに行った先で『芋、あるいは根菜類であれば、冬前や春に収穫できるらしい』という情報を仕入れてきてくれた。そうして、ふたりは共に土を掘り起こして畑を整え、書庫から探し当てた土壌改良と虫除けの魔術をかけて、試しにということで種芋といくつかの種とを植えたのだった。

そんなにすぐ芽は出ませんし、うまく育つかもわかりませんよ——と、植えたときにも言われたが、気になるものは気になるのだ。未練がましく窓際に立つユリアに、呆れたふうにアレクセイが笑う。

「ほら、お茶を淹れますから。最近姫様は外に出てばかりで、疲れてると思いますよ。ちょうどいいと思って休みましょう」

外で食べるご飯は美味しい。

川に釣りに行ったのち、ユリアが出した結論はそういうもので、それから天気の良い日が続いたこともあり、ユリアは畑を作りがてら外で食事を取るようになった。労働に勤しんだあと、パンに具材を挟み、魔術で冷やした果実水と一緒に食べるのが最高だ（ピクニックと言うんですよ、とアレクセイが教えてくれた）。いや今日の昼食にアレクセイが作ってくれたパスタも美味しかったけれど。思いながら、アレクセイの提案に頷いて席につく。そうして小さくため息を吐いたところで、ふわりとした芳香が鼻を擽った。

「どうぞ」

供されたのは淹れたての紅茶といくつかの焼き菓子で、それを見て、ユリアはあっさりと前言を撤回する。紅茶とお菓子で過ごす午後もまた同様に最高である。

「ありがとうございます。……そうだ」

ちょうどいい、と、ユリアは思い出して立ち上がった。

「姫様？」

「今からを、読みかけの本を読む時間とします！　ので、とってきます！」

なるほど了解しました、とアレクセイは笑ってユリアを見送り、ユリアは自室からいそいそと本と辞書とを持ってくる。書庫で見つけた、それなりに分厚い、古い本だ。冷める前にと紅茶を一口飲み、焼き菓子も一枚食べてから、さて、と栞が挟まれている場所を開く。アレクセイがちらりと視線を向けてきて、それから、驚いたように目を見開いた。

「……あれ。これ、古代語ですか？」

その言葉に、ユリアもまた少し驚いた。顔を上げる。

「よくわかりましたね。読めるんですか？」

「いやいやまさか。……え、姫様は読めるんですか？」

古代語はかつて使われていた――単純に『使われていた』わけではなく、主に聖竜教において多く使われていた――学術的な言語である。一般的な教養とはいえず、『存在を知ってはいても読めない』ものが、貴族であっても大多数を占める。

ただし、聖竜教とも関わりの強い王族についてはその限りではない。ユリアは軽く頷いた。

「一応、教わりましたからね」

『教わった』で読めるもんですかね……？」

「ナターシャ姉様も、ベルーナ姉様だってそらで読みますよ？」

他の兄姉もユリアよりは当然読めるだろうが、ナターシャとベルーナのふたりは別格だった。

「ベルーナ姉様は語学の天才で、数ヶ国語を修めているはずです。それに比べて私は古代語だけで……魔術と関係が深いから知っておいたほうがいい、と、先生に言われて、ベルーナ姉様と一緒に習っていた時期があって」

ユリアの魔術の師であったルーヴェン老は、どうもそれなりに権力がある人物だったらしい。ユリアは、ベルーナの受けている講義にねじ込まれるような形で、ベルーナとともに古代語の講義を受けた。受けたのだが――当時を思い出すだに胃が痛む。

「ついていくのが精一杯でしたね。かろうじて意味はわかるんですが……」

「ついてはいけたんですか？」

「いけたというか、いくために大変な目にあったというか……」

ベルーナの足を引っ張るわけにはいかないので、あの時期は、寝ても覚めても古代語ばかり読んでいた。ユリアが王女としてほとんど放置されていたのが幸いした、とも言える。

「基本的な文法を頭に叩き込んで、単語を詰め込めば、大意を掴むぐらいはできるでしょう？聞かれて答えることも辛うじて……でも会話は難しくて、ベルーナ姉様には、結局、大変ご迷惑をおかけしました」

ベルーナはあのとおりの『理想の姫君』だから、表立って迷惑そうな顔をすることはなかっあったが、教師とユリアとのやりとりを聞いて、こちらを物言いたげに見てくることはなかったが、きっと内心ではユリアのできなさに呆れ返っていたに違いなかった。

とはいえ、今これが読めているのは当時の講義のおかげなので、価値のない学びなどないということなのだろう。ユリアはその古い本を一度閉じ、布張りが大分擦り切れ、表題も消えかけている表紙をそっと指でなぞった。

「『本』として残っているということは、本来、古代語を使うような時代のものではないんですよね、これ。だからおそらく写本なのですが、写されたのもだいぶ前のようで……、でも、なぜか最近の本の中に紛れていたんです。あ、紙もかなり劣化しているので、気をつけて扱ってくださいね」

「……いや、怖くて触れませんけど。何の本なんですか？」

「竜です」

表紙には、直線によって、幾何学模様めいた、動物のように見える絵が描かれている。

首が長く、翼のある生物。

「この本のタイトルは、『竜の育て方（完全版）』。――竜なんて、実在していなかったと言われているのですけどね」

建国神話に曰く、ひとりの男と、一匹の竜がいた……が。

「最後に『竜が出現した』とされているのが、三百年前。その後も、国境沿いでの争い、飢饉、我が国でも色々ありましたけど、竜は姿を見せていません。そういう理由もあり、嵐や雨の自然現象の類を『竜』と呼んだのではないか……というのが今の定説ですが……」

「仮にもその『竜』の神殿でよく言い放ちますねえ」

アレクセイが呆れたように不敬を指摘するので、ユリアはむっと唇を尖らせた。心外である。

「貴方だって、神殿内に入れば『そうだろうな』って思うと思いますよ？」

「そう言われましても、巫女以外は入足厳禁ですから」

入ったところで誰にもばれることはないだろうが、別に入らなければならない理由もない。『聖殿』であることは間違いないのだし、禁を破って罰が当たるのも嫌なので、アレクセイに入ってほしいとも思わない。

「実際は、どうなってるんですか？　あの中って」

「ああ、そういえば、話したことはありませんでしたね。ええと……外から見たとおり、確かに歴史だけはありそうなんですが……」

どう説明したものだろうか、と、ユリアは少し考え込んだ。

「中は広くて、なんというか、がらんとしていて……とにかく、ものがないんです。少なくとも、教会によくあるような、礼拝用の椅子や机などの調度品は存在しません。人が来ることそのものが、想定されていないように思えます。ただ、窓は多くて、朝は、高い窓からよく光が差し込みます。そして、その光を一身に集める位置に――」

　きらきらと、その光景は、確かに少しだけ神聖に見える。

「それなりに装飾が彫り込まれた台があって、その上に、大きな、卵形の石が一つある」

　でも、それだけだ。

「卵形の……石？　卵ではなく？」

「石ですね。つるっとしていて、重くて冷たくて、生きているものが入っている感じは全くしないです。いや本当に結構重たくてですね、下ろして磨いて魔術をかけて、とするのが巫女の仕事なのですが、下ろす瞬間は緊張します、落としそうで」

「突然手伝いたくなってきました」

「本当に。手伝っていただけるものなら、ぜひともそうしていただきたい」

　いつか落とすのではないか、と、我ながらハラハラものなのだ。頷き、それから無言になるユリアに、「……あれ？」とアレクセイは首を傾げた。

「他には？　……え？　ほんとに、それだけしかないんですか？　結構広いですよね？」

「そうですね。普通の教会ぐらいの広さはあると思いますが……でも、本当にそれしかないんですよ。まさしくあの卵のためにある建物、という感じです」

「ははあ……なるほど……？　まあ却って神聖さがあるような気も……？」

「かつては、そう言えなくもなかったんでしょうが」

ユリアは深くため息を吐いた。

「今は、そう思うには古すぎますね。古いからこそ価値があるという見方もありますが、それは手入れが行われていてこそ……だということがよくわかりました。建国の竜を祀る聖殿の、一応は本拠地であるはずなのですが、巫女ひとり派遣すれば十分だなんて扱いで……竜もきっと嘆いていますよ」

「いやまあ、姫様に変わる前は、もっとちゃんと修道女もいたんですがね」

「それにしたって、顧みられていないことに変わりはないでしょう？　首都の大聖殿はあんなに豪華なのに……」

「それは……荒稼ぎしてますからねえ……」

その荒稼ぎの顛末のひとつが今の己だということを思い出せば不快な気持ちが蘇り、ユリアは机の上の焼き菓子を頬張った。美味しい。癒されると同時に愚痴が溢れる。

「巡礼もできない聖殿なんて、民はほぼ忘れてるわけじゃないですか。私はまあ、王家のものだから知っていましたけど……アレクも、ここのことなんて知らなかったですよね？」

「……知らなかったですね」

「でしょう。ベルーナ姉様の取り巻きの、それなりに敬虔であるはずのご令嬢たちですら、『そんなものもあったな』程度の認識だったんですよ？　こんな仕事、もう、なくしてしまえばいいのに」

卵形の石、どう見てもただの石でしかないものに祈りを捧げ、清拭と守護の魔法をかけるだけの巫女の仕事。仕事だから毎日こなしているが、無意味なことをしているな、と、ふと徒労感に駆られるときもある。ユリアはぼやき、それから、ふと気づいて付け加えた。

「……あ、でも」

「でも？」

「今すぐなくされたら、……困りますね」

もしかしたらいつか、本当に、『もうこの役目は不要だ』と、次代の巫女が派遣されなくなる日が来るのかもしれない。

それが今ではなくて良かったと思う。

「今の暮らしは、その、……楽しいので」

「……それは良かった」

アレクセイはちょっと唇を曲げて笑って、ユリアはなんだか恥ずかしいことを言ったような気がして、慌てて目を伏せてお茶を啜（すす）った。

外からは、雨の音がまだ聞こえてくる。平和な時間。なんでもないお喋り。

この時間がずっと続けばいい、と、ユリアは思う。

そんなユリアが、毎日律儀に卵を磨いていたら――生まれたのである。竜が。

その日の聖殿に、いつもと違った様子はなかった。

アレクセイに話した通りの、卵しかない聖殿だ。趣があるといえば趣がある、朽ちているといえば朽ちている。神聖さも、あるといえばある。けれどもすべてはいつも通りで、ユリアも、特に変わったことはしなかった。祈りの言葉とともに卵を磨き清めて、いつもどおりの魔術（マギ）をかけて、卵を台の上に戻した。その時まで――卵は確かにただの石、重く硬く冷たい、明らかに、生きている気配などない石だったはずだ。

それなのに、音が聞こえた。

罅（ひび）が入る音。振り向いたユリアの目が、光に焼かれた。自然光ではありえない、あまりに強い光だった。ユリアは思わず目を閉じて――光が収まり、目を開けた次の瞬間に、台の上の卵は割れていた。明らかに石なのに、明らかに殻で――その中に、何か、動くものがいた。

最初に見えたのは、卵の殻からはみ出す小さな尻尾（しっぽ）だった。そして声が聞こえた――広い聖殿にか弱く響く、それが産声だということが、赤ん坊になど一度も触れたことがないのになぜかわかった。本能のままに台に駆け寄って、ユリアは見つけた。

深緑の、まだ硬さのない鱗（うろこ）に覆われた肌。前脚も後ろ脚もひどく短く、長い尻尾がゆらゆら頼りなく揺れる。蜥蜴（とかげ）に似た顔には小さな角のような突起があって、大きな口にどうやらまだ牙がない。長い首と白い胸とが、鳴き声のたびに小さく震えている。

見たことのない、けれども、よく知っているような気がする姿の生き物が、灰色の殻の中に仰向けで収まり、ぴいぴいえんえんと鳴いている。

どうしよう。どうしたらいい？　考えながら、ユリアは恐る恐る手を伸ばした。鳴いている赤子にしてやるべきことを、ユリアは、他に知らなかった。

抱き上げようとして、その柔らかさに愕然とした。どこを触っても柔らかくて、持ち上げたら変に歪んでしまうのでないかと、そんな危惧ばかりが頭を掠めた。それでも、その生き物の――竜の子の泣き声はどんどん強くなり、ユリアはようやく覚悟を決めた。

腰のあたりと長い首とを支える、正しい抱き方ができたのは、『竜の育て方』の内容が無意識に掘り起こされたからだろうか。竜の子は、勿論抱き上げたくらいでは鳴き止まず――ユリアはそのまま、なるべく早足で聖殿を飛び出した。

「あ、あ、あ、アレクセイ!!　どうしましょうどうしましょう!!」

ふにゃふにゃと鳴く竜の子を抱え、慌ててみてもどうしようもなかった。飛び込んできたユリアに、いつもの調子で「例の卵、ついに落としましたか？」などと聞いてきたアレクセイも、ユリアの「生まれました！」の叫びと腕の中にいる奇妙な動物とには、流石に仰天して目を見開いた。

「姫様、それ、まさか……」

「竜、……だと思います！　卵、……例の卵から、生まれて……！」

自分で散々『ただの石だ』と言ってきた卵だ、はたしてアレクセイは信じてくれるだろうか。アレクセイは食い入るように竜らしき動物を見た。

「……まさか、……」

本当に、と、アレクセイの口が小さく動く。それから瞬きを一つして、ユリアへと顔を向けたアレクセイは、いつもの冷静さを幾分か取り戻したようだった。

「姫様、ええと、……これ、赤ん坊ってことですよね」

「おそらく、そうだと思います……」

「だったら、……腹が減ってるんじゃないですか?」

「!」

その言葉で、ユリアの脳裏に、本の一ページがぱっと浮かんだ。『竜の育て方(完全版)』。まさかあれは。思いながら、部屋の隅に積まれたままだったそれを広げて、該当のページをどうにか探し当てる。

本に書かれていた内容に従って、清潔な布に山羊の乳を含ませ、竜のちいさな口元へと運ぶ。竜の子はそれを吸い、無くなったら鳴き、三度繰り返して「ふにゃ……」と言って寝た。

「……寝た」

「寝ましたね……」

嵐が過ぎ去ったようだった。

机の上に下ろそうとすると、その動きで竜の子はまた鳴いた。慌てて抱き直すとすっと鳴き

止んだから、竜の子を抱いたまま、ユリアは必死で『竜の育て方（完全版）』の冒頭部、『竜が生まれたら』の章を読んだ。

一度目を通していたこともあり、必要な情報はなんとか手に入った。アレクセイに頼んで木箱に藁を硬めに敷いた寝床を作ってもらい、慎重に慎重に竜の子を置いた。

乳は家畜のもので問題ない。その他は人の赤子とほぼ変わらない。

本の内容を限りなく要約して伝えると、アレクセイは必要なものを調達してくると言い、不安げな顔をしながら村へと向かった。

夕暮れ、アレクセイが帰ってくるまでに、三度乳をあげ六度汚れた寝床を替えた。おむつが必要だと思った。

そして心は決まっていた。

「どうするんです」

「……それに答える前に、ひとつ、聞いてもいいですか」

「俺に答えられることでしたら」

竜の子はすやすや眠っていた。

アレクセイは古布や襤褸切れも大量に買ってきてくれていて、ユリアはそれを大急ぎで仮縫いし、襤褸を挟んでおむつを作った。

安らかな寝顔だ。ユリアは、竜の子から視線を外さず尋ねた。

「この子の存在を知ったら、また、戦になりますか。姉様は、戦争を再開すると思いますか？」

アレクセイが僅かに目を見張り、それから、ついと視線を逸らした。

竜が生まれたとなれば、『国の危機に竜が降臨した』として好戦ムードが高まるのではないか。ふと浮かんだその発想が、ユリアの浅知恵であればそれでいいと思った。

せっかく停戦が成ったばかりなのに、そんなことになるはずがない。竜の処遇は、ナターシャが適切に判断してくれる――と、アレクセイに笑い飛ばしてほしかった。

けれども、アレクセイは、ユリアの問いに答えなかった。

ユリアの問いを笑わなかった。

それは明白な肯定だった。

「……でしたら」

ユリアは、ベルジナ砦に行ったことがある。

と言っても、戦場に立ったわけではなく、戦地をその目に見たわけでもない。それでも、わかることはあった。

戦場では、驚くほど身近に『苦しみ』と『死』が存在していた。

慰問で訪れた傷病兵のための救護室は、痛みと嘆きに満ちていた。だからユリアは、王族には本来必要なものではない、治癒の魔術を身につけたのだ。二度目以降の訪問のとき、ユリアのような『落ちこぼれ』王女では鼓舞の役割を果たせなくても、ユリアの祈りが役に立たなくても、せめて誰かを癒せるように。

そう、だから、アレクセイが『戦場に戻りたくない』と口にしたとき、ユリアは情けないと思ったけれど、同時に、理解できるとも思ったのだ。戦場は、恐ろしいところだ。

誰だって、死ぬのは嫌だ。傷つくのは嫌だ。

だから決めた。

「この子は、私がここで育てます」

アレクセイが、軽く眉を上げる。ユリアの真意を測るように問う。

「……聖殿にも王宮にも報告しない、と？」

「はい」

現在、両国は痛み分けの状態だ。一時期はこちら側が押されていたというが、『ベルジナ砦の英雄』の活躍と、ナターシャの政治手腕によって、ベルジナ砦の周り――国境沿いの村々は取り返されて、国境線は変わらず維持されている。今が両国の手の打ちどころだとナターシャは判断し、協議をもって停戦の約定が成った。

けれども――戦に勝てる、あるいは、もっと優位な立場での交渉が望めるような事態になったとしたら、ナターシャはきっと、同じ判断は下さない。そういう冷徹さが、そういう苛烈さがナターシャにはある。

やっとのことで至った停戦だ。壊したくない。停戦を成立させた当のナターシャが、本当は、勝利を望んでいるのだとしてもだ。

「なぜこの子が生まれたのかはわかりません。もしかしたら、なんらかの目的——天命があって、今、生まれたのかもしれません。私の危惧なんて的外れで、本当は、我が国に勝利を齎しに来たのかも。……それでも」

この子のせいで、戦争が起きる。——それは嫌だ、と、強く思う。

「私は『竜の巫女』です。この子が生まれてしまった以上、私は、この子のためにここにいる」

よくできたぬいぐるみのような、丸く愛らしいシルエット。胸に抱いたときの小ささと重さ。ひんやりとした肌の奥に、確かに感じた温かさ。胸の奥底からこみ上げてくる、自分でも説明のつかない強い思いに呆然とした。

守りたい。

守らなければ。

私が、この子の母親なのだ。

＊　＊　＊

魔術で人肌に温めた乳を飲み、抱き上げてげっぷをさせて、しばらく揺らすと竜の子はやっと眠りに落ちた。

すんなり寝てくれたほうだった。竜の子が生まれてから二週間、試行錯誤を繰り返し、抱っこも寝かしつけもどうにか形になってきているが、慣れたとまでは言いがたかった。小さくふにゃふにゃとした体はどうしても抱くのが怖く、あやし方が合っているのかもわからない。

そのうえ、ユリアの、決して多くはない体力の限界が来る。

昼となく夜となく起きて鳴く竜の子に合わせた生活で、寝たと思ったらすぐ起きることもあり、睡眠は一日四〜五時間ほど、それも細切れにしかとれていなかった。無理をしている。自覚はある。けれども。

（……アレクを、頼るわけにはいかない）

竜の子を育てると決めてから、ユリアはずっと、ひとりで竜の子の世話をしていた。

アレクセイの本来の仕事は、ユリアの世話と護衛である。日々の生活だけで十分以上に働いて貰っているのに、更に負担をかけるわけにはいかない。

手は借りられない。——そもそも、アレクセイは恐らく、ユリアの決断をよしとしていない。

（『竜の巫女』なのは私で、私が決めて、アレクは私の意志を尊重してくれた。それで十分）

だから、大丈夫。

自分に言い聞かせ、それから、ちらりと自身の寝台を見る。次に起きるまでどれほどか、最低でも一時間は眠れるだろうか。それとも、どうせ少ししか眠れないのだったら、過去の手記から竜に関する部分を探したほうが有意義だろうか——思いながらも眠気に負けて、緩慢に寝台に横になる。そうしてどろりとした眠気に支配される、ちょうどその寸前で、「……ぅにゃあっ！」と小さな鳴き声がした。

「……うう……」

そう、こういうことになるから寝ないほうがマシなのだった、と思い出したが後の祭りだ。一度眠ろうという気になってしまうと、眠りに落ちていなくても起きるのが辛い。ユリアはしばらくうめいたあと、どうにか上半身を持ち上げた。

竜の子の泣き声はじわじわ大きくなって、今はきんと鼓膜を刺すかのようだ。

「ええと……今度は、おむつですかね……」

「姫様」

声をかけられて、驚いて振り向く。

扉が開いたことに気づかなかった。おそらくは、ノックの音にも。

部屋の中には入らずに、アレクセイが、こちらを見ている。

「いいですか。入っても」

「……どうして？」

「俺がやるんで。寝ててください」

アレクセイは了承の返事を待たず、意を決したように足を踏み入れる。止める間もなく竜の子のベッドの前に立ったアレクセイは、おっかなびっくりおむつの布を開いた。

「ああ、濡れてますね。替えは、ここの布を使えばいいですか」

「……はい」

不慣れではあるが、やり方はわかっていそうな手付きだった。いつの間に覚えたのだろう。

ユリアの疑問に答えるようにアレクセイが言う。

「一応、あの本は読んだんですけど」

「えっ。いつの間に？」

「姫様が寝てる間にですよ。台所に置いてあったんで。だいたい訳してありましたし」

眠い頭で古語を読むのは無理があるので、意識が鮮明なときにざっと訳しておいたものだ。

こんな形で役に立つとは思わなかった。

「でも、なんか間違ってたら言ってください」

「……大丈夫です。合ってます」

「それは良かった」

「でも、」

「――あのですね、姫様」

竜の子から視線を外さないまま、アレクセイは言った。

「俺は、この竜のこと、ナターシャ様に知らせたほうがいいと思います。姫様には荷が勝ちすぎる」

やっぱり。

そう言われることはわかっていて、だからユリアは、アレクセイには頼らなかった。そしてアレクセイは、今まで、どうすべきかの判断を保留していた。

王宮に、ナターシャに報告したほうがいい。そう思いながら——こっそり知らせを出すのではなく、ユリアが音を上げるのを——自らナターシャに知らせることを選ぶのを待っていた。無理やり竜の子を取り上げるより、ユリア自身に手放す決心をさせるべきだと考え、あえて手を出さず、ユリアの様子を見ていたのだ。

竜から無理やり引き剥がすより、自ら竜を手放させたほうがいいだろう——という考えが、優しさと言っていいのかはわからない。わからないけれど、ユリアは彼の予想よりは我慢強くて、だから、根比べはユリアの勝ちだった。

「でも、……姫様は、ほんとに、ここで、ひとりで、育てるつもりなんですね」

「はい」

汚れた布を容器に入れて、濡れ布巾で肌の汚れを拭いて、新しい布を尻にあてる。

おむつが綺麗になっても、竜の子はまだ鳴き止まない。不慣れな手付きで抱かせるのも怖くて、ユリアはアレクセイが抱こうとするのを制し、そっと竜の子を抱き上げて揺らした。

鳴き声が収まるのを待って、アレクセイが再び口を開く。

「本当に、いいんですか」

「……しつこいですね」

「しつこくもなりますよ。だってこれは、姫様にとって間違いなく好機です。——この竜を連れて王宮へ戻れば、誰も彼もが、姫様を蔑んでいたことなどころりと忘れる。『落ちこぼれ』なんて言われることも二度とないし、誰もが姫様の前に跪く。そういう未来があるんですよ」

「それは、……」

ユリアは目を瞬いた。思いも寄らないことを言われた、と思った。

アレクセイが言っていることそのものは、勿論、理解できる内容だった。現実に起こりうることとして想像もできる。なぜならそれは、宮廷で、あまりにありふれていた光景だからだ。称賛。喝采。手のひら返し。

彼らは口々に言うだろう。『私も実はあの方の魔術の才には意味があると思っていたんです』『元々あの方の境遇には同情していて』。彼らの多くはきっと、本心からそう口にするだろう。かつての自分たちがどう言っていたかなど、綺麗さっぱり忘れるだろう。そうだとして？

ユリアは、僅かに眉を寄せながら答える。

「その可能性は……正直、あまり考えていませんでしたが、……全く嬉しくないですね。いえ、私も、贅沢したいとか綺麗な服を着たいとかチヤホヤされたいとか、思わないわけじゃないですし……王宮の人たちに一泡吹かせてやりたい気持ちも、全くないというわけではないです」

「そりゃそうでしょう。なら」

「ですが」

腕の中で、竜の子はどうやら、完全に眠りについたようだった。抱く腕にそっと力を込める。

「……この子は、私のものではありません。私の虚栄心に巻き込んでいい存在だとも思いません」

小さくて、か弱くて、すぐにも潰れてしまいそうな体。

少なくとも今は、ユリアの庇護を必要としている赤子。

「……その罪悪感も嫌悪感も、きっと、今だけのものですよ。慣れてしまえば忘れます」

「そうなってしまうのも嫌です」

——それに、と、ユリアは口に出さずに付け加える。

ここに来て、ユリアは、やっとの安寧を手に入れた。穏やかで、ご飯が美味しくて、寝るときに明日が楽しみであるような日々。たとえ王宮でどれほど豪華な生活が送れるとしても——これを手放すのは、あまりに惜しい。それがユリアの本心だった。

ともかく、ユリアの答えは明確に否だ。その意志の固さにだろうか、アレクセイがひとつため息を吐く。

そして言った。

「わかりました。——なら、俺も、一緒にこいつを育てます」

「……え？」

そこまでのことは、望んでいない。

ユリアの決断は明らかな隠蔽、王宮にも聖竜教にも逆らう行為だ。共犯者にはさせられない。

目を見開くユリアの前で、アレクセイはただ冷静に、ユリアの腕の中の竜の子を見ていた。

「俺も色々考えましたが……姫様の判断は、おそらく妥当です。ナターシャ様はこの竜を最大限活用しようとするでしょうし——それはつまり、こいつを旗頭にして戦をするってことです。俺もそれは、あんまりいいこととは思えません。かといって、聖竜教を頼るのは言語道断だ」

聖竜教は、本来は、真っ先に竜の誕生を報告すべきところである。けれども。

「あいつら、既にしてやりたい放題なのに、こいつが生まれたなんてことを知ったら、間違いなく更に増長する」

アレクセイの言葉に、ユリアは頷く。民から巻き上げた寄付金で好き勝手に贅沢し、王家からの援助も着服し、本来の目的をすっかり忘れ去っているのが今の教会だ。だからこそ、本当の竜が生まれる場所であるこの場所でさえ、今のような有様になっているのだ。

そんな教会に、『本当の竜』を託すことができるだろうか？　――できるわけがない。

「だから、こいつが誰にも利用されないようにしたいっていうなら……せめてこいつが一歳を超えるまで……自らの意志を主張できるようになるまでは、ここで隠すのが妥当でしょう。本によると、そのぐらいで簡単な意思疎通ができるようになるんですよね？」

「あ、はい。そのはずです」

「なら、そこまでいけば、万が一ナターシャ様やら聖竜教やらがこいつを好き勝手にしようとしても、肝心のこいつが姫様から離れない……そういう状況に持っていける。あるいは……」

その後アレクセイが続けた言葉は、ユリアの不安を、驚くほど的確に解消するものだった。

「こいつが生まれてきたことに、なんらかの意味が――『天命』とやらがあるとしても。そこまで成長すれば、誰の指図を受けることもなく、こいつ自身が、自分の意志でそれを為すでしょう。だから、神の真意に従うとしても、この選択肢が最善です」

神の意志。天命。――それに、従うとしても？

「……そう、思いますか？　本当に？」

「思います。本当に」

「……ありがとう、ございます。……でも、……それでも、貴方は、マリーに言われてここに来ただけですよね？　私の世話だけでも大変でしょうに、子守までさせるわけには」

「姫様の世話だって、子守みたいなもんですが」

「えっ」

「は、冗談としても」

アレクセイはふっと、ただ優しいだけの顔で笑った。

「姫様がなるべくひとりでなんでもやりたいってこと、俺の手を借りたくないってことはわかってます。俺に迷惑をかけまいとしてるってことも。……でもね、ひとりで赤ん坊を育てるってのはだいぶ無茶ですよ。無茶だってことは、もう十分わかったでしょう」

そんなことはない、とは流石に言いがたかった。自分がどんなひどい顔色をしているか、わからないわけではなかったからだ。

「乳母なんて仕事が特別にあるのも、子育てが重労働だからです」

「でも、使用人がいない家にだって、子どもは生まれているわけでしょう？」

「庶民はね、もっと合理的ですよ。隣近所で寄り集まって、年嵩の子が赤ん坊の子守をしたりしているんです。女子どもだって、働かなきゃ生きていけませんから。……そうやって皆でやってることをね、全部ひとりでやろうだなんて、無理ですよ。見てられません」

無理、なのか。

生まれたての竜の子は、生まれたての人の子と同じだ。ユリアは人の子を抱いたことはないが、同じだと教本に書いてあった。だから、腕の中の竜の子はまだ軽いはずで――なのに、どうしてこんなに重く感じるのだろうと思っていた。

無理を、していたからだったのだろうか？

「……抱いても、いいですか？」

「あ、……はい、でも、あの」

「首の後ろを支える……んですよね。教えてもらえますか」

竜の子はまだふにゃふにゃとして柔らかく、体のどこもしっかりとしていないから、支える場所にコツがある。本で読んで理屈はわかっていたとしても、実践するのは容易くはない。ユリアがそうっと竜の子を渡すと、アレクセイはひどく緊張した様子でそれを受け取り、どうにか起こさずにすんだことにほっとしたように息を吐いた。

そして言った。

「……ああ、……怖いですね」

こんなに軽いのに、こんなに重い。

アレクセイの噛みしめるような呟きに、完全に、ユリアの体から力が抜けた。

「あの」

途端に体が重くなった。もう何もできる気がしなかった。

「……しばらく、起きなかったら……寝かせてもらって大丈夫です。その、置いたら起きるかもしれないですけど。置いた瞬間が一番危険なので」

「そう言われると寝かせたくなくなりますね……」

「じゃあずっと抱っこしててもらっても」

ユリアとしては冗談のつもりだったのだが、アレクセイは生真面目(きまじめ)に「そうします」と頷いた。それもいい経験かもしれない。ユリアもしたことがあるし。竜の子がとりあえずは起きそうにないのを確認し、ユリアはごく小さな声で「寝ます」と宣言した。

「遅くとも一時間ぐらいで、また起きると思うので……そしたら、起こしてください。そのあとに……濡れた布の処理と……あと、哺乳瓶を洗ったりとか……手伝っていただけると……」

もう、とっくの昔に限界だった。

ユリアは言いながら寝台に潜り、アレクセイの、安心したような「わかりました」を聞く頃(ころ)には、半分ほど眠りに落ちていた。

＊　＊　＊

「どうして私の胸からは母乳が出ないんでしょう？」

「産んでないからですよ、姫様」

「そんな……私の子はこんなに可愛(かわ)いのに……!?」

「寝ましょう姫様。大丈夫です、最近は俺の手からミルクを飲んでくれることもありますから。嫌そうですけど」

「あの顔、ほんと嫌そうですよね……」

「同じ味のはずなんですけどね……」

アレクセイが手伝ってくれるようになったからといって、すぐさま何かが解決したわけではなかった。竜の子はアレクセイの抱っこを嫌がって身を捩(よじ)らせて鳴き、舌で哺乳瓶を押し戻し、寝たかと思えばすぐ起きてユリアの睡眠時間を削り続けたからだ。

そういう理由で、竜の子の世話は、引き続き、ユリアが中心に行っていた。竜の子は圧倒的にユリアに懐いていたし、ユリアの家事の手際はまだまだ初心者レベルであるということを鑑(かんが)みれば、アレクセイが家事全般を引き受けたほうが、どうしたって効率的であるからだ。

ただし、昼間三時間ほどは、どんなに竜の子が泣いてもアレクセイに預け、必ず仮眠をとるようにした。それだけでユリアの精神的負荷はだいぶ改善し、できた余裕で竜の子の新しいおむつを作ったり、竜に関する手記や文献を読んだりすることができるようになっていた。

今日(きょう)もまたアレクセイに寝室に押し込められ、三時間の仮眠から起きたユリアは、少しすっきりした頭で炊事場に入って、竜の子の寝床を覗(のぞ)き込んだ。竜の子は珍しく、ゆっくり眠っているようだ。

(……寝てるときは、本当に、可愛いだけなんですけどね)

竜の子は、寝台の中で寝息を立てている。安らかな眠りが儚(はかな)いことを知っていても、その顔はやはり、見守らずにはいられない可愛らしさを宿していた。ユリアが椅子(いす)に腰掛けると、夕食のスープを煮ていたアレクセイが振り返り、「おはようございます」と目を細める。

「今日はよく寝てますよ。……あ、その分、夜寝なかったらすみません」

「大丈夫です。最近ちょっと、寝る時間が伸びてきた気がするんですよね」

昼間起きている時間が長くなっているぶん、トータルの睡眠時間は減っている。しかし、一回当たりの持続時間は確実に伸びている。つまり、ユリアはそのぶんゆっくり眠れる。

成長するのだ、と、しみじみユリアは実感した。

どういう理屈かはわからないが、ただの石だったはずの卵から生まれた竜の子は確かに生きていて、日々着実に成長していた。生まれてから二ヶ月と少しが過ぎて、その体は一回りほど大きくなって、ふにゃふにゃしていた表皮は鱗らしく硬くなり、抱いたときの感触も随分しっかりしてきた。

竜の子の最初の一年は、大きさも含め、人の赤子とほぼ同じだという（と、本に書いてあった）。首が据わり（竜は人より当然首が長いのに、人の赤子と同じように首が据わっていないので、今は抱っこがかなり大変なのだった）、寝返りができるようになり、座るようになり、やがて四つ足でハイハイをする。人の子は最終的には立って歩くようになるが、竜の子は代わりに空を飛ぶようになる（ちなみに、人の赤子と同じなのはそこまでで、以降は急激に大きくなり知能も発達し、一年もすれば人を乗せられる大きさになり、人語も巧みに操るらしい。まったくもって謎(なぞ)の生態である）。今のところ記載のとおりに成長している竜の子は、近頃

『表情』と呼べるものを獲得しはじめていた。

「……そういや、姫様、こいつが笑うようになったって言ってましたけど、ほんとですか？」

「え？　はい。私はこの目で見ましたよ。本にも、概ね二ヶ月ほどで笑うようになると記載がありました」

「そうかー……俺がまだ気を許してもらってないってことですね……」

「そこまでの知性はまだ全然ないと思いますけど……」

「そうですかね？　こいつ、わりと人を見てるというか、やっぱ誰に一番世話になってるのかわかってると思いますよ。……どうぞ。俺はさっき済ませたんで」

　食べられるときに食べる、いつ竜の子が起きても大丈夫なように食事の時間をずらす、というのは、アレクセイが竜育てに参戦するようになってから、習慣となったことのひとつだった。ユリアの前に、アレクセイが、温かいスープとパンとを並べる。それをありがたく口に入れ、ユリアはしみじみと息を吐いた。

「美味しい……」

「いやそんな噛みしめなくても」

「噛みしめますよ。温かいご飯は正義です」

　ひとりで竜の子の世話をしていたときは、食事をゆっくりとるような余裕はどこにもなかった。ほわほわするユリアに目を細めるアレクセイには気づかず、ユリアははたと顔を上げる。

「って、ご飯まで作ってくれたんですか！　要領が良すぎます！」

「よく寝てくれてたからですよ。さっと煮ただけです」

「いやそれにしても……うーん、やはり、今は逆に負担がそちらに寄りすぎてるような……？」

　結界など魔術が関わることはユリアにしかできないが、それ以外の家事全般――本当に『全般』をアレクセイが担って、そのうえでユリアの仮眠時間まで確保させてもらうというのは、流石に甘えすぎているような気がする。分担を見直すべきでは、と提案するユリアに、アレクセイは「いやいや」と首を振った。

「そんなことないですよ。というか、偏ってたとしたって、そもそもの基礎体力を考えれば当然の偏りです。姫様は元々、労働するような身分ではない……労働を前提とした育ちをされていないわけですから」

　元々兵士であるアレクセイと、落ちこぼれとはいえ王族として暮らしてきたユリアとでは、体力に差があるのは当たり前だ、というアレクセイの主張は正しい。正しいのだが。

「睡眠の必要性は同等では？」

「ちゃんと夜は寝てますよ。姫様の結界のお陰で、警戒も不要ですし。……それにね、姫様」

　アレクセイが、ユリアの前の席に座る。そうして、少し切り出しづらそうに、迷ってから口を開いた。

「もっと、なんというか……してほしいことはないですか？」

「……してほしいこと、ですか？」

これ以上？　ユリアはきょとんとして、それから少し考えた。

してほしいこと。なくはない。なくはない、と、わかっているからアレクセイも聞くのだろう。ユリアがもっと、根本のところで満たされていない、と。その推測は正しい。

正しいが、ユリアの願いは、あえて口にするようなことでは――『お願い』してやってもらうようなことではない。

だから、アレクセイが気に病む必要はないのだ。ユリアは空になった皿に「美味しかったです、ありがとうございました」と言い添えてから、にこりと笑った。

「特に……ないですね。ご飯は美味しいし、寝れるし、この子は可愛いし」

これ以上を望んだら罰が当たる。ユリアは皿を重ねてアレクセイに渡し、まだすぴすぴと眠り続ける竜の子の頬を軽く撫でた。

「ごちそうさまでした。……起こすのは心苦しいですが、この子をお湯に入れてきます。片付けを頼んでもいいですか？」

「はいはい。ミルクも持っていきますね」

体温が高く汗をかきやすいところまで人の赤子と同じである竜の子は、湯浴みを怠るとすぐに独特の匂いを発するようになる。魔術で温めたぬるま湯と泡立てた石鹸とで竜の子を洗い、保湿用の軟膏を塗って、水分補給のためミルクを飲ませるのが、ユリアが仮眠から覚めて最初にする竜の子の世話だった。最初は湯の中に落としてしまいそうでひやひやしていたが、今は大分慣れ、「気持ちいいですね～」と声をかける余裕も出てきていた。

——その余裕が仇となった、あるいは、『物事は慣れはじめたときが一番危険』という、ありふれた言説が現実となったのかもしれない。

ともかく、その二十分後——ユリアは、浴室で、泡とお湯に塗れてへたり込んでいた。

ぎゃあっ、と、可愛らしさの欠片もない悲鳴が、浴室の中に反響する。

やられた。呆然としながら、湯のなくなった盥と、盥の中で楽しげにじたばたする竜の子を見る。泡混じりのお湯が竜の子の顔にかかりそうになったのを見て、慌てて竜の子を抱き上げた。溺れるような水の高さではなくなってしまった……が、自力で寝返ることもできないくせによく動くから、いつ不測の状態になるとも限らない。竜の子を落とさないようにぎゅっと抱えて、これからどうしよう——と思ったところで、ばたばたと駆け寄ってくる足音が聞こえた。浴室から炊事場は決して近くはないが、ユリアの悲鳴が届いたのだろう。

「——なにかあったんですか、姫様!?」

ばん、と、慌てた声とともに扉を開ける。そうして大きく目を見開き、アレクセイはばっと顔をそらした。

「ひ、姫様、普段そんな格好で風呂に入れてたんですか!?」

「そ、そうですけど……」

浴室には浴槽が存在するが、竜の子を洗うには大きすぎるので、ユリアは大きな盥を代わりに使っている。そして当然濡れるので、服は脱ぎ、下着——と言っても、肩や太ももまでは覆う形の、白く薄い布で作られたものだ——一枚で、竜の子の沐浴を行っている。当然ながら、人に見られる想定はしていない格好だ。

そのうえ今は前半身がびっしょりと濡れて、張り付いた布の下に肌が透けている——ということには、ユリアは残念ながら気づいていない。アレクセイが棚からタオルを取り出してユリアに押し付けようとして失敗し、棚のタオルを全部床に落とすものだから、ユリアはびっくりして目を瞬いた。慌てすぎている。どうにか落ちたタオルのうち一枚を拾うことに成功し、アレクセイはユリアにそれを差し出した。

「とりあえずこれを……ああいや、なにがあったんですか」

答える余裕がない。ユリアはタオルを受け取って竜の子の体を包み、「お願いします」とアレクセイに差し出した。

「洗い終わってはいるので、拭いて、保湿を……」

「は、……いやそっちですか⁉　まず自分のほうをどうにかしてくださいよ！」

「えっ……でもこの子が風邪をひいたら可哀想、っぷ」

床に落ちたタオルを更に数枚を投げつけられて、ユリアはむっと顔を顰める。……が、受け取った竜の子が暴れそうになるのを必死であやしはじめたアレクセイの横顔、その耳がたしかに赤く色づいているのを見て、ユリアは大変申し訳ない気持ちになった。

「……あの、なんだか、すみません……？」

「いえ、……保湿って、これですよね？　多めに……って、これぐらいでいいですか？」

「あ、いえ、もっとたっぷりで」

ユリアの前の巫女が愛用していた品なのかどうか、手荒れや肌荒れを防止する軟膏の類は定期輸送の荷物の中に含まれている。了解です、と呟いたアレクセイは、暴れる竜の子にどうにか軟膏を塗りつけながら、「姫様が謝ることじゃないですが」と僅かに眉を寄せた。

「というか、俺が謝ることなんですけど。すみません、その、ほぼ見てないんで」

「あ、いえ、なんというか、お見苦しいものを……」

「見苦しいわけ、……っ、」

浴室の扉の陰から顔だけ出して様子を窺っていたユリアと、否定のためにこちらを見たアレクセイの顔がばっちり合って、その顔がやっぱり赤く見えるからユリアは驚く。アレクセイはすぐに視線を竜の子に戻し、あーとかうーとか唸ってから、心底困り果てたみたいに言った。

「……いや、これ俺何を言っても失礼なやつじゃないですか？」

そのぼやき声が、本当に、あんまりにも困り果てているものだから、ユリアは思わず笑ってしまった。なんだか可愛い、とすら思う。思いながら顔を引っ込め、扉の陰で体を拭いて、

――さてどうしよう、と、ユリアもまた困り果てて腕を組んだ。

予備の着替えは、アレクセイがいる脱衣所側の棚の中だ。どうしたものかと考えるユリアに、アレクセイが尋ねる。

「姫様、着替え、この部屋にありますか？」

「あ、はい。タオルが入ってたのの隣の棚に」

「なら良かった。……もう少しで塗り終わる、と思うんで、……そしたら、こいつと先に戻ってますね。ゆっくり着替えて、なんなら体を流してから来てもらって大丈夫なので」

「いや、さすがにそこまでは。先に戻っていてもらうだけで十分です」

アレクセイが算段を立ててくれて助かった。ほっと息を吐き、それからまた、扉から顔を出して様子を窺う。そうして見えたアレクセイの横顔に——竜の子に触れる手つきの確かさに、ユリアはふっと胸を打たれた。

真剣な、横顔だった。

先程までの狼狽えた様子は欠片もなく、ただ、真摯に竜の子に向き合っている。

湯浴みは保湿はアレクセイに任せるつもりはなくて、だから、ユリアは、何かを教えたこともない。けれども、保湿と聞いてすぐ使う軟膏がわかったこと、塗り方をユリアに確認してくれたことから、アレクセイが『竜の育て方』を読み込んで、手順を把握してくれていたことがわかった。

きゅうっ、と、ひどく可愛らしい声が聞こえる。

床に敷いたタオルの上で、アレクセイが、竜の子に軟膏を塗っている。はじめは抱っこどころか触るのもおっかなびっくりだった手が、少しの躊躇いもなく竜の子の肌に触れ、じたばたする手足を必要に応じて押さえ、少しの傷もつけたくないと思っていることがわかるような手つきで軟膏を塗り伸ばす。マッサージのような丁寧な手技に、竜の子はひどくご機嫌だ。

竜の子が、笑っている。

笑った、と、吐息のように、なにかを恐れるみたいにアレクセイが言う。

「……ああ」

アレクセイの少し垂れた目が、ふにゃりと細まる。

「可愛いなあ、お前」

誰にも聞かせる気のない、ただ溢(あふ)れただけの呟き。そうして、やわらかく、――けれども確かな愛情に満ちて、アレクセイが笑う。

きゅうっと、喉(のど)が詰まった。なんだか眩(まぶ)しくて目を瞬いた。

してほしいことはないか、と、アレクセイは尋ねた。

ユリアがしてほしいことはひとつだけだった。

アレクセイは、ユリアをよく手伝ってくれた――もしかしなくてもユリアよりずっと働いて、ユリアの助けになってくれた。それは十分すぎる献身であり、同時に、『献身』では、なにひとつ足りてはいなかった。

ユリアは、アレクセイに、竜の子のことを、一緒に考えてほしかった。指南本ひとつをよすがにした、暗闇(くらやみ)を手探りで進むみたいな竜の子育ての正解を、一緒に学んでほしかった。一緒に悩んでほしかった。

それが、愛するということだからだ。

ユリアは、アレクセイに、この竜の子を愛してほしかった。

でも、それは、絶対に押し付けられないことだ。決して強制できないことだ。自ずから成されなければ意味のないことだ。ユリアにはそれがわかっていて、だから、この光景が、まるで奇跡みたいだと思うのだ。

「……よし、と。こんな感じで大丈夫ですかね?」

アレクセイが、ユリアのほうを見ずに尋ねる。ユリアはこくこくと頷いた。

「大丈夫です。……つるつるにしてもらいましたね、嬉しいですね」

アレクセイに抱き上げられた竜の子に声をかけると、まだそんな知能があるはずがないのに、応えるみたいに竜の子が笑う。それを見たアレクセイがまた嬉しそうに笑って、ああ、と、ユリアは嘆息する。

ここに幸福がある。

幸福とは、伝播(でんぱ)するものなのだ。

――十分後。

どうにか着替えを終えたユリアは、再び、炊事場の備え付けの机にて、アレクセイと向かい

合っていた。

「で、なにがあったんですか？」

違うのは、ユリアの腕の中に、すっかりご機嫌でつるつるすべすべの竜の子がいることである。湯上がりのミルクを与えながら、ユリアは状況を説明した。

「えーと……この子がはしゃいで尻尾と翼をばさばさして……盥のお湯がほぼ全部私のほうに」

「ずいぶん力がつきましたからねえ」

「まだ寝返りもできないはずなんですが、そこは流石に人の子以上っぽいというか……人の子にはない部分が強くて……」

人の子ならか弱い足で蹴り上げるぐらいですむものが、竜の子の翼にかかれば被害甚大、ということもある。まだ首も据わりかけの今でさえこれなのに、育ったらどうなってしまうのか。

戦々恐々とするユリアの前で、なるほど見た目からして強そうですもんね、と、笑いながらアレクセイが言う。

見守られている。

腕の中でごくごく美味しそうにミルクを飲む竜の子を、アレクセイが、ひどく優しい目で見ているのがわかる。視線は竜の子に下ろしたまま、そちらを見ずにユリアは言った。

「あの。……さっき、してほしいことはないかって聞きましたよね」

「え？　あ、はい。言いましたね」

「あれ、今、ひとつあるなと思ったのですが」

唐突とも言えるユリアの言葉にアレクセイは少し目を見開いて、けれども、理由は問わずに「なんなりと」と言う。

「名前を、……つけてもらってもいいですか？」

「え？　……あれ？　そういえば、確かに……」

「つけてないんです。その、最初はそんな余裕もなくて」

ひとりで世話をしているときは、独り言を言うことはあったが、竜の子に意識して話しかけるような余裕はなかった。

「最近は流石に、呼び名がないと不便だなと思って、ずっと考えてたんですけど……。何も思いつかなくて、後回しにしてしまっていて、だから」

「……俺が？　つけていいんですか？」

流石に驚いた顔をするアレクセイに、ユリアは「はい」と頷いた。

竜の子はきっと、はじめて見たユリアを親として認識している。アレクセイが本当に竜の子を『一緒に育てる』と、もうひとりの親になるというのなら、名付け親になることこそ相応しい。アレクセイは「うーん」と考えるように顎に手を当てた。

「竜には雌雄がないんでしたっけ？」

「そのようです。そもそも、生殖器に当たる部分が存在しないとか」

「ほんと謎の生物ですね……いや、そもそも生物なのか……？　……うーん……」

アレクセイはしばらくうんうん唸って、それから言った。

「竜は、空を飛ぶものですから……『シエル』では安直ですかね」

天空。シエル。

口の中で繰り返すと、高く澄んだ空の色、爽やかな青がぱあっと脳裏に弾けた。

「……いい名前ですね。この子の目は、蒼空の色です。いいと思います」

シエル、と、小さく呼びかけると、哺乳瓶に吸い付いたままの竜の子が、応じるみたいにくんと鼻を鳴らした。可愛い。顔を見合わせて思わず笑った。


シエル。

まるで最初から決まっていたみたいに、舌に馴染む名前だと思った。ミルクをすべて飲み干した竜の子が、ぷは、と満足げに息を吐く。「美味しかったですね、シエル」と声をかけると、『シエル』は、きゅうっと嬉しげに声を上げて笑った。

＊　＊　＊

アレクセイが芋を掘っている。

数ヶ月前に植え付けた種芋が、収穫の時期を迎えたのだ。根菜のほうも順調に葉を生い茂らせているが、こちらの収穫は冬明けだという。植えた直後からそれどころではなくなったせいもあり、ほとんど放置していた畑だったのだが、どうして作物というものは強くそれなりに育つものらしい。収穫の時期がきていることに気づいたアレクセイが慌てて土を掘り起こし、ユリアとシエルは畑のそばの草地に大きな布を敷いて座って、それを眺めているのだった。

「すみません、任せきりで」

「それはいいですが……そろそろ冷えますけど、大丈夫ですか？」

「大丈夫です。久しぶりに外に出たかったですし……シエルもですね、陽の光を浴びたり、外の風に当たったりしたほうがいいんですって。初代と竜とが出会ったのがこのあたりであるとおり、元々かなり寒さに強い生き物らしくて」

「……のわりに」

アレクセイはちらりと、敷布の上に転がっているシエルを見やった。

「なんか、もこもこしてません？　そいつ」

「いやだって、成体とは違うでしょうし……風邪をひいたら可哀想なので」

厚手でもこもこの布を突貫でベストの形に仕立て上げた服を着たシエルは、自画自賛ではあるがそれなりに可愛い。ふわふわした感触が気に入ったのか、シエルも楽しそうにぎゃっぎゃと笑っている。

そう、シエルは、四ヶ月を過ぎて、声を上げて笑うようになったのだった。

首が据わったことできょろきょろとあたりを見渡せるようにもなったし、手足の可動域も広がってきて、いよいよ自由に動き出すかもしれないという気配を感じる。育児書でも、このぐらいの時期には『寝返り』が、仰向けの状態から俯せの状態への姿勢変更ができるようになると書かれていた——が、こちらについては、途中で諦めるところを何度も目撃しているのでまだ先かもしれない。思いながらシエルの頭を軽く撫でると、その頭が、必死に上を向くように仰け反っているのがわかった。

「あれ？　……ああ、仰向けでは向こうが見づらいですか。抱っこしましょうか？」

膝の上のほうが寒くもないだろうし、と、手を伸ばそうとして、シエルの背が顔と同じように思い切り反っているのを見て、手が止まる。

足で強く地面を蹴り、体を捻らせ——この姿勢は。

「が、頑張れー！」

「うわっ!?」

「あ、貴方ではないです。シエルが……頑張れ！　もう少しですよ！」

「ああ俺じゃないんですか……シエルが？　……！」

ユリアの視線の先に気づいたアレクセイが、はっとしたように拳を握る。固唾を呑んで見守る——見ても、『今度こそ』と期待してしまうが、はたして今回は。

と、思った、——その瞬間。

「……み、見ましたか!?　見ましたね!?」

ころん、と、成功はひどくあっけなかった。

「見ました、うわ、てか今すげードヤ顔してません？　ってうわ!?」

わーわー騒ぐユリアとアレクセイの目の前で、シエルの口からけぽっと白い液体が溢れた。シエル自身は気にせずにこにこしているが、ユリアとアレクセイはそうはいかない。

「あっあっそういえば書いてありました、俯せになると腹部が圧迫されるので、ミルクの吐き戻しに注意って！」

「そのへんもう大丈夫になってから寝返ってほしいですね⁉」

「ええと……とりあえず着替えとかとってくるので、見ててください！」

ユリアは慌てて室内へと戻り、着替えやタオルなどを持って慌てて戻る。アレクセイは土仕事で汚れた手を拭き、シエルがこれ以上汚れないようにと一度抱き上げてくれていて、ユリアは「ありがとうございます！」と言いながら敷いていた布を取り替えた。

「服、汚れちゃいました？」

「はい。洗えばとれるとは思いますが……」

着替えさせるため敷いた布にもう一度寝かせると、一度ですっかりコツを掴んだのか、くるりと転がって楽しげにギャギャッと笑う。長い首を揺らしてあたりを見回しているから、仰向けのときより広く景色が見えるのが楽しいのだろう。ユリアはその姿勢のままで着替えさせることにして、手早く前側のボタンを外した。

「はいはい、楽しいのは何よりですが、お着替えしちゃいましょうね」

せっかくの服の出番が一瞬だったのは悲しいが、これも育児の常である。一度持ち上げ、厚手のものを見繕って持ってきた服に着替えさせても尚、シエルは楽しげな様子を崩さなかった。

「あんだけ派手に吐き戻しておいて、苦しく……ないんですねえ、ご機嫌だ」

　短い手足は、とはいえ地面にはつく長さである——はずなのに、羽と同じように上げられた手足はばたばたと動くばかりで、前に進むような動きに繋がる気配はない。両腕を広げ、羽と腕とを同時に動かすさまは、まるで歩くより前に飛ぼうとしているかのようでさえあった。不安になったようにアレクセイが言う。

「飛び……ませんよね？　まだ」

「はい。飛ぶようになるのは一歳よりあと……のはずです。これはなので、ハイハイというか、ずり這いというか、そういうことがしたい動きのはずなんですが……」

「……いやこれ、前に進みたい気持ちあるんですか、ほんとに？」

「あるはずですよ。ほら、見てくださいあの目を、捕食者の目……いや、シエル、それは食べちゃ駄目ですよ！」

　前にいるバッタらしき虫を見る目が、確かに爛々と輝いている。ユリアは静止の声を上げて慌ててシエルを抱き上げ——ようとしたが、ばたばたばたばた、とどれだけ動いてもやはり全く前に進む様子がないので、とりあえず眺めていることにした。ばたばたばたばた。手足を動かしても一向に近づかないことにやがて気づいたのか、それともようやく息苦しくなってきたのか、シエルはぐしゃっと顔を歪めて、ぺたんと首から力を抜いた。

「あ、力尽きた」

「可愛い……」

アレクセイが『思わず溢れた』みたいな声で言ったので、思わずユリアは笑ってしまう。

「可愛い……けど、可哀想ですね。よしよし、大丈夫ですよ～」

うーうー唸るみたいに鳴いているシエルを抱き上げて、軽く高い高いをするようにしてあやすと、シエルはすぐユリアの腕の中でご機嫌になる。一瞬で感情が切り替わる素直さがあまりに可愛い。ギャギャッとした笑い声を上げるシエルに、ユリアも思わず笑み崩れた。

「よしよし、頑張りましたね……あ、ほら」

アレクセイがじっとこっちを見ているので、抱いたシエルをそちらへと向けて、サービスのつもりで言ってやる。

「アレクもすごいってびっくりしてますよ。よく頑張りました！　ね？」

アレクセイのことをアレクと呼ぶようになったのは、シエルを名付けてもらったのと同じ頃からだった。

シエルの世話を共同で行うに当たり、アレクセイを呼ぶ機会が増えたため、自然と呼びやすい呼称で定着したのだ。追いでの褒めの言葉を期待していたユリアは、無言のままのアレクセイに軽く首を傾げた。

「……………褒めてあげないんですか？」

「え、…………あ、はい」

どこか呆けたような顔をしていたアレクセイが、ぱちぱちと忙しなく目を瞬く。ぼんやりしていたのだろうか？　珍しいな、と思いながら尋ねる。

「……あれ、疲れてます？　最近、急に寒くなりましたしね……今日は切り上げて、もう、中に戻りましょうか？」

「あ、いや、大丈夫です。ただちょっと……世界が眩しくて……」

「……？　今日は晴れとは言い難い気がしますが……」

　夏が終わってからめっきり薄曇りが増え、今日も日差しが強いとは言い難い。やはり体調が悪いのでは、と、ユリアは本気で心配になった。

「やっぱり収穫はやめにしましょう？　相変わらず、家事もお任せしっぱなしですし、そろそろまた役割分担を見直すべきときでは……」

「いや、ほんとに大丈夫です。姫様こそ、ちょっと慣れてきたぐらいが一番事故りやすいですから。まだ、シエルに集中していたほうがいいと思いますよ」

「うっ」

　ほんの二ヶ月前の『事故』が頭を掠めて、ユリアは咄嗟（とっさ）に言葉に詰まった。あれ以来きちんと服を来て、防水魔法で体を覆ってシエルを洗うようになったユリアである。そんなユリアを安心させるように、アレクセイは軽く微笑（ほほえ）んだ。

「余裕は余裕のまま持っておいてください。俺は大丈夫ですから、ほんとに」

「はい……」

　そもそもユリアは腐っても王族育ち、どう足掻（あが）いても世話はするよりされる側の人間なのである。シエルが寒くないよう胸の中に抱き、再び座り込んだユリアは、収穫作業を再開するアレクセイをじっと見つめた。

アレクセイが、土の中から、器用に芋を掘り出していく。

「できはどうですか？」

「厳しいですね。できてるにはできてるんですが、虫に食われてるのが多くて……お」

アレクセイがなにやら掘り当てたらしく、嬉しそうにユリアを手招きする。

「姫様、ほら、見てください。綺麗にできてるのもありますよ」

「えっ」

ユリアは目を瞬いて、シエルを抱いたまま畑へと駆け寄った。ほら、と掲げられた、何個か連なった芋は確かに大きく形も綺麗で、ユリアは「わあ」と目を輝かせた。

「美味しそうですね！」

「今日、早速食べてみますか？　寝かせると甘みが増すそうですが、新鮮なものも悪くないらしいですよ」

「食べましょう食べましょう。あ、シエルは駄目ですからね。……あ、そういえば……」

と、言ってから、ユリアははたと思い出して憂鬱になった。その顔を見て、アレクセイが首を傾げる。

「……どうしました？」

「いえ、あの、もう少ししたら離乳食だなと思いまして……そう、聞かないといけないんでした。これから冬になりますよね？　生肉って、手に入りそうですか？」

ユリアは狩りのことは詳しくないが、雪が深くなれば大変なのではないかという気がする。

ユリアの問いに、けれどもアレクセイはあっさりと「大丈夫ですよ」と頷いた。

「大型の獣は冬眠したりもしますが、兎（うさぎ）やら鳥やら鹿（しか）やらはいますから。特に問題ありません。……え？　食べるんですか？　こいつが？」

「はい……」

竜は見た目のとおり肉食らしく、もう少し大きくなり、牙が生えはじめてきたら、小さく刻んだ生肉などを与える必要があるらしい。アレクセイに負担をかけるばかりだな、と思うユリアの前で、アレクセイは寧（むし）ろ嬉しそうに笑った。

「それは狩りがいもあるってもんです。……あ、でも、どうしても家を空ける時間が長くなりますね。姫様こそ大丈夫ですか？」

「大丈夫……だと思います。一応、その頃には、夜のミルクは必要なくなるはずなので」

夜通し眠れるようになれば、昼はユリアひとりでも大丈夫のはずだ。アレクセイは安心したように「そうですか」と言って、シエルに向かって笑いかけた。

「美味しいやつ、たくさん狩ってくるから。期待してろよ」

片手に芋を持ちながら、楽しそうに笑ってアレクセイが言う。わかっているのかいないのか、恐らくはただ笑いかけられたのが嬉しくてシエルも笑う。その様子があまりに微笑ましく——アレクセイの姿があまりにも騎士からかけ離れているので、ユリアは思わず笑ってしまった。

というか、そもそもユリアは、アレクセイの騎士然とした姿をあまり見ていないのだった。

近衛の隊服など最初の日に着ていたっきりで、以降は動きやすそうなシャツ一枚。狩りのときは上着や風よけのマントを引っ掛けていくときもあるという程度の軽装だ。腰に佩いている剣も、振るっているところは一度も見たことがない。

だからだろうか。土に汚れながらシエルに笑いかけている姿のほうが、彼本来のものであるような気がしてくるのは？　そんな思いそのままに、ユリアは何気なく口を開いた。

「……きっと、貴方は、いいお父さんになりますね」

他意がな——くはないが、そこまで意外なことを言ったつもりもなかった。

ので、「え？」と、突然の話題転換に目を瞬いたアレクセイが、即座に、ひどく微妙な——有り体にいえば嫌そうな顔をするから驚いた。慌てて弁解する。

「え、あ、……す、すみません騎士様に向かって！　家事も野菜の収穫も狩りもできるなんて、本当に生活力あるなと思っただけで！」

「いやそれは別にいいんですけど……なんですか『きっと』って。現在進行系のつもりなんですけど、やっぱまだ足りてませんか？」

「えっ、そっちですか⁉」

まさか既に『父親』属性のほうにプライドを持っているとは思わなかった。いや勿論、確かに今でも十分以上に『いいお父さん』だ。だがしかし——事実として、アレクセイは決して『お父さん』ではない。ユリアが『お母さん』ではないのと同じことだ。ユリアは無意識に、うとうとしはじめているのか、急に大人しくなったシエルを抱きしめる。

「足りてないとかでは全然なくてですね、私が言いたいのは、……あの、貴方は、本当に、『いいお父さん』になるんだろうなと」

どうしてか、今、これを言わなければならないと思った。

腕の中のシエル。土の匂いと、柔らかな日差しと、穏やかな会話。王族であるユリア、両親の愛を知らないユリアには、空想上のものでしかなかった、家族みたいな温かい空気。

そういうものを、当たり前だと思ってしまう前に。

「今はその、勿論、いなくなられると困るんですけど……でも、この子が育ったら……貴方は、ここを出て、元の場所に戻ったほうがいいと思うんですよ。年齢的に、そろそろ結婚の話も出るでしょうし……マリーだって、まさか、一生ここにいろとは言わなかったでしょう？」

線を引かなければならないのだ、と、我に返るみたいに、強く思った。アレクセイは本来此処にいなくてもいい人物なのだと、あまりに今更に思い至った、と言ってもいい。

料理をしたり、釣りをしたり、畑を作ったり、シエルが生まれてからはシエルを育てたり。そんなふうに日々を過ごして、なんだかもう、ずっと一緒にいるような気がして——これからもずっと一緒にいるような、そんな気持ちになってしまっていたけれど。

そんなことが、あるわけがない。

ユリアはきっと、一生に等しい時間を、間違いなく、ここで過ごすだろう。

けれどもアレクセイは、マリーに頼まれ、一時的にここに来ているだけだ。今すぐ元の職場に呼び戻されたっておかしくないし、同様に、今すぐ望んで元の職場に戻ることだって可能だろう。ユリアとは、そもそもの立場が違いすぎるのだ。それは最初からわかりきっていたことで——ただわかりきっていることを確認しているだけのはずなのに、アレクセイがまだ微妙な顔をしているので、ユリアはついムキになって言葉を続ける。

「なんですか、その顔は。あっ、まだ私ひとり残しては不安だなどと思っていますか？　そもそもですね、最初は誰も頼るつもりはなかったわけで……今はもう、家のこともひととおり教えてもらいました。シエルさえ育てば、ひとりでも問題なくやっていけます。大丈夫です！」

「……なんで、なんもしてないのに熟年離婚みたいな会話を……？」

「え？」

「いや、『今はいなくなられると困る』まで来ただけマシと見るべきか……？」

アレクセイは頭を掻いて、それから軽くため息を吐いた。

「どうしてそう、使わなくていい気ばっかり使いたがるんですかね、姫様は」

「ええ……？　いや、これは使うべき気だと思いますが……？」

人生に関わる重要な問題である。大真面目なユリアに、アレクセイは困ったような顔をする。

「『いいお父さん』。その評価は嬉しいですが。……結婚ねえ」

呟いて——アレクセイは、ふ、と、なにか、眩しがるみたいに目を眇めた。

あ、と、ユリアは思った。

優しい目だ。

——誰かを、好きな人の目だ。

恋のことなんてなにも知らない、そしておそらくこれから知ることもないユリアでも、どうしてか、そうとわかってしまうような眼差しだった。目線は会話の相手であるユリアにまっすぐに向けられているけれど、勿論、本当に見ているのは、ユリアではない誰かなのだろう。己の眼差しに宿るものに自覚があるのかないのか、「まあ」とアレクセイは軽く肩を竦めた。

「……変な気を使われるぐらいなら、先にぶっちゃけておきますか。その点については、姫様は気にしなくていいですよ。ご存知のとおり嫡男じゃないんで、家のために結婚する必要はないですし、したくない理由もあるんでね」

『したくない理由』を、聞きたくない——と反射で思ったのは、聞かなくてもわかってしまったからだろうか。けれどもアレクセイは、苦笑に近い笑みとともに続ける。

「わかりませんか？　……想う相手がいるのに結婚するのは、不実でしょう」

ああ、やっぱり。

慣れない内容の話にどきどきとしはじめる心臓が、どうしてか少し痛い気がする。——というか、『想う相手』なんて、そんなさらっと言っていいことなのだろうか？　だったらより気にするべき、どころか、即刻こんなところを去って告白なりなんなりすべきなのでは？　駆け巡った思考の全部を、アレクセイがあっさり否定する。

「で、その相手は、俺なんかの手には届かない人でしてね。俺と結婚なんてありえない」

「……そ、そうなんですか……」

　ありえない、なんていう強い言葉を使うからには、単純に思いが通じ合わない以上の理由が存在するのだろう。『田舎とはいえそれなりの貴族の次男坊、かつ騎士団所属』というアレクセイの条件は、結婚相手として決して悪くはないはずだが、誰が相手でも問題ないというわけでは勿論ない。あるいは相手に既に婚約者がいる横恋慕、もしくは既婚者……？　想像ばかりが逞しくなるユリアに気づいているのかいないのか、アレクセイはごく淡々と続ける。

「だから、そういう意味でも寧ろここにいたいというか……家に戻ったらそれこそ、結婚だなんだとうるさいですから。好きな相手がいるのに結婚ってのもねえ」

「立場上は、特に珍しい話でもないと思いますが……次男であれ、貴族でしょう？」

「それはそうですが、まあ、しなきゃならないというほどの立場でもないですからね。俺、こう見えて誠実なんですよ」

　こう見えても何も、ちゃんと誠実に見えますよ――とは、残念ながら言えなかった。軽い物言いに整った見た目のアレクセイに、初対面のとき、『いかにも軽薄そう』という印象を抱いたのはユリア本人である。即答しかねるユリアを見たアレクセイが小さく肩を揺らすのを見て、あ、とユリアは眉を寄せた。

「……からかいましたか!?」

「いえいえ、そんなことは。……いやー悲しいなー、『父親向き』の誠実な男なのになー」

「棒読み！」

ユリアが手を振り上げて怒ったような素振りすると、うとうとしていたシエルが「ギャッ?」と鳴いて起き、ユリアの腕の中できょろきょろ首を動かした。可愛い。それを見たアレクセイが声を上げて笑って、ユリアもつられて笑ってしまう。

線を引かなければならない、と——そう、思ったはずなのに。

好きな相手がいるのなら、『叶わない恋』だなんて言っていないで会いに行くべきではないか、と——あるいは、失恋にこそ新しい恋、新しい出会いが必要なのでは、と、——前を向くよう励ますのが、きっと正しいはずなのに。

わかっているのに、すべてが『今』の楽しさに、『今』の心地よさに流されていく。そもそも、ここにいたいと言っているのはアレクセイ本人だ。アレクセイが、自分の意志で、彼自身の都合でここにいたいと言っているのだ。ならばその意志を尊重するべきだ。そういう耳障りのいい言い訳がユリアを許す。

そう、ユリアは、アレクセイが『ここにいたい』と言ってくれていることに、確かに安堵しているのだった。いなくなられたら困る。少なくとも今は。そういう安堵だとユリアは思い、そうではないことが同時にわかった。

——嬉しい、と。

ユリアの中に、確かに、そんな感情がある。その嬉しさは、——……

「それより、姫様」

ユリアが己の感情を深く掘り下げるべきか躊躇っている間に、アレクセイがふと視線をシエルに向ける。

「こいつ、寝返りができるようになったってことは、動くんじゃないですか？　これから」

「あっ」

そのとおりだ。ユリアははっと視線を上げ、指先を眉間に当てて、脳内にて探索をかけた。

「ええと……どうだっけ……どの手記に……」

「え、いや、いきなりなんですか？」

「いえ、過去の記録をこう……脳内で……」

「脳内で⁉」

アレクセイがシエル育てを手伝ってくれるようになって、少しの余裕ができてから、ユリアは、『竜の子を育てた形跡のある手記』を書庫から発掘する作業を行った。『竜の育て方』はあくまで手引書で、実際のシエルの様子とは異なることも多々あった。そのため、ユリアはたびたび、『本当にこれに従っていいのか』と不安になった。そこで、思いついたのだ。

書庫には、歴代の巫女たちが残した『手記』が存在している。『竜の育て方』の写本が存在したということは、これを写す必要性があると感じた、つまりは竜を育てた巫女が存在していたわけで――その巫女はつまり、ユリアと同じような困難に直面した可能性が高い。彼女が何か書き残しているのではないか、彼女より更に過去の『手記』を、『竜の育て方』と同様に写し書きしているのではないか。ユリアはそういうふうに考えて、果たして、予測は的中した。

ユリアは『手記』の写本もありがたく頂戴し、夜中、抱き続けないと起きてしまうシエルを抱いたまま、魔術で頁を繰ることでどうにか読み進めた。故に、ユリアの頭の中には、その内容がざっくりと記憶されているのである。

「ええと、確か、裏の畑と屋内とに専用の空間を作り、柵のようなもので囲ったと書いてあったような……」

「『竜の育て方』にですか?」

「いいえ、実際に竜を育てていた方々の残した記録に、です。……確か、もっと動くようになると、あらゆるものを、手当たり次第、散らかしたり口に入れたりするようになるらしくて」

「いつ読んだんですかとか、なんで覚えてるんですかとかは、正直、姫様に聞くのは野暮ですね……。……なるほど。今寝床に使ってる箱じゃ狭すぎるけど、自由にさせてもおけないと」

「はい。あ、勿論、今の箱は今の箱で、寝床として使い続けていく想定ですが」

「じゃあ、そっちも、囲いを高くしたほうがいいですね。それに、外か……。確かに、歩くようになったら、屋内だけでは退屈かもしれません。作れそうなら作りますが」

「はい。確か、レイくんのときだったと思うんですよね」

「『レイくん』?」

「はい。五百年ほど前に生まれた子で……あ、うちの子が『シエル』であるように、みんな、名前があるんですよ。この子は体が弱くてですね。しょっちゅう風邪をひいて、山羊の乳もあんまり飲まなくて、みんなとっても心配したらしいです」

「いやえーと、ちょっと待ってください、どこから聞けば……? 竜、風邪ひくんですか?

てかこの子は、って、体質が違うってことですか？　個性がある？」

「ひきますし、ありますよ、個性。とってもあります」

「ええ……？　生殖しないのに、同一個体でもない……？　なんなんだ竜って……」

アレクセイは古語が読めないので、ユリアが翻訳済みの『竜の育て方』以外の手記は読んでいない。とはいえ竜の生態そのものは手記にも特に書かれてはいないので、その疑問にはユリアも答えられない。なんなんだろう竜って。

「あ。でも、これからは、季節的に冬なので……雪の中では、流石に、自由に遊ばせることはできませんね。囲いを作って外で遊ばせるにしても、雪が溶けてからのほうがいいでしょうか？」

「そうかもしれませんね。いや、こいつは実は寒さに強いのかもしれないですけど、……風邪ひくんだもんな……」

今日わざわざもこもこ服を着せた理由も、どうやら理解いただけたらしい（すぐに脱がせる羽目になったが）。重々しくユリアは頷いて、「じゃあ」とアレクセイが提案してくる。

「室内だけ、先に環境を整えましょうか。その過去の手記、該当箇所を訳してもらうことはできますか？　作るにしても、資材とか見繕わないといけませんし」

「わかりました。……シエル、一緒にたくさん遊びましょうね。おもちゃも作りますからね」

振ると鳴るおもちゃや転がるおもちゃが好まれる、というようなことも、手記の何処かに書いてあったような気がする。どんどん動けるようになるということは、どんどん遊ぶのが楽しくなるということだ。ユリアは俄然楽しみになってシエルに話しかけ、シエルはなにもわからないだろうに、勿論と言いたげにギャギャッと笑った。

シエルはまだ夜間のミルクを必要としていて、ユリアの睡眠不足は相変わらずだ。けれども今、この笑顔のためならば、なんだってできるような気がするのだった。

＊＊＊

雪が降っている。

しんしんと降り積もる雪の中でも、部屋は暖炉の火とユリアの保温魔術とでそれなりに暖かい。『シエル専用の遊び場』——ユリアの部屋の一角を空け、ふかふかの敷物を敷き、ぬいぐるみや積み木の玩具を並べて、アレクセイに作ってもらった柵で囲った空間——の中で、六ヶ月が過ぎて座ることを覚えたシエルが、ちょこんと座って遊んでいる。なんだか人形めいた可愛さがある、と、ユリアは思わず目を細めた。

そろそろ離乳食として生肉を細かく刻んでひき肉状にしたものを、と『竜の育て方』に書いてあったため、アレクセイはこの雪の中、三日に一度は狩りに出ている。配達されてくる食料は、基本的には長期保存可能なように加工が施された肉だからだ。

ともあれ、ときには器を元気にひっくり返したりもしつつ、アレクセイの狩ってきた肉をもりもり食べて、シエルはどんどん大きくなっていた。いつもご機嫌でお座りし、ユリアが縫ったおもちゃのネズミを振り回したり舐め回したりして遊び、アレクセイが彫った木の人形をがりがり齧り、ユリアの顔を見てもアレクセイの顔を見てもにこにこ楽しそうに笑う。

そして、何よりユリアを助けたのが、睡眠状況の劇的な改善だった。肉はやはり乳より腹に溜まるからか、シエルは夜、めったに起きることがなくなったのだ。はじめて夜通しの睡眠を取り戻した日は、あまりにすっきりとした目覚めに感動し、無意味に聖殿以外の建物全体も祝福したりしてしまった。

……というわけで、最近のユリアには、遊び場の中にシエルと一緒に入って、膝にじゃれついたり玩具を転がしたりして遊ぶシエルに付き合いながら、まだ読んでいない手記に目を通すような余裕があるのだった。

写本ですらない、古い、朽ちそうな紙を慎重に捲り——ふ、と、膝の上で遊んでいたシエルが顔を上げる。

「……ギュゥ？」

小さな、不思議そうな鳴き声が耳に届く。それでようやく、自分が泣いていることに気がついた。シエルの頭に涙が落ちたのだ。

「……あ。なんでもありませんよ」

そもそもシエルは涙を認識していないだろうし、『不思議そう』と感じたのだって気のせいだろう。それでもなんとなく、安心させるように「大丈夫、大丈夫」と言ってしまう。シエルは再びユリアが作ったぬいぐるみを振り回して遊びはじめて、ユリアはこれ幸いと袖でごしごし目元を拭った。

アレクセイが部屋に入ってきたのは、その瞬間だった。

「姫様、ちょっと……」

「あ」

タイミングが悪い。アレクセイはユリアの濡れた目を見てぎょっとした。

「姫様!? なに泣いてるんですか!?」

「え、あ、……なんでも」

「なくないでしょう！」

「いやほんとに。ただこれを読んでただけで……大丈夫です」

「……何か、まずいことでも書いてあったんですか?」

アレクセイが、ユリアの手の手記を目ざとく見つけて、まっすぐユリアに歩み寄ってくる。

「差し支えなければ、俺も聞いていいですか」

「……気になるんですか?」

「なにか事故が起きたとかなら、知っといたほうがいいでしょう」

アレクセイはあくまでそっけない口調で言いながら、柵の中に入り込んでシエルを抱き上げ、ユリアの向かいに座り込む。膝が触れ合うような近さで見つめられ、ユリアはその瞳の真摯さにすこし息を呑んだ。

事故、ではないし、直接シエルに関係ある話でもなかったが、ひとりで抱えるのが苦しいのもまた事実だった。何より、アレクセイが、手記の内容を当たり前に自分ごとだと思い、知ろうとしてくれているのが嬉しかった。シエルが楽しげにアレクセイの指を甘噛みするのを見ながら、「……事故、ではないんですが」と口を開く。

「『ワリヌスの戦い』は知っていますか？」

「聞いたことだけは。南東の——今はもう国としては存在しない、ええと、国名は忘れましたが。そことの戦争を集結させた戦ですよね。それが何か……、……ああ、そうか」

アレクセイが、思い出した、と軽く目を見開く。

「『神風が吹き、竜が舞い降りて敵を蹴散らした』でしたっけ？」

話が早い。歴史、なかでも戦に関するものは、軍や軍学校でも習うのだろう。ユリアは頷いた。

「そうです。これは、そのときの記録で……リヒトという名の、臆病な子だったそうです。その頃ここでは犬を飼っていて、賢い子だったそうなんですが、リヒトがその犬に怯えてキュウキュウ泣くので、とても悲しげだったとか」

「まあ、シエルと同じサイズ感なら、犬のほうが大きいぐらいですもんね」

「そうですね。……でも、リヒトも賢い子だったようで、犬がリヒトを傷つけないことがわかると、自然と仲良くなっていったそうです。そのうち、兄弟のように、一緒に遊んだり、くっついて眠ったりするようになって……」

楽しげにじゃれ合う二匹の姿を想像するだけで頬が緩む、と、ユリアは思う。アレクセイの口元も、心なしか緩んで見える。シエルはアレクセイの袖をもぐもぐ噛んでいる。

「けれども、ご存知のとおり、当時の戦況は最悪でした。そして此処にも、国がいよいよ降伏というところまで追い込まれつつある……という連絡が来た。リヒトはまだ一歳で、とても小さくて、……『それでもいいから連れてこい』と、王が命じた。巫女は必死に祈ったそうです。自分でもなにを祈っていいかわからないまま、とにかく祈った。そうして訪れた出立の日に、リヒトは急に大きくなった……」

祈りが届いた。

その時巫女は、嬉しかっただろうか。悲しかっただろうか。

「突然成体となったリヒトに驚いた様子も見せず、犬の子は今までと同じようにリヒトを舐めて、リヒトに寄り添っていったそうです。もうリヒトのほうが大きいのに、変わらず、手のかかる弟を相手にするように。そしてリヒトが飛んでいくのをいつまでも見つめて――毎日、その帰りを待っていた」

アレクセイの眉が微かに震えた。『ワリヌスの戦い』。遠い昔の戦が未だに語り継がれているのには理由がある。それを思い出したのだろう。

「……そう。御存知のとおり、リヒトは帰っては来ませんでした。リヒトのお陰で我が軍は大勝利を収め、けれどもリヒトは彼の地で倒れた。……竜が舞い降りたとき、戦場に光が満ちた。そして……」

続きがすぐに口にできなくて、ユリアはいちど唇を閉ざした。リヒト。その名は光。そして。

「……その竜が死んだときもまた、同じように……」

あの子は空に還っただろうか。

「……死骸はそのまま埋められて、そこから出た芽を人々は大事に育てた。今では大樹がそびえるその地は……」

『光輪の樹』。教会が認めた聖地のひとつとなって、……観光……いや、巡礼の地として、多くの人が訪れていますね」

ユリアの微妙な表情を引き受けるように、アレクセイが言う。ユリアは「はい」と頷いて、アレクセイの膝の上で遊ぶシエルに手を伸ばした。

シエルはまだ、膝の上に乗る大きさだ。このまま順調に一歳を迎えたとして、まだせいぜい幼児ぐらいの大きさだと本には書いてある。

そんな小さな子を戦場に行かせなければならなくなったときの心境を、巫女は手記には残さなかった。――書けなかったのだろう、と、ユリアは思う。

「犬の子は、寿命を全うしたそうです。最期の日は、リヒトが飛んでいったほうを見つめたま、眠るように亡くなったと」

手記はそこで終わっているが、巫女も、おそらくは、同じように死んだのだろう。行ってしまった子を思ったまま。

「……手記の終わりはいつも、悲しいです。みんな、役目のためにここを出ていく。巫女はいつも残される。竜は国を救い、ときにはそのまま死んでしまう……」

他の手記も、訃報で終わることは多かった。一度ここを出た竜の子は、決してここへは帰ってこない。竜は国を救うために降臨し、たとえ無事に役目を果たしても、王都から帰ってくることはない。竜はあくまで国を、王を守護するものだからだ。

「……シエル。……貴方も、いつか、……」

ユリアが手を伸ばすのを見て、シエルは、アレクセイにひとつの未練も見せずに、喜んでユリアの腕に抱かれる。

ユリアが抱き上げるだけで、シエルは、この世界にこれより楽しいものなど存在しないみたいな、『楽しい』しかない顔で笑う。無垢な笑み、と、人はよく子どもの笑顔を称してそう言うけれど、それが本当に『無垢』であることを、本当に混じり気がない笑顔が存在するということを、ユリアはシエルを見てはじめて知った。

その、混じり気のない感情で、ユリアは、シエルに愛されている。

無償の愛。

シエルといると、ユリアはつよく『それ』を感じる。無邪気に、他意なく、全身全霊で愛されている。シエルにとってユリアはすべてだ。ほんの少しの別離も嫌がり、全力で泣き、全力で甘える。ユリアはいつもそれが嬉しくて、同時に、とても恐ろしいと思う。

ユリアが正しくシエルを育てられているのか——そもそもユリアが下した『シエルを隠す』という決断が正しかったのかを、シエルは知らない。

それでもシエルはユリアを愛する。赤子とは、そういうふうにできているからだ。

「……キュゥ?」

ユリアの腕の中で、ユリアの作ったぬいぐるみを、シエルがぶんぶん振り回している。振り回すたびにしゃらしゃら鈴の音が鳴って、音に合わせてシエルが笑う。可愛い。可愛いと思うたびに苦しくなる。

ユリアはただ、目覚めたシエルの視界に最初に飛び込んでしまっただけだ。シエルが抱いている愛着はただの刷り込みだ。ここにいると、うっかり忘れそうになるけれど——本来のユリアは、少し人より魔術が使えるだけ、偶然王家に生まれてしまっただけの、ハズレ枠の落ちこぼれだ。

そんなユリアがシエルにしてやれるのは、ただ、シエルを全力で愛することだけだ。

それは、シエルがユリアに与えてくれるもの、全幅の信頼とか無償の愛とか、そういうものに対してあまりに少ない。少なすぎるようにユリアには思える。シエルが、無邪気にユリアの手に頬を擦り寄せる、そんな何気ない瞬間ごとに、ユリアの中に迷いが広がる。

本当に——本当に、このままでいいのだろうか？

いつか、必ず、その日はやってくる。シエルがここからいなくなる日が。シエルが、使命を果たす日が来るのだ。残された手記は、ユリアにそれを教えてくれる。

このままでいいのか。ユリアの中に、その迷いは確かに存在するけれど——せめて、その日が少しでも先であればいい。なにも知らぬ顔で抱かれているシエルを見ながら、結局のところ、ユリアは、そう祈らずにはいられなかったし。

アレクセイが、そんなユリアを、複雑な——迷う眼差しで見ていたことに、当然、気づくことはできなかった。

＊＊＊

——そしてまた、春がやってくる。

ユリアがはじめてこの地にやってきた季節。あのときは噛みしめる余裕のなかった北国の春のありがたさが、今のユリアにはよくわかった。

ハイハイができるようになったシエルを原っぱに放つと、シエルは大喜びで草を踏みしめ、どんどん先へと進んでいく。

「あっ、待ってくださ……ああっ!?　虫は食べちゃだめ、……あれ？　いいんでしたっけ？」

「とりあえず、今狙(ねら)ってる蝶(ちょう)は、可食部がほぼなさそうですけどね」

「というか、普通にお弁当も持参しているのですが……」

やっと外で気持ちよく過ごせる日和になったから、畑の様子を見がてら外で昼食をとろうという話になったのは昨日(きのう)のことだ。ユリアとアレクセイは朝からせっせとパンを切って具材を挟み、シエル用のものと自分たち用との二種類のサンドイッチを作って、浮かれた気持ちで外へとやってきたのだった。

「まあ、久々の外遊びを楽しめているのはいいことですよね。今年は、例年に比べても雪が深かったんでしたっけ？」

「と、街の人は言ってましたね」

冬こそ日光に当てることが必要、という情報もあり、雪遊びにも挑戦しようとしたのだが、積もった雪に沈んでいくばかりだったので断念した――という経緯が存在する。結局、シエルの日光浴はユリアの腕の中、ふわふわの服を着せたうえでユリアの外套の中に包み込んで顔だけ出して、という状態での散歩で賄われた。シエルは十分に楽しんでいたようだが、やはり、自分で駆け回るに越したことはないのだろう。

先程まで蝶に手を伸ばしていたかと思えば、今は、野原に生えている黄色い花を、興味深げに見つめている。ユリアは持参したシートを敷いて座り、にこにことその様子を眺めた。

「それは、蒲公英ですよ。可愛い花でしょう……あっ、こら、食べない！」

「雑食だな……」

「なんでも口に入れて確かめたくなる時期なんだそうですよ？　自分の前脚で口に運べるようになったことは、大いなる進歩なのですが……」

シエルは全体的に一回り大きくなって、前脚の器用さが随分増した。玩具も食べ物も、自分で掴んで引き寄せられるようになったのだ。ともあれ、蒲公英が竜の食事として相応しいかわからなかったので、ユリアは慌ててシエルの前の蒲公英を摘んだ。――途端、シエルが『なんでそんなひどいことをするんだ』みたいに見開いた目でユリアを見るので、「いや、だって！」とユリアは慌てて弁解をする。

「駄目ですって、お腹壊しますよ！　たぶん！」

「あげていいものと悪いもの、細かいところがわからないの、困るんだよな……いやまあ正直、野生で育ってたら食べてるような気がするんですが、花」

「それはそう……と言いたいところなんですが、私たちはまず、この子が『野生』で育つような存在なのかすら知らないんですよ……」

ユリアは重々しく言って、アレクセイが『そうだった』みたいな顔をする。なにせ竜とは本来『神の使い』で、石から生まれおそらく生殖活動は行わず、その生態は謎に包まれている――どころの話ではないのだ。包まれているというかイコールで謎だ。

「……で、さて、草取りからですかね？　手伝いますよ？」

「いえ、姫様はシエルと遊んでてください。それこそ、虫とか食べちゃうかもしれませんよ」

「そうでした……」

そもそもハイハイの速度もかなり速くなっているので、他のことをしていては見失う可能性もある。ユリアは敷布の上に弁当の入った箱を置いて立ち上がり、シエルのそばにしゃがみ込んだ。今度はどうやら転がっていた石に興味津々だったシエルが、ユリアが来たのに気づいて顔を上げ、楽しそうににこにこ笑う。石を拾い上げようとしたら、シエルがばたばたと手を動かして抱っこアピールをしてくるので、ユリアはシエルを抱いて立ち上がった。

まだまだ短い前脚がぎゅうとしがみついてくるので、よしよしと頭を撫でてやる――と、その小さな頭が、何かを見つけたようにふっと上を向いた。

「どうしました？　鳥でもいましたか？」

言いながら、ユリアもまたシエルの視線の先を追いかける。

果たしてそこには、陽の光以上の光できらきらと輝いている、金色の小鳥が存在していた。

手紙だ。一通の封書を口に咥えた小鳥が、ユリアの手元に舞い降りてくる。

「……ナターシャ姉様からです。なんでしょう」

重大な隠し事をしている後ろめたさで、ユリアからの手紙は少し間が空いていた。催促だろうか、と思いながら封書を開き――ユリアは、驚きで固まった。

何度読み返しても、書いてある内容は変わってはくれない。抱っこに飽きたシエルが下ろせと暴れ出しているのにも気づかず、食い入るように手紙を見つめ続けるユリアに、アレクセイが訝しげな顔をした。

「どうしたんです？　姫様、……姫様！」

「あ、……ええと、すみません」

ユリアの反応があまりに鈍いので、アレクセイが立ち上がって近づいてくる。ユリアははっと目を瞬いて、それから、途方に暮れた顔でアレクセイを見た。

「……西の……ドミナスとの縁談がまとまりそうだ、と」

「縁談？　誰の……え、まさか、姫様のですか⁉」

アレクセイが急に大声を出すので、ユリアはぴゃっと軽く飛び上がった。なんだかひどく焦っているように見える。ユリアは慌てて首を振った。

「違います違います、姉様のです！　私は一応『巫女』ですよ？」

「……あ、ああ、そうですね。すみません」

「ええと、続きを読みますね。……同盟を結ぶに当たって、姉様のうち誰かが向こうの王太子に嫁ぐ方針で調整中。婚礼は、半年後を予定……」

　つい先日まで戦をしていた、現在は停戦中とはいえ、友好国とはまだ言いえない、アレクセイにとっては、現実として刃を交えたことのある国でもある。この知らせによって抱く戸惑いは、あるいはユリアより深いかもしれない。ユリアは続きを読み上げる。

「――そして、その際の式典には、私にも参加してほしいと」

『誰か』と、まだ決まっていないような書かれ方をしているが、難しすぎる両国関係を鑑みれば、ナターシャより他に橋渡しの役目を果たせるものがいるとは思えない――ナターシャでも厳しい相手かもしれない。ユリアは顔を上げ、わけがわからないままアレクセイに尋ねた。

「どうして……え？　無茶じゃないですか？　姉様は――私たちは、ドミナスから、きっとひどく恨まれているのに、どうしていきなり、婚姻を介した同盟なんて話になるんです？」

　ユリアとて王族の端くれで、基本的な国際情勢は頭に入っている。が、同時に、ずっと王宮でひっそり生きてきたため、現在進行形の情報は手に入れられていない自覚もある。前線にいたアレクセイのほうが、肌感覚でわかることもあるだろう。ユリアの問いに、アレクセイは少し考えて「あくまで推測ですが」と前置いて答えた。

「まず、……停戦が成立したのは、ベルジナ砦を巡る戦でドミナス側の損害が拡大し、軍事司令官が交代したからだと聞いています。その後釜が王太子だったはずなので、彼がおそらく、うちとの融和を主張する一派の筆頭ということなのでしょう。そして、そもそもの話として、ドミナス国内でうちとの融和派が力を持つようになったのは……おそらく、ユーダニア帝国の領土拡大が、思った以上の速度で進んでいるからでしょうね」

「ユーダニア？　……南のですか？」

ユーダニア帝国は、聖ロクレア王国とドミナス王国の南に位置する、広大な領土を持つ帝国である。

そのユーダニアでは最近政変があり、若い王が武力によって帝位に即いた。名をルーファスという彼は、野心家であり、一流の魔術剣士であり、戦巧者でもあり、そして――何より、容赦がなかった。前政権の縁者を徹底的に粛清したあと、軍部からの高い支持を後ろ盾として、周辺の小国の併呑に乗り出した――と、その程度は、ユリアも知ってはいるが。

「共通の敵は、昨日の敵と手を結ぶ理由になります。ドミナスとの関係はずっと悪かったわけではなく、文化的には共通点も多い。帝国――南の蛮族とは距離感が違う」

「……確かに、ユーダニアは、恐ろしい……というか、正直よくわからない国という印象です。交流もほぼありませんし……」

「帝国本土と我が国との間には、帝国の属国が挟まれていますからね。帝国では、内戦状態も長く続いていましたし。……その状態から立て直し、更に領土を広げようっていうんだから、新皇帝とやらが相当なやり手ってことなんでしょうが……」

事情はわかった。ユリアが現実として認知していなかった、もっと恐ろしい敵がいたのだ。理解とともに、ユリアは、ざあっと己の血の気が引いていくのを感じた。

「人質を交換することで手打ちとし、協力して帝国の脅威を打ち払う。……それが、おそらく、この婚姻の目的である、と」

「はい」

「……だとしたら」

声が震える。

「この婚姻は、——姉様が敵国へ嫁ぐのは、私のせいですね？」

だって、ユリアが決めたのだ。

「……え？　それは、どういう」

「この子です」

ユリアの手から下りるのを諦めて、ユリアの指先をはむはむと噛んで遊んでいる——小さな存在を、ユリアは、思わず抱きしめる。

ユリアが、シエルを隠すと決めた。ドミナスとの開戦ムードにならないように、シエルが政治利用されないようにと、ユリアが自分で決めたのだ。

「シエルの存在を、私が、姉様に伝えていれば……姉様が開戦を選び、ドミナスを圧倒していれば。あるいは、たとえドミナスと戦にならなくとも、帝国の脅威はシエルが打ち払ってくれる、ドミナスと手を結ぶ必要はないと考えたなら、この同盟は、恐らく存在しなかった」

だからユリアは考えてしまう。ユリアがそうしなかったときのもう一つの未来。ありえたかもしれない可能性を。

「そうすれば……姉様が敵国に嫁ぐことは……人質になることは、きっと、なかった。そうですよね？」

「それは……」

アレクセイがぐっと眉を寄せ、苦く、言葉を失ったように口を閉ざす。

可能性は、可能性にすぎない。たらればを語ることに意味はなく、『ならなかった』過去をいくら考えたとして、過去に戻れるわけではない。そもそも、シエルの存在があったとしても、ナターシャは同盟を選んだかもしれない。仮定は無意味だ。

それでも、ユリアは考えてしまう。後ろめたさがあるからだ。ナターシャに、真実を知らせなかった後ろめたさ。

それはつまり、ユリア自身が、ナターシャよりもシエルを選んだという後ろめたさだ。

その決断の、その選択の結果が、手の中にある。手紙を手に震えるユリアの目の前で、何も知らないシエルが、無邪気にギュゥ？　と鳴いた。

ユリアは結局、『式典には出席できない』とだけ書いた手紙を金の鳥に託した。

「……いいんですか？」

「いいもなにも、……どんな顔をして姉様に会えと？」

シエルのことを、今からでも知らせたほうがいいのではないか。

それもまた、選択肢のひとつではあった。けれどももう、それを選ぶには、ユリアはシエルを愛しすぎていた。ナターシャがシエルのことを知って、どう判断するかはわからない。——ただひとつ、シエルがここからいなくなることだけは確実だった。

ユリアにはまだ、別離の覚悟ができていなかった。シエルの行き先が、ユーダニアとの戦場になる可能性が高いとなれば尚更だ。

そして、シエルのことを隠し続けるならば、ナターシャに会う選択肢は、ユリアの罪悪感をさておいたとしても、やはり存在しなかった。ユリアは元より器用な質ではないし、対するナターシャは百戦錬磨である。ひとたび会ってしまったならば、ユリアの挙動不審は、すぐさまナターシャに見抜かれるだろう。

「そもそも、姉様は気軽に『来い』と書いたのでしょうが、代わりの巫女の手配も教会への話も、済んでいるとは思えません。姉様にとっては些事なのかもしれませんが、教会が建物の修繕も修道女の派遣も行ってはいないことを、姉様はまだ知らないはずです」

ユリアも、ナターシャに余計な心労をかけないようにと、こちらでの暮らしの負の面は、一切書かないように気をつけてきた。

「ですから……私が断らなくとも、ベルーナ姉様と教会とが、現状を隠蔽するために、話をなくしてくれていたかもしれません。寧ろ、行くほうが難しかったかも」

だからこの話はここで終わりだし、ユリアはこの婚礼に際し、何もしないし何もできない。

腕の中のシエルを無意識に強く抱きながら結論を出すユリアを見据えて、アレクセイは「そうかもしれませんが」と食い下がった。

「シエルなら、俺が責任持って見てますよ。代わりの巫女をナターシャ様が派遣しようとしたら、教会と共謀して来させないようにしてしまえばいい。ここのことはどうとでもなります」

「なんですか。……アレクは、行ったほうがいいっていうんですか？」

ユリアのほうが一応は上の立場ということもあり、アレクセイは、基本的にはユリアの意志を優先してくれる。強固な説得は珍しい。ユリアは不審さを顕にして眉根を寄せた。

「……もしかして、アレクは、シエルを差し出したほうがいいと思ってるんですか？　姉様に直接会って、シエルの話をするべきだと？　ドミナスと同盟する必要があるほど状況が差し迫っているから？」

「違いますよ。……いえ、それはそれで、今後を考える必要はあると思ってますが」

「思ってるんじゃないですか」

「違いますって。シエルについていつ開示するかを考える必要は当然ある。ありますが、それは、今じゃなくていい。ただ」

まっすぐな目だった。

「ナターシャ様がドミナスに嫁がれるなら、これが、本当に最後の機会です」

真実が。

アレクセイがただ真摯にユリアのことを思っていることがわかる言葉が、まっすぐにユリアに突き刺さる。

「この機会を逃したら、もう、ナターシャ様には会えないでしょう。姫様は生半可なことではここを離れられないですし、国境越えなんて以ての外だ。……本当に、それでいいんですか？」

ナターシャは、ユリアにとって唯一無二だ。

ユリアを家族として遇し、ユリアの力を認めてくれた、ただひとりの人だった。ユリアが都を出立したとき、ナターシャは既にベルジナ砦に戻っていたから、ろくに挨拶もせず別れてしまった後悔はある。会いたくないといえば嘘になる。

けれどもユリアは、唇を噛みしめて首を振った。

「……永久の別れになると。その覚悟は、ここに来るときに決めてきました」

最初から、もう、会えないものだとわかっていた。

だから、機会が降って湧いたところで、惜しむ理由にはなりえない。優先順位は間違えない。

ユリアにとって、シエルが一番大切だ。シエルだけが大切なのだ。腕の中で不安そうに鳴くシエルを撫でるユリアを見て、アレクセイは「そうですか」と、渋々、話を終わらせた。

——ユリアが高熱で倒れたのは、その、一週間後のことだった。

つまるところ、どんなに割り切ったつもりでも、割り切れないのが心であるのだ。

かつての、あるいは今の判断への迷い。後悔。ナターシャへの思慕。あらゆる心労がユリアに負荷をかけ続けた結果の発熱であることは疑いようがなかった。

ユリアは自らの傷を癒せるが、己のうちに原因がある体調不良までは回復できない。そもそもユリアは自身の熱にも気づいておらず、ぼんやりしたままシエルの上着を繕おうと裁縫箱に手を伸ばしたところで、高熱由来の目眩で倒れてしまったのだった（箱が落ちて派手な音がたったせいで、別室にいたアレクセイがすぐに駆けつけてくれたのは、不幸中の幸いだった）。

そうして、どうやらアレクセイが運んでくれた寝台の中で、熱く重くなった頭とぼんやりとした視界で、ユリアは最初にシエルを探した。鳴いていないだろうか。

「姫様。……よかった、目が覚めましたか。姫様？　聞こえますか？」

「……しえるは……」

「いますよ。ほら」

アレクセイはユリアの顔の横にシエルを乗せてくれて、シエルはユリアの顔を見てギャッと笑った。元気そうだ。良かった。

「飯も食いましたし、さんざん暴れたあとに昼寝もしました。これから風呂に入れてきます。姫様は、自分で起きられそうですか？」

「……たぶん」

「無理そうですね。ちょっと起こしますよ」

アレクセイはシエルをシエル用の柵の中に下ろしてから、寝台に座って、ユリアの上体を抱えるように起こした。シエルが散らばった玩具で遊びはじめるのが見えて、アレクセイがここでシエルを遊ばせながら、ユリアの様子を窺っていてくれたことがわかる。

「果実水と、粥です。粥はちょっと冷めてますけど……食べられそうですか？」

「……飲み物だけ、頂きます」

とてもひとりでは起きていられなくて、アレクセイに寄りかかったまま果実水を口に含む。美味しい。アレクセイはユリアの額に手を当てて、「高いな」と僅かに顔を顰めた。

「熱冷ましも飲んだほうが良さそうですね。粉ですけど、飲めそうですか？」

「はい。…………すみません、飲んだら寝ていいですか……」

「勿論。飲み物と、あと軽い飯はそこに置いとくので。食べられそうになったら食べてください。着替えも一応出しときましたんで、こっちも、できそうなら」

アレクセイはベッドの横を示しながらてきぱきと言って「それじゃ」とシエルを抱き上げた。看病慣れしている。ユリアはといえば頷くのが精一杯で、ぱたん、と扉が閉まる音がする頃には、再びの眠りに吸い込まれていた。

……ひんやりとしたものが額に当たる感触で、ふわり、と、意識が浮上した。

「……アレク……？」

「起こしましたか。すみません」

「……シエルは」

「寝てますよ」

「そうですか、……あ！　魔術（マギ）、……結界を」

「大丈夫です」

跳ね起きようとするユリアを、アレクセイの手が優しくとどめた。

「シエルは外に出してませんし、定期的に俺が見回ってます。大丈夫です」

「……そうですか……？」

「はい。すぐさま効力が切れるってもんでもないですし」

確かに、日課で掛け直しているだけで、魔術の効果自体は弱まりながらも数日続く。ほっとして体から力を抜くと、アレクセイが苦笑するのがわかった。

「それより、自分の体のことを気にしてください。ただの疲れだと思いますが、明日（あす）も熱が下がらなかったら医者を呼びますからね」

「……はい」

「ほんとは治癒魔術が使える魔術師に診せたいですが、こんな田舎じゃ望み薄ですから」

「……体力が戻れば、自分でどうにかするんですが……」

「いや、どうにかできるようになったらもう治ってるでしょ」

それはそうだ。馬鹿なことを言ったなと、ユリアは少し反省した。頭がぼんやりしすぎている。アレクセイはいつものように笑わずに、労るように、ユリアの手のひらに手のひらを重ねた。

ひんやりしている。ユリアを目覚めさせた心地よい冷たさの正体がわかった。そっと握ると、優しく握り返される。手と同じ優しさでアレクセイが言う。

「……疲れ、というか、ナターシャ様からの手紙が原因ですよね。返事を出してからも、ずっと考え込んでたでしょう」

「……だって」

口にしていいかを考える余力がなかったから、浮かんだ言葉はそのまま口から出た。

「私のせいです。考えないなんて無理でしょう」

ユリアはきっと、歴史を変える決断をした。その資格を持たないままに。もはや、誰に謝ればいいかもわからない。そんなような言葉がぽろぽろ溢れた。

「……姫様はなんでそう、使わなくていい気ばっかり使うんですかねえ」

「使うべき気ですよ。私は、判断を誤りました」

「正しい判断なんて、今の段階では存在しませんよ。先の誰かが決めるかもしれませんが」

「……そうですね。私はきっと、愚かさによって歴史に名を残すんです。相応(ふさわ)しくないものが巫女の座についた結果だと。ああ、きっと、生まれのことも残るんでしょうね。母様にも申し訳ない……まあ顔も知らないんですが……」

いや姫様の自己評価が低いのはいつものことか。アレクセイは苦笑して、「大丈夫ですよ」と、子どもに言い聞かせるみたいに言った。

「前にも言ったでしょう。姫様の名が残るとしたら、それは、竜を迎えた姫君としてです。それだけで偉業なんですから、この先何が起こっても、姫様の名は傷つかない」

「……でも……」

「でももだってもありませんよ。そもそも、姫様が危惧(きぐ)していることは、そのまま裏返しにもなるってわかってますか？」

「……？」

「わかってない顔ですねえ……。いいですか。姫様がシエルのことを隠したからこそ、ドミナスとの交渉が成立した。そして、無事ドミナスと同盟が成れば、ユーダニアは戦(いくさ)をしかけてこないかもしれません。そうなれば、姫様の判断は間違いどころか、姫様が意図したそのとおりに、ドミナスとの戦も、ユーダニアとの戦も止めてのけたということになるんですよ。姫様こそが平和の立役者だ」

「……そんな、都合の良い……」

「姫様が悪い解釈をしすぎなんですよ。……そうして戦が遠のけば、シエルの出番も当分来ない。いいことずくめでしょう？」

ユリアを見下ろすアレクセイの顔は、ただひたすらに優しかった。

「……そう……でしょうか……？」

「そうですとも。……だから、今は、安心して寝てください。姫様はまず、体を治すことに集中しないと。シエルも寂しがってます」

「……ごめんなさい……」

「謝ることなんてないですよ。姫様は何も悪くない」

「いいえ、……ごめんなさい、姉様」

頭がいよいよ霞（かすみ）がかって、熱が上がってきたなと思う。

アレクセイになんと言われても、納得できないことはある。たとえ『平和』が成されたとしても、敵国への人質となるナターシャが、その犠牲になることに変わりはないのだ。それに。

「ごめんなさい、シエル……」

シエル。ユリアが抱いてやらないと鳴いてしまうシエル。ユリアはシエルを愛し慈しむことしかできないのに、今はただ、抱いてやることさえできないのだ。無力感がユリアを押し潰（つぶ）し、罪の意識がユリアを包む。

アレクセイはユリアを擁護するけれど、ユリアがただ、シエルの使命を阻んでいるだけである可能性はなくならない。ナターシャが犠牲になるのを見過ごす事実に変わりはない。

それに。

「……アレクも……」

ユリアの判断の被害者というのなら、アレクセイが一番だ。

こんな辺境で落ちこぼれの王女の世話をさせられて、元よりひどい貧乏くじだというのに、ついに竜やら国際情勢やらなんてものにまで関わらせてしまった。どう考えても、彼の職務を超過している。

それなのに、今、アレクセイはユリアの手を握ってくれる。アレクセイはただ優しいのだと、今のユリアは知っている。そんな優しい人を縛り付けている。

「……巻き込んで、ごめんなさい……」

優しくしてもらう理由が、ユリアにはないのに。熱のせいもあるのだろう、なにもかも申し訳なくて、不甲斐なくて、もう見捨てられたいのにひどく心細くて、ユリアの目尻に涙が溢れて、見上げたアレクセイの姿が滲む。

「……馬鹿だな、あんたは」

熱に浮かされたユリアの耳に、アレクセイの声は確かに届いたけれど、その意味も苦味も理解できないまま、ユリアはまた微睡みに落ちた。

次の目覚めは、ひとりきりで、随分とすっきりとしたものだった。

ひんやりとしたものが火照った体を気持ちよく冷やした記憶があったけれど、起きたらいつもの寝台でいつもの寝具だったから、気のせいか夢であったのかもしれない。

ともかく、目が覚めると熱は下がっていて、ただ、からからに喉が渇いていた。試しに立ったら歩けそうだった。

「……シエル」

何よりもまず、シエルの顔が見たかった。

ユリアの部屋にはいなかったから、いるとしたら炊事場だろう。寝間着から修道女の制服へと着替えて炊事場に向かう。中に入ると、寝台代わりの箱の中でシエルはぐっすりと眠っていて、アレクセイの姿は見えなかった。

「……アレク？　いないんですか？」

声をかけても、当然、返事はない。シエルをおいて、一体どこへ行ったのだろう？　気持ちよさそうに眠っているシエルを起こすのは忍びなく、そのまま炊事場から再び廊下に出る――と、大きな声が聞こえてきて、ユリアはびくっと足を止めた。

聞き覚えのない声だった。

応接間のほうから聞こえてきた、ような気がする。来客だろうか。日用品を届けてくれる業者など、来訪者への対応は基本的にアレクセイが行っているのだが――

「やめろ、……くそ、離せ!!」

若い、――幼いと言っていいほど若い、少年の声だった。

「ここは神様がいるとこじゃないのかよ、助けてくれよ!!」

大きな声で、声が枯れるほど必死に叫んでいる。病み上がりの頭では状況はよくわからずに、ただ『行かなければ』とそれだけを思った。行かなければ。助けを求められているならば。ユリアは声のほうへ向かって歩いた。

声は、思ったとおりに、来客用の応接間から漏れ聞こえていた。扉を開けようと思い、ドアノブに手をかけてから――どうしてか開けるのが躊躇われ、ユリアはそのまま、扉へぴたりと片耳をつけた。

「……あいにくと」

誰の声だ?

そう思ってしまうほど、低く、冷たい声だった。

「こそ泥に与える慈悲はないし――そもそもお前ら、どうやってここを嗅ぎつけた？　誰の指示だ？」

「はあ!?　何の話だよ、俺らはただ、このへんに荷物を運んでるってやつに聞いて」

「なるほど。……一応、ここの場所は秘密って契約のはずなんだが」

ぞっとするような。

「口が軽いな」

おそらく彼は、情報を漏らした人間に容赦をしないだろう、と——そう声だけでわかるような、冷徹な害意がこもった、背筋の凍るような声だった。これは。

これは誰だ——誰の声だ？

「ともあれ……さて、どうするか……」

その、『どうする』の中に——もしかしたら、今まさしく囚(とら)われ悲鳴を上げている少年たちを、たまさか、害する選択肢が含まれてはいないだろうか。いない、とはとても言いきれない。

それどころか。

それどころか——『侵入者』に与える慈悲を、もしや、——戦場にいたことのある彼は、欠片(かけら)も持ち合わせていないのではないか？

「……アレク！」

その疑惑を抱いた瞬間に、ユリアは、扉を思い切り開け放ち、大きく声を上げていた。

「お客様ですか!?　でしたら、私が対応します!!」

「……姫様……!?」

アレクセイが、驚愕(きょうがく)した顔で振り返る。

「目が覚めたんですか、……体調は⁉」

「問題ありません、見てのとおりです、……それより！」

ユリアは片手を上げてアレクセイの言葉を制し――まっすぐに、応接間の椅子へと縛り付けられている侵入者を見据えた。

若い――というより、幼いと言っていいぐらいの年頃の兄弟だった。痩せさばらえ、茶色の髪はくすみ、肌は乾き、全体的に薄汚れている。着ているのは継ぎ接ぎだらけの襤褸、王都では決して見かけることのない、服とも言えないような布切れだ。

そんな少年二人が、呆然と――まるで救世主でも見るような目で、ユリアのことを、見つめていた。

＊　＊　＊

ユリアが子どもたちを目撃したのを見たアレクセイは、一瞬『厄介なことになった』という顔をして、けれどもすぐに、今までの声が嘘のようないつもの声音、いつもと同じ緩い笑顔で、「すみませんね」と軽く謝罪した。

「うるさかったですか？　こいつらは、倉庫に入り込んでいた盗人で……姫様に対応いただくことはなにもありません。話を聞いたらすぐに帰しますから、姫様は部屋に……」

帰すのだろうか？　本当に？　ユリアがそれを尋ねる前に――決死の、まさしくすべてを擲つような必死さの声が、全力でユリアを呼んだ。

「――修道女様!!」

「えっ、あっ、はい!?」

「助けてください!!」

「はっ、はいっ!!」

反射だった、が、他に返事のしようもなかった。視界の端で、アレクセイが軽く舌打ちをしたような気がしたが、アレクセイがそんなことをするなんて想像もできないから気のせいかもしれない。ともかく、一度見てしまった以上、見なかったことにする選択肢がユリアにあるはずがなかった。

――だって、そもそも、ユリアが原因だ。

ユリアが倒れていたせいで、日々この教会にかけていた魔術、あらゆる守護の効果が薄れた。本来なら人避けの魔術により辿り着けないようになっている、秘されているはずの場所が明らかになったのだ。そうでなければ、たとえ大まかな場所の情報が漏れていたとしたって、一般人がここに辿り着けるはずがない。

そして何より、まだ十にも満たないだろう幼子二人が、こんな奥地にある教会まできて盗みを働こうとするなど、尋常な事態とは思えなかった。二人が異常に痩せていることも気になった。

壁際の椅子に座らされ縛られている幼子と、その前に立つアレクセイ。ユリアはあえてアレクセイには視線を合わせず、手ずから椅子を運んで、アレクセイの隣にきちんと座った。

「こちらの教会の巫女、ユリアです。お名前を聞かせていただいても?」

ユリアの態度が意外だったのだろう、兄弟が揃って目を瞬く。

兄のほうがちらりとアレクセイを窺い、アレクセイが口を挟んでこないことを確認してから、おそるおそる口を開いた。

「……俺はリム。こっちは弟のルー」

「リムくんと、ルーくんですね。はじめまして。……ええと、助ける、とは、どういうことでしょう。私にできることは限られていますが、まず、話を聞かせてくれますか?」

ユリアはできる限り優しく見えるようにと思いながら微笑んで、その努力はどうやら実を結んだようだった。兄弟は我先にと口を開いて――そうして彼らがユリアに訴えたのは、つまるところ、このあたり一帯――ディエタ地方を治める領主が、あまりに非道であるという話だった。

兄弟が幼く見えたのは痩せているからで、実際の年は十二と十だという。彼らは父親を事故で亡くし、母親と三人、村の人たちに助けられながら、小さな畑をやりつつほそぼそと生活していたらしい。

しかしそんな生活が、いよいよ立ち行かなくなった。数年前に領主が代替わりして以降、税の取り立てが厳しくなり、ドミナスとの戦争がいよいよ激化したのも相まって、皆の生活が苦しくなったのだ。

母親は過労がたたって病気がちになったが、医者になど当然かかれない。兄弟が軍に志願すれば給金が出るが、それが可能になるまで数年は待たなければならないし、停戦の成立により平民から軍に採用される数がそもそも減る可能性が高い。そうでなくとも、その前に全員飢えて死んでしまうかもしれない。絵に描いたような不幸である。

「ここのことは、噂で聞いたんです。誰も場所は知らないけど、上等な食材が定期的に運ばれていくところがあるって」

「なるほど。……アレク、領主の話は本当なんですか？」

アレクセイは度々街に出ているから、人々の暮らしぶりや領主についての話ぐらいは知っているだろう。ユリアははじめてアレクセイに視線を向けて、アレクセイは表情を変えずに淡々と応じた。

「……まあ、そうですね。俺が聞く限り、嘘はないです。今の領主は、随分好き勝手やってると。俺が買い出しに行くような街は、それでも領主の城下ですから、そこまで困窮もしていませんが……まあ、『活気がある』とはいえませんね」

なんとなく、だいぶ控えめな表現をしているんだろうな、という気がした。尋ねる口調が知らずきつくなる。

「どうして知らせてくれなかったんですか」

「どうしてって」

アレクセイが、ちらりとユリアを見る。その意識は、侵入者たちから決して外れない。彼らに向ける冷たさの余波がユリアの肌を撫でて、ユリアの背筋が僅かに震える。怖い。そんなユリアに追い打ちをかけるように、ごく静かにアレクセイは言った。

「姫様に知らせたところで、何ができます？」

呆れたようでもなく、嘲るようでもない。アレクセイがただ事実を言っていることが、ユリアを却ってみじめにするようだった。アレクセイの言うとおりだ。そもそも領主がろくな人物ではないだろうことは、最初に送られてきた、ユリアの前代の巫女は受け取っていたのだろう賄賂でわかった。

わかっていたのに、ユリアは、何もしなかった。ユリアは唇を引き結び――強い、突き刺すような視線を感じて、いつしか俯いてしまっていた顔をはっと上げる。

すがるような、あまりにも悲痛な眼差しだった。

強く、抉られるように胸が痛んだのは、あまりに幼い彼らの見た目が、どうしても、シエルのことを思い起こさせるからだった。子どもが苦しむのは、見ていて辛い。ユリアは思わずアレクセイに尋ねた。

「でも……そう、王宮に報告したらどうでしょう？　領主には徴税の権利がありますし、国に納めるぶん以上の税率をどのようにするかは、領主の裁量に任されています。けれども、過剰すぎる重税、無理な取り立て、そして領民への不当行為は処罰の対象となる――場合によっては、領地替えや一部領地の没収もありうるはずです」

「そりゃまあ、報告はできますし、姫様の言っていることは『表向きは』正しいですが……効果があるかは、正直、微妙だと思いますよ」

「ええっ⁉」

王宮育ちのユリアには、国内で王の権威が通用しない場所があることが、実感として理解できない。驚くユリアに、アレクセイはやはりただの事実を述べる調子で言う。

「ここは、王都から遠すぎる。調査員が来るのも一苦労ですし、来たところで、その期間だけうまく取り繕われてしまえば、証拠もないのに処断はできない。都から離れていると、監視にも限界があるんです。それがわかっての蛮行とも言える。そうでなくとも戦時下で……こんなことを言ってはなんですが、ディエタはこれといった特産もなく、土地も豊かとは言えません。ここより北は深い森と険しい山で、防衛する必要もない。重要度の低い土地なんです」

「それは……そうですが……」

この地方には、なにもない。

それは、ユリアがこの地に派遣されることをマリーが嘆いた一因でもあった。ただ都から遠いというだけでなく、資源や文化、あらゆるものに乏しいのだ。

「無論、姫様からの報告ともなれば、優先して調査してくれる可能性はゼロじゃあないですが……なんにせよ、時期が悪いです。婚礼の準備がありますから、中央はどこも大わらわでしょう。調査員が来るのもいつになるやら……」

たしかに、そのとおりだ。

アレクセイはユリアが王女であることを鑑みて『ユリアの報告ともなれば』と言ってくれる

が、現実として、ユリアの王女としての価値は無に等しい。ユリアからの手紙をまともに取り扱ってくれそうなのはナターシャぐらいで、そのナターシャはもう国を離れてしまうのだ。ユリアが王宮に行使できる影響力は、もはやほぼないと言ってよかった。

「……それでも」

ユリアには、なにもできない。ユリアの存在に価値はない。

それでも、だ。

「何もしないわけには、いきません」

強く言い切ったユリアに、アレクセイが軽く眉を上げた。

子どもが助けを求めているのだ。今まさに子ども——と言っていい存在——の母親代わりをしているユリアにとって、助けない選択肢が存在するはずがない。できることがひとつでもあるならするしかない。

それでなくとも、そもそも、たとえ王宮側が放っておくという判断を下すとしても、だから報告しない、という考えは間違っている。決めるのはあくまで王宮側であるべきだからだ。地方の腐敗は国家の病巣で、放置すればかならず国を蝕む。

「すみません。私はこの聖殿に派遣されてきた巫女にすぎず、王宮への発言力があるとは言えません。この地の現状は伝えてみますが……先程話していたとおり、すぐさま効果が表れることはないでしょう。他にも手立ては考えてみますが、速効性がある策は、今は、ありません」

下手な慰めも気休めも言えない。兄弟があからさまにがっかりするのを見て、ユリアはぎゅっと唇を噛んだ。泣いてはだめだ。

「……すみません……」

「姫様。姫様が謝ることじゃあ」

「あ、アレク、あの、食料をわけるぐらいは構いませんか？　備蓄はありますよね？」

「……、……そりゃまあ、ありますが」

アレクセイが言葉を濁し、「わかっています」とユリアは応じる。

「今日だけです。……すみません、ここは少し特殊な教会で、民には開放していないのです。普段は、魔術がかかっていて……明日以降、あなたたちはまた、ここには辿り着けなくなります」

「……え」

弟のルーがショックを受けたような声を出し、ユリアはますます辛くなる。やっと頼る先を見つけた彼らが、すぐさまそれを失う心細さはどれだけだろう。ここがただの聖殿であれば、貧民の救済は役割のひとつであるのに。

けれどもだめだ。禁足地であることは勿論、何より今はシエルがいる。――それでも、兄弟の悲しげな顔を見ていられず、ユリアは咄嗟に付け足した。

「ですが」

「姫様」

「アレクは……彼には、時々、街に買い出しに行ってもらっています。なにか問題が起きたら、そのときに彼に伝えてください」

できるかぎりのことをしてあげたい。

ユリアの思いがわかったのだろう。アレクセイはユリアを咎めずに、ひとつため息を吐いて、

「……たいしたことはできませんよ、ほんとに」と渋々言った。

兄弟に食料を持たせて送り出し、結界やら諸々の魔術やらをかけ直した後、ユリアはやっと起きて鳴き出したシエルにミルクを与えながら、上目遣いにアレクセイの様子を窺った。

「……す、すみません。あの、怒ってます……？」

何も知らないシエルは久々のユリアに狂喜して、嬉しそうな顔でごくごくとミルクを飲んでいる。アレクセイはそんなユリアとシエルとを見下ろして、「……いえ」と小さく息を吐いた。

「怒ってませんよ。対応としては妥当でしょう。……姫様こそ」

アレクセイはついと視線を逸らして、なにか、ひどく言いづらそうに言葉を濁した。

「……？　なんですか？」

「……いや、その、……」

ユリアの胸にしがみついたままのシエルがふと哺乳瓶から口を離し、ぎゃぎゃ、と、どこか呆れているようにも聞こえる声を出す。その声にひとつ舌打ちをして、アレクセイは言葉を探

すように口を開いた。

「……どこから聞いてました？」

「どこから？」

「入ってくる前……様子を窺っていたでしょう」

「ああ、……いえ、その、聞いていたというほどは」

ひやりとした。

聞いたことのない――温かさや優しさ、普段のアレクセイがユリアに向けてくれているすべてが削ぎ落とされた、色のない声音を思い出した。ユリアの表情で大体のところを察したのだろう、アレクセイは片手で顔を覆い、「言い訳してもいいですか」と己から言う。

「姫様が来たぐらいの頃には、軽く口止めをして帰すつもりでした。……ただ、子どもふたりだけでこんな森の奥までやってくるなんて、流石に怪しすぎるんで。もしかしたら、誰かに依頼されているんじゃないかと、最初はそう思いまして」

だから対応が冷たくなったのだと、アレクセイはそう言いたいのだろう。ユリアは理解を示して頷き、それから軽く眉を寄せた。

「……誰かに？」

心当たりがない。なにせユリアは王族の落ちこぼれ、狙われるような価値がない。けれども、どうやら、そう思っているのはユリア本人だけであるようだった。

「姫様は王族ですし、この神殿の巫女でもある。誰にも察知されていないはずですが、シエルもいる。我々が知らない何かが中央で起こり、姫様が狙われる事態になっているとか……あるいは、噂の領主が、姫様の身柄を使って何かを企んでいるとか。可能性はいくらでもあります」

　なるほど、アレクセイの言うこともまた事実なのだろう。状況はいくらでも変化する可能性があり、ただひとつ、王家のものであることを示す『金の瞳』だけは、ユリアの価値として常に存在している。それはユリアが、ユリア本人の能力や立場や資質とは別に、常に、何かの価値を見出される可能性を内包しているということだった。

「その可能性は考えませんでした。ただの迷子だと信じ込んでいた……浅慮でしたね」

「いえ。穿ちすぎといえばそれもそうで、後からの話を聞いた限りでは、あのふたりは本当に迷い込んだだけだと思います。……そう、こっちも、……いや、こっちは言い訳が利かないな」

「……？」

　アレクセイは軽く息を吐き――その姿が、どうやらひどく落ち込んでいるようだったので、ユリアは僅かに首を傾げた。今までの話で、なにか、アレクセイが落ち込むような要素があっただろうか？　きょとんとするユリアに、アレクセイが、言葉を探すようにしながら言う。

「申し訳ない……いや、……幻滅……いやこれも違う、そもそも期待されてないだろうし……」

「なんなんですか」

「いや、……姫様、怒っていますよね？」

「え？」

意外なことを言われた。ユリアが目を瞬かせるのを見て、アレクセイが、吐き出すように続ける。

「ひどい人間だって思ったでしょう。いやまあ、事実としてひどいんですけど」

「ひどい……？」

「あの子どもたちをどうこうするつもりはなかったですが……俺は、あの子どもたちを、救うつもりもまたなかった。姫様が来なければ、もう少し厳しく取り調べて、シロの確信が持てたところで、口止めして放り出して終わりだったでしょう。無闇に施しをして、次があると思われたら困りますから」

「それは、その、……私も思ったんですけど」

「ええ。姫様はそれをわかったうえで、できる限りの施しをして、『言葉で』説明することを選んだ。誠実な対応です」

そうだろうか。贔屓目がすぎるような気がするが。思うユリアの前で、「それに」とアレクセイは続ける。

「領主の暴政のことも、俺は、見て見ぬふりだった」

「あー……」

アレクセイは、どうやら、本気で悪かったと思っているようだった。気まずげな顔に、ユリアは少し考える。

「ええと……まず、領主について見て見ぬふりだったのは、私も一緒です。彼がまともな人物でないことには、最初の賄賂と、以降の連絡が特にないことで、当然思い至るべきでした。貴方(あなた)に調査を依頼しようと思えばできたんです」

「いや、姫様はそれどころじゃなかったでしょう」

「事実としてはそうですが、可能性はあったという話です。そのうえで……貴方が街の様子に深入りしなかったことは、貴方の立場を考えれば、当然の対応でしょう。貴方の任務はあくまで私の護衛、そして私の生活を支えることですし、それについて、貴方は十分以上によくやってくれている。この教会の周りは王家の直轄地ですから、厳密にいえば、我々とディエタ領の間に直接の関係はない。ディエタ領について口出しをすることは、明らかに職分を超えていますし――何より、余計なトラブルを招きかねない」

ユリアの身辺の安全を最優先するのであれば、藪(やぶ)をつつく必要はない。正しい判断だ。

「でも」

それでもアレクセイが言い募るのは――つまり、本当のところは、ユリアがどう思っているかを気にしているわけではないからだ。

「あいつらはガキだったし、領民は見るからに困窮してました」

アレクセイの手が、ミルクを飲んでいるシエルへと伸びる。その瞳に、悔いが浮かんでいる。気にしているのは、ユリアではない。彼自身だ。彼自身が、己の行いを、冷静に考えればひとつも間違っていない行為を後悔している。

侵入者は排除すべき、余計なことに関わるべきではない、そういう理性での判断があり、

──それでも、助けたかったという感情がある。

「姫様が、正しいですよ。ガキは保護するべきだし、領主の越権行為には国が対処すべきだ」

シエルは大人しくアレクセイに撫でられて、ちょうど空になった哺乳瓶から口を離して、慰めるみたいにキュウと鳴いた。アレクセイの目元が少し緩んで、視線がユリアへと向けられる。

「……どんなときでも、自分にできる精一杯をする。姫様はそういう人でしたね」

その眼差しに、どうしてか、ユリアの心臓が大きく跳ねる。

いつか見たことのある目だと思った。けれども、いつだったかが思い出せない。ただどきどきして、なんだか視線が合わせられなくて、ユリアはシエルに視線を下ろした。げっぷをさせるために状態を起こさせ、長い首をさすさすと撫でる。撫でながら言う。

「ええと、……そのできることがたいへん少ないわけですが……」

「それでもね。意外としないもんなんですよ。俺も含めて」

「少ないことは否定しないんですね……」

思わずじとっとした声音になると、アレクセイが小さく噴き出して笑う。ユリアはちょっと拗ねた顔をして、けれども結局笑ってしまった。更につられたようにシエルもキュウキュウ笑って、アレクセイはやっぱりユリアをどきどきさせる目でこちらを見て言った。

「まあ、ですから。姫様は正しいことをしたって、もっと自信を持っていい」

そうだろうか。そう思いたい。

ユリアは勇気づけられた気持ちになって、「……王宮に手紙を出します」と、決意をこめて宣言した。

＊＊＊

ユリアは、ディエタ地方の現状をしたためた手紙を、王である父と王太子である兄と、それからナターシャとにそれぞれ出した。ナターシャ以外が開いてくれる可能性は高くはなかったが、彼女はおそらく婚礼準備でそれどころではない。そもそも『合わせる顔がない』と言いつつ都合よく頼るのは心苦しかったが、他に送り先が思いつかなかったのだ。

案の定誰からも返事は来ず、また、姉の婚礼についての続報もとくにないまま、何もなく日々は過ぎていった。

そんなある日、王宮からの報せの代わりに、招かれざる客がやってきた。

「……先触れを出していただければ、こちらから迎えに上がったんですがね」

ユリアの魔術がかかっているから、本来、客はこの教会には辿り着けない。故に彼らは、ここへ来ることのできる唯一の例外、定期的に配達される荷物に同行するという手段をとったのだった。

慌てて来客を迎える準備を整えたユリアの隣に立って、アレクセイが、その不躾な訪問を非難する。客――中年で肥えきった体型の、もう寒い季節でもないのに豪華な外套を身にまとった男は、一見愛想のよいふうに軽く笑った。ひと目で薄っぺらさがわかるような作り笑いだ。

「いやいや、王女様にそのようなお手を煩わせるわけには」

彼こそが、ディエタ地方の領主、グンデルである。

護衛らしき兵士を二人と、ローブで顔を隠した強い魔力の気配のする者一人を引き連れてやってきたグンデルは、見るからに信用のならない男だった。

「……それで、何用ですか」

「いえ、手違いか、教会からの連絡が入っておりませんで。こちらが代替わりされたことを存じておらず、慌ててご挨拶に馳せ参じた次第で」

ユリアの『歓迎しない』ムードをものともせず、グンデルはぺらぺらと多弁だった。

「こちらに美しい巫女様が来られたと、領民の間で話題になっておりましてね。はて、巫女はもうご高齢だったはず……と慌てて教会に問い合わせましたよ。いや、誠に失礼いたしました」

グンデルの調子のいい言葉のうち、果たしてどれほどが真実だろう。いかな教会といえど、当地の領主にまで連絡を行っていないとは思えないし、巫女がユリアに代わるとともに、ディエタを経由して届けられている各種物資の量も激減しているはずだ。何より、彼自身がここに送り付けてきた『贈り物』を突き返したときに、使者から説明が言っていないはずがない。

諸々を考え合わせれば、今までは賄賂の効かない新しい巫女になど興味がなく、今は捨て置けない理由ができた……と、そう考えるほうが妥当である。

同時に、気になる言い回しがある。『領民の間の噂』。警戒心を高めるユリアの前で、グンデルは変わらず妙に上機嫌だった。

「若い方にはつまらぬ土地ですし、色々とご不便もおありでしょう。なにかありましたらいつでもご連絡いただければと思いましてね。……なんでも、既に、こちらに押しかけてご迷惑をかけたものもいたとききますし……」

「記憶にありませんが……丁寧に、ありがとうございます。要件とはそれだけですか？」

「はい。……ああ、いえ、もうひとつ」

グンデルは片手を掲げ、ローブ姿の人影を示した。

「こちら、我が家で雇っている魔術師でしてな。確か、姫様は魔術にご堪能だとか。ひとめでいいからお目にかかりたいと熱心なので連れてきたのです」

グンデルの傍らにいた魔術師が、グンデルに促され、深く被ったフードを外す。

はじめに目を引いたのは、その、燃えるような赤い髪だった。

「ジレと申します」

見慣れない色だ、と、最初に思った。聖ロクレアでは赤髪と言えば橙のことで、ここまで鮮烈な『紅』は珍しい。小柄な男にも見えるし長身の女にも見える立ち姿は、近づいてもやはり確とは性別がわからない。顔そのものは小さく整っていると言ってよかったが、細くつり上がった目が蛇のように見えるからだろうか、どこか得体のしれなさを感じさせる。

そんな男――女――？　が、細い目をいっそう糸のように細めて笑い、ユリアに向かって手を差し出す。握手を求めているのだ。その動きに不自然なところはなく、けれども、アレクセイが、差し出された手を警戒するようにユリアの前に立つ。ユリアはそれを「大丈夫です」と言って制した。

ジレからは、確かに、濃い魔術の気配がする――が、それは、ユリアに向かって行使されるものではなさそうだ。少なくとも、差し迫った危険はない。そう判断し、ユリアはジレの手を握った。

「わたくしのようなしがない魔術師が、かのナターシャ姫が魔術の才を認め、わざわざベルジナ砦まで呼び寄せたというユリア姫に拝謁できるとは……！　いやはや、夢のようです」

少し掠(かす)れた声からも、やはり性別は窺えない。恍惚(こうこつ)とした表情と大仰な言い回しとにはわざとらしさがあるような気がしたが、見慣れない色合いのせいでうまく判断できない。ただ、なんだか話が大きくなっているな、と思い、ユリアの派遣はさほど有名ではない（なにせ噂好きの貴族令嬢たちが知らなかったような話だ）のに、田舎の魔術師がよく知っているなと少し不思議に思――ったところで、ユリアはふと、息を止めた。

握った手の間に、何かがある。

ジレが、何かをユリアに手渡したのだ。なんだろう。手触りは軽くふわりとしていて、少なくとも紙ではない。ジレの魔力の気配もないから、危ないものでもなさそうだ。表情の読めないジレを警戒しつつ、ユリアはそれを手のひらに握り込んだ。ジレはにこにこと破顔したまま、ごく自然にユリアの手を離す。

「なんでもユリア様は、ここの守護も一手に担っておられるとか。なるほど素晴らしい。結界関係は……ふむ、獣避けに人避けに……なるほどこれは、許可があるものしかここに辿り着けないというのも納得です。よくできている……が、独学ですか？　少し癖があるようですね」

「……そうですね。こちらに来てから、本を見たりして覚えたものもあります」

「なるほど！　道理で少し……よろしければ、私めが手ほどきいたしましょうか？　もっと効率的な方法など、お教えできることも多いかと……」

ああやっぱり、最初の言葉は演技だったようだ。

にこやかに親切ごかしているが、つまるところ、おおいに馬鹿にされている。『この場にいるだけですべての魔術が看破できます』のアピールと、『魔術の才だけはあるといっても所詮この程度ですか』の侮りが、にこやかな仮面の下から透けて見えるようだった。ユリアが引き攣り笑いとともに「結構です」と応じると、アレクセイが強引に割って入る。

「話はそれぐらいにしていただけますかね。あなたが何者かは知りませんが、『竜の巫女』相手に不敬でしょう」

「……ああ、申し訳ない！　つい興奮して」

「グンデル殿も。次は前もってご連絡ください。こちらにも準備というものがある」

「これはこれは。失礼しました」

グンデルは言葉だけは申し訳なさそうに言って、護衛に向かって打って変わって横柄に「帰るぞ」と言った。立ち去る彼らを、警戒する表情を崩さないまま見るアレクセイの隣で、ユリアはそっと手のひらを開く。

金の羽。

ユリアがナターシャへと放った魔術の鳥。その黄金色の羽が、ユリアの手に残されていた。

アレクセイの判定は端的だった。

「なるほど。警告ですね」

「……ですよね」

「姫様が王宮に放った鳥は、すべてか一部かはわかりませんが、あのジレとかいう魔術師に捕えられたということでしょう。『余計なことはするな』と、そう言いに来たんですね」

そうだろうとユリアも思っていた。俯いたユリアを、アレクセイが少し心配そうに窺っているのがわかる。

「姫様？」

「……すみません。ちょっと大きい声出してもいいですか」

「は？」

どうぞ？　とアレクセイが戸惑った様子で言うのを見てから、ユリアは思い切り息を吸った。

「は」

「は？」

「腹立つ～～～～～!!!　なんですかあの魔術師!?!?　事実ですけど!!!!」

『これだから実務経験に乏しい素人は』

みたいな顔して!?!?　事実ですけど!!!!」

ぎゃあ、と、ユリアの大声に驚いたシエルが抗議の声を上げるのが聞こえる。同時に、ぶは、と、アレクセイが噴き出す音がした。

「いや、あの、……事実……まあ事実か……」

「追い打ちをかけないでください!!」

「いや、うん、学院の老魔術師に師事していたうえ、今までの実践経験はゼロだってことを考えると、姫様はかなり……というか、やりすぎなぐらいによくやってると思いますよ？」

「その慰めも微妙です！」

あのジレとかいうやつに教わったほうがいいみたいじゃないですか！　とユリアがぶんぶん手を振って言うと、アレクセイは素直に「すみません」と頭を下げた。事実だとしても冗談じゃない。

むくれたままのユリアの肩に、近頃やっと浮かぶ程度に飛べるようになったシエルがふわふわ飛んでくる。短い手で頭をぺしぺし撫でられて、ユリアは思わず小さく笑った。優しい。ユリアはシエルを捕まえて頬ずりし、それでも憤りは収まらなかった。

「いえ、言い訳させてください。だってまさか、こんな辺境に腕の立つ魔術師がいるなんて、いやいたとしたって国内なのに王家の鳥に手を出すなんて、普通は思わないじゃないですか!?

……いや思っとくべきでしたか……？　よく考えたら、教会だって告げ口を警戒してると考えるべきですもんね……？」

「……ほんと、著しい進化を遂げてますよねえ」

「え？」

「いえ。怒ってるんだなあと思って」

「怒ってますよ！　とっても怒ってます!!」

その時、ユリアには自覚がなかった。

ここに来ることにも文句一つなく、誰からだって、侮られるにまかせていたのがユリアだった。だから、今までのユリアだったら、どれだけジレに馬鹿にされても、『自分の実力では馬鹿にされても仕方がない』と諦めていただろう。

馬鹿にされ、下に見られることに対して憤っている、ということは、自らの能力に対するプライドが、自負の心が育っているということだ。ユリアの中に、ユリア自身を認める心が生まれているということなのだ。アレクセイはけれどもそれを指摘してくることはなく、「まあまあ」と宥めるように両手を掲げる。

「落ち着いてください。大丈夫です、姫様の言うとおりですよ。この国では、金の魔術は王家の証だ。ありがたく拝みさえすれど、捕まえるなんてありえません。そもそも、大体の魔術師には、通信用の鳥は捕まえられないはずです」

「……そうですよね」

つまりそれだけ凄腕の、普通の頭をしていない魔術師だということだ。ユリアは一転して考えに沈んだ。

「何者なんでしょう。……見慣れない色をしていましたが」

「……色？」

「ええ。赤い髪で……」

「──赤？」

アレクセイが、鋭い声を出す。ユリアはきょとんと目を瞬いた。

「ええ。すごく鮮やかな色でしたよね？」

「いえ、……黒髪に見えましたが」

「えっ」

ということはつまり、あの強い魔術の気配は。

「外見を……変えていたということですか？」

「みたいですね。姫様と俺とで見えた色が違うということは、姫様が見たほうが本当の色で……一定以上の魔力があると効かない類の偽装魔術が施されていた、と考えるのが妥当でしょう」

「……つまり、あの魔術師の想定した私の魔力が、実際の私の魔力より低かった、と」

わかりやすく、侮られていたということだ。低い声を出すユリアに、アレクセイが「まあまあ」ととりなすように笑う。

「そのお陰で情報が手に入った――あの魔術師が姿を偽っていることがわかったんですから、良しとしましょう。収穫ですよ、これは」

「……そうなんですか？」

「ええ。姿を偽るということは、隠すべき事情があるということです。……『赤い髪』。橙ではなく、赤ですか？」

「はい。真紅に近い色合いでした」

なるほど、と呟いて沈思するアレクセイには、なにか、心当たりでもあるのだろうか。けれどもアレクセイはそれ以上何も言わずに、ユリアにも、他に優先すべきことがあった。

「……『領民の間の噂』も」

ふ、と、アレクセイがユリアへ視線を向ける。

「警告でしょうか？」

ユリアが問うのと同時に僅かに顰められた顔から、アレクセイが、ユリアがそれに気づかないことを願っていたことがわかった。けれどもユリアは気づいてしまって、アレクセイはため息とともに肯定で応じる。

「……十中八九、そうでしょうね」

やはりそうか。『こちらに押しかけて迷惑をかけたものもいる』、と、領主はそう言っていた。

ユリアのところに来た兄弟のことも、知られているのだ。ユリアはきつく眉根を寄せた。

「あの子たち、……ひどい目に、あっていないといいのですが……」

言いながら、望み薄だとわかっていた。

グンデルはきっと、裏切り者を許さない。流石に殺しはしていないだろうが。

「村に……行っては、だめでしょうか。私にできることがなにか」

「俺に聞くってことは、姫様もわかってるんでしょう。……言いにくいですがね、悪循環になる可能性が高いです。姫様が領民になにかすればするほど、領民は姫様を頼り、領主に反抗するようになる。中途半端に手を差し伸べるのは、かえって危険です」

ユリアには、何の力もない。

せめてできることをと思ったけれど、ユリアは結局、彼らになにもしてやれないどころか、彼らを鞭打つ理由を作ってしまった。

「なにか、別の方法を考えましょう。……俺も、一緒に考えますから」

「……はい」

落ち込むユリアに、アレクセイが言う。気休めとわかっていても、なにか言わずにはいられなかったのだろう。同じくユリアを慰めるように、ギュイ、と小さくシエルが鳴く。その小さな体にすがるみたいに抱きしめる。

だからユリアは、欠片も想像していなかった。——本当の衝撃が、そのすぐあとにやってくるということを。

ユリアが『それ』を目撃したのは、完全に偶然によるものだった。

アレクセイは『領民に会うのはやめたほうがいい』と言ったけれど、もしあの兄弟が領主に痛めつけられるなどして、怪我でもしてしまっていたならば、治すぐらいはしてもいいのではないかと思ったのだ。こっそりここに呼び出して、治癒の魔術をかけるぐらいなら。ユリアはそれを相談しようと、アレクセイの姿を探していた。シエルはちょうど午睡の時間で、少しの間なら目を離しても大丈夫そうだった。

宿舎の中をひととおり探して、畑かなと思って外へ出て——狩りの道具一式が置かれたままだったので、遠くには行っていないはずだと判断し、他に心当たりがなくなって、建物の周りをきょろきょろ探し歩いた。

はたして、アレクセイは聖殿の裏にいた。

人目を避けるようだ、と思ったのは、見てはいけないものを見てしまったがゆえの、後付けの感覚だったかもしれない。ユリアとアレクセイしかいないここで、アレクセイが避けたがる人目とはつまりひとつだけだ。

アレクセイの手元から、小さな鳥が飛び立っていく。

「……！」

ユリアは咄嗟に、建物の裏に身を隠した。

それが本物の鳥でないことは、考えるまでもなく明らかだった。どうして、と、そればかりがぐるぐる頭を巡った。どうして。

――アレクセイは、魔術が苦手なのではなかったのか？

魔術を用いた伝書は、受け取る側も送る側も、ある程度の魔術が使える必要がある。他人が編んだ魔術を発動するだけなら技術はほぼ要らないが、それでも魔力は必要だ。

アレクセイは魔術を使えない……と断言していたわけではないが、苦手そうな反応だったはずだ。ユリアの前で使ってみせたことも一度もなくて、魔術についてユリアが語るときも、知識があるような素振りはなかった。

けれども、鳥は、確かにアレクセイの手から飛んでいった。彼は嘘をついていた――とまでは断言できないが、少なくとも、意図的に無知を装っていたことは間違いがない。

どうして、と、まず、疑問が浮かんだ。どうして？　考えてもすぐに答えが出るわけもなく、ユリアはアレクセイの放った鳥の気配を追いかけ――けれども、それもすぐに失敗する。

ユリアにも探知できないぐらいの、かなり強い隠蔽の魔術がかかっているのだ。ユリアの鳥のように、捕まってしまうことのないように。

高度な魔術だ。――だから、ユリアにはすぐにわかった。

わかってしまった。

その鳥が、どこに飛んでいくのかが。

## 第四章　落ちこぼれ王女、戦う

隣から、シエルの寝息が聞こえてくる。

狭い箱に収まらない寝相を見せるようになったシエルは今、ユリアの寝台で、ユリアとともに眠っている。シエルはかなり寝相が悪いので、壁とユリアとで挟んで落ちないようにしているのだ。くうくうと安らかに眠るシエルを見ながら、ユリアはそっと息を吐いた。

眠れない。――眠れるはずがない。


思えば、単純な話ではあった。


アレクセイが放った鳥からは、確かに、ユリアがよく知っている魔力の気配がした。魔術（マギ）を発動している以上、アレクセイに魔力があるのは間違いがない、けれども、魔術師（メイガス）と言うほど熟練はしていないのだろう。当然あれほど高度な通信魔術を使えるはずがなく、誰かが編んだ魔術を発動だけさせていた、と考えるのが妥当だった。

――誰（だれ）か、だなんて、ここに至っても、ユリアはそんな誤魔化しをしてしまう。

「……ナターシャ、姉様」

シエルを起こしてしまわないように、口の中で小さくその名を呟（つぶや）く。

アレクセイはきっと、最初から、マリーの頼み故でなく、ナターシャの指示でここにいた。アレクセイは一介の騎士にすぎず、ナターシャと深い関わりはないはずだ、というのは、ただのユリアの思い込みだった。

思えばアレクセイは最初から、アレクセイは、ナターシャから直接命令を受ける立場だったのだ。アレクセイは最初から、『ベルジナ砦で上司に相談し、その結果、ユリアの護衛として近衛にねじ込まれた』と言っていた。今となってはその言葉もおそらく嘘なのだろうが、どちらにせよ、『ユリアの護衛としてアレクセイを派遣する』ということ自体が、かなりの権力を――ベルジナ砦内にとどまらない、広範囲に及ぶ権力を有していなければできないことだ。

だから、最初から気づいても良かったのだ――そんなこと、ナターシャにしかできないのではないか、と。

「……でも、……そうだとして……どうして、それを隠したんでしょう。姉様に言われてきたと、最初からそう言ってくれれば良かったのに……」

最初から『ナターシャの命令で来た』と言われていれば、ユリアは安心しただろうし、シエルが生まれたときに悩むこともなかった。……なかっただろうか？　ナターシャには知らせないでくれ、と、アレクセイに頭を下げたかもしれない。

ともかく、アレクセイは――あるいはナターシャは、ユリアがここに派遣されたこと、そしてアレクセイがユリアの供としてつけられたことに、ナターシャの意志が介在していることを知らせたくなかった。

なにか、隠さなければならない理由があったのだ。

ユリアの護衛とは別に、隠さなければならない目的があった。ユリアが『アレクセイがナターシャの部下である』ということを知らないことにより起きた出来事は、考えれば、ただひとつだけだった。

ユリアは、アレクセイがここにいるのは、アレクセイ自身の意志だと思っていた。『アレクセイはユリアの護衛のためにここにいる』というのは勿論わかっていたが、それより前の大前提の部分として、『ここにいる』ことを、アレクセイ自身が選んだのだと思っていた。

マリーの願いはあくまで『願い』で、強制力が高いものではない。だからユリアは、アレクセイの『戦場にいたくない』を、『家に戻りたくない』を信じたのだ。

けれどもユリアが、最初から『ナターシャの命令』だと知っていたなら、どうだろう。

ここにいることにアレクセイ自身の意志が介在せず、ただ命令によって、護衛の任のためだけにここにいるのだと思っていたら？

だとしたら、ユリアは、かつて侍女たちにそうしていたように、一線を引いてアレクセイに接しただろう。ナターシャの命令に逆らえるものなど存在しない。だから、アレクセイはただ『仕事』としてここに来ているのだと、貧乏くじを引いて可哀想だなと、早くアレクセイが帰れることになるといいなとそればかりを考えて、アレクセイがどれほど『自分の意志だ』と言ったとしても信じなかったに違いない。

それはつまり、アレクセイに今ほどの親密さを覚えることはなかったということで――だとしたら。

「……姉様は、私が、アレクに心を許すように仕向けたかった」

そう、それが正解だ。——そうだとして。

「……どうして？」

結局のところ、それがわからない。どうして？　こんな回りくどいことをする理由は一体何だ？　ぐるぐると疑問だけが頭を巡り続け、ユリアの思考はどんどん暗い方向へ落ちていく。

ユリアの推測のとおり、アレクセイがナターシャからの命令でここにいて、その目的がユリアに心を開かせることであったとしたなら——アレクセイがユリアに優しくしてくれたのも、『職務上必要だったから』ということになる。

ならば、ユリアに家事を教えてくれたのも、たわいない話をしながら食事をしたりしたのも、釣りや畑に出かけたりしたのも——シエルを、一緒に育ててくれたのも——積み重ねた日々はすべて、偽りのもの、だったのだろうか？　その可能性を考えるだけで、ぎゅうっ、と、喉が締め付けられるようだと思った。

悲しい。苦しい。

それでも、考え続けることをやめられない。

それに、そうだ、アレクセイがずっとナターシャと連絡をとり合っていたのなら、シエルが生まれたことも、最初から知らせていたのだろうか。そうだとしたら、ユリアが倒れるほど悩んでいたのも、本当は無意味だと知っていて、滑稽に思って見ていたのだろうか？　そんなのあんまりだ、ユリアが本物の馬鹿みたいじゃないか。堪えきれない涙で視界が歪んで——その時、寝返りを打ったシエルが、ぱちりと目を開けてユリアを見た。

「……あ」

ひとりでぶつぶつと喋(しゃべ)っていた自覚はあったし、泣き出しそうな息は震えていただろう。それで起こしてしまったのだろうか。寝かしつけようと手を伸ばすと、とろんとした目でシエルが笑う。きゅう、と、甘えるようにひとつ鳴いて、シエルはまたすぐに眠りに落ちた。

「……あ……」

くうくうと寝息を立てる、ただ安らかであるだけの寝顔だ。それを見て。

『ああ』

ぱちん、と、弾(はじ)けるように記憶が蘇(よみがえ)った。

『可愛(かわい)いなあ、お前』

幸福を、嚙(か)みしめるような声だった。

まだふたりが竜の子育てに慣れていなかった頃(ころ)。トラブルに見舞われた浴室で、ふにゃふにゃのシエルの体に慎重に保湿剤を塗りつけるその手つき、微笑(ほほえ)んだ顔、とろけるような、愛(いと)しいものを見る眼差(まなざ)しが――ユリアの中のいつでも取り出せる場所にしまわれている。そうであることが今わかった。

そして思った。

少なくとも、あの瞬間のあの顔に、あの眼差しに、嘘はなかった。

アレクセイが、ナターシャに何を報告し、何を報告していなかったのか、ユリアに知るすべはない。仔細を包み隠さず伝えていたのかもしれないし——もしかしたら、ユリアの願ったとおりに、すべてを隠していてくれたのかもしれない。ただひとつ、と、ユリアは思った。

ただひとつ——アレクセイのあの表情に、アレクセイがシエルを愛してくれていることに、嘘はない。そして、裏に何らかの思惑があったとしても、ユリアを案じてくれたことをもまた嘘ではないのだ。

「……アレク……」

ずっと、ここにいてほしかった。

ふたりで過ごす日々が楽しかった。

ユリアはここで、随分自由になった。やりたいことが堂々とできるようになったし、楽しいことや美味しいものをたくさん知ったし、馬鹿にされれば憤れるようになった。

それらすべてが、アレクセイのおかげだ。

シエルを見るアレクセイの、優しい眼差しが好きだった。シエルと戯れるユリアを見るときの目が、榛色の垂れ目がいっそう蕩けるみたいに見える目が好きで、勝手に見守られている気持ちになってどきどきしていた。軽薄を装った態度よりずっと、注がれる優しさばかりを感じていた。

アレクセイが、ナターシャの命でここにいたのだとしても——その優しさは、本物だった。

ユリアの不器用さに辛抱強く付き合い、ユリアの望みを叶え、ユリアの魔術を認め、ユリアの努力を称えてくれた。シエルが生まれてからは、ユリアがシエルを愛するのと同じようにシエルを愛してくれた。

その愛情に、偽りはなかった。

アレクセイがユリアを大事に扱ってくれたから、ユリアも、自分自身が大事だと思えるようになった。アレクセイがどんなつもりで与えてくれたものだったとしても——ユリアが受け取った優しさは、確かに、本物だったのだ。

苦しい。

隠されていたから？　騙されていたから？

そのとおりだ。そして違う。この痛みは喪失の痛みだ。

好きだったのだ。

もう、いつからかもわからない。ユリアはずっと、アレクセイのことが好きだったのだ。

——今更すぎる初恋の自覚は、はじめての失恋を伴っていた。

アレクセイは、『好きな相手がいる』と言っていた。『俺なんかの手には届かない人』だとも。

アレクセイに、ナターシャとの接点があると知った今。

ユリアには、その相手が、ナターシャ以外であるとは思えなかった。

翌日から、ユリアはできるだけアレクセイとの接触を避け、自室に籠もるようになった。初恋も失恋も、ユリアにとっては衝撃的すぎる出来事である。その当事者であるアレクセイ相手に、不自然な態度をとらないでいられるわけがなかった。

言い訳をどうしようと思ったけれど、一歳を超えて人の子とはどんどん違いはじめているシエルの発育が気になる、という現実の問題もあり、アレクセイはユリアが読書に没頭する様子を気にしなかった。アレクセイはシエルを連れ出して、外の囲いで遊ばせてくれた。

――ナターシャが、ただユリアの身を案じてアレクセイを派遣したわけではない、とするなら、その目的は一体なんだろう。

現実としてシエルが生まれている以上、可能性として一番高いと思われるのは『竜』関連だ。けれども、竜が数百年生まれていなかったのに、その誕生を予測できるものだろうか？　記録の中に、何かヒントでもあったのではないか。そう考えたユリアが、アレクセイを避け、過去の記録の調査をはじめてから数日後、事態は急変することとなる。

それは奇しくも、ユリアが招待された式典――姉が隣国ドミナスへと嫁ぎに向かう日の、前日のことだった。

＊＊＊

深夜だった。

鋭い痛みを感じて跳ね起きたユリアは、眠っているシエルを咄嗟に抱き上げた。びりびりとした痺れが、魔術を行使するのに使う利き腕に残っている。数日前に強化したばかりの結界が破られたのだとそれでわかった。

侵入者だ。それも、堂々と結界を破って入り込んできた――敵意を隠す気がない侵入者である。心当たりなどひとつしかない。予測されていた事態である。予め普段着を着用していたユリアは、シエルを胸に抱き、手早く布を体に巻いて固定して、外套を身に纏う。

その瞬間、ごく小さなノックの音が扉から聞こえた。

「姫様」

扉を開いて招き入れる。アレクセイもまたきっちりと外套を着込み、剣も佩いた状態だった。異変に気づいていることは、その険しい顔を見ずとも明らかだ。

「……結界が、破られました」

「そのようですね」

なんでもないように頷くアレクセイに、やはり彼は魔術が使える――少なくとも察知はできるのだと思う。アレクセイは続けて尋ねた。

「侵入者について探れますか。人数、位置、……なんでもいい。ひとまず、手薄なところから森へ逃げましょう」

「はい、……侵入は許しましたが、結界がすべて解除されたわけではありません。範囲内であればだいたいの位置と……聞き耳の魔術で会話も聞こえます。弾かれる可能性もありますが」

「やってみましょう。今は少しでも情報が欲しい」

襲撃を受ける可能性については、数日前から予測されていた――アレクセイが街に下りた折、件の兄弟がアレクセイの元にやってきて、街の人から聞いたという話を教えてくれたからだ。

領主グンデルが、聖殿についての情報を集めている。

話とは、端的に言えばそういうことだった。大まかな位置や建物の構造などは、どれだけ魔術での秘匿を施したところで、幾度も通っている者にはわかってしまう。グンデルと雇われ魔術師のジレとは、教会に雇われて物資を運んでいる者たちから、それらの情報を（穏当とはい い難い手法で）聞き出したということだった。

その情報の使い道などひとつしかなく、そして、彼らがここを狙う目的もまた――信じがたいが、ひとつしか存在しない。ユリアたちの推測が正しいかどうかは、おそらく、会話を聞くことができればわかるだろう。ジレは明らかにユリアを見下していたので、ユリアが何をしても問題にはならないと考えているかもしれない、と、ユリアは聞き耳の魔術を行使して――果たして、その目論見は正解だった。

「聞こえます、……共有するので、手を繋いでもいいですか？」

アレクセイが頷くのを見て、ユリアは、アレクセイの手を握る。よりはっきりと聞こえるように魔術を調整すると、痺れるような感覚とともに、はしゃいだジレの声が脳内に響いた。

『ああ、素晴らしい。まさか本当に……こんなところで当たりを引くとは思わなかった！』

『騒がしいぞ。……本当に、ここに竜がいるのか？』

ジレと、グンデルの声だ。やはり、という気持ちと、それにしたってどうして、という驚愕(きょうがく)とが同居する。シエルのことが知られている——どうして？　魔力の気配でだろうか？　確かに竜は魔力を帯びた生き物だが、その気配は微々(びび)たるものだし、そもそもこの地はユリアの魔力で満ちている。それを感じ取られたとは——と、ユリアは、予測していたこととはいえ、驚きを抑えることができなかった。

そして、『どうして』より重要な疑問が存在する。『なぜ』だ。なぜふたりは、『竜』を狙うのか？　その答えは、すぐ、グンデルによって齎(もたら)された。

『竜を捕らえれば、本当に、ユーダニアでの地位は保証されるのだろうな？』

『ええ、ええ、我が君は約束を違(たが)えませんとも。間違いない、この魔力の波長……我が国の遺跡のものと同じです。研究者どもの散財にも、多少の意味はあったんですねえ』

『くれぐれも頼むぞ。……理由はわからんが、烈女と名高いナターシャ姫に目をつけられた。このままでは我が身が危ういのだ』

ユリアは思わずアレクセイを見た。

アレクセイは、険しい顔で会話を聞いている。ユーダニア。南の帝国。今まさにユリアたちの国を脅かさんとしている国だ。というか散々領民を苦しめておいて、『理由はわからん』とか本気だろうか。

『それでは、王女と竜は生け捕りに。護衛の男は、殺してしまっても構いませんね』

『ああ。王女も、邪魔になるようなら、好きにしてもらって構わんぞ。表向きこそ、他の王女と変わらぬ扱いとなっているが、妾腹なのは公然の秘密だ。王からも王妃からも疎まれて、王宮からこの地に追放されたようなものだからな。死んでも誰も気にせんだろう』

『それは楽でいい、と言いたいところですが……王女を殺すことはできません。竜は、一年もすれば巨大になり、人の手では制御できない存在となる。言うことを聞かせ続けるためには、巫女を人質にすることが必須です。面倒ですが、くれぐれも死なせないように』

どこで手に入れたのかはわからないが、どうやらジレにも、竜の生態についての基本的な知識が存在するらしい。遺跡や研究者という言葉と繋ぎ合わせれば、恐らくジレの目的は、最初から『竜』であったに違いなかった。

ジレはユーダニアの魔術師であり、竜を求めて、竜の伝説が残るこの地に潜り込んでいたのだ。ジレの言うところの『我が君』、ユーダニアの皇帝ルーファスの願望に応えるために。

『あの王女は、我が君への捧げ物としてはだいぶ見窄らしいですが……意外とああいう、小動物みたいなのが刺さるかもしれません。若く、魔力も潤沢で、子を産ませるには悪くはない。竜と揃いで持ち帰るのがいいでしょう。楽しみだな、我が君はきっと喜んでくださる』

それにしても、随分好き勝手言ってくれている。誰が小動物だ。やっぱりあの魔術師には腹が立つ、と思うユリアの隣で、ひんやりと、アレクセイの纏う温度が下がった気がした。

「……なるほど」

と、呟く声も、兄弟が入り込んだとき以来の――下手をすると、その時以上の低さと冷たさだ。ユリアでも感じ取れるぐらいの殺気がある、気がする。「あ、あの……？」と怯えたユリアが尋ねる前に、アレクセイは繋いだ手を離し、ユリアの耳を物理的に塞いだ。そんなことをしても聞き耳の魔術は切れないのだが、つい反射で終了させてしまう。

「これ以上は耳が腐ります。……あの魔術師、思った通り、ユーダニアの間諜でしたか」

「気づいていたんですか？」

「姫様のおかげでね。赤髪はユーダニアでは珍しくないですし、言葉にも若干の訛りがありました。……流石に、『竜』が目的とまでは思いませんでしたが」

なるほど、ユリアがアレクセイの『鳥』を目撃したときの連絡は、ジレについて報告するものだったのかもしれない。ナターシャは当然手を打っただろうし、その結果がグンデルの『ナターシャ姫に目をつけられた』なのかもしれないが――結果としてナターシャは間に合わず、ジレが行動を起こすほうが早かった。ユリアは思わず唇を噛んだ。

「……いやもう、これ、完全に私のせいですね。シエルがユーダニアに狙われるなんて。姉様や教会どころの話じゃありません」

「結果論ですよ。ユーダニアが竜を求めていただなんて、一体誰が想像できます？　そもそも彼の国にも竜が存在していたという話が初耳です。知らない可能性は、想定できなくて当然です。そうでしょう？」

アレクセイが冷静に言い諭してくれるのは、アレクセイがユリアの判断に従っていなかった――本当はナターシャにすべて知らせていて、ユリアが責任を感じることなどひとつもないと思っているからなのだろうか。そんな邪推を行ってしまう己にも嫌気がさし、けれども考え込んだり落ち込んだりしている場合ではないので、ユリアはただ小さく頷いた。

「…………はい」

「落ち着きましたね。……では、予定通り、森を迂回して逃げますが……」

アレクセイは僅かに眉を寄せた。

「流石に、逃亡経路までは確保できませんでしたから、どうしたものか……。こっちは二人だと知られていますし、向こうには腕の立つ……どれぐらいの力量かもわからない魔術師がいる」

かなりの力量で、そのうえ明らかに性格が悪い、手段を選ぶことのないだろう魔術師。相手にするには最悪と言える。

「領主だけならどうとでもなるんですがね。あれを人質にすればいいのであれば、まだやりようもありそうですが……」

「……無意味ですよね？」

「でしょうね」

ジレは、ひとつの躊躇いもなくグンデルを見捨てるだろう。

「だとしたら、……無理でも、腹を括るしかありません。都を目指します。この子がユーダニアの手に渡ることだけは、なんとしても避けなくては」

　ユリアは、シエルを抱く腕にぎゅうと力を込めた。

　そもそも、シエルのことがアレクセイからナターシャに伝わっているのだとすれば、ナターシャの目を逃れる理由はもはや存在しない。ユリアの決断に、アレクセイは頷いて同意を示した。ユリアの側から言い出してくれて助かったとでも思っているのかもしれない。

「そうですね。……姫様、周囲の様子は？」

「……私の結界が、上書きされはじめています。あの魔術師は、結界によって、我々の逃亡を阻む想定なのかも……。まだ、この建物付近まで近づいては来ていません」

「向こうの手勢の数はわかりますか？」

「人の気配は……十を少し超えるぐらいでしょうか」

「なるほど。グンデルは、竜を捕えたら、すぐにでもユーダニアに向かいたいんでしょうね。大所帯じゃあ身動きがとれない。……じゃあ、準備が整うのを待ってやる必要もないですか。急いだほうがいい」

「はい」

　ユリアが皆の現在の配置をざっと伝えると、アレクセイは「わかりました」と頷いた。

「聖殿の横を通って、北へ走ります。やつらを撒いて、ある程度距離を稼いでから、森を抜けて街へ向かいます。……そこからは馬で行きたいですが、姫様は……」

「……乗れませんね……」

「ですよね……。でも、流石に徒歩とはいきませんから、乗ってもらうしかないですね」

「えっ」

ユリアは魔術以外のだいたいのことが平均以下だが、なかでも運動に関することは大の苦手と言っていい。乗馬なんて以ての外だ。無理、と言う暇をユリアに与えず、アレクセイが問う。

「今は？」

「……扉が見える範囲には、まだいません」

「いいですね」

「そろそろ結界の上書きが完了しそうなので、これ以降は、何も探知できなくなるかも」

「了解です。急ぎましょう」

裏口から、アレクセイが目視であたりを確認する。まだ近くにはいないと判断し、アレクセイは——ひょい、と、ユリアを肩に担ぎ上げた。

「っ、!?」

「シエルのこと、しっかり抱いててくださいね！」

事前告知がなかったのは、ユリアが嫌がることがわかっていたからだろうか。アレクセイは人ひとりを抱えているとは思えない速度で走り、もう少しで森に入る——というところで、

「いたぞ!!」の大声が闇を切り裂いた。

同時に、ユリアの傍らで、魔術が発動するときの光が強く弾けた。

「……え」

アレクセイが、ユリアを抱えていないほうの手で、剣を抜く。

その剣が、強い、膨大な魔力を帯びていることがユリアにはわかった。今までそんな気配はなかったのに？　仰天するユリアに、アレクセイは鋭く「魔術障壁！」と命じた。

「展開できますか!?　当てないよう気をつけますが、自分の身は自分で守ってください！」

「は、はいっ!!」

付与魔術（エンチャント）。剣による攻撃に何らかの効果を加える——『魔術剣士（メイジナイト）』が使う代表的な魔術だ。

言われるがままに魔術を展開していると、剣など当然届くはずのない場所にいる誰（だれ）かが、うめき声を上げて倒れる気配がした。遠距離攻撃？　混乱しながらも、思わず尋ねる。

「ま、っ、魔術、苦手……！」

「言ってませんでしたっけ？　俺は魔術剣士なんです。姫様もご存じでしょう。魔術剣士は魔力が偏って発現した存在で、基本的には、剣術に関連する魔術しか使えない」

「魔術剣士は、そりゃあ、知っていますが、……貴方（あなた）がそう、というのは、初耳です！」

「というか、え、一瞬で？　やっつけてきたんですか!?　普通に強い……!?」

暴露がしれっとしすぎている。

「普通に普通です。あいつらが弱いんですよ」

「いやいやいやいや」

ナターシャと繋がっている時点で『もう戦場は嫌で』がただの言い訳にすぎないことはわかっていたし、それより以前からずっと、狩りの腕が良すぎることは気になっていた。戦場を忌避するには、兵士として有能すぎるのではないかと思っていたのだ。

でも、と——はじめてアレクセイの実力を目の当たりにし、ユリアは考えを改めた。

アレクセイは、ユリアの感覚が正しければ、強すぎる。その剣に纏わせた魔力が、ユリアからしてみても多すぎるのだ。だからこそ。

ユリアの懐を覗き込み、「シエル、まだ寝てます？　大物だな……」と呟くアレクセイは、もしかしたら戦場で有能すぎるからこそ、戦場がもう嫌になったのではないだろうか？


というか、——というか、もしや、彼は、……


ユリアが、その疑惑を、ほとんど確信へと変えかけたとき——きん、と、耳の奥を、耳鳴りに似た気持ち悪さが襲った。

「……っ、」

——どうやら、ここまでだ。

空間が歪む。ぐにゃぐにゃと、強い魔力がユリアの頭を揺らす——違和感はどんどん強くなっていき、ユリアは吐き気を覚えて口元を押さえた。

「姫様？　……！」

「……うーん、国まで遠いし、省エネで行こうと思ったんだけどな……」

ぐにゃり、と、暗闇の一部が淡く光って歪んで、ヒトの姿を形成する。

燃えるような、赤。

「……転移魔術……！」

結界で自らの領域化した範囲内に限り、距離を超越した移動を可能とする魔術について、存在すること自体は知っていた。けれどもそれは、ユリアであっても使えないほどに高度な魔術だ（使えたらそれを使って逃げている）。流石に白旗をあげざるをえない、と思うユリアの前で、ジレは今までとは比べ物にならない、警戒を顕にした顔をしていた。

「……顔を見たときから、まさかとは思っていたんですが」

ジレが、アレクセイの顔を見据えている。細い眼を一層細めた、警戒するような眼差しだ。

「魔力を見て確信しました。『ベルジナ砦の英雄』――バルディア騎士団の次期団長とも目される、未来の辺境伯殿が、どうしてこんな北の僻地に？」

バルディア騎士団。未来の辺境伯。――『ベルジナ砦の英雄』。

やっぱり、という思いが胸に広がる。そんなユリアの前で、独り言のようにジレは続ける。

「いや、今なら答えは簡単だ。『竜』――いや、それにしちゃあ警備が手薄すぎるな……？」

はて、と一度首をひねって、「まあいいか」とどうでもよさげにジレは笑った。

「そっちの事情はこっちには関係ないし、理由がどうあれ、今が大チャンスであることだけは間違いない。……となれば、出し惜しみするわけにはいかないか」

思えば、気づくチャンスは他にもあった。けれども、同時に、今でもどこか信じられないような思いもあった。

英雄——アレクセイが？

……とはいえ、今そこを追求している余裕は当然ない。ないけれども衝撃は衝撃だ。固まったままのユリアをそっと地面に下ろし、かばうように立って、アレクセイはジレに向かって不敵に笑う。

「それは、本気を出せば、俺の相手ができるってことですか？　随分見縊られたもんですねえ」

「そっちこそ、足手まとい付きで逃げ切れると思ってるなら、随分おめでたい頭をしてる」

ユリアのことだ。ジレが軽く片手を掲げると、ばたばたばたっ、と、ユリアたちを囲むように、なにもない空間からから男たちが落ちてくる。ジレが魔術で無理やり呼びよせたのだ。そんなこともできるのか。

「……こっちは、こんなに捨て駒もいる。そいつらは一応まだ、あなたたちの国の人間なんだけど。殺せるかな？」

男たちが緩慢に立ち上がり、ユリアたちに向かって剣を向ける。ぼんやりと焦点の合わない眼差しと、ぎこちない動き。精神干渉の魔術がかけられていることは、火を見るより明らかだった。そんなこともできるのか!?　驚愕するユリアを見てジレがにやりと唇を歪め、ほんとうに性格が悪いなとユリアは思った。性格が悪すぎる。

そして、同時に、考える。——アレクセイはきっと、本気になれば、全員をあっさり倒してしまえるのだろう。彼が魔術剣士である——かの『ベルジナ砦の英雄』だというのが事実であるなら、この人数では桁が足りない。

けれども、同時に、『足手まとい』、ユリアという大きすぎる荷物が、アレクセイの選択肢を限りなく狭める。……ならば、ユリアがするべきことはひとつしかなかった。

そっと、胸元の布を解く。アレクセイの陰に隠れ、ジレに気取られないように、まだぐーぐー眠っているシエルを抱き直す。

アレクセイの肘のあたりに、そっと触れる。

『逃げてください』

言葉は魔術で、音ではなく思考へと直接響かせた。ぴくり、と、ほんの僅かにアレクセイが身動いで、伝わっているのがわかって安心する。

『私が、囮になります。戦闘に関する魔術は習っていませんが、周囲を派手に燃やすだけでも足止めにはなるでしょう。……逆は無理です。私ひとりで王宮に辿り着くのは不可能ですし、彼らはどうやら、私は殺さないつもりのよう……シエルを諦めない限りは殺せない、というべきでしょうか。だから、ここに残るのは私以外はありえませんし……』

ユリアの決断がこの事態を招いた。ユリアが責任を取るべきだ。それに。

『貴方が、姉様に、なにを命じられて来たのかはわかりませんが、……こんなところで人を殺す必要も、命をかける必要もありません。……姉様に、よろしく伝えてください』

アレクセイが、振り返る。

その目が、大きく見開かれている。『知っていたのか』と、口が動く。そう、知っている、だから大丈夫、そう伝えようとどうにか微笑み、有無を言わさぬように、アレクセイの腕にシエルを押し付ける。

アレクセイが反射でシエルを受け止め、ユリアの体温を失って目覚めたシエルが大声で鳴く。

「行って」

体を離す。はじめて見るシエルの姿、本物の『竜』にジレが興奮する気配があって、今が好機だとユリアは思う。アレクセイの脇(わき)をすり抜けてジレに対峙(たいじ)し、できる限りの魔力をジレにぶつけようと力を込める。

「……そんなこと、」

――強く、腕を引かれた。


「できるわけ、ないでしょう……！」


抱き寄せられ、シエルが胸元へと返却されて、ギャギャギャッと場違いに嬉(うれ)しそうに鳴く声が響く。「アレク！」とユリアが大声で咎(とが)めても、アレクセイはユリアを離す気がなさそうで、ただ、あたりを怯(ひる)ませるほどの膨大な魔力が、アレクセイの剣の周りで渦を巻くのがわかった。

片手で目を覆われて、それで、アレクセイが何をするつもりかがわかった。

「……！　だめ、駄目です、アレク！」

「こっちの台詞だ！　あんた、死ぬつもりでしょう!!」

「……ッ、」

悟られている──当たり前だ。シエルが無事逃げおおせても、ユリアが人質になってしまっては意味がない。シエルをユーダニアに奪わせないためには、シエルが逃げるのを確認したうえで、ユリアが死ぬ必要がある。

「させられるか、そんなこと!!!」

アレクセイの叫びとともに、魔力が集約されていく。選択肢はひとつしかない、と、思っていることがその声でわかる。

鏖にして、ここから逃げる。

彼が誰だかわかった今となってはよくわかる──『ベルジナ砦の英雄』、戦況を塗り替えるほどの力を持った彼にとっては、それが、最も容易い選択肢なのだ。

だめだ。それだけは。だめだけれど──でも──どうしたらいい？　ユリアに機動力がなさすぎるから、数時間は動けなくする程度には、相手を痛めつけなくてはならない。でも大人数相手に、その加減をしている余裕がアレクセイにはない。殺してしまうほうが簡単なのだ。

でも。

彼が『戦場はこりごりだ』と言っていたのはここに居続けるための言い訳で、でも、きっと少しは本心だった。そんな気がした──それぐらいのことは、わかると思った。だって彼は言っていた。――『きっと、その姿を見たら、恐ろしいと思うでしょうね』。

　今になって、かつてのやり取りの意味がやっと理解できる。戦場で誰よりも活躍し、きっと誰からも恐れられた、有能すぎるアレクセイ。彼がもう戦場を厭うなら――もう人を殺したくないというのなら、ユリアはその願いを叶えたい。ましてやジレ以外は聖ロクレアの人間、愚かな領主に雇われただけの兵士にすぎない。彼らを死なせるのは、あまりに後味が悪すぎる。

　でも、だとしたら、どうしたらいい。どうやってここから逃げたらいい。傀儡となった自国の兵士に囲まれていて、強すぎる魔術師がいて、結界も張られていて――ここから逃げるには。

　ここから逃げるには――もう、空でも飛ぶしかない。


（……空、でも？）


ギャアッ、と、腕の中のシエルが高らかに鳴く。

記憶が蘇る。たくさんの手記の中の、たくさんの竜。そのなかの一頭。

一歳で、兄弟のように育った犬の子と離れ、ここを去ることになった小さなリヒト。

彼を一気に成長させたのは――ただ、真摯な巫女の祈りのみだった。


「……シエル……！」

——廻る時が満ち、天に祈り満ち、地に愛が満つ。

——守りは此処に。願いは其処に。

——約定は、永遠に……！


日々繰り返していた祈りの言葉は、考えずとも口をついて出た。意識するより前に、なんの魔術を使っているわけでもないのに、手から魔力が溢れ出るのがわかった。アレクセイがこちらを振り向いて目を見開く。

「姫様、……目が」

……目？

ユリアには、自分の金の瞳が強く輝いていることを知る方法はない。ただ、己から、もはや制御ができない力が、腕の中のシエルに流れ続けているのがわかる。

光が。

夜の闇を切り裂いて余りある光が、その場にいるすべてのものの視界を奪う。


「……やれやれ」


低い声は、世界のすべてを震わせて、時を止めるかのようだった。

そうして光が収束し、夜が再び戻ってきたとき——ユリアの腕の中の重みは失われ、代わりに、『それ』がユリアの目の前にいた。

都の神殿にある像は、思った以上に正しく姿を写していたのだな、と、そんなことを最初に思った。小さなときのころころとした丸さはもはや欠片も残っておらず、元の姿との類似を見つけるほうが難しい。その硬い鱗に覆われた巨躯、長い首と立派な翼を、ユリアはただぽかんと見上げた。

全長は成人男性の三倍ほどで、これでも成体としてはまだ小さいはずだ。それでも、この場を圧倒するには十分だった。竜は——シエルは長い首をぐーんと伸ばし、あくびを一つしてみせてから、長い首を曲げて顔を下げて、ユリアとぴたりと視線を合わせた。

よく知っている、シエルの顔だ。

「母さん」

はじめての発語と噛みしめるには、あまりにも低すぎる声だったし、流暢すぎる発音だった。ぺろりと頬を舐められてはじめて、自分が泣いていたことに気がつく。

「シエル、……」

何を言いたいのかもわからないまま、呆然と名を呼ぶ。何をするのだっけ。そうだ、ここから——思ったところで、「……竜！　本物の竜だ!!」の、興奮しきった声が響き渡った。

「まさかここで成体化にお目にかかれるとは……！」

「……南の魔術師。喜んでていいの？　僕がこの姿になって、君に勝ち目はないと思うけど」

シエルが呆れたような顔でジレを見下ろし、けれどもジレは「それはどうだろう！」と楽しげに嘯いた。そうして懐から何かを取り出す。

　黒く古びた、骨のような『何か』だ。

　ジレが、聞いたことのない響きの──ただ、不穏であることだけがわかる響きの呪文を紡ぎあげる。ジレの手の中の『何か』から、一気に、魔力が爆発する。アレクセイが一気に警戒の度合いを高め、ユリアの前で剣を握り直し──シエルが驚愕しているのが気配でわかる。

「一度試してみたかったんだ、これ」

　ジレが、ただ、本当に楽しいだけの口調で言う。土埃が巻き起こり、煙があたりを漂い──つん、と、ひどい臭いがユリアの鼻に突き刺さる。ひどい──嗅いだことのない──鼻を覆っても少しも軽減されない強い臭い。顔を顰めるユリアの前で、アレクセイが舌打ちをする。

「お前、……くそ、禁術使いか！」

「違いますー。禁術『も』使えるだけなんですー。……さて」

　ぶあああああ、と、地の底から沸き起こるような声が、ひどい臭いとともに空気を震わせる──そこでやっとユリアは、その臭いが、『腐臭』と呼ばれるものであることに気がついた。

　煙が晴れる。

　ジレの隣に、シエルと同じぐらいに大きな何かが──どろりと腐った肉をまとった、シエルと似た形をした何かが、蠢いている。黒い巨体から、とろけた肉では支えきれない鱗がぼたぼた剥がれ落ち、『それ』が吠えるたびに腐った臭いが強くなる。

『禁術』が示すものが、その姿でわかる。ユリアは喉奥で悲鳴を上げた。

「――死霊化（アンデッド）……!!」

死体から生前の姿を生成し、術者の意のままに操る魔術。ユリアも文献でしか読んだことのないそれは、古い時代に各国で『禁術』と指定され、既に詳細は失われたものであったはずだが――南のユーダニアにおいては、そうではなかったということか。

復活の度合いは術者の技量によるし、これほどまでに巨大な生き物を操るのはかなりの魔力を要するはずだが、ジレはどうやら天才だ。肉体は半ばほどしか維持されていないとはいえ、『竜』の力そのものは、ほぼ過不足なく再現できていてもおかしくない。どうする――考えるユリアの隣で、ぶわ、と、怒りの気配が空気を満たすのがわかった。

「――僕の同胞を穢（けが）したな？」

シエルの怒りが大気を震わせている。けれどもジレは、平然と、「再会を喜ばないんですか？」と嘯いた。

「我が国の文献に曰（いわ）く――『竜』は、かつてこの大地が『魔物』とやらで満ちていた頃、神がヒトのために遣わせた、対『魔物』の兵器であるそうじゃないですか。故にあなたたちは、神による制御を受けている。『竜』には守るべき原則がある。『ヒトに協力すること』。そして」

ジレの口元が、にんまりと、喜悦としか言いようのない形に歪む。

「『同族で、殺し合わないこと』。神とやらはおそらく、君たちを兵器として、ヒト同士が殺し合うことを懸念したのでしょうねえ。いや全く正しい」

ユーダニア国内に残された記録が、聖竜教を国教とする聖ロクレアのものより詳細であるというのは随分な皮肉だ。そんなことを思うユリアの前で、ジレはひどく嗜虐的に、楽しくて仕方がないみたいな顔で笑った。

「……果たしてこの子は、君の同族のままですか。倒すべき『魔物』と思えるでしょうか？」

性格が悪すぎるとか、もはやそういう次元ですらない。そしてシエルが、これだけの怒りを得ていながら動かない——動けないのが、ジレの台詞の正しさを証明してしまっている。ジレは更に別の魔術を重ねる——ふらふらしていた兵士たちがユリアたちを取り囲もうとし、腐臭を放つ竜が、その長い首を持ち上げる。

「……まずいな」

シエルが小さく呟いた、その言葉で、それが予備動作であることがわかった。伝承によれば『火を吹く』と言われる竜だ。本当に火を吹くのか、別の何かが行われるのかはわからないが、とかく攻撃が予測されることは間違いない。そしてシエルは『あれ』を攻撃できない。

とはいえ、流石のジレもこれだけの数を容易く動かせるというわけではないのだろう。すべての動きはどこか緩慢で、竜がその攻撃を行うまでにはもう少し時がかかりそうではあった。

どうする。考える間に、アレクセイが「シエル！」と声を張り上げた。

「お前、姫様を連れて、空から逃げられるか!?　なるべく高く!!」

「——いけると思うけど、おそらく、向こうも空を飛ぶ。逃げるばかりでは埒が明かないよ」

「あれは、俺がなんとかする。……してていいな？」

一瞬の沈黙の間に、シエルは何を考えただろうか。

「構わないよ」

答えは短く、「ただ」と、シエルはぐるりと長い首を巡らせた。

「母さんひとりなら、咥えるなり乗せるなりして飛べるけど。他は無理だ。傀儡の術を解くぐらいはできるかもしれないけど」

操られている状態から開放されて、すぐに逃げろと命じられて、従えるものがどれほどいるか。アレクセイが死竜を『どうにかする』方法を考えれば、周囲にいる彼らに累が及ばないようにするのはおそらく不可能だ。不可能だが仕方がない、アレクセイがそういう判断を下す前に、ユリアが「壁を張ります!!」と咄嗟に叫んだ。

「空に逃げる必要はありません。彼らを一ヶ所に集め、動きを封じられますか？　そうしてくれれば、私が守ります！」

「母さんが？」

「魔術障壁を張ります！」

以前、アレクセイの正体を知らない頃に交わした会話。兵器並みの威力を繰り出すという魔術剣士が恐ろしいかと聞かれ、ユリアは魔術障壁で防げるのでは？　と答えた。今思えば、彼が聞きたかったのはそういうことではなかったのだろうが――ともあれ、あの会話が役に立ったと言っていい。ユリアの提案に、シエルは「ああ」と頷いた。

「なるほど、壁か……。僕がそっちをやってもいいけど」

「私は、十数人動かすのは無理です」

「ああ、そうか。ヒトは、他者に働きかける魔術は苦手なんだったね」

解呪が高度な魔術であるのは勿論のこと、拘束も、一人ならともかく、十人相手に一度に行うのは難しい。その点、障壁を張るほうは、ただ広く魔術を展開するだけでいい。役割分担としては正しいはずだ──と思ってから「どちらもやっていただいても構いませんよ」と言うユリアに、少し考えてからシエルが答える。

「壁の方は、母さんにお願いしたいかな。僕は、あっちの……万が一のとき、父さんを守るほうに余力を残したい」

「お。あんなデカいだけのやつに俺が負けるって？」

「……強化魔術が欲しければかけてあげようと思ったけど、やめとくね？」

シエルとアレクセイが不敵に笑い合い、ユリアはそれが、ユリアが知らない世界の──戦場の空気だと思う。ジレの魔力でも死竜の魔力でもない威圧感、ぴりっとした緊張感がユリアの肌を刺し──アレクセイが、ユリアを振り返る。

問うような、──それでも案じてはいない目に、ユリアは、ほとんど反射で頷いた。できるはずだ、と、素直にそう信じられた。

アレクセイは、ユリアの策に異を唱えなかった。それが、信頼以外のなんであるというのだろう。

「あー……さすがにこの大きさ動かすと魔力持っていかれるな。で？　話し合いは済んだ？」

ジレが、流石に疲労が滲む声でわざとらしくぼやく。それが、準備完了の合図だった。

死竜の顔のあたりに、魔力が収束していくのがわかる。同時に、シエルが大きく翼を羽ばたかせて浮き上がる。

風が巻き起こり、兵士たちの体が一瞬宙に浮き、その体を覆っていた魔術がぱっと解かれる。正気に返った兵士たちがあたりを見回し、混乱に表情が染まるより前に、シエルが起こした風が彼らを（ついでにいつの間にか気絶していたグンデルも）一処に掻き集めていく。ユリアは舞い上がったシエルの下に立ち、両手を広げる。それを確認したアレクセイが、剣を構え直す。

魔力が——すさまじいとしか言いようのない、膨大な魔力が、その剣の周りで渦を巻く。

死竜が放った魔力を含んだ高熱の炎と、剣戟から放たれる魔力の塊がぶつかり合って——まるで、空間が爆発するようだ。なるほど『高く飛べるか』と訊くわけだ、と、その範囲の広さに思った。ただ飛ぶだけでは巻き込まれる。ユリアは目を閉じ、必死で魔術障壁を展開し——だから、その瞬間をユリアは見なかった。

ざあっ、と。

すべてを薙ぎ払う音があって——雪崩のような轟音が耳に届いて、魔力による圧が消え失せて、ユリアはようやく目を開いた。そうして目に入ってきたのは——崩れ落ち、原形を留めない死竜だったものと、どうやらその余波で切り倒されたらしい大量の木々だった。

視界が広い。

「……わあ……」

いやよく耐えられたな私の壁。思うユリアの前で、さすがに力を使い果たしたのか、一歩下がるようにふらつくジレへと、アレクセイが踏み込む。

一閃。

ジレの胸元から、ぱっと、鮮やかに血が舞い上がる――その血が、不自然に空気に翻弄されて揺れる。アレクセイの剣を覆う魔力でできた風が、そのままジレの周りで渦を巻き、さながら鎖のようにその身を繋ぎ止めている。あれだけの広範囲を薙ぎ払う魔術で、同じように、こんな器用なことまでできるのか。驚くユリアの前で、ジレの口から溢れた血が風で巻き上がる。

その口が、確かな意図を持って小さく動く。――あの怪我で？　正気か？　考えるより先に、ユリアはアレクセイへ向けて高く叫んだ。

「――逃げます！」

「……!?」

あの口の動き――転移の魔術だ。途方もなく高度な、痛みを抱え魔力も使い果たした状態で紡げるはずのないそれを、ジレは確かに発動しようとしている。ユリアの声に反応したアレクセイが、舌打ちとともにジレを斬り伏せようと再び剣を繰り出し――けれども、一瞬、間に合わなかった。

空間が、ぐにゃりと先程に似た感覚で歪み、その歪みに吸い込まれるようにジレの姿が消えていく。消える瞬間に見えた顔は確かに笑っていて、ユリアは思わず唇を噛んだ。とことんまでに腹立たしい。魔術の気配が完全に消え失せ、どさどさどさ、と、シエルが拘束していた兵士たちが地面に落ちて――そうして静寂が訪れたところで、アレクセイが深く息を吐いた。

「……すいません、逃がしました」

「生け捕りなんて狙うからだよ。母さんに死体を見せたくない気持ちはよくわかるけど」

「……デカくなって早々よく喋るなお前……」

「もう成体になったからね。思考も成体並みと思ってもらって差し支えないよ。……それで、どうする？　追いかけようか？」

　ばさり、と、シエルがひとつ羽ばたいたのは、その翼をもってすれば距離などないようなものであるというアピールだろうか。アレクセイは僅かに沈黙し、それから、「やめとこう」とため息を吐いた。

「話してた内容からして、あの魔術師は、ユーダニアの中枢近い立場の人間だ。下手に殺したりしたら外交問題になる――例え向こうが一方的に悪かろうと、こっちはなるべく開戦したくない。揉め事は、なかったことにしてしまいたい」

「そうだね。……致命傷になってもおかしくない傷だけど、まあ、あの調子なら自分でなんとかするだろうし」

　アレクセイと、なぜか国際情勢を把握しているシエルとの間で、ユリアが口を挟む間もなく勝手に話が纏まる。成体。シエルは、すっかり大人になってしまったのだ……と、改めて噛みしめるユリアに、「それで」と、そのシエルの視線が向けられた。

「母さん」

目が合う。

つぶらな瞳――きらきら煌めく目が以前と同じだと思い、なんだか少し安心する。そうして、見るからにわくわくした瞳でシエルは尋ねた。

「僕はもう、どこにでも行けるけど。……どうしようか？」

「どう……？」

「国内であれば、どこであっても、昼のうちには着けると思うよ」

シエルの声が、うきうきと弾んでいるのがわかる。国内であれば？　昼のうちに？　ユリアの頭がやっと働きはじめ、シエルがなにを言わんとしているかを理解する。

「――なら」

まだ間に合う。

「都へ――姉様に会いに行くことは、できますか？」

聞かなければならないことがある。そして、言わなければならないことがある――決意を秘めたユリアの瞳に、シエルは我が意を得たりと破顔した。

「もちろん！」

シエルが再び頭を下ろして、ユリアの首元に口を寄せる。そのまま首の後ろの服を噛まれ、ひょいと放り投げられて、気づいたら、シエルの背中に乗せられていた。

「……！　な、投げるなら、先に言ってください！」

「あ、ごめんごめん。父さんもね」

何らかの魔術がかかっているらしくそれなりに乗り心地はいいが、驚くには驚いた。文句を言うユリアに軽く謝り、アレクセイのことも同じように投げて座らせて、「行くよ」とシエルは楽しげに言った。

シエルが浮かぶ。

「……わあ……！」

空を、飛んでいる。

あんなに練習してやっと浮かぶ程度だったのが嘘のような、板についた飛びかただった。すっかり大人になってしまった――と思っていると、背後から、小さく呟く声が聞こえる。

「……ちょっと、立派になりすぎじゃないですかね？」

成長して早々にやり込められたからだろうか、その声にはぼやくような響きがあって――同時に、ユリアが抱えているのと同じ、どうしようもない寂しさがある。ユリアは笑った。

「そうですね。……本当に、そうです」

夜明けが近い。

爽(さわ)やかな風を頬に感じる。ぐんぐんと速度が増していく中で、ユリアを支えるためだろうか、アレクセイがユリアの手に手を重ねる。

――アレクセイにも、聞かなければならないことがある。

ユリアはまっすぐ前を向いたまま、――今だけ、と、そう自分に言い聞かせ、その手をそっと握り返した。

# 第五章　落ちこぼれ王女の帰還

出立にふさわしいとはいえない、どんよりとした曇天だった。

花嫁を見送るために整備された街道には、多数の警備兵が入念な準備を行い、魔術師(メイガス)たちは厳重に結界を張っていた。その雰囲気は華々しいというよりは物々しかったが、それでも、婚姻が祝福されるべきものであることに変わりはなかった。

ユーダニアの脅威は、都の人々の耳にも届いている。長く続いたドミナスとの戦争がこれで幕引きとなるのみならず、南の蛮族への抑えにもなるというのだから、この婚姻にかける人々の期待はひとしおだ。人質となる花嫁への『自分たちのために犠牲になってくださる』という憐憫(れんびん)の情込みで、王都は大いに盛り上がっているとも言えた。

花嫁は、王都にある大聖殿で祈りを捧げ、祝福を受けてから、王城の正面にある中央通りでパレードを行う。厳重な守護魔術(シールド)がかかった馬車の上から、見送る民衆に、この国の王女としては最後となる挨拶(あいさつ)をする。

今日(きょう)の予定を脳内で確認し、花嫁はあいにくの曇り空を見上げた。

つい先日まで敵国同士であった両国の友好、という、託された使命はあまりにも重い。曇天はまるで、彼女の先行きを暗示しているかのようでもあった。

大聖殿での儀式は恙なく済んだ。

人々は花嫁の姿を一目見ようと街道へ押しかけ、城下は活気に満ちている。

空は変わらぬ曇天で、光の差し込む気配もない。雨でないだけ良かったのかもしれない。花嫁は大聖殿を出て——一度、その扉を飾る大きな竜の姿を振り返ってから——豪奢な馬車へと乗り込んだ。

四方を警備兵に取り囲まれながら、花嫁は、純白のドレスに相応しい笑みを作る。純真と幸福。無邪気に、未来には希望しかないと信じているように花嫁は微笑む。

通りが近づく。

民衆の歓声が聞こえてくる。

花嫁は民衆に視線を向ける——よりも前に、再度、曇ったままの空を振り仰ぐ。


光が。


分厚い雲が切り裂かれ、花嫁を照らすように光が差し込む。眩しくて思わず手で目元を覆い、目を眇める。だからそれを視認するのが遅れた。

竜だ、と、誰かが言った。

「……姉様！」

声が聞こえる。聞こえるはずのない声だ。

光の道を、なにか、巨大なものが降りてくる。先程見た像に、瓜二つの姿だ。風が巻き起こる。悲鳴とも歓声ともつかない声がうるさいはずなのに、どうしてかすべてが遠く聞こえる。

巨大ななにかの上から、よく知った顔がひょこりと覗く。

「……姉様！　……あれ？」

ベルーナ姉様……？　と呟いたユリアは、なぜか、とても驚いた顔をしていた。こちらのほうが、余程仰天しているというのに。

＊＊＊

確かに、手紙には、『姉妹のうち誰か』と記載されていた。けれどもその『誰か』が、ナターシャ以外であるとは思わなかった。混乱するユリアと、なるべく気配を消しているアレクセイを乗せたまま、シエルは馬車の行く手を遮るように街道に降り立った。

どんな結界も、何人の兵士も、竜の行動を阻止することなどできはしない。ユリアはシエルの肩を経由して、ベルーナの乗る馬車へと降り立った。

間に合うのならば、行列の真ん中に登場しましょう――と、そう提案したのはユリアだった。

シエルの存在を公にするならば、中途半端は良くないだろうと思ったのだ。なるべく多くの人の目に触れることで、ナターシャや教会がシエルを私物化することを防ぐのが狙(ねら)いだ。ナターシャの配下であるアレクセイも反対しなかったので、ユリアたちは頃合いを見計らい、派手に登場することにしたのだった。

——けれども、そのパレードの中心にいるのが、ベルーナであるとは思わなかった。

ナターシャであればどんな突発的なトラブルにも難なく対応してみせただろうが、ベルーナであればどうだろう。というか、ベルーナはユリアの辺境暮らしを過酷なものにしようとした張本人である。ユリアの姿を見てパニックになったりしないだろうか。ユリアの側も、ユリアがシエルを隠したせいでベルーナが花嫁という名の実質人質になるわけで、一体何を告げたらいいのか。どうしたものか、と思い立ち尽くすユリアの前で、ベルーナは大きな瞳(ひとみ)をひとつ瞬(まばた)いて——真っ白い手袋に包まれた華奢(きゃしゃ)な腕を、そうっとユリアの方に伸ばした。

「……え?」

抱きしめられる。

「最後に会えて良かった。……元気そうね、ユリア」

「は、はい……?」

「竜を蘇(よみがえ)らせたの? 流石(さすが)だわ。やっぱり私ではだめだった」

「……はあ……?」

ベルーナが何を言っているのか、欠片(かけら)も、わからない。抱きしめる腕を緩め、ユリアの顔を正面から見つめて、ベルーナはその小さな唇を開いた。

「私、貴方が羨ましかったわ」

突然何を言い出すのか。

「貴方の魔術の才が羨ましかった。魔術協会の大老師、かのルーヴェン老ですら姉様以上と認めた豊富な魔力。あらゆる語学の中で最も難しいとされる古代語を読み下す姿を見たときは愕然としたわ。貴方は、ただ魔力があるだけではない。ルーヴェン老が唯一『合格』を下したのは、貴方のその、努力を努力と思わず行い続けられるところにあるのだと納得した」

ルーヴェン老——ユリアが師事していた『おじいちゃん先生』は、それほどの人物で、ユリアにそんな評価を下していたのか。今更に驚くユリアの前で、ベルーナは淡々と言葉を続ける。

「教会の儀式も、ベルジナ砦への慰問も、いつも魔力が多い貴方の仕事だった。私がどれだけ祈っても、貴方の祝福の魔術ひとつに決して敵わない。……当たり前だわ。『祈り』そのものに、少なくとも、戦場での価値はない。貴方の『祈りの魔術』、強化魔術の効果がある魔術だから意味がある。ナターシャ姉様は、貴方の『祈り』を作戦に組み込んでいたとも聞いたわ。あの姉様に頼りにされるほどの才……」

そうか、と、今更ながらユリアは思った。

ベルーナは、ユリアが出立の前に大聖殿で会ったことからもわかるとおりに、聖教会の敬虔な信徒だった。だからこそ、ベルーナが教会へ一定の影響力を持っている可能性が高く、ベルーナと教会が画策した話もすんなり呑み込めたのだ。

そんなベルーナは、実は、ユリアの思っていた以上の敬虔さ、辺境への派遣も辞さないほどの信仰心を持ち合わせていたのだ。教会の儀式はともかくとして、ベルジナ砦への慰問は、誰もやりたがらない仕事なのだと——体よく押し付けられているのだと思っていた。危険な戦場に、大事な姫など行かせられない。落ちこぼれにこそ相応しい仕事だ、と。

けれどもこの口ぶりでは、本当は、行きたがっていたベルーナを差し置いて、ユリアが選ばれていたということになる。

「北へも、叶うなら、私が行きたかった」

あのとき——ユリアの北への派遣を、『大事な役目を任されるだなんて流石だ』と揶揄した令嬢がいた。ベルーナはそれに『本当に』と頷いた。

まさか、あれが、本心からの言葉だったというのか？

「はじまりの場所。王家のものですら立ち入りを制限された場所。そこで神へ祈り過ごせたら、どれだけいいだろうと思ったわ。先代はさほど魔術に秀でていなかったというし、今度こそ、私でも神のお役に立てるのではないかと……でも、やっぱり、選ばれたのは貴方だった」

信じられないような話ではあるが、どうやら、本当に、ベルーナはユリアを羨んでいた。ベルーナはユリアを意識していなかったのではない——ユリアを必要以上に意識して、劣等感を見せないように取り繕った結果として、ユリアを見ないようにするしかなかったのだ。

思えば——ベルーナの取り巻きがユリアを嘲笑うことはあったけれど、ベルーナがそれに同調したり、己からユリアを下げるような発言をしたりすることは確かになかった。ユリアの自虐がベルーナの言葉を歪んで受け取らせていた、そういうこともあったのだろう。

「今ならわかるの。私には、私のやるべきことがあったのね。だからユリア、私も、私のできることをやるわ。貴方がずっとそうしてきたように。私がずっとそうしたかったように。……貴方に、そう言いたかったの。だから、最後に話ができて良かった」

「は、はあ……」

言いたいことを言ったらしいベルーナはすっかり晴れ晴れした面持ちだったが、ユリアの側はそうはいかない。ベルーナでないなら、誰がユリアの処遇を画策したというのだ。けれども、その問いを、ベルーナにぶつけても意味はない。

尋ねるべきは。

「母さん。つもる話もあるだろうけど、人々を抑える兵士が可哀想だ。そのぐらいでいいかな？」

「……！　はい！」

呆然としたままのユリアに、少し呆れたような声でシエルが尋ねる。慌てて頷くと、シエルはぐっと体を伸ばした。

光の中の竜は、惚れ惚れするほど美しかった。

「――うつくしい姫。私が愛した王の末裔よ」

シエルは辺りに響き渡る声で言い、喧騒が一気に静まり返る。シエルは長い首を屈めて、美しい花嫁の秀でた額、そのいただきに口元を寄せた。

触れた場所から金の光が溢れて、きらきらと花嫁を包み込む。

「その結婚に、祝福を。……幸せに」

わあっ、と、悲鳴のような歓声が爆発する。

シエルのそれは純粋な祝福であり、同時に、花嫁を守るこれ以上ない盾でもあった。竜の祝福がある花嫁を、隣国は、間違っても粗略には扱わないだろう。

けれどもそんな打算は、少なくとも、今のベルーナにはないようだった。

はい、と、綻ぶようにベルーナは笑った。

心の底から、幸せそうな顔だった。

＊＊＊

王宮には、人々に姿を見せるための広いバルコニーがある。

ベルーナの乗った馬車が遠ざかった今、そこにはもはや、国王夫妻や皇太子の姿はない。一人佇んで外を見ていたナターシャは、「……姉様」と、静かにかけられた声に振り向いた。

「ご無沙汰してます。……ナターシャ姉様」

まっすぐにこちらを見る金の目が、うつくしいなとナターシャは思う。決して大きくも華やかでもない、けれども強い意志を秘めたその目を見るたびに、ナターシャは思うのだ。

もしかしたら、竜と契約したという初代の王は、ユリアのような姿をしていたのではないだろうか——と。

王宮付近でシエルに降ろしてもらったのは、ナターシャとシエルを対面させたくなかったからだったし、もっと言うのであれば、ナターシャとアレクセイを対面させたくなかったからでもあった。

自分も行く、と言い張るアレクセイを置いて、ユリアはひとり王宮を駆けた。そもそもアレクセイには立ち入ることができない場所である——あるはずだが——もしかしたら、彼の本来の立場であれば来れたりするのだろうか。とりあえずそこは考えないことにして、どうにかユリアはナターシャの姿を見つける。

ナターシャはドレス姿ではなかった。この婚姻が軍事同盟の意味を持つからだろうか、軍式の正装を身に着けて、まるでユリアがここに来ることを見越していたかのように、ひとり、バルコニーに佇んでいる。部屋へと駆け込んできたユリアに驚いた様子も見せず、ナターシャは、まるで変わらぬ顔で微笑んだ。

「最高の演出だったよ」

できの良い生徒を褒める教師のような調子だった。

もしかしたら、ずっとそうだったのかもしれない。ユリアが抱いていたのは（行きすぎた崇拝を含む）親愛の情だったが、ナターシャがユリアを褒め可愛がる様には、ユリアをコントロールしようとする冷徹さが存在していたのかもしれない。ユリア自身は、なにせそうされた経験が少なすぎるため、ずっと気づくことができなかったけれど。

「……ありがとう、ございます」

「話したいことが多すぎる顔だな。まずは、何から行こうか。……ああ、ディエタの件は、アレクセイから聞いてすぐに調査隊を派遣したから、領主ぐらいは捕えられていると思うよ。魔術師は無理だな。お前が気にしてるだろう兄弟についても、保護するよう伝えてあるから、その点については安心してくれていい。あとは？」

ナターシャはいつだって彼女のペースで話を進めてしまうけれど、鈍いユリアにはそれぐらいがちょうどいいのかもしれない。ナターシャは優雅に微笑んでユリアを促した。

「聞きたいことがあるんだろう。だから、わざわざ一人で来たんだろう？」

恋のように盲目に、依存のように憧れていた。そんな相手と真っ向から対峙している――改めてそう認識すると、足元が覚束なくなるような、心もとない気持ちでいっぱいになる。

「姉様は」

それでも、ひとりで向き合いたかった。シエルにもアレクセイにも頼らずに。

「シエルが……竜が生まれることを、知っていたんですね？」

「知っていた、というのは、少し違うな」

ナターシャはそんな言い方で、あっさりと、ユリアの考えを肯定した。

「『廻る時が満ち、天に祈り満ち、地に愛が満つ』。……そのままのことしか書いていないのに、『巫女』を神聖視しすぎ、聖殿を女ばかりにしたボケ老人どものせいで、竜は随分長く生まれなかった。だからもう、『時』は、満ちすぎるほどに満ちていたはずだ。教会は変わらず権勢を奮っているし、ドミナスとの戦もだいぶ長引いていたから、『祈り』も十分に足りている」

だから、と、当たり前のようにナターシャは言った。


「足りないのは『愛』だけだった」


それこそが、ナターシャの目的。

ユリアとアレクセイを強制的にふたりきりにして、意図的に育ませようとしたもの。

「一年経って生まれなかったら、強硬手段をとらせるつもりだったけど……ただそこに男女が暮らしていればよかったのか、それともほんとに『愛』が生まれたのか、どっちかな。後学のために教えてほしいんだけど」

「悪趣味ですよ」

「そうだよ。知ってるだろう」

ナターシャはちっとも悪びれないから、もう、何を問うことも無意味なような気がしてくる。

それでもどうにかユリアは続ける。

「もうひとつ、教えてください。どうして姉様は、竜を、生まれさせようと思ったんですか」

問いへの答えが『戦のため』であるならば、ナターシャとは、本当に敵対しなければならない。ユリアの覚悟に気づいているのかいないのか、ナターシャは軽く目を細めた。

夢見るような眼差(まなざ)しだった。

「……見てみたかったから、かな」

この国に生まれた子どもは皆、竜の物語を夢物語に聞いて大きくなる。——とても想像できないけれど、ナターシャにも、そういう時代があったのだろうか?

「生まれないなら、生まれないでいいと思っていたよ。巫女の代替わりで、お前が候補に挙がっていると聞いてね。条件が整えられそうだったから、試してみようと思っただけ……好奇心の一環とでも言えばいいかな。ダメでも損をするわけじゃないし」

「……私が犠牲になってる気がするんですが……」

「『恩返しがしたい』と言ったのはお前だろう？　それに、竜の子が生まれる前から、王宮にいるよりずっと楽しかったんじゃないか?」

「う」

あまりにも事実だったので、咄嗟(とっさ)に反論できなかった。

そしてどうやら、ナターシャの言葉にひとつも嘘(うそ)はなかった。

なんでもできるひと。なんでも手に入れたがるひと。ナターシャは自分の手ですべてを手に入れられるから、本当に、シエルを利用したかったわけではないのだろう。

「なら」

けれども、事実としてシエルが存在している今は別だ。あるものを無駄にするナターシャではない。だからユリアは念を押した。

「……シエルは、私が連れ帰ってもいいですね？　好奇心は満たされたでしょう」

ここでナターシャが否と言うなら、ユリアは覚悟を決めなければならない。大事な姉と敵対する覚悟をだ。そんなユリアの決意を知ってか知らずか、ゆるりと優しげに目を細めたナターシャの返答はひどく簡潔だった。

「いいよ」

「えっ」

「驚かれるのは心外だな。……いやまあ、今更純粋ぶったって無理があるか。大丈夫だよ。お前の竜を直接利用はしないが、十分当てにはしているからさ」

「……どういう意味ですか」

「竜は、選択肢として『ある』だけで抑止力になるからね」

抑止力。耳慣れない言葉だ、と顔に出たのだろう、ナターシャが説明を加えてくれる。

「簡単に言えば、『うちに手を出したらただじゃすまない』が、目に見える形になっているというか……そういう圧倒的な戦力が、竜という存在が、我が国に『ある』というだけで、手出しはできないと思わせられるだろう？　だから、存在するだけでいい。『いる』だけで十分意味があるんだ。……いやまあ、もう少し前だったら、竜でちょっとドミナスを焼いて従わせてから、ユーダニアを迎え撃ったかもしれないけど」

「え」

「ひどいよな、アレクのやつ、ちっとも仕事をしないんだから」

どういうことだ。アレクセイは、少なくとも最初は、ナターシャにシエルが生まれたことを報告していなかったのか？

「まあ、あいつが私よりお前を優先することはわかっていたから、つべこべ言う気もないけどね。ともかく、『竜が見張ってる』ってだけで十分だから、国内なら、どこにいてくれたって構わないよ。……言いたいことはそれだけかな？」

ナターシャがユリアに視線を向ける。問うような目だった。

「それだけなら、わざわざ一人でこなくても良かっただろうに。あるんだろ？　本題がさ」

どうしてか、からかうような視線だった。何かを期待しているようでもある。もしかしたらとユリアは思う。

「……はい。……あの。もうひとつ、お願いがあって」

「うん。聞こうか」

「アレクを」

「うんうん」

苦しくて、喉が詰まって、それでもどうにかユリアはきちんと言うことができた。

「姉様の元に、戻してください」


「……うん？」

ナターシャは、彼女にしては珍しいことに、純粋に驚いたようだった。

「……それは、クビってこと？　おかしいな、あいつはいい父親になると思ったんだけどな」

「え？　いい父親ですよ、勿論」

アレクセイの名誉のためにも、そこはきちんとアピールしておきたい。ユリアが肯定すると、ナターシャはますます不思議そうに首を傾げた。

「じゃあ、いい父親にしか……いい人にしか見れないってこと？」

「……⁇　姉様が何を言っているのかわかりませんが……アレクのお仕事は終わりでしょう。姉様は、『金の瞳を持つ巫女が夫婦のふりをすることで、竜が生まれるかどうかの実験をした』んですよね。アレクはそれに付き合わされて、無事実験は成功した。ならもう、彼の役目は終わりのはずです。姉様のところに……彼が本来いるべき場所に帰らせてあげてください」

ベルジナ砦の英雄。辺境伯の長子。

ジレが口にしたその呼称を、アレクセイは否定しなかった。それは彼が身分を詐称していたということだ。おそらくはユリアの『護衛』という立場に相応しくあるため、またユリアの警戒を少しでも和らげるために、『ユリアの乳母の息子』に成り代わったのだろう。彼がどうしてこんな役目を引き受けたのかはわからないが――いくらアレクセイが『英雄』と呼ばれるような人物だったとして、『姫将軍』ナターシャに逆らえるほどの立場ではありえない。

それに、アレクセイは――ユリアの推測が正しいのなら、そうでなくても、ナターシャの命には逆らえない。言うべきことはどうにか言った、と少し安堵するユリアの前で、「あー……」とナターシャが理解の声を上げた。

「……なんとなく、わかってきたぞ……。お前はそれでいいってこと?」

勿論だ。思っているのに即答できなかった。

「……勿論です。シエルさえいれば、それで十分」

「ふむ。……ということだけど」

ナターシャが、バルコニーの外に向かって振り返る。

「どうする？　アレク」

同時に、ぶわりと風が巻き起こった。竜の羽ばたき。

ナターシャの向こうに、アレクセイを乗せたシエルの姿がある。アレクセイは疲れ切った顔で、苦虫を百匹ぐらい噛み潰したみたいな声で言った。

「いや、どうもこうもありませんよ」

シエルの肩から、バルコニーに降り立つ。ナターシャの横をすり抜けて、ずんずん歩いて、アレクセイはユリアの前に立った。

「欠席裁判は卑怯じゃないですか、姫様」

「……来ないでくださいって言ったのに……」

シエルさえ止めておけば、アレクセイには、王宮に入る手段はないと思っていた。……が、どうやらそのシエルのほうが、アレクセイの説得に応じてしまったらしい。シエルがユリア以外の意志に従うことについては、自立していて好ましいとも言えるが、その相手がアレクセイなのはなんだかもやもやする。父親のほうがいいのだろうか。ユリアはそのちょっとした悔しさで勢いをつけ、「そんな顔をされる理由がわかりません」と抗議した。

「私は、貴方のために言ってるんですよ。貴方はずっとあんなところにいなくていいんです」

「『あんなところ』とか言うとシエルが怒りますよ?」

「わ、私とシエルにとってはいいところですが！　一般的には違います！」

「俺も、一般枠じゃなく、前者に仲間入りさせてほしいんですけど」

ユリアの願いは、アレクセイにとって悪いことではないはずだ。アレクセイはシエルを愛してくれているけれど、だからといって、彼が本来持つべき未来のすべてを、シエルに捧げる必要はない。ユリアは必死で抗弁した。

「そうはいきません。だって貴方、下級貴族の次男坊でもなんでもなかったじゃないですか。領地と役目はどうしたんですか！」

「うっ」

「ああ、やっぱりバレたんだそれ。いや確かにこいつは砦所属というか、騎士団ではそれなりの地位だし、辺境伯の長子でもあるけどね」

「重要人物すぎる！」

　ますますもって、北の果てなどにいていい人間とは思えない。というか、本当に、どうして彼のような人間が、ユリアのところに来る羽目になったのだろう。護衛としても過剰すぎる。

「でもまあ、停戦中だから砦を離れることは問題ないし、こいつ自身ずっと『自分は領主には向いていない』と言って、従兄（いとこ）にその座を譲ることを公言していたという事情があって……まあ、そこは責めないでやってくれないか？」

「……いやあの、別に、責めたいというわけでは……」

「そう？　『領地や立場に対する責任感がない』って、幻滅したわけじゃない？」

「…………なるほど？」

　その発想はなかったし、アレクセイのことを『責任感がない』と思ったこともなかった。思いつかなかった、という意味合いでの『なるほど』をどう捉えたのか、アレクセイがひどく嫌そうな顔をする。

「ナターシャ様……姫様に余計なこと吹き込まないでもらえます？」

「心外だな。フォローしてやったつもりなんだけど」

「それが余計だって言ってるんですよ」

アレクセイの遠慮のない物言いが、ナターシャとの親密さを表しているようだとユリアは思う。誰にとっても畏敬の対象であるはずのナターシャに対してこんな態度をとれる――それほどナターシャが気を許しているということは、やっぱりこのふたりはお似合いなのではないか。胸の奥からじくじくと痛みがこみ上げるのを無視し、ユリアは「ともかく」と話を戻した。

「アレクがすべてを投げ出してきたとは思っていませんが、あるべき場所に戻ったほうがいい、という意見は変わりません。戻るべき場所があるならなおさら……シエルが成体となった今、護衛ももう必要ないわけですし……」

「嫌ですよ」

「えっ」

「人の話聞いてました？　俺にとっても、北の地は、『あんなところ』じゃありません」

アレクセイはどうやら、心底憤慨しているようだった。

「……ナターシャ様のフォローに頼るのも癪ですが、ベルジナ砦は別に俺にとって『あるべき場所』でも、『戻るべき場所』でもありません。隣国とは停戦が成りましたし、爵位は従兄が継いでくれます。故郷と言ったって戦続きで、それほど思い入れがある場所でもない。護衛については……『竜』がいるとなれば、『竜の巫女』である姫様を守る必要性は、むしろ上がったと言えるんじゃないですか？　あのジレとかいう魔術師が言っていたとおり、姫様は今や、シエルに対しての『人質』なんですから」

「それは、……そうですが」

整然と理屈を述べ立てられて、ユリアはぐっと言葉に詰まった。この流れは良くない。アレクセイの言が正しいからこそ、ユリアは、彼の言い分を受け入れるわけにはいかないのだ。『竜の巫女』としてのユリアを守る？　それはほとんど無期限の任務だ。そんなこと、アレクセイにさせるわけにはいかない。

「……でも」

だから、言うつもりのなかった、本当の理由が口から溢れた。

「好きな人がいるんだ、と、……貴方は、そう言っていたじゃないですか」

姉様のことが好きなんでしょう、と、はっきりと口にできなかったのは、当のナターシャがすぐそこにいるからであり、同時に、その事実をどうしても口にしたくないユリア自身の恋心の故でもあった。

それでも、視線は自然とナターシャに吸い寄せられて、だから、アレクセイには、ユリアが示す人物が誰であるかはすぐにわかってしまったのだろう。同じようにナターシャをちらりと見て、アレクセイは、ひどく重いため息とともに頷いた。

「はあ。まあ、それは、合ってますがね」

「……っ、……ほら、ですから！」

「でも、それは、姫様の思ってる相手じゃありません」

「……え？」

アレクセイはやっぱり苦り切ったような、少し呆れたようでもある顔で続けた。

「いや、あのですね。ナターシャ様の人となりを知ってて、ナターシャ様と恋愛したいだなんて発想になると思えるの、姫様ぐらいだと思いますよ？　ほんとに」

「おい。失礼だな」

アレクセイの向こうから、明らかに作ったとわかる憤慨した声音でナターシャが言う——が、その声は、ユリアの耳には入らなかった。純粋に驚いていたからだ。

「違う？　……恋愛したいという発想にならない⁉　……え、そんなことありえるんですか？　ナターシャ姉様ほど素敵な女性を前にして⁉」

「おっとお前、そこで私の方につくんだ？」

「信じられない……だってこの麗しい姉様ですよ⁉　目が悪いのでは⁉」

「ユリア、お前、ほんとに論点はそこでいいのか……？　というか、とりあえず私の方は、アレクみたいな根暗な男は好みじゃないなあ」

「あ、そうなんですか……。ならしょうがないですね……」

アレクセイが『根暗』だとはユリアは思わないが、ともあれ、ナターシャから断る分にはなんの問題もない。ユリアは納得し、それから、「ん？」と首を傾げた。

何の話だっけ。

「……いや、なんで俺がフラれたみたいな流れになってるんですか？」

疲れ切ったようなアレクセイのぼやきで、そうだ、とユリアは思い出す。——そうそう、アレクセイの『好きな人』の話だ。

「俺が好きなのは、その麗しのナターシャ様じゃないんですって。わかってますか？」

アレクセイの好きな人が、ナターシャではない？

「じ、じゃあ、……姉様じゃないなら、誰なんですか!?　……いや、もしかして、聞いてもわからないやつでしょうかこれ。私、アレクの交友関係なんて、ほとんど知らな……」

「いえ？　姫様の知ってる人ですよ？」

「ええっ!?」

アレクセイとユリアの共通の知り合いなんて、ナターシャと……ベルーナ？　ベルーナのほうだったのか？　どこに接点が？　おろおろするユリアに「絶対違うこと考えてますよぉあんた」と、呆れ声でアレクセイが言う。そうして、仕方がなさそうに深くため息を吐いた。

「……ま、どうせ父親業も護衛もクビなんですもんね。言っても同じか」

「え、いや、クビとは……」

「あんたですよ」

「……え？」

想定外の告白に、時が止まったと本気で思った。

そして、凍りついた時間は、アレクセイが続けた言葉で、跡形もなく粉砕される。

「ベルジナ砦で、あんたに恋した有象無象のひとりが俺です」

意味がわからない。

わからないけれど、アレクセイは、これ以上ない本気の目をしていた。意味がわからない——と、はっきり顔に出ていたのだろう。ナターシャがまた、補足するように言う。

「気持ちの悪いことを言うな、と、思わないでおくれ。お前は、ベルジナ砦のアイドルだったんだからさ」

「いやまあそれはそれで、アイドルにガチ恋は気持ち悪いか……?」

「……アイドル……?」

「ほんと余計なことしか言いませんねあんた。……いや、どうも認識が噛み合わないなとは思ってたんですが……」

ユリアはぽかんと口を開け、ナターシャは面白がるように笑っている。そんな姉妹を見て、アレクセイは苛立ったように頭を掻いた。どこか自棄になっているようでもあった。

「あんた、普通に人気の姫様でしたよ。小さくて可愛いお姫様が、俺たちのために一生懸命祈ってくれる。はじめて来たときは泣きそうになってたのに、次に来たときは初級の医療魔術を覚えて、ちっちゃな手で一生懸命手当をしてくれた。俺の、……俺たちの手を、握ってくれた」

ベルジナ砦で、ユリアは『戦勝の祈り』の儀式を行い、兵士への慰問を行った。

最前線の兵士たちを慰撫するのは、王族としての義務である。やるからには全力でこなすべきだと思ったし——戦場で傷ついた人々を見れば、できることをしたいと願うのは、誰だって当たり前に考えることだ。だからユリアは医療魔術を習った。けれども、ユリアは仮にも王族だから、救護室で少し医療魔術を施させてもらったぐらいで、兵士たちと深く接点を持つことはできなかった。

だから？　だから気づかなかったのだろうか？

「自分の価値を信じてないくせに、自分ができることには精一杯やる。それが、俺たちが見たあんただった」

自分が愛されていることに気づかないぐらい、目を閉ざしていたのだろうか？

「そんな、小さくて健気で可愛い姫様が、どうして、荒くれ者どもに人気が出ないと思うんです。元々サボるやつも多かった儀式への参列は、あんたに変わってから、広場が狭く感じるぐらいの満員御礼になった。あんたに治療してもらいたくて、わざと怪我の具合を大げさに申告するやつだっていたんですよ」

そう、目を閉ざしていた――気づこうとしなかったのだ、と、今更になってユリアは思った。ユリアの仕事を、頑張りを、見てくれている人がいたこと。

「それが都では『人嫌い』だ『落ちこぼれ』だと言われてるんですから、悪い冗談かと思いましたよ。……まあ、いきなり信じろっていっても無理でしょうけどね」

けれども、アレクセイの言葉を素直に信じるには、ユリアには、嫌われ見下されていた期間が長すぎた。だからだろう、アレクセイは無理にユリアに事実を押し付けず、ただ緩やかに微笑んだ。

「でも、少なくとも、今ここにいる俺が、あんたが好きなのは……あんたのことが、ずっと好きだったのは、本当ですよ」

「……でも」

優しい声だ。嘘のない言葉だ。もう、わかっている。それでも無駄な抵抗をせずにはいられなくて、むずがるようにユリアは尋ねる。

「ぜんぜん、そんな風じゃなかったですよね？」

「そりゃ、どうにか自制してましたから。いきなりそんな、積極的にこられたら、怖いでしょう。警戒されたら元も子もないし……正直、どうにかなりたいとも、別に思ってなかったんですよ。ナターシャ様には申し訳ないですがね」

「本当だよ、この臆病者が」

「違いますって！　……俺はただ」

愛が。

「姫様が少しでも楽しく暮らせる、その手助けができればよかった」

目に見えると思う。注がれる愛が。

ずっと、注がれていた愛が。

「だからまあ、……そうだな、俺の想いが嫌だからクビってんなら、それはもう、仕方がないことです。……シエルも、どうやら独り立ちみたいですからね。父親はもう要らないって？」

「そうだね」

ふわふわ浮かんで大人しく話を聞いていたシエルは、アレクセイの言葉に軽く応えた。

「ちょっと早いけど、この体は無事育ったと言っていいだろう。母さんのことを守るぐらいは容易いよ」

シエルはそのまま、ユリアのことを「母さん」と呼ぶ。

「僕としては、父さんも母さんもいてくれたほうがいいけど、どっちかを選べって言うなら母さんを選ぶよ。ふたりだけで帰るのでも構わない。どうする？」

「いや、……え、ちょっと待って、……ええ……？」

アレクセイが、『好きな人がいる』と言ったときの顔。

唐突に、その顔が、ユリアを見る眼差しとずっと同じだったと気がついた。ユリアの心臓を時折どうしようもなく煩くさせた、優しくて温かくて――少し遠くの、触れがたいものを見るような目だ。

「……本当に？」

叶うはずのない想いだったはずだ。

喜びよりただ信じられなくて、というか与えられた情報が多すぎて、ユリアは呆然とアレクセイを見上げる。

本当に？

アレクセイが、ユリアを見ている。その眼差しだけで、もう、本当だとわかる。

わかってしまう。

「母さん」

優しい声で、シエルが促す。

「母さんは、どうしたいの。僕も父さんも、それを全力で叶えるよ」

「私は……」

突然選択を委ねられ、ユリアはもういっぱいいっぱいだった。考えなんてちっともまとまらない。まとまらないから、思ったままの言葉が口から出た。

「……私は、……私はただ、今までみたいに、三人でいられたら、それで……」

そう、ユリアにとって、それ以上の幸福は存在しない。素直な、そして精一杯の告白のつもりだったのに、アレクセイがなんだか微妙な顔になる。喜んでくれないのだろうか。何か間違っただろうか。不安になるユリアの前で、アレクセイは軽く腕を組んだ。

「……なるほど。生殺しですね」

「……はい？」

どういう意味だ。

「うんうん、我が妹ながらなかなか残酷だ。信頼が重いな、アレク」

「構いませんよ。……でもね、姫様」

ナターシャが何を言っているのかわからない。混乱するユリアの前で、アレクセイは軽く体を屈めた。

顔が近い。

「今までみたいに、は、流石に無理です。……姫様が、少なくとも今『嫌じゃない』っていうなら、こっからは普通に攻めさせてもらうんで」

どうやらひどい誤解がある、ということに、やっとユリアは気がついた。

嫌じゃない、どころじゃない。普通にもう好きだ。なので別に攻めなくても大丈夫です。

「それだけは、覚悟しておいてくださいよ」

というか、『攻める』ってどういうこと？

ユリアの疑問に応えるみたいに、アレクセイが、ユリアの頭に手を伸ばす。

その手でユリアの前髪を掻き上げて、ユリアの額に、アレクセイはそうっと唇を落とす。それだけでもう、ユリアは「ひゃあっ⁉」と大声を上げてしまって――何を考えるまもなくシエルのところに逃げて、「帰りましょう！　我が家に！　今すぐ‼」と大声で叫んでしまい――それでも律儀にアレクセイがシエルの背に乗り込むのを待ったので、アレクセイが久々に笑いを堪える姿と、ナターシャが遠慮せず大声で笑う姿とを、真っ赤になりながら見る羽目になったのだった。

Ochikobore Oujo wo Ryuuno Aisare Oso[illegible]a[illegible]okari

その光は、血と土埃の香りしかしないはずの戦時下の砦に、あまりにも清らかに降り注いだ。

それを見るまで、アレクセイは、教会から派遣された魔術師が定期的に行う『戦勝への祈り』を、ただの——なんの効果もない——見せかけだけのものだと思っていた。なるほど、きらきらとした魔力光が降り注ぎ、なんとなく見た目こそは厳かだが、実際に得られる効果はなにもない。聖竜教もこの戦に貢献しているのだと、そういうアリバイ作りをするためのものにすぎない、と。

けれども、その日の儀式は、はじめから、いつもと異なっていた。

砦の中心にある、普段は鍛錬などに使われている大きな広場に設えられた、見かけだけはそれらしい祭壇の前。現れたのはいつもの神官ではなく、ひとりの、アレクセイよりも明らかに年下に見える少女だった。

純白の布を金糸で縁取った儀式用の貫頭衣が、華奢というにも小さすぎる肢体を包み込んでいる。若いというより幼い、まだ十二かそこらに見える少女が、居並ぶ兵士たちの前を、明らかに緊張した素振りで歩いていく。

祭壇に向かい、兵士たちに背を向けて、細すぎる腕で祈りの形を作る。

少女の、少し頼りなく見えていた背中が——祈りへの集中を示すかのごとく、徐々に、ぴんと伸びていく。少女のものにしては少し低い、落ち着いて耳に心地よい声が、聞き慣れた聖句を唱えはじめる。

見慣れたはずの祈りが、ありふれていたはずの魔術が、少女の手から静かに紡がれる。

少女に、光が、降り注ぐ。

もう見慣れたはずの魔力光——とは、あきらかに違っていることがわかった。おそらく、その場にいた兵士のすべてが、今まではこの儀式をほとんど惰性で見ていただけの誰もが、その光を見て息を呑んだ。

うつくしい。

魔術とは、祈りとは、うつくしいものなのだとアレクセイは思った。今まで行われていた『儀式』は、ただ形式が同じだけの真似事（まねごと）にすぎなかったのだと今わかった。これこそが本来の『儀式』であるのだと、その日、誰もが理解した。

真摯（しんし）な祈りと、確かな魔術。

体の奥から奮い立たされるような、体の奥にある『魔力』、あるいはもっと根源的な『生命力』とでもいうものを増幅させるような力が、自分たちに働いている。こんなことがあるのか。

呆然とするアレクセイの視線の先で、きらきらと降り注いでいた魔力光が徐々に収まっていく。

そうして、光が収束し、祈りの形に組んでいた手を下ろし——少女は、祭壇横へちらりと視線を向けて、ほっとしたように微笑んだ。

その瞬間。

儀式そのものの神聖さと同じぐらいに、無事儀式をやり遂げ、信頼する姉の姿を見て少し緊張が緩んだ——その瞬間の少女の微笑みが、砦の皆の心を鷲掴(わしづか)みにした。若い兵士の胸を高鳴らせ、娘を持つ世代の兵士の郷愁を誘う、あどけない可愛らしさがその横顔にあった。

ユリア・ロクレア。

現王家の、第四王女。ベルジナ砦に君臨する『姫将軍』が溺愛(できあい)する、末の妹。妾腹(しょうふく)と噂(うわさ)される、魔術の天才。

あの日から、彼女はずっと、ベルジナ砦の誰にとっても特別だった。

「……やっぱり、我が家が一番です……！」

と、北の地に降り立っての開口一番、噛みしめるようにユリアが言うので、アレクセイは思わず笑ってしまった。

ベルーナの出立を祝うパレードが恙（つつが）なく終了し、ユリアはその足でシエルに乗り込み、そのまま北に帰ろうとした――が、ナターシャの「一日ぐらい泊まっていくだろう？」を、断ることができなかった。

そもそも、深夜の戦闘とシエルに乗っての長距離移動の後である。体力があるとは言い難いユリアは限界だったはずで、シエルとアレクセイもまた「一泊してから帰ろう」とユリアを説得した。そうしてユリアの体力は回復した……はずだったのだが、精神のほうはそのたった一泊で、却って疲弊しきってしまったらしい。翌日にはナターシャに「帰らせてください」と泣きついて、来たときと同じようにシエルの背に乗って、昼にはこうしてここ、『はじまりの聖殿』への帰宅を果たすことになったのだった。

……ので、ここを留守にしていたのはたかだか丸二日程度である。そのうえ、と、アレクセイは笑いながらユリアに返した。

「いや、姫様。王宮のほうが、住んでた期間は長いでしょう？」

そう、ユリアは生まれてからずっと王宮に住んでいたのだ。『我が家』とは、本来、向こうを指す言葉であるはずである。アレクセイの指摘に、ユリアはむうと唇を曲げた。

「こういうのは、気持ちの問題なんですよ」

なるほど。

それはあるいは『竜』を連れての派手すぎる帰還を果たしたユリアへ注がれた、驚愕と好奇をないまぜにしたような視線を厭ってのことかもしれなかったが、アレクセイにとっては、やはり嬉しい表現だった。ユリアはここを――アレクセイと二人（と一匹）で暮らすここを、生家より居心地のいい場所だと思っているのだ。

「……なんですか。何ニヤニヤしてるんですか」

「いいえ、なんでも？」

「なんでもないって顔じゃないでしょう！」

一層むくれた顔をしたユリアが、睨むようにアレクセイを見上げてくる。その上目遣いが可愛くて目眩がしそうだ、と思い、もう『可愛い』と思っていることを隠さなくていいのだった、と思い出す。アレクセイは「いえ」と、緩む口元をそれでも手のひらで隠しながら答えた。

「俺も同じですよ。今は、ここが『我が家』だと思ってます」

「……そう、ですか」

表向きはふてくされたような口調のままで、けれども、ユリアの口元が少しだけ緩む。ユリアも、アレクセイが同じように思っていることが嬉しいのだ。可愛い、と、思ったら今度は口から出ていた。

「可愛すぎる……」

「……へっ？」

「いやほんと可愛いな姫様。触っていいですか？」

「ひえっ⁉」

ぴゃっとユリアが跳び上がり、アレクセイから距離をとる。失敗したか。ユリアは警戒するみたいに肩をいからせ、無意味にばたばたと手を動かしながら叫んだ。

「おおおおかしいですよアレク、帰りの道中からずっと！」

「そうですか？」

「そうです！　な、な、な、なんか……近くて……優しい⁉」

「その言い方は心外ですね。『近い』はともかく、これまでも、わりとずっと優しかったと思うんですけど」

「それは……そうなんですが……！」

でも違いすぎるんです……！　と、違和感を的確に表現できないのが悔しいのか、ユリアがぐぬぬと唇を噛む。その顔も可愛い。まあ、というか、今更言うまでもなく、アレクセイはユリアが何をしていても可愛いのだ。

そして、ユリアの感じる違和感は間違っていない。

アレクセイは、これまでずっと、ユリアが快適に過ごせるよう心を砕き、ユリアに優しくあろうとしてきた。――が、同時に、その『優しさ』に、特別な好意が滲まないようにと努力してきた。未婚女性への礼儀として、なるべくその肌に触れないようにしてきたし、敬愛に近い好意を抱いていることがバレないように、わざとからかうような軽口を叩いたりもした。

ユリアとアレクセイはふたりきりだった。それはつまり、ユリアには、逃げ場がないということだ。アレクセイがいないと生活が成り立たないような状態で、特別な好意を匂わせるのは、脅しているのとほとんど同じだ。

けれども、今は、状況が変わった。

アレクセイはユリアに好意を告げて、ユリアはそのうえで一緒にいたいと言った（『今までどおり』とか『三人で』とか余計なフレーズがついていた気もするがそこは都合よく無視することにする）。アレクセイの好意はもうユリアに伝わっていて、『攻める』ことも宣言した。ユリアは勿論ひどく驚き戸惑っているようだったが——少なくとも、嫌がっているようには見えなかった。

それはつまり、期待してもいい、と、そういうことではあるまいか。

「も、もう、アレクなんて知りません！　先に行きますからね！」

ユリアは反論を諦めて、ぷい、と、あまりにも可愛らしい拗ね顔で宿舎へと入っていってしまった。——『攻める』と宣言したものの、なかなか加減が難しいな。思いながら追いかけようとすると、背後から、呆れた声が降ってくる。

「浮かれてるね、父さん」

振り向くと、見慣れた姿からは想像もできない巨躯へと成長した『息子』、巨大な竜であるシエルが、声音と同じ呆れた顔をしてアレクセイを見下ろしていた。

「母さんのこと、あんまりからかわないほうがいいと思うけど。……いや、からかってるんじゃないか。浮かれてるんだもんね」

「……そう見えるか？」

「見えるよ。可愛がりたくてしょうがないんでしょ。本当は、ずっとそうしたかったんだもんね？」

二歳児とは思えない状況把握能力である（というか、実際、シエルの『存在』は、この一年分以上のものが内包されているのだろう。そうでなければこの知性に説明がつかない）。アレクセイは軽く肩を竦めた。

「そうだよ。本当に、俺がどんだけ我慢してたと思って」

「血の滲むような努力だったねえ……」

「ご理解いただけて何よりだよ。……それに」

「それに？」

息子相手に恋愛の愚痴というのも如何なものか、いやでもこいつもう『子ども』って感じのサイズ感じゃないもんな。そうやって自分を納得させて、アレクセイは自嘲する。

「お前だって、聞いてただろ？　姫様は、俺の『好きな相手』がナターシャ様だなんて馬鹿げた推測を本気で信じてた。俺の好意は、欠片も感じ取られてなかったってことだ。そりゃまあ、俺が隠してたからってのが前提ではあるが……」

アレクセイは軽くため息を吐く。

「それは、姫様側が、少しも期待してなかったってことでもある。期待する理由がなかった、

「こうやって、少しは、意識してもらうところからはじめないとな」

のがまだ幸いか。思いながら、自分に言い聞かせるためにアレクセイは言った。

は普通に悲しい。それでも好意を拒絶はされていないのだから、最低限の期待は持てる状況な

好意を隠していたのは自分自身だが、それでも、恋愛という枠から外されてたであろうこと

「てことは、今の姫様にとっての俺は、せいぜい『優しい保護者』枠ってとこだろ？　なら」

端的に言えば、『意識されていなかった』ということだ。

『好かれていたい』と少しも思ってなかったってことで」

「……父さん……あのさあ……」

千里の道も一歩からだな、と軽く笑うと、なんだか憐れんでいるような目で見られた。先に

自虐したのはこちらとはいえ普通に傷つく。やっぱり、先が長すぎるように見えるだろうか？

シエルは「母さんの自己肯定感の低さとかを忘れてない？」と小さくぼやいて、その真意をア

レクセイが問う前に、諦めたように首を振った。

「ここから先はもう、なるようになるか。……とりあえず、中に入ろうよ。せっかく喋れるよ

うになったから言うけど、僕、ずっと、母さんの食べてるお菓子を食べてみたかったんだよね」

中に入るってどうやって？　と尋ねる前に、シエルはぴかっと一度光って、気づいたときに

は元の子どもサイズになっていた。便利な体である。アレクセイが抱いて炊事場に入ると、と

りあえず茶でも飲んで落ち着こうと考えたのか湯を沸かしていたユリアが、「えっ」と目を見開いた。

「し、シエル……!?」

「そうだよ、母さん」

「ちっ、ちっちゃい!!」

「こっちのほうが便利でしょ？　一服するならちょうどいいや、僕、お菓子が食べたいな」

「えっ、食べていいんですか!?」

「うん。というか、この体に、食べちゃ駄目なものってほぼないから」

「……そうなんですか……!?」

あんなに食事に気をつけていたのに!?　と衝撃を受けるユリアに、「いや赤ちゃんのときは駄目なんだけど」とシエル本人からの注釈が入る。ユリアはすっかり混乱した顔になり、沸かした湯の存在を忘れているようだったので、そこから先はアレクセイが引き受けることにした。茶葉をティーポットに入れて、湯を注ぐ。

「というか、そもそも、どういう仕組みなんですか？　その体」

「やっぱり説明しないと駄目か……。前提として、僕は、そもそも『生物』ではないんだけど」

「『生物』ではない!?」

「母さんだったら、解析すればわかると思うけど。魔力の塊みたいなものというか」

「魔力の塊!?　……あっほんとです、いつの間に!?　赤ちゃんのときはほぼ感じなかったのに!?」

ユリアが楽しそうで何よりである。きっちり時間どおりに蒸らした紅茶を鼻歌交じりにカップに注いで、買い置きの焼き菓子をいくつか皿へと移す。机の上にすべて並べれば準備は完了だ。アレクセイは、ふたりの会話に「まあまあ」と割って入った。

「とりあえず、座ったらどうですか。……姫様も、ほら、お茶淹れたので」

と、促すように軽く背中に触れると、ぴゃっと軽く横に逃げられた。反応が過敏すぎる。そのまま警戒するような顔でこちらを見ながら、恐る恐るという調子で椅子に座るユリアに、とりあえずとにっこり笑い返した。――警戒もされないよりはマシ、なのか？

「……ありがとうございます。ええと、シエルは……これとか柔らかいですよ……？」

「わーい。いただきます」

ふわふわ浮かんでいたシエルはちょこんとユリアの膝に収まって、早速、嬉しそうに焼き菓子に齧りついた。アレクセイも向かいの椅子に座って、ユリアが紅茶を飲んで一息つくのを見守ってから、自分もひとつ焼き菓子を摘む。その甘さにほっとして、自分もそれなりに疲れていたんだなと実感した。

「……で、ええと、どこまで話しましたっけ……？」

「僕の存在がほぼ魔力そのもの、ってところかな。……僕の存在はそもそも『神』が作ったものので」

「神」

そんな話をジレもしていたが、事実だったのか。

「そう。もうここを見ているのかもわからないけどね」

「えっ⁉」

「まあとにかく、僕は、この世界に『人間』が住めるようにするため、環境整備を使命とする存在として作られたんだけど……そのへんはあの、南の魔術師が言っていたとおりで……その使命がそろそろ終わる、という頃にロクサナ——母さんのご先祖様と出会って」

「話が壮大すぎる……」

「ロクサナと僕はかなり仲良くなってね。ロクサナは、僕の存在を続かせるため、僕に新しい使命を与えたんだ。それが、『この国を見守る』という使命。僕は『それも悪くないな』と思ったから、ロクサナの与えた使命を、契約という形で受け入れた。故に、僕は、この国が続く限り存在し続ける」

「すごいなんか……どの歴史書にも残されていないことがさらっと語られている……」

「あ、南の魔術師が言ってたことは、この国にはもう残ってないんだ？　ロクサナは、普通に書き残させたはずだけどね。……まあ、それで、僕の寿命はこの国と同値になったんだけど、問題もあって」

ぺろり、と、口の端についた菓子くずを長い舌で舐め取り、シエルはごく淡々と語る。

「魂は無限に引き伸ばせるけど、肉体のほうはそうはいかなくて。形あるものだから、耐用年数が存在するんだ。だから、肉体は定期的に育て直してもらう必要があって……僕はこのとおり魔力の塊だから、魔力が溜め込まれている必要もあって……魂を肉体に定着させる時間も必要で……そもそもロクサナは『ずっと見てろ』と言ってたわけでもないし……という感じで、契約が行使できるような運用方法考えて……結局、今の形に落ち着いた」

「今の形」

「そう。信仰によって、『竜』の体に必要な魔力を集める。魂と魔力とを入れる器である肉体は人間に育ててもらって、相互に愛着を形成する……というようなコンセプトで」

「なるほど。その魔力は、魂と肉体が一体化することによってはじめて貴方のものになり、貴方として顕現する、と？」

「そういうことになるね。魂は無限で不変だけど、肉体には個体差があるから、能力や性格には若干の誤差が出る。母さんが『個性』と呼んでいたやつだね」

「性格、肉体由来なんですね……」

「僕自身には自覚はないんだけど、そういうことになるかな。……魂が定着していない状態の肉体は、母さんたちが見たとおり赤子と同じだ。だから、あの状態の間だけ、『生物』としての適切な世話が必要なんだよね。随分手間をかけさせてごめん」

「いえいえそんなそんな」

ユリアは慌てた様子で首を振った。

「……楽しかったですよ。大変でしたけど」

アレクセイも概ね同意見である。ユリアの微笑みに嘘がないことを見て取ったのか、シエルは安心したように「……とまあ」と説明を締めくくった。

「そういうわけで、今は肉体と魂の融合が完了したから、肉体の側を自由に変えられる。この家で暮らすには元のサイズ感がいいかと思って戻ってみたけど、どう？」

「どう？　と言われましても……」

　膝の上から見上げられ、ユリアは明らかに困惑していた。それはそうだろう。見た目はよく知っているシエルと同じだが、流暢な喋りといい豊富な魔力といい、存在感があまりに違いすぎるのだ。けれどもユリアは、流石は『母親』というべきか、その差異をどうにか呑み込んだようだった。

「ええと……私の膝がお嫌でなければ、私は、このサイズだとありがたいですね」

「じゃあ、普段はこの姿でいることにしよう。……さっき、『愛着』と言っただろ？　僕の魂はずっとここにあったから、育てられていた間も母さんたちを感じていたし、肉体の側の記憶も僕の中にきちんと存在している。……だから、母さんと父さんのことを、『母さん』と『父さん』だと思っているのも本当なんだよ」

　シエルが、こてんとユリアに寄りかかり、甘えるように顔を擦り寄せて言う。

「抱きしめられるのは、普通に嬉しい」

「……なら、遠慮なく？」

　ユリアがそれでも恐る恐る抱き上げ、元々よくしていたように頬ずりをすると、シエルが嬉しそうに目を細める。平和な光景だ、とアレクセイも目を細め――『愛着』形成が必要なのは、そもそも超常の存在である『竜』をこの世界に繋(つな)ぎ止める『ロクサナとの契約』に、この国への好意を強要するような内容が含まれていないからだろう……とか、であればその『見守る』の果ては、この国を滅ぼすのはあるいはシエル自身であるのかもしれない……とか、そういうことは、思いついたとして口に出す必要はないよな、と考える。

アレクセイにとって大事なものは、最優先すべきことは、これまでもこれからも変わらない。思いながら、アレクセイは、シエルを抱き上げるユリアの白い手を見て——今となっては遠い日の、あの手にはじめて触れた日のことを、ふと、思い出した。


予想どおりというべきか、ユリアは記憶していなかったようだが——アレクセイは、ベルジナ砦で、一度だけ、ユリアと間近で接したことがある。

そもそもアレクセイは、本来であれば、ユリアに公式に接見すべき立場である。ベルジナ砦を預かる辺境伯の長男で、騎士団でも指折りの魔術剣士(メイジナイト)なのだ。それなのにそれが一度も叶わなかったのは、単純に、アレクセイが前線に出続けていたせいだった。

ナターシャの立てる作戦には容赦がなく、使えるものはすべて使う方針そのままに、アレクセイはほとんど『使い倒される』という表現が相応しいほど戦場に駆り出され続けた。

そもそもが、ナターシャにとって、ユリアの『祈り』はお飾りの『儀式』ではなく、作戦に組み込まれた『戦術』の一環だった（ユリアがナターシャの妹でなければ、ナターシャはユリアをベルジナ砦にずっと留めおいただろうし、魔術師として酷使し続けただろうとアレクセイは踏んでいる）。アレクセイはほぼ前線の、ときには寝台の住人となり、結果として『王族との謁見』という内向けの行事に参加する余裕が残らずに――ユリアと公式に顔を合わせるタイミングが、とうとう一度も訪れなかった。

アレクセイはだから、作戦準備の合間に、あるいは寝台を抜け出して――ほかの一兵卒と同様に、ユリアが儀式を行うのを遠くから見て、小さな背中が紡ぐ魔術を、きらきらと降り注ぐ戦勝の祈りを見て、ただそれだけで満足していた。ユリアがなぜか救護室にいるという噂も耳には入っていたけれど（どうやらナターシャは、本人には、あの『儀式』の効能を伝えていなかったらしく、ユリアは少しでも役に立ちたいと治療魔術を身に着けたのだという。ナターシャは『なんて健気なんだ』と感動していた）、行くことはないだろうと思っていた。

思っていたのに――アレクセイは、ユリアが儀式を行った翌日に、救護室へと運び込まれた。

次の大規模作戦のための偵察中に、予期していなかった接触が発生したのだ。お互いに予期せぬ接触だったこともあり、戦場は激しく混乱した。アレクセイは守りのために魔術を展開しようとし、その隙（すき）を、魔術師による付与魔術（エンチャント）を受けた弓矢で射られた。幸い、命に別状があるような怪我ではなかったし、傷を押して行った反撃で射手を吹き飛ばし、どうにか撤退には成功した。その後、砦まで搬送され、鏃（やじり）の摘出手術を受け、寝台に転がされていたところに――

ユリアが、憔悴した顔でやってきた。

想定外の、それなりに激しい戦闘だった。運ばれてきた怪我人はアレクセイ以外にもかなりいて、救護室は怪我人の対処に大わらわだった。だから、王女の世話まで手が回らない状態だったのだろう。ユリアはおそらく自分なりに状況を把握して、運び込まれ処置を受けた後の怪我人の回復になら、己の魔術が役立てられると判断した。

そうしてユリアは、アレクセイの傍らにやってきて——その小さな手で、アレクセイの手を握ってくれた。

「……ごめんなさい。今、私しか手が空いていなくて」

見上げた先で、きっと血なんか見たくないだろうに、ユリアはしっかりと目を開けていた。

アレクセイはその目を呆然と見上げた。

金の瞳。

「……だめですよ、姫様」

「え、」

「ユリア様、でしょう。ユリア姫様」

きらきら、きらきら——その背に降り注ぐ魔力光の、あんまり清らかなうつくしさを思い出していた。聖なる祈りだ。

あの光を生み出す美しい手が、今、アレクセイの手を握っている。

その事実を認識した瞬間に、ありえない、と強く思った。

駄目だ。

「俺なんかの手を、握っちゃ駄目だ」

この手は血で汚れている、は、比喩でも自虐でもなんでもない、ただの事実にすぎなかった。つい先刻までの戦闘でだって、果たして何人の命を屠ったものか、アレクセイ自身さえわからないのだ。味方からすら恐れられていることにも当然気づいていたし、恐れられて当然だろうと受け入れてもいる。アレクセイの言葉に、ユリアはその金の瞳を当惑したように揺らして
──けれども、手は、離れなかった。

「……駄目、な、理由は、……『俺なんか』の部分ですか？」

「……え？」

「あの、例えば、治療魔術をかけないほうが良い状態ですか？　傷口を却って悪化させる可能性があるとか？」

「え、……いえ、あの、見てのとおり、処置は済んでますが」

ユリアがあんまり必死に訊くので、アレクセイは反射で事実を答えた。ユリアは「ですよね」とほっとしたように言って、それから、アレクセイの手を握り直した。

「でしたら、……貴方が誰であれ、この救護室にいる、治療対象であることは間違いありません。駄目、ということはないはずです」

その口調は、まるで、自分自身に言い聞かせるみたいでもあった。

だからわかった。当たり前だ。この、戦場の延長線上のような救護室で、戦場なんて知るは

ずもないお姫様が、それでも何かができないかと必死になって。

その状態で――不安にならないはずがないのだ。

「……そうですね」

不安でいっぱいで、それでも自分にできることを必死で探して――そんな彼女にとっては、アレクセイが何者であるのかなんて、どうでもいいことなのだろう。アレクセイは思わず小さく笑った。笑うと、体の力が抜けて、握られた手の感触だけを強く感じる。ふ、と、息を吐いてから、アレクセイは言った。

「じゃあ、……お願いします」

ぱあ、と。

明らかに、ユリアの顔が輝いた。「はい！」と一瞬だけ声が弾んで、けれどもその表情は、すぐ、緊張を帯びたものへと変わる。

握った手に、力が込められる。

金の瞳が、淡く、魔力を帯びて光りはじめる。その瞳の真摯さを、その美しい光を見上げ、アレクセイは己の体より己の痛みより、ただこの少女のために――この少女の必死さが報われ、その顔が安堵で緩む瞬間を見るために――今すぐ怪我が治ればいいのにと、そんなことをつい願った。

もちろん、そんな妄想が現実になるわけもなく、アレクセイは治療が必要な重傷者のままだ。ユリアは必死な顔でアレクセイの手を握っていて――握られた手から、じわじわと、温かなものが流れ込んでくる。「痛いですよね、すみません、痛みを緩和する魔術はまだ練習中で……」と心底申し訳なさそうに囁く声が泣きそうで、この女の子ははじめて『戦場』を見たのだと思った。

近距離で、確かに顔を合わせていて、それでもユリアがアレクセイの顔を覚えていなかったのは、アレクセイの顔が薄汚れていたという理由もなくはなかっただろうが――それだけ、本当に、必死だったということだろう。

ユリアの側が覚えていなくても、アレクセイは、握った手の温かさを、きっと、一生忘れないだろう。

だから、そう、アレクセイは、幾度となくユリアに恋をしている。

はじめは遠目に。儀式を行うユリアの姿に、憧れるような恋をして。

二度目はこのとき。力の入らない手で、それでもユリアの手を握り返して――アレクセイはただ、この少女のために生きようと、そう、心に決めたのだった。

「……アレク？」

ふわ、と。

顔に風を感じて、ぼんやりしていたことに気がついた。目を瞬くと、ユリアの白い手が目に入り——ひらひらと、アレクセイの反応を確認するように振られているのがわかる。

「大丈夫ですか？　もしかしなくても眠いです？　昨夜は、実家……というか、城下の館に泊まったんですよね。ゆっくりできませんでしたか？」

「いえ、……いや、まあ……」

「はっ……というか、私が帰りたいと駄々をこねたせいでゆっくりしそこねたのでは!?　やはりもう数日は都にいるべきでしたか!?」

「いや！　それは別に！　大丈夫なので！」

ベルーナの婚姻は国を挙げての一大イベントで、普段は領地にいるアレクセイの家族も館に揃ってはいた。向こうは聞きたい話もあったのかもしれないが——なにせ、王女との二人暮しのうえ、まさかの『竜』に乗っての登場だ——アレクセイの側には話せることも合わせる顔もないので（従兄という立派な跡継ぎがいる、という理由があっても、アレクセイが長子の役割を放り出していることは事実ではある）、昨夜は疲れを理由に自室に引きこもって過ごした。早く帰りたかったのはこちらもなのだ。

「そうですか？」

それならいいんですが、と言いながらも、ユリアはまだ少し腑に落ちない顔をしている。「本当に大丈夫ですから」と念を押し、「そうですか」の返事を聞いて——ふと落ちた沈黙に、なんとなく手持ち無沙汰さを感じて皿の上に手を伸ばす。

その指先が、触れ合った。

「……!!」

どうやら、ユリアも同じことを考えて手を伸ばしていたらしい。ぴゃっ、と、ひどく熱いものに触れたときのように、ユリアが手を引っ込める。アレクセイは視線を上げ、言葉を失っているユリアを思わず見つめた。

頬を赤く染め、大きく目を見開き——明らかに、当惑している。

ユリアのために、生きようと決めた。

かつては『彼女のために故国を守ろう』という形だった誓いは、『彼女を（直接）あらゆる脅威から守ろう』という形に変わった今でも変わらない——どころか、彼女自身と深く接点を持ったことによって確実に強くなった。遠目で見た姿より、描いていた偶像より、実際のユリアが一番眩しい。そんなことがあっていいのか？　思いながら、アレクセイは僅かに苦笑する。

ユリアのために、ユリアの安寧のためだけにここに来た。それなのに、アレクセイは今、ユリアが困っている様子を『可愛い』と思ってしまっているし、ユリアが困っていることを、アレクセイを意識していることを喜んでいる。贅沢になったものだなと思う。

ともあれ、ここは流石に引くべきだろう。意識されたいわけであって、怖がられたいわけではないのだ。幸い、時間はたくさんあるはずなのだし。アレクセイが手をひっこめようとするのと、ユリアがその小さな唇を震わせるのとは同時だった。

「あっ、あのっ!!」

「はい？」

突然の大声に驚いて、目を瞬く。いつの間にか、ユリアが、その金の瞳に何らかの決意を込めてこちらを見ている。そうしてユリアは、恐る恐る、先程避けるように引っ込めた手を、アレクセイの方へと伸ばして言った。

「すみません、あの」

うろうろ、白い指先が迷うように揺れる。そうして小さな、蚊の鳴くような声でユリアは言った。

「触っても、いいです……」

——もしかして、ずっと考えていたのか。アレクセイが『触ってもいいですか』と軽口のように聞いた、あの時から？

「……って、すみません、何の脈絡もないですね⁉　違うんですあの、ええとさっき返事しなかったなと思って！」

「いや大丈夫です、わかります、俺が聞いた件ですよね？」

「はい。あの、その、……逃げていると思われていそうな気がして……」

「それは『思われている』ではなくただの事実のような……」

「うっ……いえ事実ではあるんですが……事実だからこそその……」

ユリアはおそらく穏当な表現を探して「あー」とか「うー」とか唸(うな)り、結局見つからなかったようで、ふう、とひとつ息を吐いた。

そして言った。

「嫌、な、わけでは、ないので……」

どういう意味だ。

それを――アレクセイに都合よく解釈してもいいのだろうか？　『嫌ではない』を、『止(や)めてほしくない』に――あるいは、『もっと触ってもいい』と？

勿論それは、短絡的すぎる解釈なのだが。

「姫様」

「はいっ！」

「キスしていいですか？　昨日(きのう)と同じ、おでこでいいんで」

「!?!?　だめです!!!!」

駄目か。衝動のままに出た台詞(せりふ)は流石に欲望に走りすぎていて、けれども真っ赤な顔で額を押さえたユリアがあまりに可愛かったので、アレクセイは思わず笑ってしまった。

どうやら――どうやら、未来には、期待が持てるようだった。

＊　＊　＊

都からの帰宅以来、日々の労働から『シエルの世話』がなくなって、生活には一気に時間的余裕ができた。隠れる必要もなくなったシエル本人も、勝手気ままに飛び回って狩りをしたり、以前のように家の中でごろごろしたりと、かなり自由に過ごしているらしい。

その日、狩りから帰ってきたアレクセイは、裏の畑のそばの木陰に大きな布を敷き、ユリアとシエルがピクニックをしているのを見つけた。前日に皆で小麦粉まみれになりながら作った焼き菓子と紅茶とを嗜(たしな)みながら、ユリアはなにか、紙のようなものに視線を落としている。

アレクセイはそんなユリアに斜め後ろから近寄って、軽くしゃがみ、肩口に顔を寄せるようにして手元を覗き込んだ。

「何読んでるんですか？」

「ひゃあっ⁉」

ぴゃっ、と反射で跳び上がったユリアが、『触ってもいい』の宣言を覚えているからだろうか、逃げることもできずにそのまま固まる。そうして、「ええと」とアレクセイへ視線を向けずに答えた。

「て、手紙です！　マリーからの手紙をですね、やっと、受け取ったので……」

「ああ、なるほど」

マリーは、アレクセイが息子を名乗らせてもらっていたユリアの乳母である。もの言いたげな視線に気づかないふりで、至近距離でにこにこしていると、ユリアはそっ……と手のひらで隣の地面を叩いた。流石に、この姿勢のままでいさせてはくれないらしい。促されるまま隣に座って、なかなかうまくできた焼き菓子をひとつ口にいれるアレクセイに、ほっとしたような顔でユリアが続ける。

「マリーには、本当に申し訳ないことをしました。『孫育てが忙しすぎるにしても薄情すぎる』と思っていたのですが……まさか、姉様が返事を差し止めていたとは……」

「いやあの、ナターシャ様はね、事情を説明しましたし、姫様からの手紙はきちんと届いてましたよ？　ただですね、向こう方が……」

「はい。話は聞いています。『私に嘘はつけない』と言って、全部、正直に書いてしまったんですよね。それで、私には渡せなくなってしまったと。……どう考えても、身分を詐称している側が悪いのに……」

「返す言葉もございません……」

ナターシャは、目的のためならいくらでも権力を濫用する、本来トップに立ってはならないタイプの人間である。計画のすべてがユリアにも明らかになり、やっとのことで手元に届いたマリーからの手紙が、ユリアは心底嬉しいようだった。微笑みながら視線を下ろし——それから、ふと気づいたようにアレクセイを見る。

「と、いうか……そもそも、そのあたりの経緯を、詳しく聞いていなかったような」

「はい？」

「いえ、姉様が私を『竜の巫女』にさせ、この『はじまりの聖殿』での男女二人きりの状態を作り上げようとした、というところは聞きましたけど……」

「ああ、なるほど」

ユリアが聞きたいことがなにかに思い至って、アレクセイは僅かに口元を歪めた。

「……どうして俺？　と、その、人選の理由が知りたいと？」

「それもありますし……まあ、その、詳細を聞いていないなと」

「あー……」

はたしてユリアは、その問いの意味に気づいているのだろうか。気づいていないのだろうな。思いながら、アレクセイはあの日を――ナターシャが計画の全貌(ぜんぼう)をアレクセイに告げた日のことを思い返した。


二年ほど前――ユリアが『竜の巫女』に選ばれる直前、ベルジナ砦で、アレクセイはナターシャに呼び出されていた。

「いやいやいやいや、普通に考えて無理でしょう」

ベルジナ砦に突然赴任してきて、最高指揮権を掻っ攫(さら)っていった――その立場を己が戦術眼で砦の皆に納得させたナターシャは、とにかく破天荒な王女だった。アレクセイとてその発想の奇抜さと実行計画の緻密(ちみつ)さ、組み上げられる作戦の有用さは、十分以上に認めている。

それにしたって、限界というものがある。アレクセイは王族への礼儀を忘れて叫んだ。

「未婚の王女に、男一人が付き従うって……貴方、あんだけ大事にしている妹に、なにかあってもいいんですか!?」

「うん」

「は!?」

「いいと思っているよ」

正気かこの女。アレクセイの眼差しなど気にもならないのだろうナターシャは、寧ろ感謝してほしいと言いたげだった。

「だって、あんな地の果てでひとりきりでさ」

「まずその『地の果て』に送り込むのは貴方だし、ひとりきりにするのも貴方なのでは？」

「それはまあ、そういう計画だからしょうがないだろ」

「そこで開き直ります？」

「で、だ。そんな過酷な環境なんだから、恋ぐらい、ちゃんとした相手とできたっていいだろう？　姉としての慈悲だよ、慈悲」

「それを慈悲と呼べるのは貴方ぐらいというか、完全にマッチポンプじゃないですか……」

自分で陥れ、自分で救済する。ほとんど詐欺のようなやり口だ。この女、本当にユリアのことが大事なのだろうか？　――大事なのだろうな、と、諦めるようにアレクセイは思った。目に入れても痛くないぐらい大切であることと、己の目的に容赦なく巻き込むこと。相反するはずのことが、ナターシャの中ではごく普通に両立しうる。ナターシャはにこにこ楽しげに笑ったまま、アレクセイをまっすぐ見て言った。

「私なりに吟味したんだが、お前が一番、その相手として相応しいかなと思って」

「めちゃくちゃ買いかぶられてる……」

「いやいや、ここまでの反応からすると、私の目はだいぶ確かだよ？　……なにせここまでずっと、本当に、ユリアのことしか心配していない」

「いやそりゃそうでしょう、誰だってそうですよ」

そうかな、とナターシャは目を眇める。その顔で、少なくともここでこの話を喜んでしまうような男だったら不合格だったということがわかった。いやそんな男いるか？　とも思うが。

「ともかく、だ。私は、お前は誰よりあの子を大切にする、無体な真似なんてできるわけがない、と、そういうふうに判断した。私よりよほど、あの子のためだけに行動してくれるだろう、とね」

その基準だと、クリアできるものはまあまあ多そうだが。そんなアレクセイの思いを肯定するみたいに、ナターシャはとんでもないことを言う。

「いやまあ、場合によっては、無体を働いてもらいたいとも思ってるんだけど」

「はあ!?」

「ま、おそらくそうはならないだろうし」

そうしてナターシャは、彼女の考える計画、『竜を三百年ぶりに降臨させる方策』を、隅々までアレクセイに打ち明けた。

アレクセイにはユリアの日常を支えられるだけの生活能力があり、面倒見が良く、ついでに若く顔もいい。ユリアに――というか、若い女子に信頼される要素が揃っている、と、ナターシャはそう太鼓判を押した。そのうえ護衛としての実力も申し分なく（純粋な戦力換算なら過剰とすらいえる）、魔術の心得はなくとも魔力はあるので、ナターシャの編んだ魔術を発動する形で、密かに連絡も取り合える。そのように条件をつらつら並べ立てたあと、ナターシャは軽く肩を竦めた。

「……いやまあ、無理を言っていることはわかってる。期限のない任務だし、この仕事を受けるなら、今の立場は――未来の辺境伯の座も、『英雄』の名声も、すべてを捨ててもらうことになる。お前がいなくなった穴は誰かで埋めないといけないし、身分は偽ってもらわなきゃならないからね。断る権利は当然あるよ」

「いや、そのへんはどうでもいいんですけど」

「……心底どうでもよさそうに言うもんなあ……」

お父上の心労も理解できる、とナターシャは苦笑するが、アレクセイに言わせれば、アレクセイに辺境伯が務まると思っている父のほうが間違っている。

アレクセイはそもそも、魔術剣士としてしては一流だが、それ以外にはさしたる価値のない――つまり、ごく個人的な剣働きにしか能のない男であるのだ。将軍として大隊を率いることも、辺境伯として領地を治めることも、相応しい教育を受けている分だけこなせはするだろうが、もっと適任のものはいくらでもいる。ついでに言えば、『英雄』なんていう呼ばれ方にも――人よりほんの少しだけ魔力があって、剣の素養があって、結果として人殺しがうまかったというだけのことなので――価値があるとは思っていない。

そんな自分が。

そんな自分が、一国の王女、聖なる巫女、あの可愛らしい少女の『相手』になる？

「まあ、お前が引き受けてくれるなら、私としては安心なんだ。大勢の侍女に囲まれるより、二人暮らしぐらいのほうがあの子には合っているだろう、と、そう思っているのも本当だよ。あの子はなぜか、自分のことを『なにもできない』と思いがちだが」

ナターシャは軽く肩を竦めた。

「そういう人間が、魔術に古代語なんていう、習得に何より根気がいるものばかり修められる道理がないのさ。少し他人より不器用だから、同じことをさせると不足ばかりが目立ってしまう――が、ひとたび興味が向いたなら、加速度的に周りを追い抜いていく。そういうタイプの努力家なんだ」

「天才じゃないですか？」

「そうなんだよな。お前に似てる」

言われて思わず顔を顰めると、「そういう顔をするところも似てる」と笑われる。天才――なるほど、と、腑に落ちたところも確かにあった。ナターシャは「そういうわけで」と話をまとめた。

「あの子に人並みの生活を送らせてやって、ついでに落として竜を生ませてくれ」

「その表現には、かなり語弊がありませんかね……」

「どうして？　端的だろう」

からからと笑って見せてから、一転、ナターシャは真面目な顔になった。

妹を案じる姉の顔だった。

「……あの子は、ベルジナ砦のアイドルだからね。くれぐれも、大事にしてやっておくれ」

断られることなどないと確信している口調だったし、事実、アレクセイの側に、断る選択肢があるはずもなかった。

アレクセイが断ったとして、他の誰かがこの役目につくだけで、計画そのものが取りやめになったりはしないだろう。他の誰かが——アレクセイではない男が——ユリアとふたりきりで生活をする？　想像しただけで無理だと思った。

想像するだけで無理であることが、ナターシャにはバレていることもわかった。

ユリアの背中を、ユリアの手の温かさを、あの金の瞳の煌めきを——アレクセイが知っているユリア・ロクレアの、そのうつくしさを思い起こした。

ユリアのために、生きようと決めた。その誓いは、少なくともあの時点では、『アレクセイの戦働きによってこの国を守る』という形でのみ成されるはずだった。

はずだった、のに。

(……少なくとも)

アレクセイは、自分に言い聞かせるように、自分を納得させるために考える。

(自分自身のことは、自分自身で制御できる。誰かにユリアが不当に傷つけられる、その可能性だけは、俺がこの役目を引き受けることで消すことができる……)

ナターシャの計画とやらは、申し訳ないが二の次だ。ユリアの安寧を最優先にする、という方針を、己であれば遵守できる。アレクセイはそう自分を納得させて、北への派遣、ユリアへの同行の任務を受け入れることにしたのだった。

「……アレク?」

「あー……いやちょっと、色々思い出していて……」

あの時は、本当に竜が顕現する可能性なんて、ひとつも考えていなかった。畑の上をぱたぱた低空飛行しているシエルを横目に、アレクセイはしみじみと述懐する。

「……まあ、ナターシャ様が俺を選んだ理由は、本人は色々言ってましたが——究極的には、ひとつだけだと思いますよ。で、俺がこの役目を引き受けた理由も同じです」

「というと」

とユリアが促してくるので、本当にわかっていないんだなと苦笑する。言わせたいわけでもないだろうし。いや、言わせたいだけでも別にいいか? 考えながら、さらりと答える。

「俺が、姫様に惚れてたからですよ」

「……!?」

もう言ったはずのことなのにユリアが律儀に赤くなるから、アレクセイは思わず笑ってし

2011 第10章 **井手峻** グラウンド外の戦い 372
2011 第11章 **トニ・ブランコ** 真の渇望 400
2011 第12章 **荒木雅博** 内面に生まれたもの 422
エピローグ 清冽な青 473
あとがき 489
文庫版新章 それぞれのマウンド 493
解説 西川美和 529

# プロローグ　始まりの朝

まった。「いや言ったでしょ」と肩を竦める。

「姫様はずっと、俺たちにとって、本当に、大事な大事な『お姫様』だった。……で、俺にとっては、それ以上の人でもありました。ずっとね」

「……それが、わからない、というか……」

赤い顔で、それでもユリアが問いを重ねるので、アレクセイは少し意外に思った。流石に、何も伝わっていないわけではなかったのか。

「会ったこと、ないですよね？　それでその、ええと、……好きだと言われても……」

「ああ、……うーん、そうですねえ」

やはり覚えていないかと思い、語るかどうかを少し迷う。迷いながら考えて、『遠目で見ただけの相手から一方的に好意を向けられていた』という状況は、本人としては不気味なのかもしれないと思い至って（いやそういうガチ恋の兵士も砦にはたくさんいたが）、アレクセイは「実は」と、ごく軽い調子で打ち明けた。

「……一度だけ。救護室で、助けてもらったことがあります。それがまあ、きっかけといえばそうですね」

「えっ、……す、すみません！　記憶になくて……！」

「いえ、いいんですよ。あの時の姫様、見るからに余裕なさそうでしたし」

「うっ……怪我人にさえそう思われていたんですね……。却って不安にさせましたよね。重ね重ね申し訳なく……」

「いや、惚れるきっかけだって言ってるでしょう。助かったんですよ、本当に。命の恩人だって言ってもいいです」

「命の……!? あ、安否に関わるような治療はしていません！ 勘違いです!!」

「それでもね。手を握って魔術をかけてもらえると、安心しました。きっと、俺以外にも、そう思っていたやつらは大勢いたと思いますよ」

「……そ、……そうですか……」

ただの治療以上のものをこちらが勝手に受け取ったことまでは、明らかにする必要はないだろう。アレクセイは軽く微笑んで、ユリアがなんだかむず痒そうに視線を逸らす。ユリア自身には役に立っていた自覚が薄そうだったから、もしかしたらはじめてかもしれない賛辞を、どのように受け取っていいかわからないのかもしれない。ユリアはうろうろと視線を彷徨わせ、それから、助けを求めるみたいに「シエル！」と呼んだ。

「貴方も、ひと休みしましょう！」

声に、畑の方で何やらうろうろしていたシエルが「はーい」と応じる。アレクセイは「そういえば」と首を傾げた。

「シエルは何してるんです？ あんなにうろうろして」

「ええと、畑の草取りや害虫駆除などを」

「害虫駆除」

はて、と思わず首を傾げる。

「まさか、食べ……」

「そこについては確認しないことに……」

いや肉を狩るのだから虫も狩るのだろうが、口から虫が出ているところを見たいかと言われれば当然答えは否である。というかそもそも聖なる生き物なのに肉食でいいのか。大体の生態が明かされたところで謎(なぞ)な生き物であることに変わりはなく（というか、謎が深まったとすら言える）、呼ばれたシエルはどう飛んでいるのかよく考えるとわからない動きでふわふわと飛んできて、「あれ」とアレクセイを見て首を傾げた。

「今日は成果ゼロ？　代わりになんか狩ってこようか」

「いや、向こうで鳥の血抜き中だから。……あ、きっちり血は洗って落としてきてあるので、大丈夫ですからね」

「あ、そう？　でもまあ、父さんのほうが母さんといたいわけなんだし、これから役割は交換したほうがいいかな？」

「そういう気遣いは、口に出した時点で余計なお世話なんだよな……」

「そうなんだ……。じゃあ、触れ合いイベントは、もっとさり気なく発生させるように頑張るね……」

「うーん……全部口に出てる……」

というか触れ合いイベントってなんだ、と思っていると、ユリアとアレクセイの間にちょこんと座ったシエルが、ふたりの手を軽く握って、そのまま、ふたつとも自分の膝へと乗っけた。

――当然、シエルの膝の上で、ユリアとアレクセイの手が重なる形となる。

「いやイベント雑だな!?」

さり気なさの欠片もない、ただ手を握らせたいだけの目的しかない所作である。ユリアは

「……!?」の顔でシエルを見下ろして固まっていて、勿論、ロマンチックさを感じている様子は少しもない。アレクセイが思わずつっ込みを入れると、シエルは澄まし顔で「でも」と返してくる。

「嬉しいでしょ？」

「……否定できねえ……」

「できないんですか!?」

と、やっと解凍されたユリアが反射で手を引っ込めようとするので、アレクセイは逃げられないようにときゅっと手を握った。えぇー、という顔で見られたのでとりあえず笑っておいて、

「いやあ」と言い訳のように言う。

「だって、シエルにはこのとおりバレてるわけですけども……俺はずっと、かなり我慢してたんで。嬉しいですよ、そりゃ」

「我慢……？」

「間違って、姫様に触らないように。なにせ姫様は姫様ですからね。このうえなく高貴なお方だ」

「……高貴……？」

そういう扱いしていただいてましたっけ……？　と、若干の疑義を抱くユリアに、そうです

よと強く頷いておく。そしてため息。

「それなのに姫様は、人の気も知らないで」

「えっ？」

「着替えは手伝わせるわ、風呂場で水浸しになるわ」

「なぜ突然過去の失態を……!?」

「釣りをすれば釣り竿(ざお)を落としそうになるし」

「いやそれは……、……」

ユリアは少し考えて、それぞれのシーンを思い起こしたようでじわじわと頬を染め、ごにょごにょと口の中で謝罪した。

「……返す言葉もございません……」

当時はなんとも思わなかったのだろうことも、実は意識されていたと思えば、今更恥ずかしくなるのかもしれない。あの時――ユリアが釣り竿を落としそうになったときと同じように、小さな手が、アレクセイの手の中にある。同じシーンを思い出したのだろう、ユリアが「そういえば」と小さく呟いた。

「確かに、釣りのとき、私も思いました。こんなに距離が近いのははじめてだな、と。……普段は、意図的に離れていてくれたんですね。じゃあ、……あの時は」

あの時？

「私のために、……手を、握ってくれたんですね」

噛みしめるような呟きがいつを思い出してのものなのか、アレクセイにはすぐにわかった。

ユリアの手を、アレクセイから明確に握ったのはおそらく三回だ。釣りのときと、ユリアが心労で倒れたときと、――もう一回。高熱でうなされていたユリアが倒れたときのことをはっきりと覚えているとは思えないから、ユリアが言っているのは、きっと、三つ目のことだろう。

朝焼けの中、シエルの背に乗って王都を目指した日。

ユリアの横顔に宿る緊張と不安をどうにかする方法をアレクセイは知らなくて、ただ、その白い指が冷え切って震えているような気がしたから、どうしようもなくて手を伸ばした。その判断が間違っていなくて良かった、と思い、そういえばあの時と今とで、『手がシエルの上である』という点は同じなのか、と益体もないことを考えていると――ユリアがふと目を瞬いて、窺うようにアレクセイを見上げた。

「……というか、もしかして」

身長差のぶんどうしても上目遣いになる、その大きな瞳が可愛いと思う。

「その『我慢していた』の反動が……今……!?」

「おお、よく気づきましたね」

今はもう『触ってもいい』の許可が出ているので、触り放題――というほど触っているつもりはないが、前ほど意識して触らないようにしてはいない。といっても日常生活でそうそう触れ合うような機会などなく、例えば今日のようにさり気なく近くに立つとか（逃げられる）、荷物を受け取ったり支えたりするときにユリアの手に触れるとか（一度それでユリアが手を

引っ込め、袋に入っていた粉が散らばって大惨事になった）、まるで恋を覚えたばかりの子どものような接触が精一杯だ。

自分自身の制御ならできる、は、正しくもあり間違ってもいた。アレクセイとてまだ若く、その人生のほとんどを戦場で過ごし――ストイックになることはいくらでも可能でも、色ごとめいた接触に慣れているわけではない（兵士と娼館は切り難い関係にあるし、貴族として夜会などに出た結果として言い寄られることもあったので、ユリアよりは経験はあるのだが）。

だから、王女として王宮の奥深くで育ち、男性との接触などほぼない日々を過ごしてきただろうユリアとアレクセイとでは、このぐらいの速度がちょうどいいのだろう。

「……というわけで」

シエルの膝の上というのはどうにもロマンチックさに欠けるが、こちらを交互に見上げるシエルがひどく満足げなので、これはこれでいいような気がしてくる。アレクセイはユリアのほうを見て、なるべく断りづらく見えるといいな、と思いながら首を傾げた。

「もうちょっと、……いいですか？」

言いながら、上から被せるように重ねていた手を少し動かして、指同士を組み合わせるように指先を絡める。真っ赤な顔でユリアが俯き、本当に少し、それでも確かに頷くのを見て――いやほんとに可愛いなこの人、と思いながら、アレクセイはその真っ赤に染まった可愛らしい横顔と細く柔らかな指先とを、もうしばらく堪能することができたのだった。

＊＊＊

花が一面に咲いている。

シエルがユリアに『花を見せたい』と言い、ユリアはその言葉を大変喜んで、急遽ピクニックが敢行されることになった。先日の戦闘でアレクセイが薙ぎ倒した木々の後を空から眺め（ユリアはしみじみと『おそろしい威力ですね』と言い、シエルは『後片付けどうしようね』と現実的なコメントを入れた。確かにこのままだと危なそうではある）、ゆったりとした空中散歩を楽しみながら川をひとつ越える。

そうして辿り着いたのは、森の中の一部がぽかりと開けた、まるで作られたような空間に広がる、一面の花畑だった。

白、薄紫、黄色、桃色――と、様々な色の花が広がって、なるほど大層美しい。ユリアが「わあ」と歓声を上げる。

「すごい、こんなにたくさん……！」

背丈の小さな花が広がるさまは、まさしく花の絨毯のようだ。

「雛菊……ですかね？　もう少し早く咲く花だと思ってましたが」

「このあたりはかなり寒いですから、時期がずれるのかもしれません。……可愛い花ですね。シエル、ありがとうございます」

「ううん。……なんか、全部を覚えているわけじゃないんだけどね」

竜の魂は不変で、けれども、記憶のすべてを保っておけるわけではないのだという。一部は魂に残るが、一部は肉体とともに失われるのだ、と。

「ここは、昔、誰かと植えた花畑だったと思う。……まだ、残ってたんだ」

ユリアは昔、ここで生まれた『竜』について、『みんないつかここを出ていき、巫女はいつも残される』と語っていた。

それは巫女視点ではなにも間違いではなく――けれどももしかしたら、シエルの、竜の側では、逆も真であるのかもしれない。そういう寂しさが宿る声だった。竜は必ずここを出ていき、いつか、ここ以外の場所で死ぬ。そして再びここで生まれて、その時にはもう、前の巫女は、竜が愛したものは誰も生きてはいない。それはおそらくひどく残酷なことで、竜が赤子の姿で生まれ、最初は『竜』の記憶を持たないのは、その残酷さをせめて軽減したいという苦肉の策なのではないか、という気もした。

ちらりとユリアに視線を向けたのは、関連する手記が残っているかの確認だ。例えば記憶の補強ができれば、少しは慰めになるのかもしれないが――ユリアは寂しげに首を横に振り、ただ、シエルに向けて「そうなんですか」と明るく微笑む。

「人の手が入っていないのに、これほど見事に咲いているのは、きっと、その頃の祈りが残っているからなんでしょうね。……次の貴方にも見せたい、と、そう願った人がいたのでしょう」

「そうかな。……そうかも？　……あ、そうだ母さん、いいものがあるんだ」

「いいもの？　なんですか？」

「ええとね……」

と語るシエルは、己の巨体で花畑を踏み荒らすのを恐れたのだろう、ぽんと音を立てて小さな姿に転じる。ふたりが何やら花畑の中に入っていくのを眺めてから、アレクセイは視線を下へと下ろした。

色とりどりの、小さな花が、アレクセイを見上げるように咲いている。手慰みにひとつ摘み、鼻に近づける。

甘く、爽やかな香りがする。

シエルとユリアはずいぶん遠くへ行ってしまったが、食料の一式をここに置いたままだから、そのうち戻ってはくるだろう。アレクセイは荷物番になることにして、木陰になりそうな位置に大きな布を敷いて座った。

風が花を撫で、木々を揺らし、アレクセイの髪と頬とを擽る。遠くから、鳥の鳴き声と、ユリアとシエルが何やら楽しげに笑う声が聞こえる。

平和だ。

なんだか手持ち無沙汰になって、アレクセイは花へと手を伸ばした。アレクセイは花を愛でたことがなかった——アレクセイの幼少期は鍛錬続きで、花畑で遊んだことは恐らくなかった。

だから、アレクセイの手がなんとはなしに花を編みはじめたのは、記憶によるものではなく、知識によるものだった。花冠、というものが存在することを教えてくれたのは、幼い娘のいる剣の師範だったか、はたまたかつて上司だった誰かだっただろうか。そんなことすら覚えてい

ない、と思いながら、曖昧（あいまい）な記憶を辿って花を編んでいく。

――アレクセイ・デュバルは、国境沿いに位置するバルディア地方で、辺境伯の息子という立場で、高い魔力を持って生まれた。

父親は元々次男として生まれ、二つ上の兄と領主と団長職とを分け合って、協力して国境の守護に努めていた。兄が早逝してからは領主職も兼ねるようになった、けれども根は武人気質で厳しい父の元、アレクセイは、幼い頃から剣の修行に明け暮れた。結果として、魔術を覚えるより先に魔力がそちらに適合してしまい、魔術師ではなく魔術剣士になった。人より数年早くバルディア騎士団に入り、魔術剣士としての研鑽（けんさん）を積んでいたら、国境での争いが深刻化し――眼（め）の前の戦場を片付けているうちに、『英雄』などと呼ばれるようになっていた。

だから、実のところ、アレクセイはユリアをとやかく言えるような立場ではないのだ。

なるほど、生活力はある。けれどもそれは『生活』で身につけたものではなく、軍事訓練の一環として身につけたものだった。狩りも料理も洗濯もすべて、軍事行動中に野営などで必要になる、と、父親に叩き込まれたものなのだ。生活能力ではなくサバイバル能力なのである。

戦闘にばかり明け暮れてきた自覚があるアレクセイには、ユリアと同じぐらいには、ここでの生活が新鮮だった。もっと単純に、楽しかった、と言い換えてもいい。穏やかで楽しくて夢のようで。

ずっと——自分のようなものが享受するには過分すぎる環境だと、心の何処かで思っていた。身分は自らの力で得たものではなく、『英雄』という呼び名もまた、望んで手に入れたものではなかった。アレクセイ自身は、本当に、ただ少し剣と魔術に適正があっただけの人間にすぎないのに——と思うのは、おそらく、謙遜と驕りとがすぎるのだろう。

アレクセイは、なるほど、適正があった。——それは、正しくは、剣と魔術にではない。

そんな人間が、——……

「……アレク、起きてください、アレク！」

「…………！」

目を開けると、ユリアが、心配そうな顔でアレクセイを覗き込んでいた。眠ってしまっていた？　いつの間に。慌てて起き上がり、シエルがいるとはいえ気が抜けすぎている、と己を戒めると、ユリアが僅かに眉を寄せるのが見える。

「……皺」

「え？」

ユリアの指が、当たり前みたいに、アレクセイの眉間に伸ばされる。

「寝起きの顔じゃないですよ。……悪い夢でも見たんですか？」

下からアレクセイの顔を覗き込み、その指先が、アレクセイの肌をそっと撫でる。アレクセ

イは大きく目を見開き、当然眉根を寄せるところではなく――ユリアはそれでもまだ不安そうな顔をしていて、アレクセイは少し、困って笑った。

悪い夢。

最近、そんな夢を多く見ている気がするのは――現実が、幸福な夢幻のようでありすぎるからだろうか？

「姫様」

手の中に、眠る前に作っていた花冠があった。作り方もうろ覚え、作るのもはじめてにしてはうまくできたような気がする。ユリアの黒い髪に映えるように、と、白一色で作ったそれを、アレクセイはぽんとユリアの頭に乗っけた。

「……え？」

ユリアが、きょとんとした顔で目を瞬く。

「えっ、……わあ⁉　なんですか⁉」

「花冠です。意外とうまくできるもんですね」

「まさかの初作成。……自分からじゃ見えないんですけれども、外し、」

「駄目です」

えっ、とユリアが目を見開く。アレクセイは花冠の位置を調整しながら言った。

「可愛いので」

「……うう……」

頬を染めたユリアが小さく唸り、「作り手の意思を尊重……！」と自分に言い聞かせるように言ってから――手を頭に伸ばし、花冠にそうっと触れて――へへ、と、擽ったそうに小さく笑う。それを見て、アレクセイはしみじみ幸福だなと思う。

抱きしめたい。

抱きしめられなくても、構わない。

「……姫様は」

あんまり幸せだったので、ただ、思いついた言葉が口を出た。

「俺のこと、好きにならなくていいですからね」

「……え？」

アレクセイの口を動かすのは、過ぎた幸福と、悪夢の名残のどちらだろう。

人殺しの手を握ってくれたひと。戦力としても過剰すぎるアレクセイの力を『恐ろしいかはわからない』と言ってのけ、事実として、その力でアレクセイの力を受け止めきってのけたひと。そのくせ自分に自信がなくて、楽しいことも美味しいものも何も知らなくて、アレクセイが与えるひとつひとつに、びっくり箱でも開けたみたいな反応をして。

そうして――何かを愛することを、躊躇わず、決めることができるひと。シエルを抱き上げて笑う姿を目の前の姿に重ね、希うように祈るようにアレクセイは言った。

「ずっと、そうやって、笑っててください。俺はそのためならなんでもするし、姫様は、それ以上のなんにも、俺に与えてくれなくていい」

ただ、この瞬間が、永遠に続けばそれでいい――どちらにせよ、それだけは間違いなく真実で、だからアレクセイは、自分がさほど間違ったことを言ったつもりはなかった、のだが。

「……ばか!!!」

――と、思い切りユリアに怒鳴られて、アレクセイは目を瞬いた。

「えっ」

「ばか、……もう、この、……ばか!!!」

他に罵倒の文句を知らないのがなんともユリアっぽいなと思い、なんだか、改めて目が覚めたような気分だと思う。きょとんとするアレクセイの前で、ユリアは眦をつり上げて、どうやら本気で怒っていた。

「あのですね。ずっと指摘するタイミングを逃し続けていたのですが、アレク、貴方は、そもそも勘違いをしてるんです」

「……勘違い？」

「『好きにならなくていい』って、そんなこと言われても困るんです。私は」

その時、アレクセイははじめて気がついた。アレクセイの隣に座るユリアの膝の上に、何かがある。可愛らしい色の布で作った包みいっぱいの。

シエルが言った『いいもの』は、きっとこれだろう。ツヤツヤとしてよく熟れた実だ。楽しいことや美味しいもの。笑い合うこと。愛すること。

「……もう、ずっと、貴方のことが、好きなのに」

そういうすべてを、共有したいと思うこと。

「…………は？」

「ほんとに⁉　本気でその反応なんですか⁉　もう……ばか‼」

「いや、え？　ちょっと待ってください、……ええ⁇⁇」

ユリアが本気で泣きそうになっているのを見て、アレクセイは何かを言わなければと慌てる。誰でもいい、と助けを求めてきょろきょろとして、シエルがにやにやと笑ってこっちを見ているのを見て、助けなんてしているはずがなかったと思う。

好き？

ユリアが？

誰を？

――ずっと？

何度か脳内で言葉を繰り返してやっと飲み下し、同時に沢山の――いつからとかどうしてとか――疑問が湧いて出て、けれどもそれらすべてより先に、アレクセイは呆然としたまま尋ね

た。

「……姫様」

「はい」

「……抱きしめて、いいですか？」

「いいですよ」

即答だった。

まっすぐにこちらを見る金の瞳が、きらきら、眩しく輝いている。

「それから」

そうしてユリアは——きゅっときつく眉を寄せ、まるで、決戦にでも挑むみたいな顔になって続けた。

「……キスも、していいです……」

その瞬間、すべてを忘れた。

震える手で、ユリアに触れる。ユリアがそっと目を閉じる。

悪夢も、懺悔（ざんげ）も、後悔も——今このときだけは、届かない。そういう場所で、はじめてのくちづけは、ただ、幸福であるだけだった。

# あとがき

はじめまして。逢坂とこと申します。この度は、第十二回 New-Generation アイリス少女小説大賞銀賞をいただき、デビューさせていただくことになりました。心から感謝申し上げます。改稿に際し『アレクセイ視点の番外編を』というご提案をいただき、楽しくなって書きすぎたせいで、あとがきが一ページという結果になりました……。駆け足で失礼致します。

まず、本書を形にするにあたり、多大なるご尽力をいただいた担当様。的確なアドバイスをいただき、作品世界がより豊かになりました。また、美しいイラストを描いてくださった鈴ノ助様。可憐なユリアは勿論のこと、アレクセイがあまりに格好良く、ラフ段階から興奮しっぱなしでした。本当にありがとうございます。

いつも温かく見守り、協力してくれた家族、励ましてくれた友人たちにも感謝しています。諦めることなく書き続けることができたのは皆のおかげです。

最後に、この本を手に取ってくださった読者の皆様に、何よりの感謝を。少しでも楽しんでいただけたなら幸いです。

IRIS ICHIJINSHA　迅 ICHIJINSHA

# 落ちこぼれ王女は竜の愛されお世話係

2025年3月1日　初版発行

著　者■逢坂とこ
発行者■野内雅宏
発行所■株式会社一迅社
〒160-0022
東京都新宿区新宿3-1-13
京王新宿追分ビル5F
電話03-5312-7432（編集）
電話03-5312-6150（販売）
発売元：株式会社講談社
（講談社・一迅社）

印刷所・製本■大日本印刷株式会社
ＤＴＰ■株式会社三協美術

装　幀■AFTERGLOW



ISBN978-4-7580-9708-6


●この作品はフィクションです。実際の人物・団体・事件などには関係ありません。

この本を読んでのご意見
ご感想などをお寄せください。

**おたよりの宛て先**

〒160-0022
東京都新宿区新宿3-1-13
京王新宿追分ビル5F
株式会社一迅社　ノベル編集部
逢坂とこ 先生・鈴ノ助 先生

文春文庫

# 嫌われた監督　落合博満は中日をどう変えたのか

鈴木忠平



文藝春秋

# 嫌われた監督　落合博満は中日をどう変えたのか　目次

プロローグ　始まりの朝　7

2004
第1章　**川崎憲次郎**　スポットライト　20

2005
第2章　**森野将彦**　奪うか、奪われるか　68

2006
第3章　**福留孝介**　二つの涙　120

2007
第4章　**宇野勝**　ロマンか勝利か　160

2007 第5章 **岡本真也** 味方なき決断 184
2008 第6章 **中田宗男** 時代の逆風 240
2009 第7章 **吉見一起** エースの条件 286
2010 第8章 **和田一浩** 逃げ場のない地獄 316
2011 第9章 **小林正人** 「2」というカード 352

二〇〇三年十月三日の朝、東京の空は晴れていた。白い雲間からのぞいた青の下で、私は見知らぬ町の、見知らぬ家の前に立っていた。

そこは落合博満の邸宅であった。

当時はまだ、スポーツ新聞の駆け出し記者だった私が、落合という人物に対して抱いていたものといえば、「三冠王」「オレ流」という漠然としたイメージだけだった。他にあるとすれば、かれこれ一カ月も続いている中日ドラゴンズの新監督をめぐるストーブリーグにこれで終止符が打たれればいいのだが……という、どこか他人事の、ぼんやりとした期待だけだった。

このシーズン、中日の監督は元阪急のエースとして知られた山田久志だったが、チームが五位に沈んだ九月上旬に続投方針から急転、解任された。そこから新監督人事をめぐる報道合戦のゴングが鳴ったのだった。

新聞紙面には、まず高木守道、牛島和彦という球団ＯＢの名前が本命として挙がった。ただ、そこからなかなか決定には至らず、幾人かの候補が浮かんでは消え、中日の新監督問題は長期化していった。

そんな中、この五年前に現役を引退し、そのあと野球解説者として在野にいた落合の名も候補の一人として挙げられていた。

私は見知らぬ住宅街のアスファルトの上で汗を拭った。十月の風は熱を含んでいなかったが、一時間近くも寝過ごした焦りからか、あるいは小田急線の駅から何度も迷いながら歩いたせいか、落合邸にたどり着いた頃には、首筋から背中がじっとりと湿っていた。

新聞社に入って四年目、朝はきちんと起きられたためしがなかった。いつも倦怠感とともに慌ただしく一日が幕を開け、誰かに決められた場所へ行き、誰かに言われたように原稿を書き、自分で歩いている実感のないまま、いつの間にか夜がきていた。

この日もそうだった。落合邸には自分の意志で来たわけではなかった。

『落合さんが中日の監督になるという話を聞きました。それを書かせていただきます。今日はその仁義を切りにきました』

それだけ伝えてこい──。名古屋本社の編集局に鎮座するデスクから指令を受けたのは前日の午後、夕刻近くになってからのことだった。すぐに名古屋駅に向かい、上りの新幹線に乗り、都内のホテルに投宿した。そして二十四時間も経たないうちに、まだ会ったことのない男の家の前に立っていた。

「オチアイには、俺からだと伝えておけ」とデスクは言った。聞くところによれば、かつて落合が中日に在籍していた時代の担当記者だったらしい。

我がボスは当時の監督だった星野仙一のことは「仙さん」と呼んだが、落合のことは投げやりに「オチアイ」と呼んだ。どうやら落合のことが好きではないらしい、ということだけは伝わってきた。

ただ、私が知っているのはそれだけだった。それ以外のことは何も知らなかった。「落合が中日の新監督になる」という情報の出所を教えられているわけではなかった。ここに来たのは、その真偽を確かめるためでも、新たな何かを訊くためでもなく、ただ決められた言葉を伝えるためだった。

私はいわば伝書鳩にすぎなかった。

別に腹は立たなかった。社会に出てからはすべてがそうだったからだ。自分が何かをするしないにかかわらず、あらかじめこの世界にいた人たちによって物事は進んでいく。

私が名古屋本社の記者になったとき、中日ドラゴンズの監督は星野仙一だった。かれこれ十年以上もこの球団の監督をしている星野の周りには、いつも大勢の人が列をつくっていた。担当記者たちは星野の名前が刺繍されたお揃いのジャンパーを着て、星野とともに散歩をした。朝食を共にして、お茶を飲んだ。そして星野が昼夜を問わずに開くどの会合も〝指定席〟はすでに埋まっていた。

上座にいる星野の隣には親会社である新聞のキャップが、そこから古参の順に各新聞社のキャップが並んでいた。新参者は、星野の声が聞こえるか聞こえないかという末席にいるしかなかった。その席からわかるのは、星野が朝はいつもトーストに目玉焼きとレモンティーを頼むこと、目玉焼きは「オーバー」と注文を付け加えて、両面焼きにするということくらいだった。星野が笑い、古参が笑えば、意味もわからず私も笑みをつくった。それ以外は黙っていた。会合が終わると、他の記者たちと並んで同じように星野に頭を下げる。それだけだった。そうしているうちに一日は過ぎて、翌朝には私の知らないところで新聞ができあがっていた。

監督が星野から山田になっても、〝席次表〟は変わらなかった。

つまり大学を出たばかりの青二才が何かをするための空席など、どこにもなかった。序列にさえ数えられないうちは隅っこで体操座りをして順番を待つしかない。私はそうした無力感に慣れきっていた。

そして毎朝、ただただ眠かった。

落合邸は世田谷の閑静な一角にあった。白い外壁の二階建ては造りこそ重厚だったが、世に広く知られた人物の邸宅としては華美な装飾もなく、意外なほどこぢんまりしていた。玄関へ通じる門扉の脇には路地に面して半地下のようになったガレージがあり、灰色のシャッターが降りていた。私はその前に黒い肩掛け鞄を下ろした。鞄はうめくような音をたてた。資料ではち切れそうになったファイルにスクラップブック、厚切りトーストのようなパソコンとありったけのノート……、いつ誰に何を指示されてもいいようにと、記者稼業に必要なあらゆるものを詰め込んだ鞄はいつも限界まで膨張して私の肩に食い込んでいた。自分の意志で入れたものも、逆に取り出したものもなかった。その重さは、まるで無力感に身を委ねることへの代償のようだった。

辺りは静かだった。静かすぎた。

ふと、静けさの中に視線を感じた。通りの向こうから、ハッ、ハッ、ハッと荒い息が聞こえた。白い毛をフサフサとさせた大きな犬と、それを引っ張る――引っ張られているようでもある――中年男性が、他人の家の前に佇んでいる私を横目で見ながら通り過ぎていった。その訝しげな視線は私をそわそわとさせた。

「オチアイが家を出てくるのを待て」

デスクにはそう言われていた。

一体いつまでここに立っていることになるのだろうか。落合とはどんな人間で、初めて会う者にどう接するのだろうか。私は急にそんなことが気になってきた。いつしか背中の汗は乾いていた。

そのときだった。中二階ほどの高さにある玄関の方で「カチャン」という音がした。そこから続く階段を誰かが降りてくる足音がして、両開きの門扉から男が現れた。

落合だった。

ベージュのシャツにスラックスを穿いていた。眠そうに目を細めた落合は、ガレージの前にいる私を見ると一瞬、驚いたような顔をした。いつも通る道に見慣れない看板が立っていた、という程度の小さな驚きではあったが。

「オチアイは朝が遅いはずだ」と聞いていた私は、慌てて胸ポケットから名刺を取り出した。名前の上に『記者』とだけ書かれ、少し角が折れ曲がったその紙片を差し出すと、落合は親指と人差し指でつまんで一瞥(いちべつ)した。そして、ふっと笑うと、「ちょっと待ってろ」とガレージの脇を指さした。

私がシャッターの前に置いていた鞄を退けると、落合はガレージを開けた。閉じていたシャッターが軋みながら上がっていく。車庫に光が差し込む。中から現れたのはツートンカラーのスポーツカーだった。私の目には、赤と青という交じり合うことのない色彩が映った。

私はそれを見て、もう一つ、落合の漠然としたイメージの断片を思い出した。

かつて落合がホームラン王、打点王、首位打者の三冠を獲得した一九八〇年代、タイトルの賞品として有名なスポーツカーを手に入れたという記事を読んだことがあった。自らのバットで稼ぎ出したその車に、二十年以上経った今も乗っているのだろうか……。目の前の車が何という車なのか私にはわからなかったが、落合という人間のある一面を見たような気がした。

落合はレトロな雰囲気を漂わせた愛車をゆっくりと車庫から出すと、家の前に横づけにした。その赤はコカ・コーラの二五〇ミリ缶のように陽気で、青は底の見えない海溝のように深かった。その車がどんな種類のものなのか、そうした不調和な色の車が本当に存在するのか、私は知らなかった。だが、錯覚しているのかもしれないとは考えず、ただ私にはそう見えた。ふたつの色彩が都内の静かな住宅街の中ではまるで浮いていて、どこかまったく別の世界からやってきたもののようである印象だけを脳裏に刻んでいた。

落合は車を降りてガレージを閉めると、俯き加減に私の方へ歩いてきた。慌てる素振りはひとつもなかった。

「で、なんだ？」

私の前まで来ると落合は顔を上げ、ちらりと視線を合わせて言った。

伝書鳩はそこでようやく、用意された台詞を吐き出すことができた。伝えるというより、ただ再生した。

「落合さんが中日の監督になるという話を聞きました。それを書かせていただきます――」

するとのが落合は、私がまだその短い台詞を言い終わらないうちに、またふっと笑って「〇〇か？」とデスクの名を言い当てた。落合は目の前にいる記者がメッセンジャーであるとわかっているようだった。私はその問いにただ黙って頷くことしかできなかった。

「〇〇に言っとけ。恥かくぞってな」と落合は言った。

「それでもいいなら書け。書いて恥かけよってな」

会話はそれで終わった。それ以上の伝えるべき言葉を私は持ち合わせていなかった。

それから落合は愛車に乗りこむと、どこかへ走り去っていった。スポーツカーにしては慎ましいエンジン音が静かな住宅街に響いた。

駅への帰り道はもう迷わなかった。道すがら、私は最後にもう一度、伝書鳩としての役目を果たした。携帯電話を取り出し、デスクへ伝言を届けた。

「恥をかいてもいいなら書けと言っていました。書いて恥かけよ、と……」

「恥かけ？　落合がそう言ったのか？」

電波の向こうでデスクは私に問い返すと、返答を待たずに「そうか！」と大きな声で笑った。私にはその笑い声の理由がわからなかった。

電話はそれで切れた。

通勤時間を過ぎて静かになった小田急線の駅に着くと、私は改札を通り、上りのホームで電車を待った。そして、ぼんやりと思った。

おそらく落合という人物が中日の監督になることはないのだろう。

今しがた接した落合からは、暴かれたくない交渉過程を言い当てられた、という焦りはまるで感じられなかった。「恥かけよ」という台詞もごく自然に吐き出されたものに思えた。きっと中日の新監督探しはまだ続くのだ。そう思うと少し憂鬱になった。

ただ、そうしたこととはまったく別に、私の頭に残っていることがあった。現実世界の中では浮いてしまうような、周りとまるで調和しないあの色彩、私の目に映った赤と青が落合にだけは妙にしっくりきていたことだ。

小田急線からＪＲへ乗り継ぎ、新幹線で東京から名古屋へと帰る道すがら、私の頭には何の意味も持たないようなその光景が、ずっと焼き付いて離れなかった。

いる。

——もう十八年も前になるというのに、あの十月三日の朝のことをはっきりと覚えている。

まさかあの後、八年に亘って落合と関わり合うことになるとは思いもしなかったが、その歳月で私が落合について知ったことは色々とある。

なぜ語らないのか。なぜ俯いて歩くのか。なぜいつも独りなのか。

そして、なぜ嫌われるのか。

時間と空間をともにすればするほど人は人を知る。やがてそれは既視感となり、その人を空気のごとく感じるようになるものだ。

ただ落合はそうではない。落合の印象は、今もあの朝のままだ。

確かに同じ時を生きたのに、同じものを見て同じことに笑ったはずなのに、その一方で、自分たちとは別世界の理(ことわり)を生きているような鮮烈さと緊張感が消えないのだ。

世界の中でそこだけ切り取られたような個。周囲と隔絶した存在。

だからだろうか。落合を取材していた時間は、野球がただ野球ではなかったように思う。それは八年間で四度のリーグ優勝という結果だけが理由ではない気がする。勝敗とは別のところで、野球というゲームの中に、人間とは、組織とは、個人とは、という問いかけがあった。

ぼやきとデータ野球の名将もこの世を去り、今やプロ野球監督の一挙一動がニュースのヘッドラインになることは少なくなった。球団には現実的な採算が求められ、指揮官とは一つの役割、歯車に過ぎなくなったのかもしれない。

野球はただ野球になってしまったのか……。そんな身勝手な喪失感に浸っていると、よく落合の言葉を思い出す。年月を経て、「ああ、こういうことだったのか」と腑に落ちる類のものであり、ひとりぼっちの夜にふと浮かんでくるような言葉である。

何かを忘れてはいないだろうか。そうした自問があるから、今、あの歳月をもう一度追ってみようと思う。

ある地方球団と野球に生きる男たちが、落合という人間によって、その在り方を激変させていったあの八年間を――。

# 2004

リーグ1位　vs.西武（3勝4敗）

79勝56敗3分／.585／打率.274／本塁打111／防御率3.86

# 第1章

# 川崎憲次郎

# スポットライト

「開幕投手はお前でいく――」

三年間、一軍で投げていない川崎に落合は言った。

1

落合に会った次の朝も、私は時間通りに起きることはできなかった。

東京から名古屋に戻った前夜はそう遅くならないうちにベッドに入ったはずだったが、おそらく今日もただ何かを待つだけの一日だろうという倦怠感がだらだらと微睡を引き延ばした。ようやく川沿いの小さなワンルームを飛び出したのは、時計の針が午前十一時にさしかかったころだった。

ナゴヤ球場に着くと、もう太陽は高いところにあり、グラウンドには選手たちの声が響いていた。かつては一軍の本拠地だったこの球場も今は二軍専用となっている。外壁は色褪せて、バックヤードの通路には塗装の剝げた配水管が剝き出しになっていた。私は前の日とまったく同じだけの荷物が入った鞄を天井の低い記者室に放り込むと、そのままダグアウトへ出た。後ろから声をかけられたのはそのときだった。振り返ると、他の選手よりも頭ひとつ抜きん出た巨体が立っていた。山本昌──通算一五〇以上の勝ち星を稼いできた、このチームの顔の一人である。

「ねえ、き、きょうの新聞、ほ、ほんと?」

三十八歳のサウスポーは気持ちが昂るとこういう口調になる。もう、ひと汗かいたのだろう。顔が上気し、襟足が濡れていた。山本昌が何のことを言っているのかは、すぐに察しがついた。

家を出がけにひっつかんできた我が給料主たる一部百二十円の新聞紙面には、でかでかとカラーの見出しが打ってあった。

『中日　落合　新監督――』

山本昌の気になっているのは、それだ。

「ほ、ほんとに、落合さんがやるの？」

ベテラン左腕の顔は真剣だった。ただ、私はその問いかけに「さあ、どうなんでしょう」と曖昧な苦笑いを返すことしかできなかった。自分もついさっき紙面を見て知ったのだ、とは言えなかった。

恥かけよ――。前日の落合の言葉と、デスクの笑い声が頭の中で交錯した。私自身、新聞に書いてあることが本当なのか、見当もつかなかった。

いつものように、末席から遠く離れた上座で物事が進んでいるのだ。

私はバツが悪くなって記者席に引っ込んだ。染みのついたコンクリートの上に、色あせた横長のテーブルと簡易椅子が並んでいる。バックネット裏から、この球団の歴史を見続けてきた一室で、私は息をついた。すると、そこへ中日ひと筋三十年という年嵩（としかさ）の球団スタッフが何かを考え込むようにやってきた。私を見つけると、やはり山本昌と同じ問いを投げてきた。

「ねえ、本当にオチアイがやるの？」

その表情と目の色から、落合が監督になるのを歓迎していないことが伝わってきた。何か厄介ごとを背負い込んでしまうというような顔だった。

不思議だった。この朝、中日の新監督が落合に一本化されたと報じたのは、数ある新聞のうちたった一紙に過ぎなかった。親会社の新聞もまだ報じていない。そんな不確定情報が多くの人の心を波立たせている。

そして、その波紋はかつてこの球団にいたころの落合を知る人間――とりわけデスクのように星野のことを「仙さん」と呼び、落合のことを「オチアイ」と呼ぶ人たち――ほど大きいように感じられた。

何があったのだろうと、私は思った。

落合がロッテオリオンズから中日に移籍してきたのは一九八六年末のことだった。その年のオフに監督になった星野が、四選手との交換という大型トレードによって引き抜いたのだ。パ・リーグで三冠王を三度獲得していたバッターは、その移籍によって日本人初の年俸一億円プレーヤーとなり、「優勝請負人」と呼ばれるようになった。

そして一九八八年、実際に主砲としてチームを優勝させた。地方球団に六年ぶりの歓喜をもたらした。

それなのに今、この球団において落合の面影は意外なほど薄く、選手やスタッフにはアレルギー反応のようなものさえある。

星野は二〇〇二年から阪神タイガースの監督となり、今や大阪の人となっても、その広告看板がいまだ名古屋の街のいたるところに見られるのに、落合が監督候補となっても沸き立つような声は聞こえてこなかった。

現役時代の落合には、球団との契約交渉の席で年俸を不服とするなど金銭闘争のイメージがあったからだろうか。それとも七年の在籍後、導入されたばかりのフリーエージェントの権利（FA権）を行使して、よりによってライバルである巨人へ移籍したからなのか。

厄介者や裏切り者を見るような視線はあっても、なぜか球団からもこの街からも、かつての四番バッターへの郷愁はほとんど感じられなかった。

天井の低い記者席で、私はまた、あの東京の静かな住宅街の中でそこだけ切り取られたような赤と青を思い出していた。存在はしているが、決して周囲と調和していないあの色彩である。

落合が中日の新監督に決定したと発表されたのは、それから四日後のことだった。

ダークグレーのダブルに臙脂色のネクタイを結んで球団旗の前に立っていた。人がごった返し、カメラがずらりと並んでいる会見場を、ひな壇の上から見渡していた。私は場の片隅で呆然と落合を見ていた。頭の中には「恥かけよ」というあの日の言葉が繰り返し響いていた。

あの台詞にはどういう意味があったのだろうか。単なるブラフか、それとも……。

「勝負事ですから、負けるつもりではやりません。まあ、選手たちには泣いてもらうことになるでしょう」

新監督になった落合はマイクの前で、また意味深なことを言った。

無数のフラッシュを浴びたその顔には不敵な笑みが浮かんでいた。

私がその笑みの正体を知るのは、それから数カ月後のことだった。

## 2

川崎憲次郎は車のハンドルを握っていた。二〇〇四年が明けてまもない一月二日のことだった。陽の光には力がなく、車内でも吐く息が白くなるような日だったが、とてもじっとしている気にはなれなかった。

車が向かっている先はナゴヤ球場であった。

こんな時期から動こうという選手は、もしかしたら自分だけかもしれない……。自嘲気味にそんなことを思った。

プロ十六年目、三十三歳になる川崎を急き立てていたのは、三カ月前に中日ドラゴンズの新監督に就任したばかりの落合の言葉だった。

「キャンプ初日、二月一日に全員参加の紅白戦をやります——」

この宣言は、チーム内だけでなく球界全体を驚かせた。

プロ野球は四月の開幕に向けて、二月一日から各球団がキャンプをスタートさせる。最初は基礎練習で体力的な土台をつくり、二月半ばくらいから徐々に実戦に入るのが長い歴史の上にできあがった慣習だ。

その初日にいきなり試合をするのは常識破りであり、選手たちはそのために準備を大幅に早めなければならなかった。とりわけ川崎にとっては死活問題だった。中日へ移籍してからの三年間、右肩の故障でまだ一度も一軍で投げられていなかったからだ。

順風だった川崎の野球人生が急転したのは、中日に移籍してきた二〇〇一年のことだった。

大分県津久見高校からドラフト一位で入団したヤクルトスワローズでは、十二年間で八十八勝を挙げた。先発投手として最高の栄誉である沢村賞も獲得し、エース格の地位を築いた。そして、三十歳を迎える節目に、FA権を行使して新天地を求めた。当時の中日監督だった星野から「一緒に巨人を倒そう」という言葉をもらい、それに共鳴し、ブルーのユニホームに袖を通した。四年総額八億円という巨額の契約と、ドラゴンズのエースナンバーである背番号20を手にした。

ところが、そのシーズン直前のオープン戦で、ある一球を投げた瞬間、肩の奥の方で何かが砕けるような不気味な音がした。翌日から右肩が上がらなくなった。投げるどころかTシャツを脱ぐことすらできなくなった。

ひたすらリハビリをして、二軍で投げてみてはまた痛みに顔をしかめてリハビリに戻る。そんな日々を繰り返しているうちに、気づけば一軍で投げないまま三年が過ぎていた。

それでも大型契約は履行されていく。毎年オフの契約更改では、一試合も投げずに年俸二億円を手にする男としてニュースになった。いつしか川崎は〝不良債権〟と呼ばれるようになり、球団の暗部として扱われるようになっていた。

そんな闇のなか、契約最後の四年目を前にして監督が替わった。これをきっかけに新しい指揮官は球界の常識を打ち破るようなことをやろうとしていた。まだアイドリングの時期に紅白戦をするのは故障持ちの投手にとって過酷ではあったが、何かを変えられるかもしれないという思いが川崎にはあった。そのためには何よりもまず、二月一日に投げなければならない。だから、冬の間も練習施設として開放されているナゴヤ球場へと車を走らせていた。

名古屋を東西に走る片側四車線の大通りは空いていて、アスファルトの向こうには鈍色の空が広がっていた。

携帯電話が鳴ったのはそのときだった。

ディスプレイに見慣れない数字が並んでいた。故障している右肩をかばうように、痛まないほうの左手で通話ボタンを押した。受話口越しに聞こえたのは球団の監督付広報、松永幸男の声だった。

「今、大丈夫か?」と松永は少し硬い声で言った。そして説明なく、こう続けた。

「監督にかわるから」

川崎の鼓動が速くなった。電話の向こうに落合がいるのだ。何の用件なのか、すぐには判断がつかなかった。

落合が出た。前置きはなかった。

「二〇〇四年の開幕投手は川崎、お前でいくから――」

落合はさも当たり前のことを話すような、平坦な口調で言った。

川崎は何を言われているのか、すぐには理解できなかった。思考をグルッとめぐらせて、ようやく「開幕」とは四月二日、広島カープとの一軍のオープニングゲームのことなのだと受け止めた。ただ、言葉の意味としては理解したものの、頭はまだ、疑問符で埋めつくされていた。

四十人ほどの投手がチームにいる中で、なぜ一軍で三年間も投げていない自分が開幕投手なのか？　なぜ、なぜ……。

落合の意図は読めなかった。

振り返ってみれば、その得体の知れなさは、かつてマウンドで対峙したバッター落合から感じたものと同じだった。

まだ川崎がヤクルトの主戦投手だった一九九〇年代前半、バットを持った落合とは何度も対戦した。

当時のヤクルトではゲーム前に必ず、監督の野村克也によるミーティングがあった。

野村は各バッターの傾向が記されたデータに打者心理という要素を加え、あらゆる相手に対して弱点を見つけ出すことができた。論理的でありながら、超常的な力も持った野村の言葉は、川崎ら投手たちの拠りどころだった。しかし、そんな野村でさえ首を傾げてしまうバットマンが二人だけいた。

落合とイチローである。どんな打者にも必ずあるはずのデータ上の死角がなかったのだ。

リーグの異なるイチローは日本シリーズのみの対戦で済んだが、落合は一九九三年まで中日の四番打者であり、九四年からは巨人の主砲であったため、同じリーグのライバルとして何度も顔を合わせなければならなかった。

野村が説くところの、内角高めから外角低めという対角線の攻めをしても、そこに緩急をつけても、まるで見透かされたように打たれた。

最終的に川崎と古田敦也のバッテリーがたどり着いたのは、落合の読みを外すことだった。一球ごとに腰の開き具合やステップの幅、そして表情を観察して、そこから落合の心理を探ろうとした。ただ、落合はそれすらも許さなかった。

狙ったところにきっちりと投げれば投げるほどポーンと打ち返された。抑えることができたのは、スライダーがすっぽ抜けるなど、自分でも予想できないようなボールがいったときだけだった。つまり打ち取ったとしてもそこに根拠を見出すことができなかった。

あの野村が「多少は(打たれても)仕方ないわ」と諦め顔をしていた。川崎には最後までバッター落合の心が読めなかった。

そして今、監督になった落合もやはり心にベールを纏っていた。

「どうだ? やれるか?」

電話口の落合は結論だけを求めていた。

なぜだ。なぜ俺なんだ……。

川崎の頭には、まだ疑問がめぐっていた。

だが次の瞬間、心はまったく別の反応を叫んでいた。

「いけます! ありがとうございます!」

川崎はほとんど本能的に、そう答えていた。

落合は無言をもってそれを受け止めると、淡々と開幕までのスケジュールを伝えてきた。

二月一日の紅白戦に先発し、それ以降は十日おきに登板しながら開幕へ向かうという計画だった。

「もし無理だと思うなら、十日前までに言ってこい」

電話はそれで切れた。

ハンドルを握った手が汗ばんでいた。全身にしびれるような感覚があった。

フロントガラス越しに幹線道路が広がっていた。植え込みのある中央分離帯によって上りと下りがゆったりと分けられ、見慣れた標識と看板が流れていく。いつもの道だった。中日に移籍してからの三年間、鬱々とした気分で通い続けた二軍球場へ続く道である。ただどういうわけか、飽きるほど見てきたはずの景色が、今は初めて見るもののように新鮮に映っていた。

川崎は自分でも驚いていた。落合の問いに即答したことにだ。理性では、なぜ俺なのかと疑問を感じている一方、心の奥底に、そのマウンドで投げるべきだと考えているもう一人の自分がいた。

俺は誰かから、こう言われるのを心のどこかで待っていたのかもしれない……。

川崎は胸の内を探した。じつは、この三年間、誰にも言えずに秘めてきた思いがあった。その渇望にあらためて気づかされたのは、前年夏のある事件がきっかけだった。

二〇〇三年の五月、川崎は一年ぶりに二軍戦のマウンドに立った。これまでも二軍で投げたことは何度かあり、その度にまた痛みがぶり返していた。ナゴヤドームで勝つことが仕事である投手にとっては、まだ復活にはほど遠い小さな一歩だったが、どういうわけか、その直後から夏のオールスターゲームのファン投票の上位に自分の名前が挙がるようになった。

異例のことだった。オールスターはそのシーズンに最も輝いている選手たちが集まる舞台だ。一軍で投げていない選手に出る資格があるはずもない。

その不可解な投票運動はやがてインターネット上で「川崎祭り」と呼ばれるようになり、拡散していった。そして、ついに川崎はトップに立った。

一試合も投げずに二億の年俸をもらっている自分への皮肉が込められた現象だというのはわかっていた。中日球団とコミッショナー事務局は、インターネットや携帯電話投票を悪用した愉快犯的なこの行為に憤りを示し、遺憾のコメントを発表した。

最終的にはファン投票で断トツの一位となった川崎が、球団を通じてオールスター戦の辞退を表明する事態になった。

『自分が出られる場所ではないので常識的に考えて辞退します』

それが川崎による公式のコメントだった。

プロとしての苦境を弄ばれた格好となった川崎は被害者とみなされた。同情を寄せてくれる人もいた。もう二度とこんな事態を招いてはならない、と憤ってくれる人もいた。当然、本人もひどく傷ついているはずだと、誰もが思っていた。

だが一連の騒動の中、川崎は胸の奥でずっとこう願っていた。

どんな形だっていい。このままオールスターのマウンドに立てないものか。そうすれば、自分はそこで劇的に復活できるのではないか……。

不本意なものでも、屈辱的なものでも構わなかった。川崎はスポットライトを欲していた。とても口にはできなかったが、その衝動は抑えがたく存在していた。やれるか？という落合の問いに本能的に「いけます！」と答えたのは、おそらくそのためだ。

正月二日の道はどこまでも空いていた。両側にビルが並んだ中心街を抜け、川をひとつ越えると建物の背丈が低くなった。燻(くす)んだ色をした家々の向こうにナゴヤ球場のバックネットが見えてきた。

ふと、ハンドルを握る手に力がこもっていた。

この右肩さえ動けば、俺は何だってできる……。今までもそうやって生きてきた。

開幕投手に指名された川崎の胸には、失いかけていたプライドがよみがえっていた。右手にはかつての感触がいまだはっきりと残っていた。

一九八〇年代後半から一九九〇年代にかけて、ヤクルト時代の川崎は「巨人キラー」と呼ばれていた。事実、川崎はジャイアンツ戦が好きだった。

冷静に考えれば、各球団の四番バッターをかき集めたような巨人打線と対戦すれば、勝ち星がつく確率は低くなる。身内にも巨人戦の登板を嫌がるピッチャーはたくさんいた。

ただ川崎はそもそも、そんな計算をするような男ではなかった。

大分の港町・佐伯で生まれた少年は、プロ野球といえば巨人戦の中継しか見たことがなかった。だから七歳で白球を握ったときからジャイアンツのファンだった。

津久見高校のエースとして甲子園に出た。ドラフト一位でプロに入った。巨人と同じく東京を本拠地にするヤクルトへの入団が決まると、「それなら俺は巨人を倒そう」と誓った。一年目、十八歳でのプロ初勝利はジャイアンツから挙げた。

巨人戦になれば何台ものカメラが並び、スタンドがぎっしりと埋まる。大歓声を背に投げて勝てば、眩しいスポットライトを浴びることができる。川崎にとってはそのマウンドこそ、白球を投げる理由だった。

プロ四年目に肘を故障したが、腕を振ることさえできれば、川崎は痛みを抱えながらでも投げることができた。スポットライトの下でなら壊れたっていいと思っていた。

理屈ではなく衝動で投げる。川崎はそういうピッチャーだった。

そんな自分が三年間も投げられずにいる。光の当たらない舞台の片隅でうずくまっている。時折、そのもどかしさに耐えられなくなった。

右肩を壊してから、考えられることは何でもやった。別府の電気治療院には何度通ったか知れない。だが、高校野球のエースだった時代からたいていの怪我を治してくれたはずの先生も、この肩の痛みについては首を傾げてしまった。効果があると聞けば、わずかな可能性にかけて非科学治療にも足を運んだ。最後は気功師や霊媒師にも縋(すが)った。

それでも右肩は思うように動いてくれなかった。服を着替えることさえままならず、風呂では左手だけで体を洗わなければならなかった。出口の見えない闇の中で、やがて川崎はこう思うようになった。

あと足りないものがあるとすれば、それは一軍のマウンドではないだろうか……。二軍では心に火がつかない。だから……あのスポットライトさえ浴びれば、川崎憲次郎という投手も、この肩も、悪夢から覚めるように劇的に元に戻るのではないだろうか。

誰にも言えない願望を秘めていた川崎にとって、落合の言葉はじつは待ち望んでいたものだった。

「開幕投手はお前でいく――」

まるで川崎の心を見透かしたようだった。

車はやがて細い路地へと入った。街路樹の枯れた冬景色の中にナゴヤ球場の古びた外観が現れた。鈍色の空を背景にしたその寂しい光景すら、今は明るく見えた。

そういえば、落合が電話の最後に付け加えたことがあった。

「ああ、それからな……」とさりげなく言った。

「これは俺とお前だけしか知らないから。誰にも言うな。母ちゃんにだけは言ってもいいぞ」

「母ちゃん」とは妻のことだ。落合は昔からそういう言い回しをする。それは知っていたが、最後の言葉が何を意図しているのかは、やはり読めなかった。

3

スタジアムの春は桜前線より少し早くやってくる。

二〇〇四年、中日の本拠地ナゴヤドームで、最初のオープン戦が行われたのは三月五日のことだった。

南国・沖縄でのキャンプを終え、名古屋に戻ってきた選手たちがグラウンドにいた。久しぶりに灯った照明が鮮やかな緑の人工芝を照らしていた。ホーム用の一塁側ベンチには球団OBの解説者たち、新聞社の重鎮たちがジャケット姿でどっかりと腰を下ろし、そこを占拠していた。スタジアムのいつもの景色だった。

末席の記者である私は、ベンチではなく、その脇のカメラマン席に居場所を見つけた。パイプ椅子と機材が無造作に置かれるなかで、その他大勢に紛れていた。

そこへ馴染みのテレビマンが眉根を寄せてやってきた。

「大変だよ……。広報がさ、ブルペンカメラ外せって言うんだよ……」

ブルペンとは球場内の投球練習場のことだ。試合中はリリーフ投手たちがそこで出番に備える。プロ野球中継では、外から見えないその場所にカメラを入れて、ゲーム中にどの投手がスタンバイしているかを視聴者に見せていた。ゲームの駆け引きや臨場感を伝える手法なのだが、どうやら落合はそれを撤廃するようだ。

「試合中のカメラを？　なんでですか？」

「いや、抗議したんだけどさ。何を言っても『監督がそう言ってるから』の一点張りなんだよ……」

またひとつ扉が閉じられる——。私には他にも思い当たることがあった。

あれはまだ地方でのオープン戦が始まったばかりの二月下旬だった。その日、出場予定だったある選手がグラウンドにいなかった。こうしたケースはほぼ一〇〇パーセント、怪我である。なぜ出ないのか、故障の内容を球団広報が発表し、番記者たちがベタ記事にする。大物選手の場合はそれがトップネタになることもあるが、大抵は紙面の片隅でささやかに処理される。それで終わりだ。

ところが広報は「理由は発表できません」と言った。

なぜなのか？　と報道陣が問うても「監督命令です」と返すだけだった。

これには、親会社である新聞のベテラン記者が声を荒げた。

「なぜ目当ての選手が試合に出ないのか。お金を払って観にくるファンにはそれを知る権利があるでしょう！」

ところが、いつもは報道陣を押し引きで操る広報が一歩も引かなかった。

「監督は選手の体調を機密情報だと考えていますから――」

落合の主張を繰り返し、ついに親会社の抗議を押し切ってしまった。かつてなかった事態を前に、報道陣の間には落合への不信感が急速に広がっていった。

監督に就任してからの落合は外部に背を向け、ひたすらチームの内側を向いた。最初の会見で落合は「すべての選手にチャンスがある」と宣言した。まだ自分の眼で確かめていないという理由でひとりの選手も戦力外にすることなく、補強もせず、現有戦力で一年目のシーズンを戦うことを約束した。新監督を迎えることで自分の序列はどうなるのかと不安を抱いていた選手たちは胸をなで下ろし、士気を高めた。

かつて三十九歳でこの球団の監督に就任した星野仙一は、スター選手だった牛島和彦ら四選手を放出する大型トレードでロッテから三冠王の落合を補強した。政権交代を知らしめるがごとく、戦力をいきなり大幅に入れ替えたのだが、落合がとったのはそれと正反対の手法であった。

キャンプでは門限を撤廃した。

「甘やかすことも、縛りつけることもしません。プロなんだから」

立浪和義や谷繁元信というリーダー格の選手については、あらかじめ個別に呼んで「お前たちに中心になってもらうから」と告げた。

主力やベテラン選手には白紙のメニューを渡し、お前に任せたという無言のメッセージを送った。

そして球界の非常識だと言われたキャンプ初日の紅白戦では、公約通りに全選手を出場させた。ゲームが終わった後には、ひしめく報道陣を前にして自軍の選手たちに拍手を贈ってみせた。

「あいつらは大人だったよ。俺が思っているよりもずっとな。俺の予想をはるかに超えていた。あいつらみんなプロだよ」

そうやってひたすら内を向いた落合は、急速に選手たちとの距離を縮めていた。

新監督候補として新聞に名前が挙がっていたころは、選手やスタッフが「本当にオチアイさんがやるの?」「どうなっちゃうんだ?」と表情を暗くしていた。キャンプ初日に紅白戦をやると言い出した時には、「そんなの無理だろう」「俺たちが苦しむ顔が見たいだけじゃないのか」という反発の気配すら漂っていた。ところが、そうした拒絶反応は影を潜めていた。むしろ先入観と現実のギャップの分だけ、選手やスタッフの心は、監督としての落合に引き寄せられているように見えた。

その一方で、チームの外に対しては次々と扉を閉じていった。落合は星野のように番記者を引き連れて散歩することも、お茶会をすることもなかった。〝指定席〟どころか、そもそも会合すら存在しなかった。親会社がマスコミであるという事情もお構いなく、情報をクローズしていった。

おそらく、ブルペンカメラの撤廃もその一環なのだろう。

星野も山田久志も、メディアを制御しようとしたことはあっても、親会社が新聞社である以上、シャットアウトはしなかった。落合はこれまでの監督とは全く別の方向を見ているようだった。

内部が急速に見えなくなっていった。開幕が近づくにつれてチームが纏っていく緊張感と不気味さは、相手に腹の内を読ませない落合のイメージと重なった。

4

「ところで開幕投手は誰なんだ?」

あと十日あまりで二〇〇四年シーズンが始まるという三月末のある日、ナゴヤドームのロッカールームで声が挙がった。その場にいた川崎は思わず身をかたくした。

声の主は投手陣の年長格である山本昌だった。ロッカーには前年の開幕投手である川上憲伸やタイトルホルダーの野口茂樹ら一軍の投手陣がほぼ勢ぞろいしていた。

まずいな……。

川崎はキャンプが始まってからずっとこうした状況を避けてきた。

「開幕投手は川崎、お前でいく」

「これは、俺とお前だけしか知らないから」

正月二日、あの落合の電話以来、川崎はなるべく独りで行動していた。誰かと会話をしても開幕投手の話題にはならないように神経を使ってきた。

だが、ついに逃れようのない場面に出くわしてしまった。

「正直に言うと、俺は二カード目に投げるんだけどさ」と山本昌はまず自らの登板日を打ち明けた。

「じゃあ……、開幕は憲伸、お前か？」

チームで最も速い球を投げる川上は「僕は何も言われていません」と答えた。

「じゃあ野口、お前か？」

恥ずかしがり屋のサウスポーも首を左右に振った。

「じゃあ、誰なんだよ……」

どんなゲームでも、どの局面でも一球一球を丹念に投げることでコツコツと白星を積み上げてきた山本昌は、その根気の良さで、ロッカーにいる投手ひとりひとりに「お前か？」「じゃあ、お前か？」と訊いていった。

川崎はロッカールームの隅でじっと黙っていた。そしてついに自分の番になった。

「憲次郎？　お前？」

山本昌はまさかという表情をして、川崎を見た。場の空気が一瞬、止まった。川崎はその静寂を打ち破るために、いつもより大げさに笑った。

「いやいやいや……、昌さん、俺なわけないじゃないですか！」

皆が笑った。場が和んだ。誰も自分の言葉を疑わないことに複雑な思いがした。

「そっかあ……、じゃあ、一体誰なんだよ……」

山本昌はもどかしそうに口を尖らせた。川崎はその隙にさりげなくロッカーを抜け出すと、トイレへ駆け込んだ。誰もいないことを確認し、そこで深く息をついた。

何という孤独だろう、と川崎は思った。落合の電話以来、かつてない孤独に苛まれていた。

もともと独りは嫌いではない。そもそもマウンドとはそういう場所だ。ただ、落合の電話によってもたらされた孤独はこれまでとまったく異質のものだった。

二月一日の紅白戦に投げた後は、予定通り十日おきに実戦に登板してきた。何とか一軍にいてもおかしくないだけの結果は出せていた。

ただ、開幕投手にふさわしいのかといえば明らかにそうではなかった。投げるたびに、なぜ三年間も一軍で投げていない自分なのかという疑問は波のように襲ってきた。考えては投げ、また考えた。

誰にも打ち明けられず、理由を訊くこともできず、ひたすら自問自答を繰り返すしかなかった。現実の自分とひとりで向き合うことがこれほど辛いとは思いもしなかった。

そうしているうちに、川崎の心にある想像が生まれてきた。

おそらく一四〇キロ出るか出ないかの今のボールでは一軍のバッターには通用しないだろう。間近で見ている落合さんがそれをわからないはずはない。もしかしたら……。

そう考えては思考を止めるのだが、やはり続けずにはいられなくなる。

もしかしたら……、落合さんは俺に死に場所を与えたのだろうか……。

一軍でただ投げたい一心だったこれまでの三年間には思い至らなかったことだ。かつてない孤独は、川崎に自らの引き際について考えることを強いた。自分は投手として死ぬために投げるのではないか……。その予感は日ごとに濃くなり、奇跡への願望と相半ばして川崎の心を染めていった。


開幕前日の空気はこれ以上ないほど張り詰めていた。少なくとも川崎には、そう感じられた。

川崎はナゴヤドームで最後の調整を終えると、報道陣やチームメイトとの接触を避けるようにして足早に球場を離れ、自宅へ戻った。

翌日のマウンドに自分が立つことは、まだ誰も知らないのだ。

そう考えると、孤独と不安は膨れあがった。

名古屋市東部にある川崎のマンションの近くには、チームメイトの井端弘和が住んでいた。夕刻、孤独な開幕投手はまだ独身の遊撃手に電話をかけた。

「明日開幕だけど、お前食うもんあるのか？　実家から鯛が送られてきたから、持っていってやるよ」

そう言ったが、内心では、他者との接触を求めていたのは川崎のほうだった。

夕食をともにした後、川崎は二人でよく行く近所の喫茶店に井端を誘った。ホットコーヒーと店の名物シロノワール——温かいデニッシュパンの上にソフトクリームを載せたそのデザート——は、およそスポーツ選手には似つかわしくなかったが、川崎はそういうものを欲していた。井端も同じものを注文した。

何気ない会話で開幕前日の夜が更けていく。ただ、そうしているうちにも川崎の心は明日への不安でかき乱されていた。もう、いても立ってもいられなくなった。

「井端、あのな……」と川崎は切り出した。ためらいはあったが、言わずにはいられなかった。

「俺、開幕投手なんだよ——」

罪悪感よりも、安堵と解放感が全身をつつんだ。

目の前で二十八歳の遊撃手はきょとんとしていた。そして切れ長の目を見開いた。

「えっ……、本当ですか……」

井端はそのまま絶句した。何かを考え込んでいるようでもあった。彼はいつもなら平らげるシロノワールを半分残したまま、店を出た。

川崎はそんな井端の様子を見ながら、当然の反応だろうと思った。そして自分の中で静かに覚悟が固まっていくのを感じていた。

二〇〇四年四月二日、桜の開花に合わせたように、プロ野球のペナントレースが開幕を迎えた。

午後五時を過ぎたナゴヤドームのロッカーでは、川崎憲次郎が真新しい背番号20のユニホームに袖を通していた。三年前、FAで移籍したときにもらった、このチームのエースナンバーであった。

着替えをしていると気づいたことがあった。右肩が異様に前に出ているのだ。まるで関節から外れたように、あらぬ場所にそっぽを向いてしまっている。そこに疼くような痛みがある。

ルーズショルダー。球界ではそう呼ばれていた。関節が緩んだままボールを投げ続けることで肩にかかる負担が倍加し、やがて痛みや致命的な故障を起こす。幾多の投手を廃業に追い込んできた症状だ。川崎の場合は、それが末期的であると言ってよかった。メスで開いてみなくとも、自分の肩の内部がどうなっているのかは察しがついた。車のハンドルを握っているとき、朝目覚めたとき、川崎はこの三年間、この肩の異様な形状を目にする度に絶望させられてきた。

ただ不思議と今は、心が揺れない。

なぜ三年も一軍で投げていない自分が開幕投手なのか。孤独の中で繰り返してきた問いに、答えらしきものを見つけることができていたからだ。

これが今のお前の実力だよ。通用しないだろ？　これが最後なんだよ。

つまりは、そういうことだ。落合さんはそう伝えるために、俺を開幕戦に投げさせるのではないだろうか……。

この三カ月で、川崎はそういう結論にたどり着いていた。

もちろん、劇的に復活できるかもしれないという希望は捨てていなかったが、心のどこかで現実と向き合っている自分がいた。

それは自分の右肩を呪い、一軍のスポットライトによる奇跡をひたすら願い続けたこの三年間にはなかった諦念ともいえたが、それによって、川崎はある種の踏ん切りをつけることができていた。絶望や希望を超越して、ただ投げる。久しぶりにそんな気持ちになれていた。

スパイクの紐を結び、グラブを手にした川崎はロッカールームを出た。

最後の投球練習をするために、通路を挟んで向かい側にあるブルペンの扉を開けると、そこには投手チーフコーチである鈴木孝政が待っていた。

「お前だったのか！」

かつて、この球団のリリーフエースだった鈴木は、川崎の顔を見るなり言った。

「俺は今、初めて知ったぞ……」

鈴木の顔には当惑があった。どこか寂しそうでもあった。

投手陣の責任者という肩書きがあるはずの鈴木にさえ、開幕投手が誰なのか伝えられていなかった……。川崎は背中に薄ら寒いものを感じた。

「これは俺とお前だけしか知らないから。誰にも言うな——」

正月早々の落合の電話が脳裏によみがえった。なぜ、落合は内部にさえ自分が開幕投手であることを秘したのか。その疑問だけは解けないままだった。

5

「あの、嘘つきが！」

ナゴヤドームの記者席に誰かの怒声が響いたのは、試合開始まで三十分を切ったころだった。プレスルームには届いたばかりのメンバー表が掲示板に貼り出されていた。そこには中日の開幕投手が川崎憲次郎であると記されていた。その情報は各新聞社の机上と各放送局のブースを揺るがした。

何しろ、新聞紙面の先発予想はほとんどが野口茂樹となっていた——川上憲伸と書いた新聞社もあった——その根拠が、指揮官である落合本人の言質だったのだ。

あれは開幕まであと六日となったあるオープン戦後のことだった。落合は番記者たちの囲み取材に向き合うと、めずらしく自ら切り出した。

「四月二日の先発が聞きたいんだろう？　このままだよ——」

そう言って立ち去った。

落合を囲む人垣の一番外側で、私もかろうじてその声を聞いた。

その日、先発投手はサウスポーの野口だった。つまり落合の言葉通りならば、開幕投手は野口ということになる。選手の故障など内部情報について箝口令を敷いていた落合が、わざわざ自ら切り出したことを訝しがる者はいたものの、最終的にはほとんどのメディアが開幕投手は野口だと解釈した。

だが、蓋を開けてみれば開幕投手は球史に残るサプライズだった。記者たちは落合に一杯食わされた格好になった。自分たちを利用したのだという怒りに、川崎の先発を予想の選択肢にすらできなかった恥ずかしさも加わってか、番記者たちの間にはこの起用についての義憤のようなものが渦巻いていた。

遠く東京ドームでは、巨人対阪神の解説席にいた星野仙一がこの奇策を聞き及び、不快感を露わにしていた。

「ウケを狙いすぎ。川上も野口もいるのに、名古屋のファンに失礼だよ」

まだオープニングゲームすら始まっていないというのに、世の中に落合への敵愾心が広がっていく。その様を眺めながら、私は初めて落合に会った朝のことを思い出していた。

「書いて恥かけよ――」

落合はまた嘘をついたのだろうか？　でも何のために？

対外的に次々と情報の扉を閉じてきた落合が、ここにきて唐突にウケを狙ったりするだろうか？　仮にそうだとしたら、一体誰に向けて？

戦略的には、先発投手が右か左かによって、相手チームが打線の顔触れを変えることがある。例えば右投手と確信しているならば、左バッターを優先にオーダーを組んでくるという具合だ。それをさせないために、左右どちらの投手が投げるのか、メンバー発表の瞬間まで隠すことは考えられる。ただ、開幕戦の相手である広島カープは決して戦力が潤沢な球団とは言えず、投手の左右によって打線が変わるチームではなかった。

では、なぜ？

答えは誰にもわからなかった。それを知っているのは落合だけだった。

誰もがいつの間にか、ゲームよりも川崎よりも、落合という新監督の心理にひきつけられていた。

午後六時、ゲームが始まった。

## 6

「中日ドラゴンズの先発ピッチャーは……川崎憲次郎——」

場内アナウンスに客席がざわめいた。その喧騒の中で川崎はマウンドに立った。

大きく息を吐き出して振りかぶる。右のかかとが浮くほど左膝を高く上げ、そこから投げ下ろす。かつてと変わらないピッチングフォームだった。大分の父と叔父から教わったフォームは、少年時代からずっと同じだ。

全盛期と違ったのは一四〇キロを超える球が数えるほどだったこと、そして一球一球、間隔をおいて投げなければならなかったことだった。

投げるたびに川崎の右肩には電気を流したような痛みが走った。苦痛に歪む顔を打者に見られないよう、捕手から返球を受け取るとバックスクリーンを向いて深呼吸した。そうやって次の痛みに耐える覚悟を決めなければ、とても投げられなかった。

一回表、先頭バッターにいきなり四球を与えた。スタンドがまたざわめいた。無数の視線が不安げに、前代未聞の開幕投手へと注がれていた。それらは同時に、落合の起用に向けられた疑いの目でもあった。

二番打者に対し、川崎は速球派のイメージを逆手に取るように緩いカーブでタイミングを外した。今の自分にできる精一杯のことだった。投手前のゴロになった。それを自ら捕ると二塁ベースカバーの井端へ送った。白球は井端から一塁へ転送された。川崎が吠えた。

まだ一回表である。冷静に見れば、勝敗を左右するとは言いがたい場面での、一つの併殺打に過ぎなかった。だが、その何の変哲もないゲッツーに、かつての沢村賞右腕は感情をむき出しにして、右拳を強く握った。

一回表を三人で抑えた。スコアボードに「0」が刻まれると、どよめきは歓声に変わった。ベンチへと引き上げる川崎は、眩いナイター照明とカメラの放列、観衆の拍手を全身に浴びていた。ずっと待ち望んでいた、文字通り夢にまで出てきた瞬間だった。川崎はもう一度、拳を握った。

ただ、胸を焦がすような熱さと同時に、冷たいものも心にあった。実際に一軍のマウンドに立ってみてわかったことがあった。否応なくわかってしまった。

この肩を治す奇跡はどこにも存在しない――。

二日前から痛み止めを飲んでいた。上からも下からも体内に入れた。それでも開幕のマウンドに上がると、一球投げるたびに、右肩は耐えがたく悲鳴をあげた。スポットライトを浴びても、どんなに気持ちが高揚しても、川崎の肩に魔法はかからなかった。

一回裏の中日の攻撃は、広島のエース黒田博樹の前に三人で終わった。川崎はひとつ深く息をしてベンチから立ち上がると、二回表のマウンドに向かった。

限界が近いことは球筋が教えてくれた。無意識に右肩をかばっているのか、内部で何かが壊れたのか、早くもストレートは抑えがきかず高めに浮きはじめた。

この回の先頭バッターにレフト前へ運ばれると、そこから死球を挟んで五連打を浴びた。かつて打者を振り遅れさせた川崎の速球は、ことごとくジャストミートされた。気づけば、あっという間に五点を失っていた。

ぼんやりと霞む川崎の視界の隅に、一塁側ベンチから腰を上げる落合の姿が見えた。指揮官はゆっくりとグラウンドに出てきた。

打者十一人、三十七球。これで終わりなのだ。

いつしかスポットライトも歓声も消えていた。スタンドにはただ絶望のため息だけがあった。五点差をつけられ、相手が球界を代表するエース黒田であることを考えれば、希望を持てというのが無理な話だった。

だが、落胆に満ちたドームの中で、ひとりだけ笑みを浮かべている男がいた。落合だった。ゆっくりと、まるで散歩でもするように川崎の方へと歩いてきた。

「いい球、投げてるじゃねえか」

落合はマウンドまでやってくると、九回を投げ切った投手を労うような顔で川崎に言った。

「一四〇キロ出てる。大丈夫だ」

川崎は呆然としたまま落合の声を聞いた。そして、かつて落合から同じ表情、同じ口調で掛けられた言葉を思い出していた。

あれはまだ、がむしゃらにストレートばかりを投げていた十九歳のころだった。応援団の笛とラッパが鳴り響くナゴヤ球場で、川崎はヤクルトの先発ピッチャーとしてマウンドに上がった。試合の半ばで、中日の四番バッター落合と対峙すると、デッドボールをぶつけてしまった。太い二の腕付近を押さえてうずくまる三冠王の姿に、まだぽっと出の速球投手は、内心で青ざめていた。

翌日、川崎はゲーム前に中日のロッカーを訪ねた。土ぼこりと汗の匂いに満ちた空間の中に落合を見つけると、恐る恐る頭を下げた。

「ああ、お前か」と落合は何事もなかったかのように言った。

「いいんだよ、プロなんだから。ピッチャーはあれぐらい攻めてこなきゃダメだ」

雲の上の大打者は笑っていた。そして身を縮めたまま引き返そうとする川崎に、こう言った。

「それにしてもお前の球、速えなあ。今のプロ野球で一番速えんじゃねえか？」

その瞬間、川崎は全身に何かがみなぎるのを感じた。

振り返れば、自分のストレートに確信を持てるようになったのも、プロで十勝できる投手になったのも、それからだった。落合の言葉は、まだ何者でもなかった川崎に、確かに力を与えた。

そして今、ＫＯされたばかりの失意のマウンドで落合があの時と同じように笑っている。かつての自分の速球を肌身で知っているはずの落合が「いい球、投げてるじゃねえか」と嘯いている。

川崎にはその〝嘘〟の意味がわかる気がした。

だから「すいません……」とだけ言って、マウンドを降りた。

## 7

開幕ゲームに投げたあと、川崎は四月末にもう一度、先発するチャンスをもらったが、一死も取れず四失点で再びＫＯされた。それを最後に一軍のマウンドから遠ざかった。

次に一軍に呼ばれたのは、季節がふたつほど移ろった十月二日、中日ドラゴンズがリーグ優勝を決めた翌日のことだった。

「ドームに着いたら、監督室に来るように」

監督付広報の松永を通じて、そう言われていた。

その時点で川崎は覚悟を決めていた。

昼下がりのナゴヤドームの駐車場に車を滑り込ませ、人影もまばらな関係者用の通路を歩いていくとビールの匂いがした。前夜、チームが優勝を祝った余韻がそこかしこに残っていた。

あの開幕戦、川崎が降板した後、チームは黒田を相手に五点差をひっくり返して勝った。そして開幕三連勝を飾ると、六月下旬からは首位をひた走り、ゴールしたのだった。

中日五年ぶりのリーグ優勝を報じる新聞紙面の中で落合は、あの開幕戦に川崎を先発させた理由を語っていた。

「このチームは生まれ変わらなきゃいけなかった。ああいう選手の背中を見せる必要があったんだ。川崎は三年間、もがき苦しんできたんだろ。そういう投手が投げる姿を見て、選手たちは思うところがあったんじゃないか。あの一勝がなければ、その後もないんだ」

川崎が開幕戦に投げたことは、リーグ優勝に大きく影響しているのだと落合は言っていた。

だが、当の川崎には自分がチームの力になれたという実感はほとんどなかった。投手として一勝も記録できなかった。五月からはずっと二軍にいたため、歓喜のビールも浴びていなかった。

ひとつだけ落合の言葉に頷けるものがあるとすれば、あのマウンドは確かに投手としての自分の死に場所であった、ということだ。栄光と挫折、執着と諦め。この世界を凝縮したような、ある投手の死に様を多くの人に見せたのは確かだった。そのことが川崎から未練を消し去った。

ナゴヤドーム監督室の扉は厳かに閉じられていた。川崎はその前に立つと、息を大きく吐いてからノックした。中に入ると一番奥に飾り気のない執務机と椅子があり、落合はそこに座っていた。

「おう、きたか」

落合は顔を上げると、川崎を一瞥した。

前夜、選手たちに胴上げされた瞬間は感傷的な表情を見せていたが、今はもういつもの、相手に心を読ませない能面に戻っていた。

「うちは来季、お前とは契約しない」

落合は淡々と告げた。

「やめるか、他球団で続けるか。それはお前が決めることだ」

冷酷なはずの言葉になぜか胸が熱くなった。

おそらく自分はもう、どの球団に行っても一軍で投げられるような状態ではない。そのことを誰よりも知っているはずの落合はしかし、最後の最後まで「やめろ」とは言わなかった。

それが川崎の心の芯に響いた。

「ただ、もし……」と落合は続けた。

「もしここでユニホームを脱ぐなら、お前、明日の試合に投げろ。それを今から帰って、よく考えてこい」

翌日のゲームはヤクルト戦だった。つまり落合は、自らが指揮するこのチームで引退を決断するのであれば、古巣を相手に、花道となるマウンドを用意すると言っているのだ。

戦力外通告――本来は球団幹部の仕事だが、それを落合は自らやった。淡々として、冷徹で、それでいて情に満ちた通告だった。

「監督の仕事ってのは、選手のクビを切ることだ」

いつだったか、監督になった落合がそう言っていたのを思い出した。

「わかりました」と川崎は頷いて、部屋を辞した。

その背中に再び落合の声が飛んできた。

「母ちゃんと話してこいよ。いいか。ひとりで決めるんじゃねえぞ」

まだ陽も沈まず、ナイターも始まらないうちにナゴヤドームを後にする。それは選手として寂しい光景には違いなかった。ただ、車のハンドルを握る川崎の腕に力みはなく、心は自分でも不思議なほど穏やかだった。マウンドへの執着も、自らの右肩を呪う淀みも洗い流されていた。

川崎は自宅へ戻ると、妻に告げた。

「俺……やめるわ」

妻はその顔を見て、ただ頷いてくれた。

川崎は落合に電話をかけた。

「ちゃんと相談して決めたんだな?」と落合は念を押した。

「わかった。明日、投げろ。親、兄弟。お前が呼びたい人間を全員呼べ」

川崎はそれから大分の実家を皮切りに、何件もの電話をかけた。そして最後の痛み止めを飲んだ。

翌十月三日、中日対ヤクルト。

川崎は一回表のマウンドに立った。古田敦也、宮本慎也……かつての戦友たちにありったけのストレートを投げて三者三振を奪った。そこでラストマウンドを降りた。両軍の選手たちに胴上げされると、川崎はこみ上げるものを堪えきれなくなった。

視界に映るドームの天井がぼんやりと涙で滲んでいた。

胴上げを終えると、川崎はベンチで見守っていた落合の元へ向かった。頬を濡らしたまま抱きついた。

「おいおい、向こうに行くのが先だろう。順番が違うじゃねえか」

落合は困ったような顔をして、ヤクルトのベンチを指差し、川崎の背中をそっと押した。

それが川崎の花道となった。


川崎が落合と過ごしたのはわずか九カ月だった。その間にわかったことはいくつかあった。あるとき、球場のマッサージ室で偶然一緒になった際に、かつてバッター落合に対して抱いていた疑問を思い切ってぶつけてみた。

なぜ、コースぎりぎりの球を簡単に打ち返すことができたのか。

なぜ、すっぽ抜けのスライダーには空振りしたのか。

落合は、そんなことかというように笑った。

「俺はな、投手ごと、球種ごとに軌道をイメージしていたんだよ。お前にはお前の軌道がある。だからそこから外れたボールは打てねえんだ」

もう秘密でも何でもないというように、そう明かした。

ただ、川崎はずっと心の片隅に引っかかっていた謎については最後まで訊くことができなかった。

なぜ、自分を開幕投手に指名したのか。

なぜ、それを誰にも明かすなと言ったのか。

答えを知ったのは、ユニホームを脱いでしばらくしてからのことだった。

落合は川崎に戦力外を告げた後、さらに十二人の選手に同様の通告をした。就任したとき、ひとりのクビも切らなかった落合は一年をかけて、戦力となる者とそうでない者を見極めたのだ。

川崎が驚いたのは、それに加えて七人のコーチとの契約を解除し、通常は入れ替わらない数人の球団スタッフとも袂(たもと)を分かったことだ。その中には一軍で投手を束ねる立場だったはずの鈴木孝政の名前もあった。

後日、その不可解な人事について球団関係者が声をひそめた。

「落合さんはこの一年、どこから情報が漏れているのか、それを内偵していたらしいんだ。切られたコーチやスタッフは、先発投手のことにしろ、怪我人のことにしろ、内部情報を外部にリークしていると判断された人たちらしい……」

川崎はそこでようやく、あの言葉の真意がわかった。

「これは俺とお前だけしか知らないから。誰にも言うな――」

また背筋に冷たいものが走った。あの正月明けの日から落合はここまでを見通していたのだ。自分のチームをつくるため、最初の一年をかけて地均しをした。誰を残し、誰を切るか。あらゆる人間を対象にした選別はあの日から始まっていたのだ。

川崎の脳裏には、落合の言葉や表情がいくつも浮かんだ。

ある時は不良債権と呼ばれていた元沢村賞投手に死に場所を用意し、優しい嘘を口にする。しかし、ある時には、チームスタッフすら信用せず、隠密裡にリトマス紙にかけ、疑いのある者を容赦なく切り捨てる。

一体、どれが本当の落合さんなんだろう……。

そういえば、落合とともに酒を飲んだことはなかった。監督になった落合は、誰であろうと選手と個別に食事をすることはなかったからだ。

川崎の中で、落合はいつまでも底知れないままだった。

## 8

店内は一日を終えた人々の雑多な喧騒に満ちていた。

「たまたまだろ――」

年長の記者はそう吐き捨てると、手のひらサイズのビールグラスを空にした。ひどく苦いものを口にしたような顔をしていた。

私はその隣で黙ったまま、生ぬるくなった瓶ビールを彼のグラスに満たした。三本目の瓶が空になった。

「他所がこけたんや。中日が強いわけちゃうぞ」

向かい側のテーブルでは、グレーのジャケット姿のデスクが言った。その前に置かれた烏龍茶の瓶も空になっていたことに気づいた私はそわそわと辺りを見渡すと、店員に向かって手を上げた。

二〇〇四年十月のある夜、ナゴヤドームでのシーズン最終戦を取材し終えた私たちは、ささやかな打ち上げの席にいた。

中日が優勝したことはあまり話題に上らなかったが、ビールが数杯まわったところで私は何気なく疑問を口にした。

「なんで落合さんが監督になった途端、優勝できたんですかね？」

そのひと言によって、場は急に白けた空気になった。二人の冷めた視線が私に向けられていた。

ドームから車で数分、繁華街・今池にある中華料理店は深夜の客で賑わっていた。大衆店特有の騒々しさが私にとっては救いだった。

「このチームはもともと戦力があったんだ。落合だけの力ちゃうぞ」

デスクは、成績の芳しくない学生に言って聞かせる教師のような目で私を見た。

年長の記者も頷いて、同じ意味の言葉を口にした。

「他球団がだらしなかっただけだ」

落合は監督就任一年目でリーグ優勝を果たしたが、その手腕はそれほど世に認められていないようだった。程度の差こそあれ、名古屋の街の人々は概ねデスクや年長の記者と同じような温度であるように感じられた。だから二人が頷くのに合わせて、私も頷いた。この場で何かを言えるような見識も経験も持ち合わせていなかったからだ。

社内でプロ野球担当記者は花形だと言われていた。スポーツ新聞はそもそもプロ野球の誕生とともに発展してきたメディアであり、週に六日もゲームがあることから、他競技に比べて一面トップを飾る割合が圧倒的に多かった。看板となる紙面をつくる現場には各社が腕利きの記者を送り込み、それだけスクープ競争も熾烈になった。デスクも年長の記者も、星野が監督だった時代からその最前線で社運を背負ってきていた。

だが、私は違った。何かを期待されて、プロ野球の現場にいたわけではなかった。

入社してまもなく、私は「地方版」といわれる地域限定の紙面を担当することになった。東海地区のアマチュアスポーツを主に取材することになったのだが、私は書くことになった。書く原稿、書く原稿で赤字を出した。記録や地名など事実の誤植は、紙面の信頼性にかかわる重大問題だった。

「また赤字か……。お前、そのうち記者でいられなくなるぞ」

デスクにはその度に最後通告を受けてきた。

それでも私はまた過ちを繰り返した。地元の高校野球界における重要人物の名前を間違えたこともあった。やがて、社内で私の居場所は宙に浮き、デスクはため息混じりにこう言った。

「プロ野球担当をやれ。取材するメンツは毎年ほとんど変わらないんだ。さすがのお前でも赤字を出すことはないだろ」

その日には諦めが浮かんでいた。

私は何も求められていなかった。現場に出ても一面記事を書くことはほとんどなく、雑観と呼ばれる十行ほどの記事が私の仕事だった。起こったことを機械的に羅列するだけだ。来る日も来る日もそうしていたため、同業者たちからは「ザッカン記者」と揶揄されていた。

つまり私が末席にいるのは、年齢が若いという理由だけではなかったのだ。

だからこの打ち上げの夜も、私ができることといえば、料理をオーダーすることと、空いたグラスにビールを注ぐことと、頷くことくらいだった。

星野の時代を知る二人が、落合の優勝を「たまたまだ」と言うならば、そうなのだろう。落合に対しては、他の多くの人間と同じような、無口で無愛想で得体の知れない人間だというイメージしか抱いていなかった。

中華料理店は、夜の深まりとともに騒々しさを増していった。私は、もう自分が口を開かないほうが良いだろうと考えていた。そうすれば、何事もなく座はお開きになるはずだ。

デスクが冷えた皿に箸を伸ばしながら言った。

「まあ、落合の運もそうは続かんやろ。日本シリーズは負けるんちゃうか」

機嫌を取り戻したように、ふっと笑った。年長の記者もにやりとした。

私は黙って頷いた。

二人の言葉通り、落合の中日はその秋の日本シリーズで、西武ライオンズに敗れた。

# 2005

リーグ2位

79勝66敗1分／.545／打率.269／本塁打139／防御率4.13

# 第2章

# 森野将彦

# 奪うか、奪われるか

「打つことでお前は立浪に勝てない。ただ……」

強打者・森野に落合は術を示す。

U-26
SAMURAI
JAPAN
31
91

1

まったく……ふざけんなよ。

酸素が欠乏していく頭の中で、森野将彦は毒づいた。

ゲーム開始までまだ四時間近くもある。投手も野手も肩慣らしをしている時分だというのに、自分だけがゼエゼエと息を切らし、汗を滴らせている。左右に放たれる白球を猟犬のように追いかけ、レフトとライトの間を何度も往復している。

このアメリカンノックは若い選手をしごくための体力強化メニューであると同時に、廊下に立たされるような意味合いもある。二〇〇五年シーズンの森野にとって、それが試合前の日課のようになっていた。

たしかに森野は控え選手だった。試合になればグラウンドに立っているよりベンチに座っている時間のほうが長い。それでも、プロ九年目で二十七歳になる自分が、まるで青二才の新人のように扱われることが不満だった。

一体、何のつもりなんだ。

矛先はノックを打っているコーチではなく、それを指示した監督の落合博満に向けられていた。

落合は監督二年目になって豹変した。少なくとも森野の目にはそう映っていた。

就任初年度の二〇〇四年は自らの考えを言葉にして選手に伝えていた。ベンチの中で笑ったり、しかめっ面をしたり、感情を表現することもあった。球団史上初めて監督一年目でのリーグ優勝を果たし、胴上げされた瞬間には目頭を押さえるシーンもあった。

そうした言動から、選手たちは落合の体温を感じ取っていた。すべてをわかり合うことはなくとも、同じものを胸に抱いて戦っているのだと実感することができた。

ただ、その年の日本シリーズで西武ライオンズに三勝四敗で敗れ、日本一を逃した瞬間から、落合は急速に選手たちから遠ざかっていった。

指示はすべてコーチを介して出すようになり、ゲーム中はベンチの一番左端に座したまま、ほとんど動かなくなった。そこで首をやや左に傾げた姿勢のまま、じっと戦況を見つめるだけになった。その顔から心の温度は読み取れず、微動だにしない表情の中に、ただ二つの眼だけが光っていた。

はるか遠くから、この組織の穴を探しているような、そんな眼だった。

選手やスタッフとともに、チームの輪のなかにいたはずの落合が、自ら孤立していった。

これが本当の落合監督なのかもしれない……。

森野はそう感じていた。

一年目のシーズンが終わった後、選手たちはこの指揮官の本性を垣間見た。落合は自ら開幕投手に指名した川崎憲次郎をはじめとする十三人の選手に戦力外を通告した。その中には森野より後に入団してきた選手や、まだ二年目の選手もいた。

毎年、秋に何人かが去っていくこの世界には、「若さは免罪符である」という暗黙の了解があった。入団三年目まではクビを切られることはないと、ほとんどの人間が考えていた。ただ、落合はそんな物差しを持ち合わせていないことを、実行をもって示した。冷徹な戦力の分別は、二軍や一軍半の立場にいる選手たちを戦慄させた。

そんな空気のなか、中堅クラスに差し掛かろうという森野にも「このままでいいのか」という焦りがなかったわけではなかった。ただ、他の選手に比べるとどこか危機感は希薄だった。

その原因はおそらくプロで初めて打ったホームランにあった。

一九九七年、神奈川の東海大相模高校からドラフト二位で入団した森野は、その年の八月に一軍で初めての先発出場を果たした。

ナゴヤドームの照明を浴びながら、見上げたマウンドには長身右腕のテリー・ブロスがいた。バッターボックスのすぐ背後にはマスクをかぶった古田敦也がいた。九〇年代に入って二度の日本一を勝ち取っている常勝ヤクルトの黄金バッテリーだった。

ついこの間まで高校生だった自分が、テレビ画面の中にいたスター選手たちを相手にしている……。宙に浮くような感覚だったが、不思議と震えはなかった。そして速球を狙って振り出したはずの森野のバットは予期せぬスライダーに対応して、白球をライトスタンドまで飛ばした。

高校を出たばかりの内野手が最初のシーズンで本塁打を記録したのは、中日において、ミスター・ドラゴンズと呼ばれる立浪和義以来、九年ぶりのことだった。

ああ、俺はこの世界で、何かやれそうだな。

ベースを一周する十九歳の手には甘美で曖昧な感触が残った。それが、ただでさえ淡白な性格の森野から執着を奪っていた。

それからは毎年のように地方テレビ局のアナウンサーから「今年こそレギュラーですね」と訊かれ、新聞にもそう書かれ、自分自身も何となくいつかそうなるのだろうと思っていた。事実、まわりを見渡してもバッティングで自分を凌ぐ選手というのは見当たらなかった。

森野は長さ約九〇センチ、重量一キロの木の棒を、まるで柔らかいムチのように使うことができた。わずか〇コンマ数秒の出来事であるはずのスイングがゆったりと美しく見える。それはひと目でわかる才能だった。

時々の監督は、フリーバッティングで森野が飛ばす打球に見惚れた。自然とゲームで使いたくなる。ただ、いざ試合で打席に立たせてみると、あっさり三振して帰ってくることがしばしばだった。実戦になれば、ピッチャーは練習のときのようにはストライクを投げてこないからだ。

それでもあの日の感触が囁(ささや)いた。いつか、何となく打てるさ――。そうやって森野から悔しさや切迫感を消し去っていた。

そのうちに一年が過ぎて、また「来年こそレギュラーですね」と問われる。いつか、いつか、と何となく自分の順番が来るのを待っているうちに十年近くが経っていた。あの日、「立浪以来の天才」と呼ばれたバッターは、いつしかゲームの終盤にしか求められなくなった。レギュラーである誰かの代わりに打ち、誰かの代わりに守る便利屋になっていた。

落合はそんな森野に、遠くから綻(ほころ)びを射抜くような視線を向けたのだ。

「お前は走っとけ」

ベンチ裏で、グラウンドで、落合とすれ違うたびにそう言われた。試合前から、アメリカンノックを命じられ、まるで高校生のようにグラウンドを走らされた。

なんで俺ばっかり……。

プライドを踏みにじられた森野の胸は、やがて不満でいっぱいになっていった。

2

試合がない日のスタジアムは、休日の昼下がりのようにまどろんでいた。天井照明はいくつもある眼を半分ほどしか開けておらず、薄暗い無人の観客席はただ沈黙していた。

夏の気配を色濃く感じるような五月のある月曜日、ナゴヤドームには数人の選手しかいなかった。翌日からのカードで投げるピッチャーと普段ベンチを温めているバッターたち。準主役と脇役というキャストも、弛緩した空気を助長していた。

私はいつものように、重鎮たちが陣取る一塁側ベンチから離れたあたりに居場所を定めた。グラウンドとカメラマン席を隔てている腰の高さほどのラバーフェンスにもたれ、ぼんやりと時間が過ぎるのを待っていた。

ゲームのない日にも新聞は刷られる。そのために私はペンとノートを持ってここにいる。ただ、末席の記者にできることはほとんどなかった。どこか遠く、別の場所で誰かが口を開き、それを誰かが記事にする。翌朝にはそれが紙面になっている。一面記事に縁のないザッカン記者である私は、ただそれを傍観するだけだった。

グラウンドではバッティング練習が始まった。打者たちは順番に打撃ケージと呼ばれる、ネットが張られたカゴのなかで打席に立つ。そこで、打たせ屋とも言うべきバッティング投手の球を打つのだ。

私のいる場所からは、バットを構えた打者を正面から見ることができた。いつもはカメラマン席の片隅でその他大勢に紛れ、馴染みのテレビマンらと談笑するのだが、その日はあえてひとり、そこにいた。

「お前ら、もっと野球を見ろ。見てりゃあ、俺のコメントなんかなくたって記事を書けるじゃねえか――」

落合はよく番記者にそう言った。キャンプ中や試合後の囲み取材の合間に、誰に向けるともなく呟いた。

「見るだけで記事を書くなんて、そんなことできるはずがない。きっと自分が口を開きたくないから、そのための方便だろう」

私も含めて多くの記者がそう思っていた。ただ、なぜか頭の片隅に、ずっとその言葉が引っかかっていた。だから、どうせ退屈な練習を眺めるなら、落合が言うように、見るだけで記事が書けるかどうか、やってみようという気になったのだ。

打たせ屋が投げて、脇役が打つ。投げては打つ。私の目の前には工事現場の機械音のように単調な繰り返しがあった。そのなかで、一人だけドームのまどろみを打ち破るような快音を響かせる選手がいた。森野という左バッターだった。

森野はこの業界では有名だった。ビジター球場に行くと、試合前のバッティング練習を見た他球団のOBや記者たちから度々訊かれる。

「おい、あの森野ってのは、なんでレギュラーじゃないんだ？」

それほど、彼が練習で放つ打球は見る者を惚れ惚れとさせた。ただ、いざ試合で打席に立つと、ボール球に手を出して凡退したり、あっさり三振という姿が目についた。

プロ野球の一軍というのは、美しいスイングは持っていなくとも、一球でも多く相手に投げさせ、フォアボールでもいいから塁に出て、何とか舞台の端っこにしがみつこうとする選手たちがしのぎを削る場である。そんな世界にあって、森野はどこか淡白に見えた。プレーに飢餓感がないのは、駆け出しの記者である私にも分かった。森野は、いわば〝カゴの中の強打者〟だった。

まだ夏前なのに、ドーム内の空気はじっとりとしていた。おそらく空調も休みをとっているのだろう。私はシャツの袖を肘まで捲り上げた。

そのときふと、弛緩していたはずの空気がザワザワと騒ぎ、急速に張りつめていくのを感じた。ベンチ裏から突然、落合が現れたのだ。

落合はゲームのない日はほとんど球場に来なかったが、時折、こうしてフラッと現れることがあった。

落合はグラウンドに出てくると、周りの人間が視界に入っていないかのように内野を突っ切って外野へと歩いた。そこで投手コーチと立ったまま何やら話し込んだ。そして、それを終えると再びベンチのほうへと戻ってきた。場の空気が緊張していた。沈黙のなかにバッターたちの打球音だけが響いていた。選手もスタッフも皆、自らの仕事をこなしながら、予期せず登場した指揮官の一挙一動を横目で追っていた。

一年目のシーズンが終わってから、落合はこのように内部の人間でさえ寄せつけない雰囲気を纏うようになった。仲良しごっこは終わりだとでも言うように、誰に対しても距離を置くようになった。

番記者たちは、こういうときの落合には話しかけても無駄だとわかっていた。

「きょうは休みだ」

何を訊いても、素気なくそう返されるのがオチなのだ。

だから黙って、落合がベンチ裏へ姿を消すのを見送ればいい——私もそう考えていた。

ところが、落合はベンチの前まで来ると、くるっと向きを変えてカメラマン席のほうへやってきた。そして私の隣までくると、私と同じようにラバーフェンスに背をもたせかけた。

「ここで何を見てんだ?」

落合は私を見て、そう問いかけた。

私は咄嗟に言葉が見つからず、「え……、あ、バッティングを……」と返答にもならない返答をした。

末席の記者がチームの監督と一対一で向き合って話す機会はほとんどない。少なくともこれまではそうだった。あの最初の朝も、私はただ伝書鳩を演じただけだった。

だから突然、落合が隣にやってきたことに、私の頭の中は真っ白になっていた。

落合は私の動揺など気にもしていないかのように言った。

「ここから毎日バッターを見ててみな。同じ場所から、同じ人間を見るんだ。それを毎日続けてはじめて、昨日と今日、そのバッターがどう違うのか、わかるはずだ。そうしたら、俺に話なんか訊かなくても記事が書けるじゃねえか」

落合はにやりと笑うと、顔を打撃ケージへと向けた。

視線の先には森野がいた。落合は、練習では誰もが羨むような打球を放つことができるのに、その他大勢の一人に甘んじている男のスイングを見ていた。暑くないのだろうか、汗ばむような生ぬるい空気のなか、ジャンパーを羽織ったまま、じっと見ていた。

まるで景色や物を眺めるような目だった。

どれくらいそうしていただろう。その間、落合は一言も発しなかったが、私の頭のなかでは様々な疑問がグルグルと巡っていた。

なぜ落合は急に選手たちから距離を置いたのだろうか。

遠く離れたそこから何を見ているのだろうか。

そして、なぜ私に「見ること」について語ったのだろうか。

森野のバッティングが終わると、落合は背をもたせかけていたフェンスから身体を起こした。

「一年間続けてみろ。そうしたら選手のほうからお前に訊きにくるようになるはずだ。僕のバッティング、何か変わっていませんかってな」

落合は末席の記者にそう言い残して去っていった。

私はその場を動くことができなかった。思考だけが巡っていた。自分で浮かべた問いに対する答えはほとんど得られなかったが、ひとつだけ確信したことがあった。

やはり、二年目の落合は意図的にチームから遠ざかっているのだ。何かを見つけるために、俯瞰できる場所から定点観測をしている。だが、それがどうしてなのかはやはりわからなかった。

それから私はしばらくの間、ひとりその場所から森野を見続けた。カゴの中の強打者は、他の誰よりも心地よい快音を観衆のいないドームに響かせていた。

3

森野が落合から問われたのは、その年の秋のことだった。

落合にとっての二年目、二〇〇五年シーズンの中日は二位に終わった。夏場には優勝した阪神まで〇・五ゲーム差に迫ったものの、最後は及ばなかった。

日本シリーズ出場を逃したチームは十月末から沖縄で、翌年に向けた秋季キャンプに入った。その初日、朝のウォーミングアップを終えたあとに、森野はグラウンドの片隅で落合から呼ばれたのだ。

「お前、レギュラーを取りたいか？」

唐突な問いの裏にどういう意図があるのか測りかねたが、森野の答えは決まっていた。

「――はい」

落合は問いを重ねた。

「立浪からレギュラーを取る覚悟があるか？」

すぐには返答のできない問いだった。森野はその場で絶句した。

あの立浪さんから……。俺が？

打つことに関して、森野が唯一勝てないと感じていたのが立浪だった。一点をスパッと斬るようなスイングのキレは自分にはないものだった。

立浪はPL学園高校で甲子園を春夏連覇してドラフト一位で入団すると、一年目から新人王を獲得した。以来このチームの顔として君臨している。森野にとっては九歳離れた雲の上の人だった。

高卒で入団した左打ちの内野手という共通項から、森野はよく立浪と比較されたが、その度に「立浪さんは別格だから」と遠ざけていた。

そんな森野の心理を見透かしたように、落合は言った。

「打つことでお前はタツには勝てない。ただ守りを一からやるなら可能性はゼロじゃない。その覚悟があるなら俺がノックを打ってやる。どうだ?」

落合の目が光っていた。

沖縄本島中部、美浜(みはま)海岸に面した北谷(ちゃたん)公園野球場は西陽に照らされていた。ノックバットを手にした落合が森野の眼前に現れたのは、キャンプの一日が終わりに差しかかった、まもなく夕暮れという時刻だった。南国の陽を浴びたグラウンドには、まだたっぷりと熱気が残っていた。

「サードに入れ」と落合は言った。それが意味するところは誰もがわかった。そこは立浪のポジションだった。落合は全員が見ている前で、「立浪のポジションを自分が奪う」と森野に宣戦布告させたのだ。

そしてノックを始める前に、ひとつだけルールを告げた。

「もう限界だと思ったらグラブを外せ。外せば俺はそれ以上打たない。それが終わりの合図だ」

時間も球数も決めずにノックは始まった。日本刀のように細身でスラリと長い、自分専用のバットを手にした落合は、それをまるで体の一部のように操って白球を転がした。

落合が放ったのは、表現するならば「誰でも捕れる打球」だった。遅れることなく足を運べば必ず追いつくことができて、バウンドも狂うことなくグラブに収まる。計算された打球だった。それは逆に言えば、少しでも動きが遅れれば、ひと目でわかってしまうということだった。一球一球への誠実さを試されているようだった。

三十分が過ぎた。まもなく十一月を迎えるというのに沖縄の気温は二十五度を超えていた。流れる汗がユニホームをずっしりと重くしていく。

森野は一見すると何の変哲もない打球に、追いつめられていった。

追いつけない球を打ってくれ……。

森野は願った。そうすれば、その場に倒れ込んで束の間でも休むことができる。だが、落合は捕れない範囲には決して打たなかった。誤魔化しや諦めを許さない、そういうノックだった。朦朧とするなかで、それでもグラブだけは外すまいと森野は考えていた。

一時間が過ぎ、一時間半を超えた。森野は何度か意識が飛んでしまいそうになったが、その度に生ぬるくなったバケツの水をかぶって正気を保った。ノックは二時間を超えて、最後は日没で終わった。なんとか、グラブだけは外さなかった。

それから森野は病院に行き、点滴を受けた。脱水症状を起こしていた。腕に管をつないだままベッドに横たわっていた。病室の白い天井を眺めながら、ふと気づいた。

俺をずっと走らせていたのは、このためだったのか……？

これまで経験したことのない落合のノックにどうにか耐えられたのは、シーズン中に課せられていたアメリカンノックのおかげではないか……、そんな気がしたのだ。

そして、あらためて身震いした。

ここからは、もう引き返せない……。

自分はチームの顔である立浪に挑戦状を叩きつけたのだ。落合には、そこにしかお前の居場所はないと告げられた。奪うか、跳ね返されて便利屋のまま終わるか。先にはその二つしかないのだ。

落合の目を見ればわかる。これはラストチャンスだ。覚悟を決めるしかない。

森野はプロとして初めて、本当の危機感を抱いていた。

4

十月の沖縄は、夜になってようやく秋の気配を感じることができる。陽が完全に落ちて、しばらくしてから火照りを冷ますような風がゆるやかに吹き始めるのだ。

私は月明かりを頼りに海岸沿いの道を歩いていた。中日が秋季キャンプを張っている北谷公園野球場から南へ向かう。その辺りはハンビータウンと呼ばれ、普天間基地に勤務する米兵向けの飲食店が立ち並んでいた。かつて、米軍が沖縄上陸直後に建設したハンビー飛行場の跡地であることがその名の由来だった。

キャンプの取材を終えた夜は、この界隈で食事をすることが多かった。いつもは古参の番記者に連れられるがまま、後ろに従うことがほとんどだったが、この夜はなぜか、ひとりになろうと思った。

東シナ海の風を浴びながら、街灯の少ない路地を五ブロックほどいくと、暗闇の中にぼんやりとした灯りが見えてきた。砂利敷きのスペースに建てられたプレハブ小屋には看板がないバーがあった。その店には年長の記者に連れられて何度か来たことがあったが、ひとりで訪れるのは初めてだった。

私は木製の戸口の前でひとつ息をつくと、隙間だらけの扉を引いた。

「あら、きょうは先輩と一緒じゃないの？」

ざっくりとしたトレーナーにドレッドヘアの女マスターは、私を見てにやりとした。スクールボーイをからかうような笑みだった。

L字型のカウンターを見渡すと、奥の端に中年のひとり客がいるだけだった。私はその客と反対側の丸椅子に腰をかけると、いつもより度数の高い酒をオーダーした。

「なるほど。甘くないやつ……ね」

数年前に内地から移住してきたというマスターは、こちらの胸の内を見透かしていた。私は何も言わず、ぎこちない笑みを返しただけだった。この店を選んだのは客が少ないだろうと思ったからだ。

マスターは「どうぞ」と酒を置くと、そのまま私をひとりにしておいてくれた。

灯りの落ちた静かな店内で、私は昼間に見た出来事を思い起こしていた。

秋季キャンプも終わりが近づいたこの日、落合は常軌を逸したようなノックを打った。レギュラーではない森野を指名すると、彼だけにそれを浴びせた。このキャンプでは何度か同じようなことがあったが、この日はとりわけ狂気を感じさせた。

時間の経過とともに、森野の動きがスローモーションのようになっていく様を私は記者席から見ていた。頭からバケツの水をかぶってなお湯気を立てている人間を初めて見た。これ以上続ければ危険だということは、あの場にいた誰もが感じていたはずだった。

それでも落合は打つのをやめなかった。笑みすら浮かべていた。

その顔を思い浮かべると、私は総毛立つような感覚に襲われた。そして同時に、全身の血管が開いていくような昂(たかぶ)りがあった。

なぜ、あんなことができるのだろう。

なんのために、あんなことをするのだろう。

私は落合という人間がわからなくなっていた。

ともに戦う男たちにさえ冷たく一線を引いたかと思えば、突然ひとりの選手を捕まえて、血を注ぎ込むかのようなノックを打つ。

情報を閉ざし、メディアを遠ざけたかと思えば、不意に末席の記者の隣にやってきて、ヒントめいた言葉を残していく。

「ここから毎日バッターを見ててみな。同じ場所から、同じ人間を見るんだ――」

私はこれまで落合とは、デスクが言うような偏って屈折しただけの人物だと考えていた。だが、果たして本当にそうだろうかという疑念が生じていた。この夜はそれを考えるために、ひとりになったと言ってもよかった。

カウンターテーブルに置かれた酒は想像していたよりも苦かった。背伸びしたことを後悔させるような味がした。悟られないよう焼けるようなアルコールを喉に流し込むと、胸の奥でズキンと痛むものがあった。

それは、私が落合という人物について考え始めるきっかけになった出来事だった。

中日が二位に終わったこの二〇〇五年シーズンの途中で、落合の言動が物議を醸したことがあった。ゴールデンウィーク真っ只中のデーゲームだった。

その日、新しく加入した助っ人タイロン・ウッズは苛立っていた。前の日から執拗に内角を攻められていたからだ。そして、試合中盤の打席で相手投手から胸元をえぐられると、顔面付近への危険な投球だと激昂した四番バッターは、そのままマウンドに駆けていき、投手を殴り倒したのだ。

子供たちも見つめる白昼のスタジアムで起きた惨劇によって、ウッズは退場処分となり、メディアにも暴力事件として大きく取り上げられた。現代プロ野球においては、批判を免れないシーンだった。

だが、試合後の落合は、球界や世の中の空気とはまったく逆の発言をした。

「あいつら（外国人選手）は、あそこに投げられたら怒るよ。ぶつかる、ぶつからないの問題じゃない。バッターだって命の危険があるんだ。身を守らないといけない。現場としては一切、処分は科さない。乱闘があるのも、野球なんじゃないか？」

受け取りようによっては、大きな批難を浴びる可能性があるコメントだった。

現場にいた私は落合の言葉をそのまま、会社にいるデスクに伝えた。

「そうか。そんなことを言ったのか……」

電話の向こうの声が鋭くなった。

「つまり……落合は暴力を認めたってことだな？」

それから私は、デスクに言われるまま原稿を書いた。自分がこの一件を、落合の発言をどう捉えたのかを置き去りにしたまま、指示通りに書いた。

操り人形のような自分を受け入れたのは、ザッカン記者が一面記事を書くチャンスはこんなときしかないのだという気持ちがどこかにあったからかもしれない。

だが、翌日の紙面に躍った大きな見出しを目にした瞬間、私の心は揺れた。

『落合、暴力容認――』

それは落合の発言の一側面ではあったが、全てではなかった。

見出しを決める権限は記者にはない。社内のデスクとレイアウトを担当する整理部のものだ。ただ、どういうわけか、私はひどく自分が恥ずかしくなった。

記事には自分の署名があったが、紙面のどこにも自分はいなかった。

これはデスクの落合観である。では、一体、私は何者なのか？

落合に向けてというより、自分自身に向けての呵責（かしゃく）で胸をかきむしりたくなった。

ただ誰かに同調し、頷くことをやめて、落合について考えるようになったのはそれからだった。

私はあの日の落合の言葉を聞いてから、日々、グラウンドの同じ場所から選手を見るようにしていた。同時に落合を見るようにもなっていた。果たして本当に、世の中や会社の人間たちが言うような人物なのか、自分の眼で確かめようと思った。

沖縄の夜はゆっくりと流れていた。微かにレゲエミュージックの流れる店内が、まるで自分ひとりの空間であるような気がした。

「もう一杯――」

私はそう言って、空になった小さなグラスを差し出した。マスターは何も言わず美しい褐色の液体を注ぐと、今度はカットライムを添えてくれた。

夜が更けていくにつれ、ひとりの時間も、テキーラの苦味も、心地よく思えるようになっていった。

5

ここまで来た……。もう少しだ。

森野将彦はバットを持つ手に、確かなものを感じていた。

二〇〇六年三月二十五日、落合が監督になって三年目のシーズンを前にナゴヤドームではヤクルトとのオープン戦が行われていた。開幕までの予行演習は、あと二試合を残すのみだった。球春の足音が間近に聞こえていた。この時期になると、どの球団も新シーズンのベストオーダーを組むようになる。そんな限りなく本番に近いゲームに森野は七番サードで先発出場していた。

「レギュラーを取りたいか？」

落合にそう問われてから、五カ月が経とうとしていた。

あの立浪からレギュラーを奪う。サードのポジションを奪い取る。チームの顔であるスター選手に挑戦状を叩きつけてから、森野はもうかつての森野ではいられなくなっていた。グラウンドでもロッカールームでも、自分がいると、場の空気が硬く張りつめていくのがわかった。

立浪を信奉している者はチーム内に数多くいた。一七三センチの決して大きくない身体で、もう二十年近くもレギュラーを張り続けている。プレーヤーとしてだけでなく、球団の選手会長も、労組プロ野球選手会の副会長も務めた。技術と精神力に加えて、統率力も兼ね備えたリーダーであった。その聖域を奪おうとする者は、どうしても集団から孤立せざるを得なかった。ただ、孤独を背負うことで逆に、森野の覚悟は固まっていった。

今まで、こんなに何かを欲しいと思ったことがあっただろうか……。

十八歳でプロに入ったとき、六千万円の契約金と、七百二十万円の年俸を手にした。若者の願望をほとんど満たすことのできる金額である。

ただ、そのころの森野に、特に欲しいものはなかった。

プロ一年目のキャンプに出発する際に、高校時代から使っているバッグを持っていこうとすると、年上の選手から「お前はもうプロなんだから」と窘(たしな)められた。当時の消費税三パーセントを含めた十万三千円きっかりを握りしめて百貨店へ行った。そこで多くの選手が持っているルイ・ヴィトンのバッグを買った。

プロ四年目に寮を出てひとり暮らしを始めたときには車が必要になったが、自分だけしか持っていない特別なものではなく、やはり他の選手も乗っているRV車を選んだ。

突き抜けず、争わず、いつも序列の真ん中あたりに自分を置いていた森野は結局のところ、物であれ、地位であれ、本気で何かを欲しいと思ったことはなかった。

そんな自分が、チームで最も影響力のある人物を押しのけてまでポジションを欲している。

心に執着が芽生えたのは、あの日だ。はっきりと覚えている。

前の年、二〇〇五年シーズンが終わってすぐの秋季キャンプ、晩夏の熱が残る沖縄で落合から最後のノックを受けた日のことだった。

キャンプ中の落合は、数日おきにノックバットを持って森野の前に現れた。たいていは練習メニューがあらかた終わって、グラウンドが夕陽に照らされるころだった。

ところが、キャンプ終盤のよく晴れた日、落合はまだ陽が高いうちにバットを握った。森野はそれを見て、おそらく最後のノックだろうと悟った。だから、それまでよりも覚悟を込めてグラブをはめた。

朝方まで降った雨をたっぷりと吸い込んだグラウンドの土は、南国の容赦ない太陽を浴びて湯気を立てていた。スタッフによってサード付近の土がならされ、周りに水の入ったバケツが並べられた。何かにケリをつけるような空気のなかで、そのノックは始まった。

それまでと同じように、落合の打球は追いつけるギリギリの範囲に飛んできた。一〇〇球、二〇〇球……。そのあたりまでは覚えていた。一時間を超えたころから意識がぼんやりとし始めた。やがて疲労と苦痛が恍惚に変わってきた。そこからあとは感覚がなくなった。側に控えているトレーナーからバケツの水をぶっかけられても、それが温かいのか冷たいのかさえわからなくなった。

「おい……大丈夫なのか」

一時間半を超えたあたりで、コーチやスタッフが森野の周りに集まり始めた。森野の両サイドには水の入ったペットボトルが置かれていた。さすがに心配になったのか、落合は「水でも飲め」というようにペットボトルの付近へノックを打ってきた。だが、森野はその打球を捕ると足元のボトルを蹴り倒した。落合はにやりとして今度は反対側のペットボトルに向かってノックを打った。森野はそれにも追いつき、やはり水を蹴り飛ばした。

落合は「あははははは！」と心底、愉快そうに笑った。そしてまたバットを振るった。

「これ、やばいんじゃないか……」

二時間を超えたところで、他の選手たちも集まってきた。

森野はすでに本能だけで動いていた。視界に飛んでくる打球を追いかけ、捕って投げる。また追い、捕って投げる。それだけだった。

次第に目の焦点が定まらず、視界の中の落合の動きがコマ送りのようになってきた。

「おーい、大丈夫なのか？」

落合はノックを打つ手を止めると森野ではなく、傍にいるトレーナーに訊いた。トレーナーは首を横に振り、両手でバツをつくった。

「グラブを外せ！」

落合は鋭く言った。それがこのノックにおける終わりの合図だったからだ。それでも森野はグラブを外さなかった。ノッカーをにらみ、次の一球を待った。頭のてっぺんから濡れそぼち、泥だらけになったまま、陽炎の中に立っていた。落合はそれを見て、またバットを振った。

いつしか誰もが声を失っていた。

そしてついに森野は打球に飛びついたまま起き上がらなくなった。トレーナーがバケツの水を被せたが反応しない。グラブをはめたまま、ピクリとも動かなくなった。落合はそこでようやくバットをおさめた。

「救急車だ！　救急車を呼べ！」

スタッフの声が球場に響いた。

森野が目を覚ましたのは、それから数十分後のことだった。気づけば、球場内のロッカールームの片隅で細長いベンチに横たわっていた。汗ばむほどの陽気のなかで、なぜかガタガタと震えていた。

奥歯をカチカチと鳴らしながら、森野は、自分がこのノックを受ける前とは別人であるような気がした。胸にかつてない怒りがあったのだ。

こんな思いをして……こんなにしんどい思いをして……、何もつかめずに終わってたまるか。

これまで落合に向けていた不平とは違う。あのノック中に芽生えた、誰に向けるでもない怒りだった。

「七番、サード、森野——」

オープン戦とはいえ、その場内アナウンスは心地よく胸に響いた。

球春を待つナゴヤドームの観衆が見つめるなかで、森野は四回裏の第二打席に立った。ベンチからは立浪が見つめている。一打席、一打席がレギュラーになれるかどうかの試験のようなものだった。

落合はオープン戦を通して、立浪と森野を半々で起用していた。その間はほとんど報道陣と接触せず、二人の競争について判断材料となるような言葉は一切発しなかった。だから誰もこの勝負の決着を語れる者はいなかった。森野でさえ正直、開幕の日になってみなければわからないと考えていた。ただ、決着とは別に、ここまできたら最後の景色を見るまで駆け抜けてやるという気持ちが芽生えていた。あの日、沖縄のロッカーで感じた怒りと、どこか通じるものであった。

あと少しだ……。

森野は相手ピッチャーの投球に対して踏み込んでいった。次の瞬間、白球が体に向かってくるのがわかった。咄嗟にバックネット側へ身を捻って、かわそうとしたが、決意を持って打ちにいった分だけ避けるのが遅れた。白球が、バットを握る右手の小指に直撃した。バットと白球の間で押し潰されたような形になった。鈍い痛みを感じて森野はその場にうずくまった。指の感覚がなかった。

ベンチからトレーナーが駆けてくるのが見えた。球場のざわめきが遠くのほうに聞こえていた。

森野は身体を抱えられ、ベンチへと下がった。そこに落合がいた。

「試合はいい。検査にいけ」

指揮官は感情を込めずに、それだけ言った。

森野は手近なものだけを羽織ると、すぐにトレーナーとともにドームを発った。自分の身に重大なことが起こっているのはわかった。

病院へと向かうタクシーの中で、森野は祈った。

どうか、予想が外れていてほしい……。

小指の内側がドクッドクッと脈を打っていた。骨から出血しているのだ。嘔吐感があり、ジャンパーを着ているのに寒気がした。

おそらく……折れている。

過去の経験から自分でもわかっていた。ただ、それでも、この五カ月のことを考えれば祈らずにはいられなかった。諦めることなどできなかった。

病院の壁はいつもより白く冷たかった。レントゲン撮影を終えると、医師は白黒の写真を見せて、こう言った。

「骨折していますね。全治六週間というところです」

目の前にいるプロ野球選手の歩みを知らない第三者は、淡々とそう告げた。

その瞬間、森野は全身から何かが抜け落ちていくのがわかった。

開幕は六日後に迫っていた。ゲームオーバーだった。決着はついたのだ。

結局、何も変わらなかった。サードはこれまで通り立浪のものだ。

絶望の中にふと落合の顔が浮かんだ。

落合はどんな表情をするだろうか。自分に見切りをつけ、他の誰かを探すだろうか……。

森野は患者用の椅子に腰かけたまま、呆然とそんなことを考えていた。

ドームに戻ると、すでにオープン戦は終わっていた。森野はまっすぐ監督室に向かった。トレーナーに任せず、自分の口で告げなければならない。そんな気がしていた。

重たい扉を開けると、落合はコーチたちと何かを話し合っているところだった。

森野は、落合を見て言った。

「ダメでした……。六週間です……」

すると落合は深く息をついて、こう吐き出した。

「何やってんだよ……」

その顔に落胆の色があった。一瞬だが、あの落合が眉尻を下げて、困ったような顔をした。少なくとも落合が自分に対して、そんな表情を見せたのは初めてだった。そのことが、森野の中の何かを決壊させた。

森野は泣いた。予期せぬ涙は、源泉がどこかわからないまま、とめどなくあふれた。何もはばからず、落合の前で泣き続けた。これほど何かに執着し、欲したのは初めてのことだった。

6

二〇〇六年のシーズンが開幕してまもない平日の朝、私は東京・世田谷の静かな住宅街にいた。

よく舗装されたアスファルトに白い外塀が映えていた。落合邸の表札には「落合」とは書かれておらず、別の姓があった。世に名を知られた人物にとっては、そのほうが何かと都合が良いのかもしれない。

落合邸には誰かに言われて来たわけではなかった。駅から何度も迷いながらたどり着いた三年前のあの朝のように、デスクの伝書鳩というわけでもなかった。私は落合に訊いてみたいことがあったのだ。

いつもは時間通りにベッドを出ることのできない私が、不思議とこの朝は起きることができた。むしろ予定していた時刻より早く目が覚めた。

いくら考えても説明のつかない、落合という人間に対する疑問が、私をいつになく能動的にしていたのかもしれない。

中日の監督になって三年目、落合は契約の最終年を迎えていた。このころ、周囲には不穏なムードが漂っていた。落合は一年目が終わってから選手と距離を置くようになり、感情をほとんど表現しなくなった。それによって徐々に選手との関係は緊迫していったのだが、それを決定的にしたのが、前の年の十一月、名古屋市内のホテルで行われた球団OB会の席上での発言だった。報道陣も見守る衆人環視の中で、落合はこう言い放ったのだ。

「来年について言えば、ポジションは三つ空いています——」

その言葉で、オフシーズンのゆったりとしたムードは吹き飛んだ。

投手を除く八つのポジションのうち五つ、福留孝介のライト、井端弘和のショート、荒木雅博のセカンド、タイロン・ウッズのファースト、谷繁元信のキャッチャーには他に代わる者が見当たらず、不動である。そう考えれば、落合の言う空席が、外野の二つと、立浪のサードであることは関係者なら誰もがわかった。その直前の秋季キャンプで落合は、森野をサードに立たせ、自らノックを打っていたからだ。

『立浪、レギュラー白紙』

翌日の新聞各紙にそう見出しが打たれることをわかって、あえて公の場で発言したのは明らかだった。

そして落合はその日からパッタリと口を閉ざした。二〇〇六年が明け、二月の春季キャンプが始まっても、三月のオープン戦に入っても、そのことについては一切語らなかった。報道陣が球場の正面口で待っていれば、わざわざ裏口にまわって撒(ま)いた。

だから、森野という挑戦者の待つリングに引きずり出された立浪がどうなるのか、誰もわからないまま時間だけが過ぎていった。

この立浪への処遇は、心の距離ができつつあった落合と選手たちとの間に、さらに深い溝を掘ることになった。立浪にさえメスを入れるのなら、自分たちに保証されるものなど何ひとつないではないかという、落合に対する畏れと緊張感が広がり、それは不信感と紙一重のところまでチームを侵食しているように見えた。それほど立浪という選手は、このチームにとっての聖域であった。

十八歳でポジションをつかんでから、どれだけ監督の首がすげかえられても立浪だけはいつもグラウンドにいた。ファンや、球団を支える地元財界にとってもチームと立浪はイコールであり、ある意味で監督よりも大きな存在だった。そんなスター選手の処遇を誤り、もし結果が出なければ、逆に落合の首に跳ね返ってくる諸刃の剣でもあった。

なぜ、落合という人間は、今あるものに折り合いをつけることができないのだろうか。

なぜ、わざわざ波風を立てて批判を浴びるようなことをするのだろうか。

落合は一年目にはセ・リーグを制し、二年目も二位と確実に結果を出していた。わざわざ、そんなリスクを冒してまで何を求めるのか。無言の裏に何を語っているのか。

私はそれが知りたかった。その衝動が末席の記者を落合邸へと向かわせた。

ジャケットを脱ぎたくなるような陽気のなかで、住宅街の桜には、ちらほらと葉が混じり始めていた。

関東で試合が行われる日の落合は、チームが宿泊するホテルではなく世田谷の自宅から通うのが常だった。横浜スタジアムでナイターが予定されていたこの日も、午前十一時には家を出るはずだった。

三年前に初めて来た時と同じように、私はガレージの前に重たい鞄を置いて、そこに立っていた。何もかもを詰め込んでおかなければ不安になるのは相変わらずだったが、自分が末席の記者であるというコンプレックスは不思議と消えていた。

落合の前には指定席もなければ、席次表もない。そのことについては確信があった。あの休日のナゴヤドームで、私の隣にやってきた落合から感じたことだった。

やがて迎えのタクシーが静々と到着して、落合邸の前に停止した。

それから数分のうちに、玄関の錠を外す音が静寂を破った。

門扉から姿を現した落合は、突然の訪問者に驚くふうでもなく、私を見るなり、まず訊いてきた。

「お前、ひとりか?」

落合は私の返答を待たず、自ら辺りを見渡して他に誰もいないことを確認すると、後部座席に乗り込んだ。そして、私に向かって反対側のドアを指さした。「乗れ──」

車は静かに動き出した。落合はシートにゆったりと身を沈めたまま言った。

「俺はひとりで来る奴には喋るよ」

私の隣にいるのは、会見室やグラウンドで見る、心に閂(かんぬき)をかけた落合ではなかった。感情のある言葉を吐く、ひとりの人間であるような気がした。

だからだろうか、私は自然に最初の問いを発することができた。

「なぜ、自分の考えを世間に説明しようとしないのですか?」

落合は少し質問の意味を考えるような表情をして、やがて小さく笑った。

「俺が何か言ったら、叩かれるんだ。まあ言わなくても同じだけどな。どっちにしても叩かれるなら、何にも言わない方がいいだろ?」

落合は理解されることへの諦めを漂わせていた。メディアにサービスをしない姿勢は世に知れ渡っていた。

私には活字として日々の紙面に載る「無言」の二文字が、落合の無機質なイメージを助長し、反感を生み、敵を増やしているように見えた。そう伝えると、落合はにやりとした。

「別に嫌われたっていいさ。俺のことを何か言う奴がいたとしても、俺はそいつのことを知らないんだ」

言葉の悲しさとは裏腹に、さも愉快そうにそう笑うと、窓の外へ視線をうつした。

本音なのか、虚勢を張っているのか、私には判断がつかなかった。

そもそも、自ら孤立しようとする人間など、いるのだろうか。

車はやがて細い住宅街の路地から、片側三車線の環八通りに出た。沈黙の車内にはタイヤがアスファルトに擦(こす)れる音だけが響いていた。

私はゴクリと生唾を飲み込むようにして、その沈黙を破った。

「なぜ、立浪さんを外そうとするんですか?」

ずっと訊きたかったことだった。

「俺に何を言えっていうんだよ」

落合は射るような横目で私を見た。

「選手ってのはな、お前らが思ってるより敏感なんだ。あいつらは生活かけて、人生かけて競争してるんだ。その途中で俺が何か言ったら、邪魔をすることになる。あいつらはあいつらで決着をつけるんだよ」

落合はまた窓の外に目を向けた。

私は感情の読み取れない横顔を見ながら、その言葉の意味を考えた。

あいつらはあいつらで決着をつける——そこに指揮官として無言を貫く理由があるというのだろうか。

わかったことはひとつだった。落合はリングをもうけた。そして、開幕直前の森野の骨折によって決着はついたのだ。

車は再び沈黙を乗せたまま、第三京浜に入り、速度を上げていった。

平日の昼ということもあるのだろう、下りの高速道路は空いていた。

「試合中、俺がどこに座っているか、わかるか?」

今度は落合が切り出した。

落合がゲーム中に座っているのはベンチの左端だった。いつも、ホームベースに最も近いその場所からじっと戦況を見つめている。

「俺が座っているところからはな、三遊間がよく見えるんだよ」

落合は意味ありげに言った。確かにそこからはサードとショートの間が正面に見えるはずだ。

「これまで抜けなかった打球がな、年々そこを抜けていくようになってきたんだ」

どこか謎かけのような響きがあった。私は一瞬考えてから、その言葉の意味を理解した。背筋にゾクッとするものが走った。

落合は立浪のことを言っているのだ。

ベンチから定点観測するなかで、三塁手としての立浪の守備範囲がじわじわと狭まっているのを見抜いていたのだ。だから森野にノックを打った……。

それは私の問いに対する明快な答えであった。

「今もよおく見える。ああ、また一つ、アウトがヒットになったなあ……ってな」

私はあの休日のナゴヤドームで落合に言われたことを思い出していた。

「ここから毎日バッターを見ててみな――」

あれからしばらく、実際に定点観測をしてみたが、目に映る選手たちのどこがどう変化したのか、あるいは、していないのか、私にはわからなかった。

だが、落合には今、チームにとっての重大な穴が見えている。誰も気づいていないその綻び(ほころび)は、集団から離れ、孤立しなければ見抜けなかったものかもしれない。立浪という聖域にメスを入れたのは、そのためなのだ。

「これは俺にしかできないことだ。他の監督にはできない」

落合はそう言ったきり、口を閉ざした。

やがて車はインターを降りて、横浜市街へ出た。私はそれ以上の問いを投げることはできなかったが、何か重大なことを聞いた気がしていた。つまり森野の骨折で終わったかに見えた勝負は、まだ決着していないのだ。

チームが宿泊している横浜駅前のホテルに着くと落合は車を降りた。そして去り際にこう言った。

「これはお前に喋ったことだ。誰か他の記者に伝えるような真似はするなよ。お前がひとりで聞いたことだ」

遠ざかっていく落合の背中を見つめながら、私の頭にはひとつのフレーズが妙に残っていた。

お前、ひとりか？

## 7

ナゴヤドームのベンチ脇には一本の薄暗い通路がある。球場スタッフや報道関係者が行き来する一階のコンコースと、ナイター照明に光るグラウンドを結ぶ、いわば日常と非日常をつなぐトンネルである。

私はゲーム直前になると、よくその通路に立っていた。プレーボール間際、選手がそこへ顔を出すことがあるからだ。ロッカーの外の空気を吸いたくなるのだろう。緊張感を和らげるように談笑する者がいれば、独り黙している者もいる……。彼らの様子を見ていると、これから戦いにいく男たちの心の揺れを感じられるような気がするのだった。

二〇〇六年の中日は開幕から好位置につけ、六月からは首位に立っていた。順調な戦いを続けるなかで、チームが大きく揺れたのは七月二日広島戦のことだった。

私がいつものように、トンネルのようなドーム内の通路にいると、突然どこからか怒声が響いてきた。

「なんで、ひと言もないんだ！」

私は思わず周りを見渡した。声はどうやら、練習用のボール等を保管しておく用具室のほうから聞こえてきたようだった。中をうかがうことはできなかったが、抑えの利いたバリトンには聞き覚えがあった。立浪和義の声だ。

次の瞬間、何かが激突するような音がした。それとともに、周りにいる誰かがなだめているような気配も伝わってきた。

「タツさん、気持ちはわかるよ……。でも堪えなきゃ……」

いつもは感情を露わにしない立浪が荒れているのだろうか。

私には壁の向こうで何が起こっているのか、想像することができた。

プレーボールまであと一時間。ベンチ裏ではミーティングが終わり、すでにこの日の先発メンバーが発表されたはずだ。そして、おそらく、そこには立浪の名がなかったのだ——。

私の頭には数カ月前に聞いた落合の言葉が甦っていた。

「俺が座っているところからはな、三遊間がよく見えるんだよ」

タクシーの窓から空を見上げ、意味ありげに呟いたあの言葉である。

落合はついに立浪を外したのだ。それも予告なしに。

ミスター・ドラゴンズと呼ばれる男は、抑えきれない感情を何とか人目につかない用具室まで抱えてきて、吐き出した……。

それが私の描いた、ほとんど確信に近い想像だった。

新人時代からスポットライトを浴び続けてきた立浪は、同時に栄光の代償もその身に引き受けてきた。ゲームではもっとも重圧のかかる場面で、全員の願いを背負って打席に立った。敗れればチームを代表してカメラの前に立った。

とりわけ立浪を別格の存在に押し上げたのが、あの「一〇・八決戦」だった。

一九九四年の中日はシーズン最終戦を残した時点で巨人と同率首位で並んでいた。十月八日に両軍が優勝をかけて直接ぶつかりあったナゴヤ球場での決戦は、プロ野球史上最高視聴率四八・八パーセントを記録するなど歴史的なゲームとなった。

中日は、かつての主砲である落合からホームランを浴びるなど終盤までに三点をリードされていた。そんな敗色濃厚の八回裏、内野ゴロに猛然とヘッドスライディングして一本のヒットをもぎとった男がいた。立浪であった。二十五歳の遊撃手は、そのプレーで左肩を脱臼し、負傷退場することになったが、身を賭して勝利への執念を示したその姿は、敗戦の中の光として、名古屋の人々の心に刻まれることになった。

いつだったか、球団関係者とこんな話をしたことがあった。

監督としてクビのかかった試合、一点ビハインドの九回裏ツーアウト満塁、打席に立たせるとしたら、誰を送るか？

関係者は迷わず答えた。

「そりゃあ、和義だよ」

立浪は、この球団に関係するあらゆる人間が、何かを託すに足るだけのものを示してきた。そうした積み重ねの果てに、立浪は多くを手にした。

広大なドームの駐車場で、立浪を乗せた車はいつも入口の一番近くに停めることができた。移動の飛行機も、遠征先のホテルの部屋も、まず立浪のものから手配された。ベンチでは二列あるうちの前列真ん中が指定席だった。プレーボール直前には、その聖域から誰よりも大きな歓声を浴びてグラウンドへ駆け出す。誰にも侵せない立浪だけの権利だった。

歴代の監督にとって、立浪をベンチに座らせるには理由が必要だった。たとえば、「これから連戦が続くから今日は休んでくれ」と事前に本人に説明し、ゲームが終わればメディアを通じて、なぜ立浪を出さなかったのかをファンに語らなければならなかった。それが自らの立場を保証することにもなる。事実、名だたる監督たちが、そのようにしてきた。

その立浪を、落合は無言のうちに外したのだ。

「これは俺にしかできないことだ。他の監督にはできない」

まだ桜が咲いているころに聞いた落合のあの言葉は、おそらくそういう意味だった。

落合は、自らの眼前で抜けていくヒットを許さなかった。その穴を塞ぐために、ついに聖域にメスを入れたのだ。

やがて用具室からは声も音も聞こえなくなった。薄暗い通路は静まり返り、空気がピンと張りつめていた。ベンチ裏の凍てついた雰囲気が壁越しに伝わってくるかのようだった。

何という緊迫感だろうか。このチームはいつから、これほど殺伐とするようになったのか。

私は、まだ新聞社に入ったばかりのころ、先輩記者に連れられてナゴヤドームに来た日のことを思い出した。初めて目の当たりにするプロ野球の現場だった。革と木と松ヤニの匂いと勝負の世界に生きる男たちの息吹に、新人記者は気圧(けお)されながら恐る恐るグラウンドを覗いていた。

ところがゲーム直前に、私の目の前でキャッチボールをしていた主力選手が、通路にいる知人らしき私服姿の男と談笑を始めたのだ。

「きょうは、どこ行きますか？」

「どこでもいいよ。この間の店は？」

「いいですねえ。まあ、十時には終わると思いますから、終わったら連絡しますわ」

あと数分でゲームが始まるというのに、その選手は終わった後の酒のことをあれこれと思い描いていた。そして、「ああ、痛てて……、今日は肩がダメですわ」と苦笑いしながら、衆目の集まるグラウンドへと向かっていった。

その夜、チームは午後十時を待たずに敗れた。

私はそれを見て、プロ野球にも予定調和や馴れ合いが存在することを初めて知った。急に目の前の世界が色褪せて見えた。

どうせ、すべてはあらかじめ決められているのだ。

そんな無力感に身を浸すようになったのは、振り返ってみればそれからだった。

ところが今、この球団のベンチは触れれば切れてしまいそうなほど張りつめている。この世界は果てしない奪い合いなのだという不文律が、これでもかというほど剝き出しになっている。

そこにシナリオはない。安全圏もない。これから何かをつかもうとする者も、すでに全てを手にしている者も、そして監督でさえも、全員が等しく奪うか、奪われるか、その緊迫感の渦中にいた。私はその空気に惹きつけられていた。

記者席にメンバー表が届いたのは、いつも通り、プレーボール三十分前だった。そこにはやはり、立浪の名前がなかった。サードには、ひと月ほど前に右手小指の骨折から一軍に戻ってきた森野将彦の名が書かれてあった。

午後六時。ゲームが始まった。ダグアウトから森野がサードへと走っていく。立浪はベンチの真ん中に座ったまま、それを見つめていた。

これがプロ野球か――。私はその鮮烈な光景に刮目(かつもく)した。

その日の落合は、立浪をゲーム終盤の代打で起用した。

立浪は三振に倒れ、チームは一点も取れずに敗れた。

8

蟬の声が遠くなり始めた晩夏のある日、森野はまだ太陽が東の空にあるうちにナゴヤドームに着いた。午前十時をまわったばかりだった。

ナイトゲームであるにもかかわらず、こんなに早く球場へやってきたのには理由があった。

独りになりたい。誰もいないところで無心になりたい……。

そんな場所は、朝の球場以外にはないと思ったのだ。

森野はそれほど追いつめられていた。

立浪に代わってサードを守ったあの七月二日から、先発メンバーとして試合に出続けるようになった。プレーボール直前、場内アナウンスに名前を呼ばれ、真っさらなグラウンドに飛び出していけるようになった。控えだった去年まではベンチ後列の〝自由席〟の中に空いている場所を見つけなければならなかったが、今は前列の一番右端に自分の〝指定席〟ができた。他の誰もそこには座ることができない自分だけのポジション。森野は欲しかったものを手にしていた。

だが、胸にはまるでその実感がなかった。むしろ、あの日から森野は怖くて怖くて仕方がなくなっていた。

落合からは、すれ違うたびにこう言われた。

「お前の代わりは、いくらでもいるからな」

それが脅しでないことは森野が一番よく知っていた。落合の眼に、少しでも森野の穴が映れば、すぐにまた自由席へ逆戻りさせられるだろう。だからヒットを打ってもホームランを打っても、不安で不安でたまらなかった。やがて肉体より神経がすり減っていった。

夏場のあるビジターゲームで、森野は右肘にデッドボールを受けた。翌日、遠征先のホテルで目覚めると、肘は腫れあがっていた。動かすだけで痛みが走り、とてもボールを投げられそうにはなかった。

「今日は試合に出られません」とトレーナーに告げると、内心ほっとした。重圧から解放された気がした。しかし、ほどなくして野手を統括するコーチの高代延博から部屋に電話がかかってきた。

「肘のこと、監督には報告せず黙っておいてやる。だから、どんなことがあっても試合に出ろ」

森野は最初、何を言われているのかが理解できなかった。

この肘でどうやって試合に出ろというのか……。

それでもコーチ命令ならばと、森野は痛み止めを飲み、テーピングを施し、あらゆる処置をして何とかグラウンドに立った。

アドレナリンのせいだろうか、プレーボールがかかると痛みは麻痺したようになり、あとは無我夢中でゲームセットまで戦い終えていた。

試合後、高代は言った。

「もし痛いと言えば、監督はすぐに休ませてくれたはずだ。その代わり、お前は二軍に行かされていただろう。レギュラーっていうのはな、他の選手にチャンスを与えてはいけないんだ。与えれば奪われる。それがこの世界だ。それが嫌ならどんなに痛くたって試合に出続けるしかない。監督はそのことを誰よりも知っているんだ」

森野は不安や恐怖から、束の間でさえも逃れることができなかった。

なかでも、森野を最も怯えさせたのが立浪の存在だった。

立浪はあの日を境に代打の切り札になった。ゲームの最終盤に、誰もがヒットが欲しいと願う場面で登場する。その瞬間に、スタンドからは歓声がわき起こる。自分へ送られるものとは比べものにならない大歓声だった。

それを耳にするたび、森野はまた打席に立つのが怖くなった。

「立浪なら打っていた……」

凡退する度、スタンドからそんな声が聞こえるような気がした。一打席ごとに心を削られていくような日々のなかで、立浪の影はどんどん大きくなっていった。

そういえば立浪は、どれだけデッドボールを受けても逃げなかった。打者は、当てられた次の打席では無意識に体が逃げてしまうものだが、立浪はむしろ、必ずそれまで以上に踏み込んでいった。その姿が相手も味方も畏怖させた。一七三センチ、七〇キロというチームで最も小柄なはずの背中が、誰より大きく、遥か遠くに見えたのはそのためだ。

立浪からようやくポジションを奪った途端に、立浪の大きさを嫌と言うほど思い知らされる。森野は、押し潰されそうなその重圧から何とか逃れようと、無人のドームへやってきたのだ。

トレーニングウェアに着替え、人工芝に足を踏み入れると、グラウンドはしんとしていた。まだ灯の入らない空間はうっすらと暗く、広大な森の中のような静けさがあった。

そのときふと、外野に人影があることに気づいた。誰かがフェンス際を走っている。遠くから微かな息づかいが聞こえる。よく目を凝らしてみると、それは立浪であった。

三十七歳が汗出しと呼ばれるウインドブレーカーを着込んで、誰もいない中を黙々と走っていた。

森野はその光景に愕然とした。

そこへ、いつも球場に一番乗りする年嵩(としかさ)のスタッフがやってきた。森野が外野を眺めて佇(たたず)んでいるのを見つけると、スタッフは言った。

「ああ、タツさんのことか？　あれ、ずっとやってるんだよ。代打になってから、ずっとな」

森野はじっと外野を走る男を見つめた。そして初めて立浪が失ったものについて思った。このドームができる前の、黒土と天然芝のナゴヤ球場の時代から途方もない時間をかけて築いてきたものを、立浪はあの日、奪われたのだ。

あの夜から、どうやってこの朝にたどり着いたのだろうか？　なぜ立浪は失ってもなお、走り続けることができるのだろうか？　ゲーム終盤の、代打の一振りのために、十時間も前から走っていることを、どれくらいの人間が知っているだろうか？

森野はしばらくその場を動けなかったが、やがて意を決したように自らも走り出した。

薄闇の中を、視線も言葉も交わさずに黙々と二人の男が走っていた。

その光景はやがて、朝のドームの日常になった。

## 9

夏が過ぎ、秋になってもセ・リーグのペナントレースは熱を失わなかった。首位を走る中日は、猛追してくる阪神を突き放すことができず、なかなか減らない優勝へのマジックナンバーに日々ナゴヤドームを埋める観衆も、選手やスタッフたちもじりじりとしていた。

十月四日の広島とのゲームも、もどかしさを象徴するような展開だった。序盤から守ってきた二点のリードを終盤に追いつかれ、九回裏に入っていた。

そのイニング、ランナーが二人出ると、落合はゆっくりとベンチから腰を上げた。球審を呼んで代打を告げた。すでに立浪がベンチの指定席から立ち上がり、バットを振っていた。

「九番、岡本に代わりまして、バッター、立浪――」

場内アナウンスとともに「翼の折れたエンジェル」が流れた。

このころ、立浪はPL学園の一年時によく聴いた歌を登場曲にしていた。厳しい寮生活のなかで、あらゆる理不尽に耐えていた自分を支えてくれた曲だった。それがスタンドの大歓声と混じり合って、背中を押してくれた。

広島はリリーフ左腕を送ってきた。両軍が勝負の行方を委ねた一打席が始まった。

ひと振りで仕事をする代打は迷ってはならない。一球あるかないかのチャンスを逃してはならない。立浪はためらいなく速球に踏み込んでいった。一点を切り裂くようなスイングは白球をとらえ、右中間へ伸びた。打球は前進守備の外野の頭上を越えて、人工芝に弾んだ。

　その瞬間、中日ベンチは空っぽになった。森野も、他の選手とともに立浪をめがけて疾走していた。サヨナラ勝ちの輪の中で、ミスター・ドラゴンズは頭から水をかけられ、ユニホームを脱がされ、破顔していた。どうだ、と言わんばかりにスタンドへ向けて両手を突き上げていた。

　ベンチの前では落合がにやりと不敵に笑って、この試合の英雄を迎えた。二人はわずかな瞬間だけ握手をして、すれ違った。そこには歓喜のなかでも消えることのない緊張感があった。

　ドーム全体がカタルシスに酔うなかで、立浪はインタビュー台に乗せられ、マイクを向けられた。それを見守る誰もが、レジェンドが斜陽の中にいることを知っていた。

「チーム全員で戦っているんで、自分の与えられたところで必死にやっています」

　抑制の利いた口調に淀みはなかった。このチームの顔としての、いつもの立浪だった。だが、代打になってからの自分に降り注ぐ、あの大歓声について問われると、急に立浪の言葉が途切れた。

「本当に、あの……。いつも感謝の気持ちでいっぱいで……」

　声が震えていた。その様子に球場が静まり返った。

「涙が出そうになるんですけど……」

　立浪はそう言ったところで絶句した。目は真っ赤だった。こみ上げるものを堪えようと唇を噛み締め、ドームの天井を見上げた英雄を、再び歓声が包み込んだ。

森野はその様子をロッカールームのモニターで見ていた。立浪の涙を見たのは初めてだった。

あの立浪さんが泣いている……。

不思議な気持ちだった。何事にも貪欲になれなかった自分も、すべてを手にしたような立浪も、今、目の前にあるひとつのポジションを巡って激情を露わにしている。涙するほどに心底を滾らせている。

そうさせたのは、落合が無表情で振るったひとつのタクトなのだ。

プロ野球で生きるというのは、こういうことか……。

森野は少しだけわかったような気がした。おそらく恐怖も不安も、そして孤独も、この先ずっと消えはしないだろう。それを抱えたまま戦っていくのだ。

いつか自分も、立浪のような景色を見ることができるかもしれない。あるいは、自分には見ることができないのかもしれない。それでも日々、眼前のグラウンドに立ち続けるしかない。

「レギュラーを取りたいか?」

落合はノックバットを通して、その覚悟を確かめたのだ。その問いに頷いた瞬間から、自分は引き返せない道を歩き出したのだ。立浪の涙を眺めながら、森野は覚悟が固まっていくのがわかった。ようやくプロ野球選手になれた気がした。

ABATA
6
DRA

# 2006

リーグ1位　vs.日本ハム（1勝4敗）

87勝54敗5分／.617／打率.270／本塁打139／防御率3.10

Dragons

第3章

# 福留孝介

# 二つの涙

優勝を決める打席。福留の脳裏に落合の声が甦る。

「一流ってのはな、シンプルなんだ」

# 1

そろそろ始まるな……。

福留孝介は壁の掛け時計を見上げた。午後四時を少しまわったところだった。試合前の練習が終わり、中日のロッカールームにはプレーボールまでの休息の時間が訪れていた。チームメイトはいつものように腹を満たしたり、ヘッドフォンをして自分の世界に浸ったりしていた。

それを横目に、福留はひとりロッカーを抜け出した。

ベンチ裏の通路に出ると、トレーナーやスコアラーらスタッフたちが慌ただしく行き来していた。その中を突っ切って、ホームベース後方にあるブースへと向かった。そこはオーナーや球団幹部がゲームを観戦するための部屋だったが、この時間はまだ誰もいなかった。

福留は真っ暗なその部屋に入ると、灯りもつけずにそこからグラウンドを覗いた。人工芝の上では赤いユニホームの選手たちが動き始めていた。中日ドラゴンズの三番バッターは、相手チームの練習にじっと見入った。

福留は二〇〇六年シーズン、広島カープとの試合前に限って、この特別な行動を取った。視線の先にいたのは前田智徳——球界において広く天才と知られたバッターであった。

蟬の声が消え、虫たちの演奏が聞こえるようになったころ、ペナントレースで首位をいく中日は後方からひたひたと追いかけてくる足音に苛まれていた。このシーズンは八月半ばに早々と優勝マジックを点灯させ、独走するかに思われたが、九月に入ってから二位の阪神が異様なペースで勝ち始めた。

夏の終わりには九ゲームも離していた相手が、いつの間にか四ゲーム差にまで迫っていた。優勝へのカウントダウンは進まず、グラウンドでは日ごとに一つの勝敗の重みが増していった。ベンチでは落合が凍てつくような緊迫感を放ち、選手たちはその狭間で押し潰されそうになりながら這い進んでいた。

そんなチームにあって、福留だけはどこか重苦しさとは無縁だった。

同じ左バッターとして、あれだけシンプルに打つことができれば……。

福留はそれだけを考えて前田のバッティング練習を見ていた。

前の年に打率三割二分八厘、二十八本塁打、一〇三打点という数字を残し、すでにリーグを代表する打者となっていた福留がそこまで前田を意識するようになったのは、落合の言葉がきっかけだった。

「お前はもっと数字を残せる。一流ってのはな、シンプルなんだ。前田を見ておけ――」

このシーズンの福留は、落合とともに打撃フォームの改造に取り組んでいた。インパクトまでの手順を可能な限り省く。それが落合の言うシンプルの意味だった。その模範教材が前田だった。ただ、落合と福留の関係は古くから球界で言われる師弟のようなものではなかった。福留は落合に従いていくというつもりはなく、感情的なつながりを持っていたわけでもなかった。むしろその逆であった。

ふたりはそもそも、何のために生きるかという価値観を異にしていた。

福留の名が世に知れ渡ったのは、一九九五年のドラフト会議だった。名門PL学園高校の主砲として甲子園を沸かせたスラッガーは、当時の高校生史上最多となる七球団から一位指名を受けた。大争奪戦の末に交渉権を引き当てたのは近鉄だった。

だが、福留は近鉄への入団を拒否すると、社会人の日本生命を経て、自身が再び指名対象選手となる三年後のドラフトまで待って、逆指名で中日へ入団したのだ。

遠まわりしてまで中日への思いを貫いたのには理由があった。当時の監督だった星野仙一やスカウトの存在も大きな要因だったが、胸の奥にもっと根源的な愛着があったのだ。

鹿児島県に生まれた福留は、まだ小学生のころ、よく隣県の宮崎へプロ野球のキャンプを見にいった。巨人の球場へ足を運んでも選手に近づくことさえできなかったが、鹿児島県曽於郡の実家から、車で四十分ほどの串間市で行われていた中日のキャンプは、どこかアットホームな雰囲気があった。

ある日、憧れの立浪和義に視線を送っていると、ボール拾いをしていた裏方のスタッフが声をかけてくれた。

「君、いつもよく見に来てるなあ」

片方の足を引きずって歩くそのスタッフは、福留少年に微笑んだ。そして人差し指を口に当てて、内緒だよというポーズをしながら硬式ボールをそっと渡してくれた。フェンス越しに受け取ったその白球は少年時代の宝物となり、中日という球団との絆になった。

本土最南端、鹿児島県大隅半島の野球少年は、やがて大阪のPL学園へ進み、甲子園、オリンピックと大舞台を踏んで名を馳せていくが、あの日の記憶はずっと胸に刻まれていた。そして、ドラゴンズブルーのユニホームに袖を通して、あのスタッフと同じグラウンドに立ったとき、福留はひとつ思いを遂げたのだった。

ところが落合が監督になり、二年目を終えた二〇〇五年のオフに、そのスタッフが解雇された。シーズンの優勝を逃した落合は、選手やスタッフの血の入れ替えを断行した。そのメスは組織の末端にいる裏方スタッフにまで及んだのだ。この世界で戦う原点のような存在を失った福留は、その瞬間から落合という人間への熱も失った。

この球団は、もう昔とは変わってしまったのかもしれない……。

諦めにも似た寂しさが胸にあった。

その一方で、バッターとしては落合の眼力と技術に惹きつけられていた。二〇〇六年シーズンを迎えるにあたって、どうすればホームランを増やせるかと悩んでいた福留に、落合はこう言った。

「ホームランは力で打つもんじゃない。技術で運ぶもんだ」

キャンプ中のグラウンドで、バットを手にした落合は、眼前のネットに向けてボールを打った。赤道部分のわずか下をスパッと斬るように打ち抜かれた白球は、ほとんど真上にあがった。シュルシュルと音を立てながら、まるで生き物のように高さ四、五メートルのネットを越えると、すぐ向こう側にポトリと落ちた。

福留も同じようにしてみたが、どうしても目の前のネットにボールが当たってしまう。落合のように、真上にあがるほどスピンの利いた打球はなかなか打てなかった。

バッターとして未知の扉を開けてくれる。そういう意味において、落合以上の存在はいなかった。だから福留は、グラウンドでは感情を排し、打つという技術においてのみ落合とつながることにした。

レギュラーを剥奪された立浪の処遇を巡って、落合に対する不穏な感情がチーム内に渦巻いているのは知っていた。ただ、福留は直感的にわかっていた。落合は好きだとか嫌いだとか、そうした物差しの埒外で生きている人間だ。感情を持ち込んでも意味がないのだ。その割り切りが落合の言葉に耳を傾けさせ、技術追求への純度を高めた。

バットのみで落合とつながる。他の選手たちが優勝争いの行方や自身の成績に加えて、日々突き刺さってくる落合の視線に内面を揺さぶられるなかで、福留だけが泰然としていられたのはそのためだったのかもしれない。

ナゴヤドームのグラウンドではカープのバッティング練習が始まった。福留は真っ暗なブースからそれを見つめていた。赤いユニホームの中に、ひときわ孤高の雰囲気を漂わせてバットを振っている男がいた。前田だった。

「前田を見ておけ――」

刀の居合のように最小限の動きから繰り出される一閃一閃を、福留は目に焼きつけた。落合の言葉が頭の中をめぐっていた。

## 2

これまでにもっとも影響を受けたバッターは誰ですか？

テレビにしろ新聞や雑誌のインタビューにしろ、そう訊かれるたびに落合はこう答えた。

「どいけんじ」

土肥健二はそうしたやり取りを目にするたび、首を傾げるしかなかった。

質問をしている人は、川上哲治や王貞治といった名前を想像しているだろうに……。

そんなことを考え、気恥ずかしくもなった。

土肥は一九八三年にロッテオリオンズで現役を引退した。その後は故郷の富山に戻ってゴルフ場に勤務していた。静かに第二の人生を送るつもりだったが、プロ野球界のスターとなった落合がメディアに向けて自分の名前を語るため、隠居した土肥は、いつしかこう呼ばれるようになっていた。三冠王・落合の神主打法を生んだ男——。

土肥にとっては、それが不思議で仕方なかった。

なんで落合は、自分のことをそんな風に言うのだろうか……。

そもそもロッテで落合とともにプレーしたのはわずか五年間であり、その間にバッティングについて何かを問われたことも、語り合ったこともなかったからだ。

土肥がロッテに入団したのは、長嶋茂雄と王貞治を看板にした巨人軍が全盛を誇る一九六九年のことだった。富山の古豪・高岡商業高校からドラフト四位で指名された。捕手としての入団だったが、すぐにハンドリングの巧みな打撃を買われ、一軍のゲームに出られるようになった。ただ、一七〇センチと小柄な体は長いプロのシーズンに耐えきれず、いつも途中で悲鳴をあげた。そのためレギュラーを獲るには至らなかった。

土肥は年齢を重ねるにつれ、ときには外野も守りながら、代打の切り札として職人的に生きていくようになった。打たなければ職を追われる——追いつめられた状況のなかで身につけたのが、両腕を体の正面に伸ばし、神主がお祓いをするような独特の構えだった。

当時の球界では、外角へ逃げていくスライダーを投げるピッチャーが増えていた。そのボールに対応するためにはバットの出を少し遅らせる必要があり、神主打法はそのためのものだった。たしかに土肥のトレードマークであり特徴的ではあったが、とくに世の中から騒がれることはなかった。

社会人の東芝府中から、落合という不敵な面構えのスラッガーが入ってきたのは、土肥がプロ十一年目を迎えたシーズンだった。

三歳下の落合は変わった男だった。当時は監督もコーチもこぞって、「上からボールを叩け」と口をそろえる時代だった。新人選手はみなダウンスイングを強制されるのだが、落合はそれには耳を貸さず、アッパースイングの軌道を描いていた。

下から放物線を描くように打ち上げた打球は遠くには飛ばない――土肥はそう教えられてきたが、落合の打球はなぜか空へ舞い上がると、なかなか落ちてこなかった。そして、ゆったりと川崎球場のフェンスを越えていった。一本、また一本とそのスピンの利いた放物線を描くうちに、やがて誰も落合に「上から叩け」とは言わなくなった。

プロ三年目に落合が首位打者を獲ったころには、チーム内からこんな声が聞こえてきた。

「あいつは、一体、いつ練習しているんだ?」

落合が特別に他人よりバットを振っている姿を、誰も見たことがなかった。

土肥がベンチで何気なく目にした落合の手の平は、血マメひとつなくツルツルとしていた。ストイックな空気はなく、酒の匂いをさせながら打席に立つこともあった。

だが、試合では誰よりも貪欲だった。大差のついたゲームでは打者は集中力を欠きがちだが、落合はどれだけ勝っていても、負けていても、最後の打席まで飢餓感を失わず、一本でも多くのヒットを稼いで帰っていった。

そして、いつの間にか土肥と同じ構えで打つようになっていた。首位打者、ホームラン王、打点王のタイトルを独占する三冠王となった四年目には、神主打法は落合の代名詞のひとつになっていた。

土肥には、落合が自分を真似たのだという意識はなかった。気づかなかったと言ったほうがいいかもしれない。落合とはゲーム中のベンチで言葉を交わしたり、酒を酌み交わしたことはあったが、バッティングや構えについて話した記憶はなかった。何かを質問された覚えもなかった。思い当たることといえば、キャンプ中に二つ三つの打撃ケージを並べて練習する際、土肥は落合とペアになることが多かった。つまり隣り合って打っていた。

もし、落合が自分のバッティングから何かを得たのだとすれば、そのときだ。落合は目の前でバットを振る代打屋の構えをじっと見ていた。人知れずそれを再現して、やがて自分の身体にすり込んだ。そうとしか考えられなかった。

土肥はプロの世界で十五年を生き延びた。四百九十七本のヒットと四十四本のホームランを残してユニホームを脱いだ。落合という男の本質がわかってきたのは、その後だった。

例えば、落合を表す代名詞に「オレ流」がある。この表現について、後に落合本人がこう語っていたのを活字で目にしたことがあった。

「私はね、自分では一度もオレ流という言葉を使ったことがない。周りが言っているだけ。世の中の人たちが言うオレ流って、自分に言わせれば、堂々たる模倣なんだと思う」

土肥はその記事を見て、かつてチームメイトだった落合という男から感じた、あの日々の不思議を思い出した。そして、もし自分の神主打法が落合に何らかの影響を与えたとしても、それはもう彼のものだと思った。数字が証明していた。落合はまさに完全なる模倣から、自分だけの技術を生み出したのだ。

3

私は新幹線のシートに腰を落ち着けると、隣に座っている福留を眺めた。

他の乗客よりも頭ひとつ抜きん出て背が高く、スーツの上からでも筋肉の隆起がわかる彼は、窓際の席でしきりに手の平を気にしていた。血マメが幾重にも固まり、乾燥してひび割れ、ゴツゴツとした手はバッターにとって幾千幾万のスイングを積み上げてきた勲章である。ささくれ立った皮を剝くのは、きっと癖なのだろう。私は隣でそれを眺めていた。

この日は次のゲームが行われる横浜への移動だったが、その車中の時間を邪魔してまで取材しようと思ったのは、このチームが優勝するならば、特筆すべきは、この二十九歳のスラッガーだと思ったからだ。

二〇〇六年のペナントレースは佳境に差しかかっていた。中日は依然として首位を守っていたものの、九月半ばを過ぎて、背後に迫る二位阪神の足音はさらに大きくなっていた。その重圧は行軍の足を鈍らせ、次第に打線はつながりを欠くようになっていた。そんな状況でただひとり、淡々とヒットを重ねていたのが福留であった。

三割五分を超える打率で首位打者を独走し、ホームランは三十本に迫っていた。ただ、突出した数字もさることながら、それとは別に、福留には他の選手との明らかな違いがあった。

落合との距離感である。

日々、試合前のフリーバッティングを終えると、福留は落合の元へ向かった。落合も、福留が打つ時間になるとグラウンドに現れて、ケージ裏でそれを見守っていた。そして二人は、今しがたのバッティングについて、二言、三言、かわすのだ。

わずか数分だが、あの落合と毎日のように言葉のやり取りをする選手は、福留をおいて他には見当たらなかった。

一方で、両者の間には明確な一線がみてとれた。接するのはバットを介してのみで、それ以外に感情のつながりが見られないのだ。

ウォーミングアップの合間やベンチ内の何気ない時間に接している様子はなかった。

グラウンド外で落合が福留について何かを語ることはなく、福留もまた落合の言動を気にする素振りはなかった。誰もが落合の言葉や視線に感情を揺らし、あの立浪でさえ怒りをあらわにするなかで、福留からはまるでそれが感じられなかった。

交わることのない二つの個。落合と福留の関係はそのように見えた。

私が訊きたいのは、それについてだった。

「落合さんのことを、どう思ってる？」

新幹線が動き出し、しばらくしてから私は曖昧な問いをした。それで伝わると思った。

福留は手の平に落としていた視線を上げて、私を見た。

すべてを察している表情だった。

「この世界、好きとか嫌いを持ち込んだら、損するだけだよ」

車窓から差し込んでくる光に目を細めながら、福留は続けた。

「前にも言ったことがあっただろ？　俺は野球と人間的なものは区別すると決めたんだよ」

以前に聞いたことがあった。落合が監督となってまもなく、福留がこの球団に入るきっかけとなったスタッフが解雇された。内心は揺れたという。ただ、そこで福留は落合という人間に対して、何かを割り切った。本来は感情をあらわにし、それを原動力にプレーしてきた男がドライな雰囲気をまとうようになったのは、それからだった。

「でも、監督はキャンプから他の誰よりも俺のバッティングを見てきた人だから。どこが違うのか、何が狂っているのか一番わかるんだ。だから訊く。今日はどうですか？って。それだけだよ」

それが、落合との距離感についての福留の答えだった。

お互いに敬語を必要としないのは、私が福留と同じ年の生まれだったからだ。

福留は「おう、同級生」と私を呼んだ。ただ、私はそんな実感を抱いたことはなかった。いつも彼のことを自分より遥かに年輪を重ねた人間のように感じていた。

甲子園でもプロ野球でも、常に注目を浴びてきたスター選手と末席の記者ではそもそも勝ち取ってきたものの数からして違うのだが、それよりも決定的なのは、これまでに捨ててきたものの差であるような気がしていた。

福留は中学時代からその名を知られた野球少年だったという。プロに入る人間というのはほとんどがそういう存在だが、彼が特異なのは、鹿児島県から初めて大阪のＰＬ学園へ越境入学した選手だったということだ。

当時、県内の強豪高校の関係者からは、「もし鹿児島を出て、他県の高校へ行くなら、お前の弟が県内で野球できんようにしてやる」と脅迫めいた言葉も投げられたという。からみつくようなしがらみのなか、十五歳の少年はひとり決断し、故郷を飛び去った。

親が留守の間に、ＰＬ学園の関係者と話し、その場で決めた。

「俺、ＰＬにいくから」

親には事後報告だった。立っている場所や与えられたものに拘泥（こうでい）することなく、むしろ捨て去ることで前に進んできた。そして今、感情を捨て去ってさらに高みへ登ろうとしている。

「監督にさ、一流のものはシンプルだって、そう言われたんだよ。前田を見ておけって」

チームの主砲は感情を込めずに言った。もう手の平を触ることはやめていた。

福留が落合とともにバッティングフォームの改造に取り組んでいることも、そのテーマが余分なものを削ぎ落とすことであるのも、番記者なら誰もが知っていたが、見本があったというのは初耳だった。

「だから俺、広島戦になると、前田さんのバッティング練習をずっと見ているんだ。知ってた？　同じ左バッターとして、あの人ほどスイングがシンプルな人はいないから」

私はそれを聞いて、感情の繫がっていない二人が毎日のように言葉を交わす理由がわかった気がした。福留は落合を鏡にしているのだ。日々、自分のバッティングに起こる変化を正確に映し出してくれる二つの眼――そこに情はいらない。あれば鏡は曇るだけだ。

不思議だった。落合と福留はバッターとしても、人間としてもまるで違っているのに、どこか深いところで重なる部分があった。

二人が放つ、揺るぎなくドライな空気は、このチームを象徴しているようでもあった。

やがて新幹線は新横浜駅のホームへ滑り込んだ。

福留はスーツのジャケットを羽織ると、「じゃあ、また球場で」と席を立った。

すべてが決する残り二十試合。戦いの佳境へと向かう男がホームの雑踏へ消えていった。

私にはやはり、その背中が遠く見えた。

4

落合が大切なものを失った——そんなニュースが世の中に流れたのは九月二十日のことだった。

その夜の中日は横浜スタジアムで劇的な勝利を飾った。三点をリードされた最終回に、代打立浪の一打を皮切りに一挙五点を奪って逆転したのだ。迫る阪神の足音をわずかに遠ざけ、半歩進んだ。しかし、その裏で、事件は静かに起こっていた。

ゲームが終わると、私はいつものように番記者やスチールカメラマンたちに紛れ、ベンチ裏の通路で落合を待っていた。だが、指揮官はこの日、なかなか姿を現さなかった。バットケースを担いだ選手たちも、コーチやスタッフも去っていった。チーム専用バスに落合以外の全員が乗り込み、バスがスタジアムを離れてもまだ出てこなかった。

何があったのだろう……。

かつてない事態に、私は落ち着きなく時計に目をやったり、その場を行ったり来たりしていた。まわりの番記者たちもそわそわとし始めていた。

そこへスーツ姿の球団幹部がやってきた。

「皆さんにお伝えしなければならないことがあります」

その硬い表情に、一同は静まり返った。私は手にしていたペンを握りなおした。

「落合監督の私物のバッグが紛失しました。試合の途中までは監督室にあったことを本人もスタッフも確認しています。バッグには財布の他に、大切にしている御守りが入っていたということです。球団としては、盗難の可能性もある……と判断して、警察に届けるつもりです」

報道陣はざわめいた。携帯電話を手に、記者席へ駆けていく者もいた。御守り、盗難というフレーズが私の頭の中を駆け巡った。

制服姿の男たちが、あわただしくベンチ裏を出入りしていた。

落合が私たちの前に出てきたのは、午後十一時前のことだった。ゲーム終了から二時間近くが経っていた落合は私服に着替えており、隣には観戦に訪れていた夫人を伴っていた。

通路に現れるなり、あっという間に記者たちに囲まれた指揮官は、バッグのことを問われると、歩みを止めずに言った。

「五回までは俺の部屋にあったんだ……。あそこに入れる人間は、限られているはずなんだけどな……」

私は人垣の中で肩をぶつけながら、かろうじて落合の表情を見ることができた。いつもは一点を見つめ、確信めいたものを浮かべている落合の視線が宙を泳いでいた。

「バッグや財布はいいんだ。あれさえ戻ってきてくれれば……」

落合は隣にいる夫人に目をやって、そう言った。

言葉からはいつもの張り詰めた緊迫感が消え失せていて、語尾は途切れがちだった。

そんな落合を見るのは初めてだった。


それから二十四時間も経たないうちに、番記者たちは東京・世田谷の落合邸に集まることになった。横浜スタジアムでのバッグ紛失騒動から一夜明け、広報を通じて落合が呼びかけた格好だった。

陽射しの強い午後だった。御守りの行方がどうなったのか、続報が聞けるということで、応接間はメディアの人間でごった返していた。ヨーロピアン調の長いテーブルには落合を囲むようにペンを持った番記者たちが座り、その後ろで各社のカメラマンが渦中の指揮官にレンズを向けていた。さながら記者会見のようだった。

ただどちらかと言えば、座の主役は落合ではなく、パステルカラーの洋服に身を包んだ夫人のほうだった。

「――結局、昨日は警察署を出たのが夜中の三時だったのよ。帰りのタクシーで、私も落合も一言も喋らなかった。さすがに口もきけなかった。でもね、御守りが戻ってくるならどうってことないの。落合も私も息子も、ずっと同じものを持ってきた。大切なものなのよ。もし、バッグを持っている人がいたら、あれだけでも返して欲しいの」

夫人は自分のものであるという銀色の円柱型ケースに入った御守りを報道陣に見せると、ひとりひとりの目を見て、そう訴えかけた。どうやら報道陣を集めたのは夫人のようだった。

落合はその横で視線を床にやったり、宙に泳がせたりしていた。

昨夜と同じ表情だ……。

私は長テーブルの隅で内心、そう思っていた。

「ねえ、あんた、そうでしょ?」

夫人にうながされ、落合は思い出したように口を開いた。

「ああ……そうだ。あの御守りだけ返ってくればいいんだ……」

記者たちは一言一句にペンを走らせていた。優勝に向かう途上で御守りを失った監督が悲痛な訴え――ゲームのない日には格好のネタだった。

落合が愛用しているダンヒルのバッグは、五回終了時点では確かに監督室にあったという。だが、試合終了後には、現金三十七万円が入った財布と時計と、そして御守りとともに忽然と消えていた。監督室の入口には警備員が常駐していた。そのため、身内の犯行である可能性も囁かれていた。ミステリーとしても申し分なく、十分に一面トップを張れる話題だった。

ただ、私はどちらかといえば、御守りの行方よりも、落合の表情のほうが気になっていた。どうも腑に落ちないのだ。

落合の視線をあれほどそわそわと落ち着きなくさせているのは、本当に消えた御守りなのだろうか？

私には御守りの紛失によって、より切実なショックを受けているのは夫人のほうに見えた。そもそも、あの落合が目に見えない何かに縋(すが)ることなどあるのだろうか？

落合をいつもの落合でなくさせているのは、何か別のものであるような気がした。

5

翌日も、九月の陽射しは容赦なくアスファルトを焼いていた。

私は落合邸の前にいた。

自分でもどうしてまたここに来たのか、明確な理由はわかっていなかった。ただ、胸に微かにつかえているものをどうしようかと迷っているうちに、自然と足が向いていた。てっぺんまで上った太陽がそろそろ下降を始めようかという時刻に、私は門扉の前に着いた。この日は神宮球場でナイトゲームが予定されており、おそらく落合はもう出発したはずだ。遅れたのではない。それでよかった。

邸内は前日とは打って変わってひっそりしていた。玄関では、犬を模した傘立てが黙して番をしていた。

私は、まだ落合と御守りを結びつけることができずにいた。落合が自分以外の何かに命運を委ねる姿が、どうしても想像できなかった。だから、御守りの〝中身〟が何であるのか、それを夫人に訊きたかった。

まもなく十月だというのに陽は翳らず、じりじりするような照り返しの上でしばし、物言わぬ番犬とにらみ合っていた。

やがて配送トラックが門扉の前に停まった。運転手は、そこに佇んでいる私を怪訝そうに横目で見ながら、不遠慮にインターホンを鳴らした。

ほどなく「はーい」と声がして夫人が出てきた。夕陽色に染め抜いた髪が夏の陽射しを浴びて、情熱的な印象をさらに鮮烈なものにしていた。

届け荷物を受け取った夫人は、門扉の前にいる私を見つけると、「あら……ご苦労さま」と言った。

「でも、もう落合は出ちゃったわよ」

夫人は、私が落合のことを取材にきたと思っているようだった。

「いえ……きょうは違うんです」

私はためらいながら、ここに来た理由を説明した。

「そもそも、なんで落合さんが御守りを持つようになったのか、それが訊きたくて……」

夫人は少し驚いた様子だったが、やがて、砂浜に面白い貝殻でも見つけたかのような表情になった。

「あんた、そのために、ひとりで来たの？」

私が頷くと、夫人は可笑しくて仕方ないというように笑った。

「よし！　いいよ！　入りな」

落合邸の玄関を上がると、すぐ左にあるリビングへ通された。夫人は湯気の昇る湯呑みを私の前に差し出しながら、もう話を始めていた。

「出会ったころの落合はね、好きな野球だけできりゃそれでいいっていうような、欲のない男だったのよ……」

ダイニングテーブルを挟んで向かいに腰を下ろした夫人は、つい昨日のことのように、そう言った。

夫人が落合と出会ったのは、社会人の東芝府中からロッテオリオンズに入団する直前だったという。

二十五歳でプロ入りした落合は、一年目、二年目は一軍に定着することができなかった。まだ無名だったその当時、よく夫人のアパートまで押しかけてきたのだという。

「ある日、私がデートから家に帰ったらね……ああ、そう、私、当時は別にお付き合いしている人がいたのよ。そうしたら、家の鍵が開いているのよ。誰だろうと思って中に入ったら、落合が勝手に上がり込んでいたの。女性の家によ！」

夫人は大きな目を、さらに見開いた。

「アパートの大家さんに鍵を借りたのね。それで私の顔を見るなり『豚肉を買ってきたぞ。お前の分も焼いたから食え』って。私、頭にきちゃってね。だって失礼でしょう。だから、『私、お付き合いしている人がいるのよ！』って、はっきり言ってやったのよ」

長野から東京に出て、ひとりで身を立てていた女性には、九歳下の欲のない野球選手は、どこか物足りなく映ったのだろうか。

「でもね、落合ったら『そんな奴より俺の方がいいぞ』って。『それより豚肉、食え。美味いぞ』って。なんか、その顔見てたら私、もう力が抜けて、笑えてきちゃって……」

夫人は大抵のことを愉しげに話す人だったが、とりわけ愉しそうな顔をしていた。落合とは対照的に、感情の隠し場所を必要としない人だった。

「だから、『私と付き合いたいのはいいけど、じゃあ、あんたどうなりたいの？』って訊いたのよ。だけど何にもないの。野球ができりゃそれでいいって、あんまりにも欲がないから、ある時、『あんた、何か信じるものを持ちなさい』って私が言ったの。『今、持っている大事なもの、御守りから何から全部持ってきなさい』って。私も同じようにして、それを二人してベランダで燃やしたのよ。その代わりに渡したのが、あの御守りなの」

二人は過去を火に焚べながら約束したのだという。タイトルを獲る。三冠王を獲る。つまり、ただ野球をやるだけでなく、世に名を残す。

私はお茶を飲むのも忘れて、聞き入っていた。小さなアパートのベランダで肩を寄せ合う落合と夫人を想像した。

その火は落合にとって、どんな意味を持っていたのだろうか。

私はまだ誰にも知られていないころの落合を思った。

飛び抜けた野球の才能を持ちながら、体育会の理不尽を許せず、秋田工業高校の野球部を辞めた。野球を見込まれて進んだ東洋大学でも寮を飛び出し、中退した。気づけば、ポケットに五円しかなく、日比谷公園や上野公園で夜を明かした。東芝府中の臨時工として配電盤を組み立てながら野球を再開したころも、特に夢はなかった。

世間が知る落合の無名時代の逸話である。

寄る辺なく世間を彷徨(さまよ)っていた男にとって、すべてを灰にしてから結んだ契りは、初めて見つけた打算や理屈なしの繋がりだったのではないか。その日、落合はすべてを捨て、確信的なひとつを得たのではないだろうか。

「あの人ね、昔からいつも私に球場へ来い、一緒に行こうって言うのよ」

夫人は眉間に皺を寄せながら、微笑んだ。

御守りを手にした落合は、プロ野球という舞台でその特殊な能力を示しはじめた。毎年秋になると、タイトルのかかった一試合、一打席が巡ってきた。掴むか、手放すか。わずか一瞬で全てが決まる。そんな日になると、落合は見送りに出てきた夫人の手を引っ張って、車に乗せるのだという。

「俺、今日打つから。一緒に行こう――」

夫人は黙って車に乗り、閑古鳥が鳴く川崎球場のスタンドの一番目立つところに座った。その目の前で落合は打った。

ふたりはともに闘っていた。

一九八六年シーズンの春先に、落合が不振に陥ったことがあった。夫人は、腰痛でまともにバットが振れない落合に代わり、当時の監督である稲尾和久に頭を下げた。

「稲尾さん、落合を四番から外してください！　迷惑がかかります」

そんな女房の姿を目の当たりにした落合は、それから打ち始め、最終的にはプロ野球史上初めてとなる三度目の三冠王を獲った。

「あのときのこと、忘れられないわね……。稲尾さん、『大丈夫、今は落合の弟が打っているだけだから。そのうち打つよ。だから四番は外さない』って、そう言うのよ。そうしたら、本当にしばらくして打ち出したんだから」

熱に満ちた時代の思い出を語る夫人の声が部屋に響いていた。

私はふと落合邸のリビングを見渡した。一見すると雑然としているのだが、すぐ手の届くところに飲料水やサプリメントの箱が山と積まれている。カレンダーには太いマジックで、チームのスケジュールのみが書かれている。飾り気は薄く、まるで野球場のロッカールームのように機能的だった。先程、何気なく上がってきた玄関は、夫人が稲尾に頭を下げた現場である。つまり、ここもまた戦いの場なのだ、と私は気づいた。

それから夫人は、御守りを失った落合について話した。

神宮でのヤクルト戦に向かうこの日の朝、落合は新しい財布を手に家を出ようとした。そこで夫人は財布を取り上げ、裸の札を渡した。

「どうせ失くすんだから、これでいいでしょう?」

バツの悪そうな落合の顔を見て途端に可笑しくなったという。それにつられて落合も吹き出した。二人は顔を見合わせ、その場で笑い合ったのだという。

「もう、可笑しくなっちゃってねえ……」

夫人はそれが、つい今しがたの出来事であるかのように、また笑った。

私は胸のつかえが取れた気分だった。事件の夜も、翌日も、落合の視線がなぜ彷徨っていたのか、自分なりに答えを見つけたからだ。

私は時計の針を見て、腰を上げた。スタジアムに行かなくてはならない。

礼を言って門扉を出ると、夫人は、落合と同じ66番のユニホームを羽織って、手を振っていた。

「今日も勝つよお！　私も後で行くからねえ！」

夏の午後の重たい空気を突き通すような声だった。

なぜ、落合が「別に嫌われたっていいさ」と言い切れるのか。

なぜ後援者も派閥も持たず、一匹狼としてグラウンドに立てるのか。

つまり、落合にとっての御守りとは何か。

私は夫人の姿を見て、わかったような気がした。そしてこの朝、夫人と笑い合った落合にはもう、あの円柱型ケースは必要ない気がした。

その夜の神宮球場には日中の熱を吹っ切るような爽やかな風が吹いていた。御守りを失った落合と中日は、ヤクルトに大勝した。

試合後、落合は夜風を浴びながら帰りのバスへと歩いていた。追いすがる番記者から御守りについて問われると、足元の一点を見つめたまま、視線を動かさずに言った。

「それと野球は別だよ――」

裸銭(はだかぜに)をポケットに突っ込んだ落合は、いつもの落合に戻っていた。

深夜の赤坂通りは車で埋め尽くされていた。

午後十時を過ぎて、タクシーが増えるころになると、外堀通りからの上りも下りも車列はほとんど動かなくなる。ヘッドライトとテールライトが闇の中に連なり、夏祭りの提灯のようになる。ナイターの後の見慣れた光景だった。

私は動かない車と車の間を縫うようにして車道を反対側へと渡った。数歩先には年長の記者の背中があった。神宮球場で仕事を終えた私たちはビールを求めて、投宿しているホテルのある赤坂へと戻ってきていた。前をいくネルシャツ姿は赤坂通りを渡ると、薄暗い路地に入っていった。行き先は聞いていなかったが、どこに向かっているのか見当はついていた。両側から迫り出す看板に袖を引っ掛けてしまいそうな細い筋だった。

肉の焦げた匂いと、ビールの匂いと、しばらく放置された生ゴミのような匂いがした。年長の記者はやがて、外にドラム缶の並んだ韓国料理店の前で止まると、その扉を開けた。私も後に続いた。そこで夜半まで酒を飲み、あとはホテルのベッドに倒れ込む。ナイターの後のいつもの行動だった。

ただ、この夜はひとつだけ違っていた。いつもは酒を注ぎ、頷くだけの末席の記者が、話すべきことを胸に秘めていたからだ。

夏の終わりと秋の気配が入り混じったような夜だった。路地を歩いて滲んだ汗がすうっと乾いていく。そのためだろうか、年長の記者は、いつもならすんなりと片付けるはずの最初のジョッキを半ば残して手を止めた。そして、気怠そうに言った。

「まだ、わからねえぞ。阪神にまくられるかも知れねえ……」

チームのことを言っていた。一年のほとんどをスタジアムで過ごす記者同士、酒の肴もグラウンドのことにならざるを得ない。

中日は首位に立っているが、優勝を逃す可能性は十分にある——年長の記者は私に向かってそう話した。まるで自分に言い聞かせているような口調だった。

その苦み走った表情は番記者内の空気を象徴していた。記者たちは業務上、一年間のほとんどをチームと共に行動する。そのため、多くの場合は担当チームを贔屓するような感情が生まれるのだが、落合の中日についてはその逆であった。記者たちが肩入れするというより、むしろ敗れれば胸をなで下ろし、勝てば白けるような雰囲気があった。

ほとんどの人間は落合が笑う顔を見たくないようだった。

ましてこのシーズンは二位の阪神が、落合の独走を阻止するように食い下がっていた。例年ならば、首位チームの番記者は優勝決定日を想定して、紙面の企画を考え始める時期なのだが、年長の記者がそれを言い出さないのは、頭のどこかで落合が逆転されて敗れるシーンを描いているからだろう。

自分はどうだろうか？

私は泡のなくなったビールを見つめながら考えてみた。

落合のことは好きでも嫌いでもなかった。仕事でなければ近づくことはないだろうと思う。ただ、取材対象としては不思議と惹きつけられた。一体、どんな人間なのだろうという興味だった。

だから、ノロノロと杯が重なるのを見計らって、私は用意していた言葉を切り出した。

「あの……、もし……、もしですよ」

店内の喧騒に紛れてしまいそうな、小さな声だった。

「もし、このチームが優勝したら……監督の原稿、僕が書いてもいいですか？」

年長の記者はきょとんとしていた。今しがた耳にしたことを確かめるように残っていたビールを流し込んだ。

一笑に付されてもおかしくなかった。優勝監督の原稿は、複数人いる担当内のリーダーが書くと決まっていた。まして私のような末席にいた記者が踏み入ることができる領域ではなかった。

自分にできるのか、とはそもそも考えていなかった。ただ、落合という人間を書いてみたいという衝動だけがあった。

年長の記者は私がそんなことを言い出すとは考えていなかったようだった。

ぼんやりと宙に視線を泳がせながら、しばらく何事かを考えていた。それから、私をちらっと見て、言った。

「ああ……、好きにしろ」

6

ここで、まわってくるのか……。

福留はバットを握ると、バッターボックスからグラウンドを見渡した。延長十二回表、一アウト。塁はすべて埋まっていた。このシーズンの決着はお前がつけろ、そう言われているような打席だった。

十月十日、東京ドーム。中日はリーグ制覇に王手をかけていた。マジック1、勝てば優勝という状況で迎えた巨人戦は、三点を先制しながら、七回までに追いつかれた。ゴールは見えているのに、もどかしいくらいに足が進まない。二〇〇六年シーズンを象徴するような展開で、規定の最終回に入っていた。

この延長十二回に得点できなければ優勝は持ち越しとなる。そうなれば一日おいて、二位阪神の待つ甲子園で戦わなければならなかった。プレーオフにもつれこむ可能性も出てくる。一歩先は光なのか闇なのか、まだわからない。そんな状況で、リーグ首位打者に最後のチャンスが巡ってきた。

福留は打席に入ると顔を上げた。敵地のスタンドが半分以上ブルーに染まっていた。自分に向けられた無数の祈りがあるのがわかった。

ただ、福留の頭には、たったひとつのことだけしかなかった。

バットを振る。振り切る。

かつて自分とこの球団を繋いでくれたスタッフが解雇され、落合への怒りや失望が生まれたのは確かだ。ただ、グラウンドでは感情を排した。目に焼き付けた前田智徳のスイングとともに追い求めるイメージだけを浮かべてきた。今はただそれを実行するだけだ。

落合の声が耳に甦る。

「一流ってのはな、シンプルなんだ」

カウント一－一からの三球目、巨人のストッパー高橋尚成が投じたのは内角ストレートだった。あらかじめ弓を引きしぼったようなトップから、最小限の動きでバットを出す。前年までなら差し込まれていたかもしれない速球をバットがとらえた。

「抜けろ！」

そう叫んだ福留の視線の先で、白球は内野手のグラブをすり抜け、センターへと道を開いた。

四対三。長い戦いに終止符を打つ勝ち越しの一得点が、スコアボードに刻まれた。優勝を目前にして東京ドームを埋めた青が揺れていた。

福留は一塁上で深く息を吐いて、ベンチに目をやった。弾けるような笑顔が並んでいた。落合がどんな顔をしているのか、そこからは見えなかった。

指揮官の感情を目の当たりにしたのは、続く四番タイロン・ウッズの満塁ホームランで本塁を踏んだ後だった。福留はベンチに戻ると落合のもとへ向かった。手袋を外し、右手を差し出した。それを落合が握り返す。互いの対照的な手の平が交錯した。

その直後に福留は見た。落合がベンチの隅で白いタオルを手に目元を拭っていた。あの落合が、まだゲームが終わっていないというのに落涙していた。

## 7

福留の一打がセンターへ抜け、ウッズの打球が左中間スタンドへ飛び込んだとき——つまり中日の優勝が決定的となったとき、私の腕時計は午後十時を指していた。それは、長針があと半周するまでに原稿を送らなければならないことを意味していた。

私は優勝監督となる落合について、一面の原稿を書くことになっていた。自分で言い出したことだったが、机の上に開いた私のパソコンの画面は空白のままで、その上にカーソルだけが点滅していた。私はまだ一文字も書き出すことができずにいた。

記者席のモニター画面には落合の表情が大きく映し出されていた。純白のタオルで流れ落ちるものを何度も何度も拭っている。あの落合が泣いていた。予期していなかったその涙が、私の頭を真っ白にしていた。

記者席の至るところからキーボードを叩く音が聞こえてきた。そういう時刻なのだ。

「たとえ試合が終わっていなくても、どんなことがあっても締め切りには原稿を出せ。それができなければ記者ではない――」

入社してからずっと、そう叩き込まれてきた。どんなに状況が切迫していても、たとえ、末席の記者であっても、それだけは守らなければならない。

ただ、不思議と私の胸に焦りはなかった。それどころか、なぜ自分はこの場にいて、この仕事をしているのか。そんなことを考えていた。

新聞社に入ろうと思ったのは、まだ自分の将来図など描けていない学生時代のことだった。地元紙に一本のコラムを見つけた。ブエノスアイレスの、ある新聞記者について書かれたものだった。

彼はフットボールの担当記者だったが、三十路を迎えて仕事にマンネリを覚えていた。そんなある日、見たこともない試合に遭遇する。技術の粋を尽くしたような内容と、生命をぶつけ合うように戦う選手たち。すべてが彼の心を震わせた。ゲームが終わっても、彼は記者席で呆然としたまま、余韻に浸っていた。

やがてデスクから電話がきた。

「おい、原稿はどうした？　何時だと思ってる？」

記者は言った。

「書けません」

なぜだ？　というデスクの尖った問いに、彼は繰り返した。

「今は……書けません」

「お前、自分がどうやって給料もらっているのか、わかっているのか？」

デスクの声色が変わった。

「原稿を書かねえなら給料なしだ！　クビだ！」

それでも記者は書かなかった。彼は後日、幸せそうな顔のまま、減俸を受け入れたのだという。金にも、地位にも、名誉にも代えられない。こんな幸せな仕事が世の中にあるだろうか――。

記憶の中では、コラムはそう締めくくられていた。当時の私は、その記事を切り抜き、古びたＡ４判の大学ノートに貼りつけた。そして何度も何度も読み返した。

末席でただ待つことに慣れ切った日々の中で、そのコラムのことはいつしか忘れてしまっていたが、なぜか、こんな締め切りの土壇場で甦ってきた。

マウンドには中日のストッパーが立っていた。最終回、巨人の攻撃はあと一アウトとなっていた。時計の長針はもう、締め切りまで一刻の猶予もないところまできていた。

午後十時二十分、ゲームセット。その瞬間、追われる者たちは解放された。立浪和義も森野将彦も、誰もが破顔していた。マウンド付近で抱き合い、輪をつくった。

私は机のモニター画面の中に落合を探した。

落合は選手たちとスタンドのコールに促されるように、ベンチの奥からゆっくりと出てきた。歓声を浴びながら、どうってことはないさ、というように視線を斜め上にやるのだが、いつもの能面をかぶることができない。一歩、一歩、進むたびに目元が震えていた。流れ落ちる涙を隠すことさえできないまま、落合は宙に舞った。

その光景を前に、私はまだ原稿を書き出すことができずにいた。落合の涙の意味を測りかねていた。腕時計の秒針が刻まれる微かな音が妙にはっきりと聞こえてきた。

あるいは、自分にとってはこの場面が、あのブエノスアイレスの記者におとずれたような瞬間なのだろうか。

そのときだった。私はグラウンドにもう一人、目元を拭っている男を見つけた。福留であった。決勝打のヒーローは、チームメイトやスタンドの人々の顔を眺めながら、ひとり離れたところで泣いていた。

グラウンドを見渡す限り、この幸せな空間で涙しているのは、落合と福留だけのように見えた。人生観を異にした二人が同時に泣いていた。そこには相変わらず、好きだとか嫌いだとか、湿った感傷は見当たらなかった。ロマンもセンチメンタルもなかった。

勝負に必要のない全てを削ぎ落とし、シンプルに完遂されたプロの姿だけがあった。打つ。勝つ。仕事をする。それによって生きる。それだけだった。そのドライで硬質な追求の果てに、なぜか涙があった。

「選手にあれだけのことをやらせてきて、どうあっても優勝させなければいけなかったんです……」

優勝インタビューのお立ち台で、落合は瞼を濡らしたまま、そう言った。

私は自然とキーボードを叩き始めていた。

いま眼前にある二つの涙について、時計を見るのも忘れ、ただ書いた。

——東京ドームでの落合の涙から半月後、中日は日本シリーズを戦った。そして敗れた。

落合がつくり上げたチームは、新庄剛志の笑顔とパフォーマンスに引っ張られた日本ハムファイターズに完敗した。

雪はまだなのにコートを羽織っても震えがくるような札幌の夜、落合は淡々と言った。

「スポーツは強いものが勝つんじゃない。勝った者が強いんだ。三年間で負けないチームはできたが——勝てるチームじゃなかったってことだ」

もう涙の跡はなく、その表情からはあらゆる感情が消えていた。リーグ優勝の歓喜などなかったかのように、ドライで殺伐とした空気を漂わせていた。

# 2007

リーグ2位　vs.日本ハム（4勝1敗）日本一

78勝64敗2分／.549／打率.261／本塁打121／防御率3.59

第4章

# 宇野勝
# ロマンか勝利か

「打撃は良くて三割。守りなら十割を目指せる」

落合の言葉に、宇野はジレンマを覚えた。

77

# 1

「要は、気に入らないんだろうよ！」

長嶋清幸は長椅子にもたれると、投げ出すように足を組んだ。ダークスーツのジャケットを脱ぎ、濃紫のネクタイを弛めて、吐き捨てた。

「クビだよ。クビ！　監督がいらないって言ったんだろ！」

まだリーグ優勝の余韻が残る二〇〇六年十月二十八日、中日ドラゴンズの球団事務所はオフシーズン特有の生臭さに満ちていた。

このチームで三年間、コーチを務めてきた長嶋はこの日、名古屋の中心街・栄にそびえる中日ビルの六階に呼ばれ、来季の契約を結ばないことを通告された。

「なぜですか！」

背広姿の球団幹部に詰め寄っても、フロントマンからは「監督がそう言っているから」としか返答はなかった。納得のいかない長嶋は「これ、マスコミに喋らせてもらいますよ。いいですね」と言い残して席を立ち、その足で事務所の一角に設けられたプレスルームのドアを開けたのだ。

私を含め、部屋にいた記者たちはその説明を聞きながら呆気にとられていた。長嶋は落合の腹心であったはずだ。少なくとも外部からはそう見られていた。

キャリアの半分以上を広島カープで過ごした長嶋は二〇〇四年、落合の監督就任と同時に外野守備と走塁部門のコーチとして招聘(しょうへい)され、二度のリーグ優勝を支えてきた。

「優勝したのに責任とらされるんだから……。前代未聞だろう。もうこの時期、どのチームもコーチの枠に空きはないよ……。それも計算ずくだろ」

職を失ったばかりの長嶋はそう言うと、投げやりな薄笑いを浮かべた。

プレスルームにいくつかある銀色の灰皿は、その場にいる人間の吸い殻で埋まり、蛍光灯に照らされた室内は紫煙で霞んでいた。

これが優勝した球団の空気なのか？

私は急に、この世界がとてもやるせないものに思えてきた。

二〇〇六年のセ・リーグを制した中日は、日本シリーズでパ・リーグの覇者・日本ハムに敗れた。だが、リーグの王者であることに変わりはなかった。プロ野球界では誰もがまずペナントレースの優勝を願う。それが果たされれば、少なくともそのシーズンだけは、別れのない、痛みのない、幸せな秋を迎えられるとの思いがあるからだ。

だが、落合のチームは、日本シリーズが終わってから二日しか経っていないというのに、もう殺伐とした人事に揺れていた。

あの東京ドームでの歓喜からはまだ半月しか経っていなかった。

落合のもとでは、カタルシスは一瞬で通り過ぎていく。俺たちはよくやったじゃないかと、肩を抱き合うこともない。ひとつの敗北と折り合うことも、ひとつの勝利に浸ることもない。

「監督からは、よくやってくれたと言われたけど、クビにした理由は教えてくれなかった。墓場まで持っていくってさ」

腹にあったものをあらかた吐き出したのだろう。長嶋はひとつ、ため息をつくと、力ない足取りで球団事務所を去っていった。

一七〇センチと決して大きくない男の背中がさらに小さく見えた。

その二日後、落合は中日球団と新たに二年契約を結んだ。長嶋が恨みを吐き出した中日ビルの最上階にある貴賓室で、オーナーの白井文吾と握手を交わした。

席上で、落合は二つの要請を受けた。

ひとつは、この球団が五十年以上も手にしていない日本シリーズの勝利であった。この時点で中日は十二球団のうち、もっとも長く日本一から遠ざかっていた。

薄紫のダブルに、濃紺のネクタイを締めた落合は、契約更新を勝ち取った席上で不敵に笑った。

「この三年間で強くなった。それでも日本シリーズには負けた。勝負事は勝たなくちゃだめだということなんだ。強いチームじゃなく、勝てるチームをつくるよ」

私は部屋の片隅でペンを握っていた。落合の表情は何かを吹っ切ったように見えた。

そして、もうひとつの要請は、ナゴヤドームのスタンドを満員にすることだった。

このころから、喜怒哀楽を出さずに淡々と勝利を重ねる落合の野球は「つまらない」

とささやかれるようになっていた。リーグ優勝しても、四万人収容のナゴヤドームにわずかな空席があるのはそのためだと、現場と興行とを結びつける者もいた。

そんな声を知っていたのだろう。落合は自らに言い聞かせるようにこう語った。

「勝てば客は来る。たとえグッズか何かをくれたって、毎日負けている球団を観に行くか？　俺なら負ける試合は観に行かない」

落合は勝つことで全てを解決しようとしていた。矛盾するような二つの命題を抱えて、新しい二〇〇七年シーズンを迎えようとしていた。

その裏で、長嶋を含めて五人のコーチがチームを去ることになった。

2

どうしたもんかな……。

二〇〇七年シーズンが始まり、夏が近づいたある夜、名古屋最大のネオン街・錦の、とある雑居ビルのスナックで宇野勝はグラスを傾けていた。苦悩の入り混じった酒であった。

宇野には東京ドームで見た落合の涙が、もうずいぶん昔のことであるように思えた。

あれから季節が二つ過ぎ去り、中日はまた新たなシーズンの戦いの中にいる。そしてある問題を抱えていた……。

宇野は落合が率いる中日の打撃コーチであった。齢五十を前に、髪には白いものが混じり始めたが、鉄骨のように広く角張った肩幅とシャツの上からでもわかる二の腕の隆起が、かつてのホームラン王の面影をとどめている。

この街で宇野を知らない者はいない。一九八〇年代、中日の打線が強竜打線と呼ばれ、派手な打ち合いを売りにしていた時代に、宇野はその象徴的なプレーヤーだった。飛球を頭で受けてしまうという、球史に語り継がれるボーンヘッドもしたが、一九八四年にはホームラン王のタイトルも獲得した。ホームランか、三振か。ファインプレーか、大ちょんぼか。次に何が飛び出すかわからないプレースタイルを地元のファンは愛した。

やがて宇野は薄明かりのカウンターにグラスを置くと、マイクを手に取った。捨て猫みたいな二人の純愛を歌った、尾崎豊のスローバラードが十八番だった。鼻にかかった低音は空気を心地良く震わせ、その場にいる者を酔わせる。酒も歌も、煌びやかなネオンも、宇野にとってはプロ野球人として生きることの一部であった。ロマンがなければ意味がない——それが宇野の生き方だった。

だが、このシーズンの宇野はふと苛まれることがあった。中日の打撃コーチに就いて四年目になるが、このチームの野球が次第に魅力を失っているように感じられていた。

ランナーが出ると、ベンチの落合は決まってバントの指示を出した。二塁へランナーを進めれば、あとは勝敗を託すべきひと握りのバッターが打つのを待つだけだ。盗塁やヒットエンドランのようなリスクを伴う作戦はほとんどなかった。マニュアルのような攻撃はシーズンを重ねるごとに増え、宇野は同じベンチの中でジレンマを感じることがあった。

宇野は可能性を犠牲にすること、ロマンを信じないことが嫌いだった。

現役時代に、監督だった星野仙一からバントの指示が出たことがあった。接戦のゲーム終盤でランナー一、二塁の場面だった。当然の策だと言う者もいたが、宇野はサインを見た瞬間に、心が急速に冷めてしまった。

気のない構えの犠打は二度ファウルとなり、仕方なくサインが「バント」から「打て」に変更された。次の球で宇野はホームランを打った。どうだと言わんばかりにベースを一周してベンチに戻ると、苦笑いの星野から小突かれた。胸のすく思いだった。二十六歳でホームラン王になった宇野は、それこそがプロ野球だと考えていた。

十年に一度くらい優勝すれば、名古屋のファンはそれを肴にして次の歓喜を待つことができる。失敗することも、敗れることもある。ただ、次こそは次こそはと、歓喜を夢想できればそれで幸せではないかという思いがどこかにあった。

だが、落合はたった一つの敗北も許さなかった。確実な勝利を求めた。その試行錯誤の果てに、打撃そのものを信用しなくなっているように映った。

「打つことは良くても三割だ。でも、守りは十割を目指せる。勝つためにはいかに点をやらないかだ」

落合は言った。

野手よりも投手を集め、打てる者より守れる者をゲームに送り出す。そうした合理性の追求は勝利の確率を高めたが、同時に落合の野球が「つまらない」と言われる要因にもなっていた。

なぜ、誰よりもバッティングを追求してきた男が、これほど打撃の可能性を信用しないのだろうか……。

宇野はそれが疑問だった。

かつて、落合が選手として中日のユニホームを着ていた七年間で、宇野はおそらく最も落合の近くにいた同僚であった。心のどこかで共鳴するものを感じていた。キャンプ中の宿舎でウィスキーのボトルを開けると、口にするのは互いにバッティングの話ばかりだった。投手にぶつかっていくような宇野と、ゆったりと後ろにもたれかかるようにスイングする落合は、まるで異なる打ち方をしていたが、深いところに繋がりがあった。

だから監督に就任してすぐ、落合がコーチたちに独自のルールを通達したときも、その真意を理解しているつもりだった。

「選手が訊いてくるまでは教えるな」

「選手と食事には行くな」

「絶対に選手を殴るな」

落合はかつての自分がそうだったように、自立したプロフェッショナルを求めていた。当然だろうと、宇野は思った。ただ一方で、そうした掟は徐々に緩和されていくべきものだとも考えていた。宇野は裏方スタッフを連れて飲みに出ることがほとんどだったが、ときには選手から声をかけられることもあった。そんなとき、落合の掟がちらつき、宇野が逡巡していると、ある選手から言われた。

「宇野さん、大丈夫ですよ。途中で偶然、会ったことにしましょう」

その選手が言うことはしごく自然に思えた。戦いを共にする者たちは時間とともに境界線を失くし、互いの共有物を増やしていく。それがチームであり、信頼や絆というものではないか。ひいてはそれが強さになっていくのではないか。

ところが落合は年々、選手やコーチとの境界線を鮮明にしていった。勝てば勝つほど繋がりを断ち、信用するものを減らしているように見えた。

宇野は空になったグラスに酒を満たすと、またマイクを握る。シーズンを戦うなかでは、こうした時間が必要だった。それが豊かに生きるということだった。

コーチとしての野心はなかった。「俺はこの選手を育てたんだ」と吹聴する指導者にだけはなりたくないと思っていた。人生は勝敗や結果だけではないのだ。空振りすることもあるだろう。エラーすることもあるだろう。ただ次の打席でのホームランを求めるロマンがあればいいではないか。

そんな宇野と落合の人生観の違いを象徴していたのが、打つこと、攻撃することに関する隔絶であった。

たまに、落合さんの考えがわからなくなる……。

宇野は次第に落合との距離を感じるようになっていた。前年のオフには、リーグ優勝したというのに長嶋ら五人のコーチが退団した。

このまま、もし打線が下降線をたどれば、早晩、自分もチームを去るときがくるかもしれない。ロックグラスを見つめる宇野の胸には、そんな思いがよぎっていた。

3

二〇〇七年の落合は、試合が終わった後に首をかしげることが度々あった。

「何か、おかしいんだよな……」

球場の通路を歩き去りながら、よくそう呟いた。

監督になって四年目、戦力は十分なはずだった。前年の優勝メンバーに加え、オリックスを自由契約となった中村紀洋が転がり込む形で加わった。かつて近鉄でホームラン王と打点王を獲得したスラッガーの獲得は、得点力を大幅にアップさせると見られていた。

だが、どんな相手からでも二、三点は取ってきた機能的な打線が、このシーズンは金属疲労でも起こしたかのように、パッタリと止まってしまうことが度々あった。だからだろうか、落合はたとえ勝ったゲームの後でもポツリと呟いた。何かおかしいんだよな――。

違和感を内包したままシーズンは進んだ。

お盆を過ぎたころには、セ・リーグは中日と阪神、巨人の上位三球団がそれぞれ〇・五ゲーム差にひしめく歴史的な三つ巴になっていた。

そして九月十五日、中日は甲子園球場で阪神との首位攻防戦を迎えた。

土曜日のデーゲームはいつもと空気が違う。昼間の光に照らされた甲子園球場は凜と
していた。ナイターとは異なる清々しさを湛えていた。

まだ中日の選手たちが姿を見せていない午前十一時、私は骨組みがむき出しになったベンチ裏の通路にいた。そこで落合を待っていた。

あるひとつの勝負について、訊くためだった。

前夜のことだった。ナイター照明に光る甲子園での阪神との第一ラウンドは、同点のまま九回表を迎えた。

ツーアウト二、三塁。中日はチャンスを迎えていた。打席には四番タイロン・ウッズ、マウンドには相手のストッパー藤川球児がいた。阪神からすれば勝負を避けてもおかしくない場面で、藤川は初球から直球を投げ込んできた。ウッズはその一五〇キロの剛球に空振りすると、打席でにやりとした。藤川もマウンドで笑っているように見えた。二球目も三球目もストレートだった。申し合わせたような力と力の勝負は、フルカウントになっても続いた。ウッズはほとんどの投手から勝負を避けられていたが、藤川は逃げなかった。グラウンドは二人だけの決闘のような空気に包まれていた。

そして十一球目――ウッズは藤川のストレートをセンター前にはじき返し、試合の決着はついた。

何という勝負だろう――。

私はその決闘を目の当たりにして、高揚感を抑えきれなかった。観衆も同様のようだった。ぎっしりと埋まったスタンドからは叫声でも嘆息でもなく、どよめきが聞こえてきた。

ただ、私の中には同時に疑問が芽生えていた。

なぜ、藤川はストレートを投げ続けたのだろうか――。

ウッズは明らかに藤川の直球だけを狙っていた。つまり投手としては、相手の待っている球を投げ続けたことになる。もし一球でも狙いを外すフォークボールを投げていれば、藤川の勝ちだったのではないだろうか……。

私はその対決を、とりわけ藤川の決断を、落合がどう捉えていたのだろうかと気になっていた。

落合はゲームの中に繰り広げられた無数のシーンから、ひとつを引き合いに勝負を語ることがあった。

「あの一球で、ゲームは決まったんだ」

「なんで、あそこで勝負したんだろうな……」

そうやって、勝敗の分かれ目を口にする。

番記者たちはその言葉の断片から、落合の真意を想像し、野球観を汲み取ろうとした。だから、多くの人間を惹きつけたウッズと藤川のあの十一球を落合がどう見ていたのか。私はそれが知りたかった。

甲子園球場のバックヤードは薄暗く、土と埃の匂いがした。

やがて午後二時のプレーボールに向けて、チームのバスが甲子園球場の裏口に到着した。落合は一番はじめに降りると、狭い通路を歩いてきた。感情の読み取れない顔だ。私は落合に歩調を合わせて近づくと、少し息を吸い込んで、問いかけた。

「昨日のウッズと藤川の勝負なんですが……」

落合は無言で歩みを進めながら、ちらっとだけ私を見た。

「藤川はフォークを投げれば、ウッズを抑えられたのではないですか？」

落合はその問いに、ん？　と一瞬、眉をひそめた。感情のなかったその眼に赤いものが走ったように見えた。

「そんなことはない。ピッチャーがそれと決めて投げたんだから、それがベストなんだろう」

落合はさらに何かを言いたげにしていたが、そのままベンチ裏の監督室の前まで歩き続けると、そこで足を止めた。そして突然、私の心臓を指差して声を尖らせた。

「お前がテストで答案用紙に答えを書くだろう？　もし、それが間違っていたとしても、正解だと思うから書くんだろう？　それと同じだ！　そんな話、聞きたくない！」

落合は憤りにまかせたまま監督室のドアをぴしゃりと閉めた。

狭い通路は静まり返っていた。私は何が起こっているのか、わからなかった。落合の後から続いて入ってきた選手やスタッフ、他の記者たちが何事かと、その場に呆然と立ち尽くしている私を見ていた。

大勢の人間がいる前で、落合がこれほど怒りを露わにするのを初めて見た。私は落合の抱えている何かに触れたのだ。

それが何なのか、すぐには考えることができなかった。

その日のゲームは、ほとんど頭に入ってこなかった。


原稿を終えて球場を出ると、すっかり陽が落ちていた。見上げた空を遮るように阪神高速が走っていた。その高架をくぐると、甲子園駅が見えてきた。私は、空になったビール缶や紙コップが散乱した道を足取り鈍く歩いた。重たい鞄がいつも以上に肩に食い込んでいるように感じた。

ホームには人がまばらにいるだけだった。梅田行きの特急に乗り込むと、車内にはアルコールの匂いが漂っていた。黄色と黒のタテジマに身を包んだ人々による美酒の余韻である。

中日はこの日、敗れた。七本のヒットを打ちながら、一点も取れなかった。何かがおかしな敗戦だった。

ゲームの後、番記者たちに囲まれた打撃コーチの宇野は言った。

「監督に訊いてくれよ……」

表情にはどこか投げやりな影があった。

落合がベンチ裏から出てきたのは最後だった。何を訊かれるのかわかっていたのだろう。記者たちに囲まれると、自ら切り出した。

「ゼロでは勝てない。それだけだ」

それから、いつものように感情の消えた顔で、こう言い残した。

「たら、れば、は言うな――」

電車内のシートは空いていたが、私は立ったまま車両の隅にもたれ、ガラス越しに外を眺めていた。そうしていたい気分だった。まもなく阪神電車はガタガタと左右に揺れながら動き出した。発車してすぐ眼下に武庫川の流れが見えた。

頭の中には試合前の落合の言葉が響いていた。

「お前がテストで答案用紙に答えを書くだろう?」

なぜ、落合がそう言ったのか。私はずっと考えていた。

車両の向こうから、酔客の関西弁が聞こえてきた。通称JFKと呼ばれるリリーフトリオを見られてよかったとか、やっぱり藤川球児のストレートは打たれないとか、そんなことを話しているようだった。勝利の宴は続いていた。

ふと、思った。昨夜の彼らは逆に苦い酒を飲み、藤川がウッズに打たれたのを嘆いていただろう。そして、明日の夜にはまた新たな感情を叫んでいるのではないか。

人々は結果に一喜一憂する。答えが出るまでに、誰がどのような決断を下したのかはほとんど知らない。四番バッターの、ストッパーの、そして指揮官の葛藤を知る由もない。それがプロ野球だ。

落合のジレンマはそこにこそあるのではないか……。

「強いチームじゃなく、勝てるチームをつくる」

落合はこのシーズンを迎える前に、そう言った。

三年かけて理想のチームができたかに思えたが、日本シリーズで敗れ去った。新たに契約を結び、血を入れ替え、より勝つことに特化したチームをつくろうとしたが、今度は歯車が噛み合わない。一方で周囲からは、勝っても「つまらない」という声が聞こえてくる。プロセスと結果の天秤はいつも釣り合わないのだ。

落合を取り巻いているのは、勝負における矛盾だった。自らの信じる答えと現実に生まれ出る解との齟齬である。

それでも、落合が答案用紙を書き換えることはないはずだ。落合は私に言った。

「もし、それが間違っていたとしても、正解だと思うから書くんだろう?」

勝つために十一球のストレートを選択した藤川と、一ゲームの一球ごとに選択をする落合が私の中で重なった。そしてなぜ落合があれほど感情をあらわにしたのか、わかったような気がした。

「そんな話、聞きたくない！」

私が触れたのは、決断する者の葛藤の襞だったのではないだろうか。それを土足で踏みにじったかもしれない……。

窓の外には淀川の太い流れがあった。ゆったりした水面に街の灯りがキラキラと光っていた。やがて外の景色が見えなくなり、電車は真っ暗なトンネルをいくように梅田駅の構内へと入っていった。もう酔客はおとなしくなっていた。宴は終わり、電車が完全に停止すると、人々は夢から現実へと戻っていく。私はその列に紛れて、改札を出た。投宿するホテルへと帰る足取りはなお重たかった。

――二〇〇七年の中日が事実上の終戦を迎えたのは、それから二週間後のことだった。もう負けられないという状況で迎えたナイトゲームで広島カープに敗れた。その夜、広島市民球場の土を踏みしめながら、落合は言った。

「負けたら意味がない。何の意味もない――」

優勝した巨人と一・五ゲーム差の二位。それがペナントレースの結果だった。

ただ、このシーズンがそれまでと違っていたのは、まだ続きがあったことだ。セ・リーグにはこの年からプレーオフが導入されていた。日本シリーズへの出場権をかけたクライマックスシリーズが待っていた。

つまり、答えはまだ出ていなかった。

## 4

シーズン中はほとんど訪れることのない名古屋本社の編集部に私が顔を出したのは、二〇〇七年の秋が深まったある日の夜のことだった。

大通りに面したビルの十二階、ワンフロアに編集部と販売部と総務部のシマが並んでいて、他には応接室と社長室があるだけの小さな所帯だ。窓の外は暗くなっていて、もう他のどの部署にも人は残っていなかった。ファイルやノート、読みかけの新聞が散乱した編集部のシマにいたのは、私と開襟シャツ姿のデスクだけだった。

「主役は、落合だろうな……」

デスクはくぐもった声でそう言った。蛍光灯に照らされたその顔は、触れたくないものに触れたようにゆがんでいた。

この日、私が本社にやってきたのは、一週間後に迫った日本シリーズへ向けて、紙面の打ち合わせを行うためだった。

ペナントレースを二位で終えた中日はプレーオフを勝ち抜き、日本一を決める舞台に立つ権利を手にしていたのだ。

不思議なほどの変貌ぶりだった。

落合はこのシーズン、ことあるごとに「何か、おかしいんだよな……」と首を傾げていた。事実、ペナントレースでは最後まで狂った歯車を修正できず、巨人に敗れた。

何かが吹っ切れたとすれば、その後だ。

「勝たないと意味がない。何の意味もない――」

兵を語らず、それだけ言い残した落合は、優勝を逃した次のゲーム、頭を丸めてナゴヤドームに現れた。

選手もスタッフも、メディアも息をのんだ。それほど五十三歳の坊主頭は異様だった。家族との約束だったというが、私には、勝利と引き換えに落合がまたひとつ、自分の持っているものを差し出したように見えた。

そこからチームは変わった。

三位の阪神を寄せ付けず、一位の巨人を飲み込んだ。シーズンでは壮絶な三つ巴を戦った両軍に、たったの一度も敗れることなく、プレーオフを勝ち抜き、日本シリーズ出場を決めたのだ。

勝利のパターンは決まっていた。ゲーム中盤までにリードして、あとは徹底的に逃げ切る。ロマンやカタルシスの入り込む隙のない粛々とした進軍だった。感情を消し去り、繋がりを断ち切り、自らの持ち物を減らしながら、研ぎ澄まされていった落合は、勝利以外のあらゆるものから解脱(げだつ)した僧のようだった。

チームの歩みは、そのまま指揮官の葛藤の変遷であるように見えた。

もし、中日が日本一になるようであれば、デスクの言葉通り、主役は落合だった。

「落合の手記が……必要だろうな」

しんとしたフロアに再び低い声が響いた。

これまで、落合を認めようとしなかったデスクも、そう言わざるを得ないようだった。

私はそれを聞いて、自分自身も落合と向き合う覚悟を決めなければならないと思った。

「もし日本一になれば……の話だけどな」

デスクは、指でこめかみの辺りを掻きながら、もう一度苦い顔をした。


翌日、私はチームの練習が始まる時刻よりも早くナゴヤドームへ向かった。

まだ照明の入っていない薄暗いドームではすでにいくつかの人影が動いていた。無人のスタンドを見渡すと、目当ての人物はそこにいた。

監督付広報の松永幸男――誰からも距離をとるようになった落合が、常に身近に置く数少ない人間のひとりだった。

かつてこの球団の投手であった松永は、ウインドブレーカーを着込んで、客のいないスタンドを黙々と走っていた。投手は投げている以外、ほとんどの時間を走っている。現役時代から染みついたその癖がいまだ抜けないのだという。

私は松永が、仕事前の日課を終えるのを見計らって近づいた。

「日本シリーズの手記なんですが……、監督にお願いしたいと思っています」

額から顎へ汗を滴らせた松永は、私がそう言い出すのを予期していたかのように小さく頷いた。

「お前のところもか……。ほとんどの社からそういう依頼がきてる」

手記とは本来、本人が書き記した文書のことであるが、プロ野球界ではインタビューしたものをひとり語り形式にした記事をそのように呼んでいた。

新聞各社は、日本一になった球団からひとり、象徴的な選手や監督の手記を掲載するのが慣例だった。このシーズンは当然、勝てば中日の球団史を塗り替えることになる指揮官に申込みが殺到したのだ。

ランニングを終えた松永はそれから、落合に手記を依頼した各社の記者を集めた。

「監督は全社の依頼を受けると言っている」

松永の言葉に、記者たちは顔を見合わせた。取材嫌いのイメージがある落合だけに、断られる可能性のほうが高いと踏んでいたのだ。

「ただし、監督からひとつ条件がある——」

松永は記者たちの顔を見渡して、少し間を置いてから続けた。

「すべてが終わるまでは一切、何も語らない。取材は試合後のセレモニーもテレビ出演もすべて終わってからになる」

記者たちの輪にどよめきが起きた。それは常識はずれの条件だった。

手記は、そのシーズンのプロセスを事前にインタビューした上で、実際に日本一となった試合直後の言葉を加えて掲載される。つまり、あらかじめ物語を途中まで書いておくのだ。そうでなければ、紙面制作上、翌日の朝刊には間に合わない。

ところが落合は、これまで慣例とされてきた、そのわずかな予定調和でさえも受け入れないという。

「日本シリーズに勝ってもいないのにシーズンを振り返れるわけがないだろう――それが監督の言い分だ。それを踏まえて、考えてもらいたい」

松永はざわめく記者たちにそう告げた。

誰かが呟いた。

「そんなこと、できるわけないじゃないか……」

私も同じ気持ちだった。同時にいかにも落合らしいとも思った。球団の親会社が新聞社であるにもかかわらず、メディアとの折り合いをつけようとはしないのだ。

輪が解けたあと、私は本社に電話をかけた。

デスクは落合の出した条件を聞くと、うめくような声を出した。

「いかにも落合の言いそうなことだな……」

そして、三秒ほど沈黙した後に言った。

「お前、最終締め切りまでに原稿を出せるか?」

私は少しためらったが、こう返答した。

「やれるだけ、やってみます……」

紙面の責任者はそれを聞くと、考えたくないことを頭の外に追い出すように言った。

「わかった……。まあ、でも、まだ日本一になると決まったわけじゃあないがな」

電話はそれで切れた。

松永に呼ばれたのは、それから数日後のことだった。

「監督の手記な……、あとはお前のところだけだが……、どうする？」

松永によれば、各社は落合が出した条件が飲めないとして、依頼を取り下げたのだという。

当然だろう、と私は思った。日本シリーズはすべてナイターで開催される。何イニングで決着するのか、表彰式などのセレモニーがすべて終わるのは何時になるのか、誰もコントロールすることはできず、予測もつかないのだ。

「それでも、やるのか？」

松永の問いに、私は頷いた。

脳裏には、まだ甲子園での落合の言葉が残っていた。

落合と向き合わなければならない。最後の答えを聞かなければならない。

そんな気がしていた。

日本シリーズの開幕はもう、翌日に迫っていた。

12

第5章

# 岡本真也
# 味方なき決断

二〇〇七年、球界大記録目前の山井交代劇。
岡本の眼がブルペンを発つ岩瀬を追う。

# 1

宇野勝は一塁側ベンチからバックスクリーンのスコアボードを見上げた。リードはわずかに一点だった。

このままでは終わらないだろう……。終わるはずがない。

二〇〇七年十一月一日、中日は五十三年ぶりの日本一に王手をかけていた。日本ハムとの日本シリーズは初戦こそ敗れたものの、それから三連勝で、この第五戦を迎えていた。

中日は二回、日本ハムのエース・ダルビッシュ有から、プロ二年目の平田良介が犠牲フライを放ち、先制していた。

ただ球界には、伏兵の挙げた点で勝負は決まらない、という言葉がある。そういう試合には必ず最後に波乱があると言われている。ましてやこれは日本一を決める舞台なのだ。まだ十九歳の平田が挙げた打点が決勝点になるとは思えなかった。

おそらく逃げ切るのは難しい。追加点を取らなければならない。

それはある意味、宇野の願望でもあった。

ナゴヤドームのスタンドを見渡すと、人と人が折り重なり、まるで巨大な波のようにうねっていた。それだけのビッグゲームだった。

このシーズンの道のりを振り返れば、ここまで辿り着いたのが不思議だった。戦力が整ったはずの打線は機能性を失い、ノッキングとエンストを繰り返した。その挙句にリーグ優勝を逃した。それでも初めて導入されたクライマックスシリーズを勝ち抜いて、いわば敗者復活の形でここまで辿り着いた。

それは明らかに投手と守りの力だった。相手を完全に停止させてしまえば、どれだけこちらが低速であっても、先にゴールできる。勝利の確率を追求した落合の戦いは、そういうところへ行き着いていた。

だから、打撃コーチという立場の宇野の心中には、どれだけチームが勝っても常にジレンマが同居していた。

ずっとピッチャーに、おんぶに抱っこじゃないか……。

もちろん、三冠王の落合が打線に対して何の装備も施していなかったわけではない。就任してから、落合はすべてのバッターに、ひとつのことを徹底させてきた。

「低めのボールを振るな――」

スライダーやフォークといった縦に変化するボールが全盛の時代に、打者が投手に打ち取られるパターンは、そのほとんどが低めのゾーンに手を出してのものだった。その穴に自ら陥るというのは敗北への第一歩である、と落合は告げた。

だから中日のバッターには、試合前の練習から緊張感がみなぎっていた。たとえ打撃投手の球であっても、低めを打ってはならなかったからだ。

それは試合前のミーティングでも周知徹底された。ゲームになれば、三塁ベースコーチが両手を上に持ち上げるジェスチャーで各打者に意識付けをした。それでも禁を犯した者は、ベンチで凍てついた視線にさらされ、やがて自らのポジションを失うことになる。

それは四番のタイロン・ウッズであっても、チームの顔である立浪和義であっても例外ではなかった。

落合が監督になってからの中日は毎年、リーグトップを争う四五〇個ほどのフォアボールを獲得するようになった。セ・リーグでは四〇〇を超えないチームが多いなかで、このシーズンは五〇〇を超えていた。

この数字が世の中から注目されることはなかったが、落合が徹底させた掟は自然と相手ピッチャーに球数を費やさせ、じわりじわりと静かに追いつめていった。気づけば相手が自滅し、スコアボードに点が刻まれている。中日の野球はそういう野球であった。落合は、派手にヒットやホームランを連ねなくとも得点できる仕掛けを打線に施していたのだ。

そうやって奪った二、三点を、計算できる投手力で守り切る。偶然性に頼らない、限りなく勝利の可能性を高める野球だった。

宇野は、現役時代のバッター落合の姿を覚えていた。それが最終的には自分の成績にはね返ってくることを知っていた。対照的に、宇野は高めでも低めでもバットを振り回し、豪快なホームランと胸のすくような三振で愛された。そして今は、打たせることが宇野の仕事だった。だからこそ勝っても葛藤が消えなかった。

日本一をかけたゲームは序盤から硬い空気のなかで進行していた。場内は静かな熱気に包まれ、じっとしていても手が湿ってくるようだった。

宇野が立っているのはバッターボックスに近いベンチの最前列だった。落合はその後ろに座っていた。お互いの間には微妙な距離があり、言葉を交わすこともほとんどなかった。

落合が自分の隣に置いていたのは、バッテリーチーフコーチの森繁和であった。二人はプレーボール直後から頻繁に言葉を交わしているようだったが、宇野にはその会話の内容は聞こえてこなかった。

俺にはわからないこと、あの二人にしかわからないことが、このチームにはたくさんある……。

宇野は複雑な思いを抱えていた。

年数を重ねるごとに信用するものを減らしていく落合が、ずっと変わらずに信を置いていたのが森だった。それは誰の目にも明らかだった。落合はゲーム後のミーティングをしなかったが、森とは居残って何やら話し込んでいることがよくあった。

勝つために、落合が選んだのはバッティングのロマンではなく、現実的に計算のできるピッチャーの力だった。宇野と森、投打を司るそれぞれのコーチとの距離感がそれを象徴していた。

ゲームは三回表に入っていた。中日のマウンドには山井大介がいた。二十九歳、六年目の先発ピッチャーは、まだひとりのランナーも出していなかった。ただ、彼もまたチームの中ではサブキャストであった。平田と同様にこの大きなゲームを決める役者ではなかった。そして、それとは別に宇野には気になることがあった。三回が始まったあたりから山井のユニホームに血がついていたのだ。何らかの異変を抱えているのは明らかだった。

やはり、このゲームは点を取らなければ勝てない——。

宇野は、打撃のロマンとともに日本一になることを望んでいた。

## 2

森繁和はいつも落合の傍にいた。ベンチの左端、落合の指定席のすぐ横に仁王立ちして、マウンドの投手へと強面を向けていた。

森が山井の出血に気がついたのは三回表の途中だった。ユニホームの右太ももあたりに赤い筋がいくつか見えた。すぐにファウルボールを回収するボールボーイに声をかけ、使用球を持ってこさせた。ボールには微かに血液らしきものが付着していた。

イニングが終わると、森はベンチの反対側でひと息ついている山井のもとへと向かった。

「大丈夫なのか?」

山井は森に指を見せることなく言った。

「大丈夫です」

右手中指の血マメが潰れたとのことだった。

こういう場面で、「ダメです」と口にする投手はまずいない。だから森は念のため、捕手の谷繁元信にも声をかけておいた。

「もしまたボールに血がついているようなら、どれくらいの出血か、そのボールを俺に見せてくれ」

それだけ、山井の状態を正確に知っておきたかった。森はゲームのこの先の流れについて、あらゆるシミュレーションをしなければならなかったからだ。

山井はただでさえ予測のつかない投手だった。右肩に故障歴があるためか、登板ごとイニングごとの浮き沈みが激しいのだ。突然、相手に手も足も出させないようなピッチングをしたかと思うと、次のゲームでは並の投手に戻ってしまう。斧を想起させるような重たく斬れるストレートと、ほとんど直角に曲がり落ちるスライダーを持ちながら、このシーズンも六勝にとどまったのは、その浮き沈みの激しさが原因だった。

何より、森はこのゲームでシリーズを終わらせなければならないと考えていた。三勝一敗と、星二つのリードはあったが、第六戦と第七戦は相手の本拠地へと舞台が移る。

札幌にはいきたくない。向こうにいけば、こっちの分が悪いのはわかっている。連敗することだって十分にあり得るだろう。

森の頭には前年の日本シリーズ、札幌ドームで三連敗して敗れたことがよぎっていた。だから、この試合は絶対に勝たなければならなかった。

相手がダルビッシュである以上、追加点は望めないだろう。だとすれば、薄氷を踏みながら一点のリードを守らなければならない。山井は確かに日本ハム打線を抑えているが、些細なことでどう転ぶかわからない。

森は思考を巡らせてから、すぐ横の壁にある通話機を手に取った。それはベンチ裏のブルペンへと繋がっていた。

「早めの投入があるかもしれない。準備させておけ」

リリーフ陣をまとめるブルペン担当コーチにそれだけ伝えると、森は通話機を置いた。そして、また次のイニングへと向かう山井に視線を戻した。

出血のこともある。そろそろ限界かもしれないな……。

森は内心でそう思いながら、隣の落合に目をやった。指揮官はいつものように首を右に傾げたまま、グラウンドを見ていた。その体勢のままほとんど口を開かず、身じろぎもしないのだが、二つの眼球だけは油断なく、左右に動いている。

森は、まだ落合には山井の血マメのことは言わないでおこうと思った。それが落合と森との間の呼吸だった。

「俺は投手のことはわかんねえから、お前に任せた」

落合はいつも森にそう言った。そして本当に何も口を出さなかった。

例えば、落合が先発ピッチャーを決めたのは、この四年間で一度だけだった。

まだ中日の監督に就任することが決まったばかりのころに、落合は、森や野手を統括している高代延博ら、自分が声をかけたコーチを静岡の温泉に集めた。湯船に浸かりながら、落合は森に言った。

「開幕投手、川崎でいいか？」

湯煙の中で呆気にとられる森に、落合はさらに続けた。

「これは他のコーチにも誰にも言っていない。もし、開幕までに情報が漏れていたら、どこから漏れているのか、調べて報告してくれ」

その言葉の恐ろしさを知ったのはしばらく後のことだったが、これから自分は、落合と機密を共有して戦っていくのだと覚悟した。そして、落合が投手の決定について口を挟んだのは、その二〇〇四年最初のシーズンの開幕投手だけだった。

一歳年上の落合とは、社会人の住友金属時代に、アマチュア全日本の遠征で顔見知りになった。森が西武ライオンズにドラフト一位で入団し、先発や抑えとしてチームの隆盛を支えた時期には、落合は同じリーグのロッテオリオンズで三冠王になっていた。個人的な付き合いはほとんどなかったが、落合は監督になることが決まると、「おい、シゲ、俺を手伝えよ」と真っ先に声をかけてきた。なぜ自分なのだろう？　森は不思議に思ったが、あとから聞いたところによると落合は、森が黄金時代の西武において、球界のフィクサーと言われた根本陸夫や常勝監督の森祇晶と深く接していたことを見聞きしていたのだという。口が堅く、太い人脈をもっているという人物評を知っていたのだという。

監督となった落合は情報が漏れることを嫌った。とくに投手に関する情報を相手に知られることを極端に怖れていた。それでも親会社が新聞であるという性質上、隠し通すのは容易ではなかった。だから、やがて森にこう言うようになった。

「先発ピッチャーは、俺にも教えてくれなくていい。そうすりゃあ、外に漏れることもないだろう」

落合は本当にその日のゲーム直前まで、先発投手が誰なのか知らなかった。訊いてくることもなかった。

それは落合が、参謀であり右腕である森に寄せる信頼の証だった。名古屋という土地にも中日という球団にも、しがらみのないことが一因になったのかもしれない。

ただ、森にとってみれば、落合からの信頼は同時に恐怖でもあった。

落合の野球は、投手が心臓部（エンジン）である。たとえ〇－一で敗れても、落合は点の取れなかった打線を嘆くことはなかった。

「点を取れなくても、投手がゼロに抑えれば負けることはないんだ」

そう言い放った。落合は守りに関しては十割を要求した。唯一、絶対的に信じるものだった。森はそれを任せられていた。落合が勝利を重ねれば重ねるほど、森の重圧は計り知れないものになっていった。

だから山井についても、この重大なゲームの継投についても、確たる自分の判断が固まるまでは、落合に何かを伝えることは避けたのだ。

ドームの熱はイニングを追うごとに表面化し、膨張していった。山井は、打順が二まわり目を迎えても、日本ハム打線を寄せ付けなかった。森本稀哲から始まり田中賢介、稲葉篤紀、フェルナンド・セギノールと続く打線、前年のシリーズで中日を沈めた男たちを沈黙させていた。

一方で、中日打線もダルビッシュに封じられ、リードは相変わらず一点のままだった。一歩でも踏み間違えれば、あっという間に暗く冷たい海へと転落する薄い氷の上に立っているようなものだった。森は相手に流れを渡さないうちに継投することを考えていた。

山井は六回表もランナーを出さずに投げ終えた。ゲームはこれから勝負の終盤に入る。そこで森は落合に伝えた。

「血マメができているので、早めに動くかもわかりません」

落合と森の、すぐ横の壁にはブルペンの様子を映すモニターがある。その画面の中では、すでに数人のリリーフ投手がピッチング練習をしていた。落合はそれをチラッと見やって、森の言葉に頷いた。

薄氷にひびが入らないうちに先手を打つのが最善策のように思えた。

だが、森が頭に巡らせた継投策は、それから徐々に選択肢を減らしていくことになった。山井はゲーム終盤に入っても崩れる気配がなく、パーフェクトのまま七回も相手を封じていった。

こんな試合、見たことがない……。

日本一を決めようというゲームが完全試合のまま推移していく。それは、十九年のコーチ歴を持つ森にとっても初めてのことだった。

3

岡本真也はグラブを外すと、ブルペンの隅にあるベンチに腰を下ろした。その行動はリリーフ投手にとっての開店休業を意味していた。

この試合にリリーフはいらない。

そう確信していたからだ。

ナゴヤドーム一塁側のブルペンはベンチ裏をさらに奥へと進んだ、スタンドから見えない場所にある。天井には整然と照明が並び、三つずつあるマウンドとホームベースを照らしている。

この日、リリーフたちの密室はイニングを追うごとに奇妙な静けさに包まれていった。試合は一－〇のリードを守ったまま、七回を終えようとしていた。先発ピッチャーの山井は、いまだひとりのランナーも出していなかった。

岡本はベンチに腰かけたまま、壁のモニターを見上げた。画面の中に山井がいた。ゴーグルがトレードマークの右腕には打たれる気配がなかった。このイニングも、一番バッターから始まった日本ハム打線を圧倒していた。ゲームも終盤に入って、さすがに打球を外野に飛ばされるようになってはいたが、どれも力のない飛球だった。

それを見て、岡本は心のスイッチをオフにした。他のリリーフ投手たちも同じように投球練習をやめて、ベンチに腰かけていた。

岡本はこのシーズン、試合の七回、八回を投げるセットアッパーというポジションにいた。この日もいつものように五回に入ったあたりからブルペンで肩をつくり始めた。序盤に山井のユニホームに血が付いているのを見たときは、早めの出番があるかもしれないと鼓動が速くなった。

「おい、大介、爪が割れたんじゃないのか?」

ブルペンで他の投手たちとそんなことを話し合いながら、緊急事態に備えていた。だが、山井のピッチングを見ているうちに杞憂であることがわかった。

イニングの合間になると、先発投手はアンダーシャツを着替えるため、ロッカーに戻ってくる。岡本はそのタイミングで山井に声をかけてみた。

「大介、血が出てるみたいだけど……」

「全然、大丈夫っすよ」

快投を続ける右腕はあっさりと言った。

ユニホームの血は右手のマメが潰れたことによるものだというが、投手の職業傷とも言えるもので、痛みさえなければ問題にはならない。事実、山井の投球に翳りはなかった。

ブルペンにはまばらなミット音だけが響いていた。

七回を迎えた時点で、投球練習をしているのはストッパーの岩瀬仁紀だけだった。岩瀬はいつも通り、十六球を投げて、二段階あるうちの最初の準備を終えた。着替えのためだろう。ストッパーは汗を拭いながらブルペンを出ていった。

万が一の、念のための準備だろう。

岡本は、岩瀬を横目で確認した。そして、すぐにまたモニターの山井へと視線を戻した。山井が一つアウトを重ねるたびに、思わず「よし！」と声が出た。

まだ一人の走者も出していない……。あいつ、完全試合をやるんじゃないか……。とてつもないことが起こりそうな予感がしていた。今や自分にできることは祈ることだけであった。気づけば、手の平に汗がにじんでいた。

岡本はすでにリーグ屈指のリリーバーとして知られていたが、この世界に入ってくるほとんどのピッチャーがそうであるように、もともとは先発投手であった。小さいころの憧れは甲子園のヒーローであり、巨人のエースでもある桑田真澄だった。真っさらなマウンドに立ち、最後まで投げ抜くイメージを追いかけていた。

だから今、山井が成し遂げようとしていることの重みも、どんな気持ちで投げているのかも、想像することができた。

同じ社会人野球出身、四歳下の山井とは酒を飲みにいく仲だった。山井はそうした席に年下の投手を連れてくることがあり、あれこれと世話を焼いていた。誰かが頭角を現せば誰かが去らなければならない。そういう世界にも拘わらず、山井にはグラウンドの内外でライバルを蹴落とすことのできない人の良さがあった。それが能力に見合った結果を残せていない要因だと指摘する人もいたが、岡本は山井のそういうところが好きだった。

その山井が今、プロ野球史上初の、日本シリーズ完全試合に近づいている。岡本は掛け値なく、その瞬間が訪れてほしいと願っていた。

山井が八回表のマウンドに立った。スタンドの歓声がブルペンまで聞こえてきた。この先、二度と見られないかもしれない瞬間に立ち会っている。その昂(たかぶ)りは、観衆も密室のリリーバーたちも同じだった。

四番バッターのフェルナンド・セギノールから始まる日本ハムの中軸打線を前にしても、山井の躍動は止まらなかった。ゆったりしたノーワインドアップから放たれるストレートは、ずしりとバットを押し込み、鋭利なスライダーは鮮やかにスイング軌道を避けた。岡本はそれを見て、確信した。

あいつは今日、球史に名前を刻むんだ……。

ブルペンの扉が開いたのは、そのときだった。がちゃりという音が静かな密室に響いた。新しいアンダーシャツに着替えた岩瀬が入ってきたのだ。これから二度目の投球練習に入るようだった。

中日のストッパーは三年連続で四十を超えるセーブを記録していた。岩瀬を知らぬ者は、この世界にはいない。ユニホームの背番号13は相手チームにとっての不吉の象徴となっていた。

「岩瀬が出てきたら、もう終わり。逆転のドラマは起こらない」

他球団のファンや、関係者からもそういう声が聞こえてきた。事実、岩瀬の決め球であるスライダーは「死神の鎌」と呼ばれていた。

その絶対的な守護神が、最後の準備に入った。それが岩瀬のルーティンであり、決められた通りの、いつもの流れだった。

ただ、見慣れたはずの光景がなぜかこの日は妙に気になった。

モニターの山井と目の前の岩瀬、二人を交互に見た岡本の脳裏に、あることが浮かんだ。

代えるのか？　まさか……。

それは普通ならば浮かぶことのない疑念であった。

何しろ先発ピッチャーが完全試合を継続しているのだ。その最中に、リリーフ投手が必要であるはずがない。

だが、もしかして……。

岡本にそう思わせたのは、すでに五百試合以上も修羅場のマウンドに立ちながら、防御率一点台——九イニングに一点しか失わないことを意味している——を保っている岩瀬への絶対的な信頼感と、何より落合という指揮官の存在だった。

あの人なら……代えるかもしれない……。

岡本はかつて、監督としての落合がはっきりとゲームにおける感情を捨て去った瞬間を目の当たりにしていた。いや、感情を捨てさせた当事者であると言ってもよかった——。

三年前の二〇〇四年秋のことだった。落合は監督一年目でリーグ優勝を果たし、初めての日本シリーズを戦っていた。

パ・リーグ王者、西武ライオンズとの第三戦は乱打戦となり、岡本は一点リードの六回裏からマウンドに上がることになった。

この年は、岡本の人生が変わったシーズンだった。落合の就任と同時にリリーフへ転向すると、速くて落ちるボールを武器とした瞬発的な投球スタイルが花開いた。岡本は一球に爆発的なエネルギーを注ぐことができる短距離ランナーのような適性を持っていた。チーム最多の六十三試合を投げ、最優秀中継ぎ投手賞のタイトルも手にした。

だが、西武ドームのマウンドに立ったこの日はどうもおかしかった。初めての日本シリーズへの緊張だろうか。制球がままならないのだ。

登板した回はランナーを出しながらもどうにか切り抜けた。ベンチに戻るとコーチから「次の回も頼む」と声をかけられた。どちらに転ぶかわからない接戦の鉄火場でマウンドに立つ。天秤をこちらに傾ける。チームに必要とされているという感触が、岡本の心を満たした。

岡本はダグアウトの裏へまわると、タバコに火をつけた。イニング間に心を鎮めるためのいつもの行動だったが、吸い込んだ途端に嘔吐感がこみ上げてきた。あらためて、自分がかつてないほど緊張しているのだと気付いた。ゆっくりと紫煙を吐き出して、少しでも落ち着こうとした。銘柄はマイルドセブン・ライトと決めていた。タールが八ミリだったからだ。八の末広がりは縁起がいい——任されたマウンドを守るためなら、どんな些細な運でさえも引き寄せたかった。

プロに入るまでの岡本はマウンドを求めて流浪してきた。京都の峰山高校を卒業し、社会人野球の佐藤工務店に入ったが、すぐに休部の憂き目にあった。その後も岡本が行く先々で社会人チームが休廃部となった。不況の煽りで企業スポーツが衰退していく時代だった。仲間との信頼関係ができても、すぐに離れ離れになる。必要とされるマウンドを探して、岡本は転々としてきた。

そんな自分が今、チームにも仲間にも、求められて投げている。岡本はようやく手にしたこのマウンドを手放したくなかった。

気持ちとは裏腹に次のイニングも、やはりボールは岡本の思うようにはならなかった。売り出し中の若手である中島裕之にツーベースヒットを浴びると、相手は切り札の左バッター石井義人を代打に送ってきた。ゲームの流れが変わりはじめていた。

三塁側の中日ベンチで、落合がゆっくりと立ち上がるのが見えた。

ああ、交代か……。

岡本は俯いた。落合がベンチを動くというのは、そういうことだ。

左翼のファウルゾーンに設けられた西武ドームのブルペンからは、ベンチの指令を受けたサウスポー髙橋聡文がこちらへ向かってきていた。

そのときだった。キャッチャーの谷繁元信と、サードの立浪和義がベンチを出た落合に歩み寄ったのだ。落合は二人と何かを話し合った。やがて小さく頷くと、マウンドに向かおうとしている髙橋を手で制し、ブルペンへと戻した。そして、岡本のところへやってきて、こう言った。

「どうだ？　まだ、いけるか？」

交代じゃないのか？

岡本は啞然としながらも、投手として当然の返答をした。

「――いきます」

マウンドの輪が解けた後、立浪が近寄ってきて、こう言った。

「今年はお前で勝ってきたんだ。ここはお前に任せるぞ」

岡本はそれを聞いて初めて、落合が決断を覆(くつがえ)した理由がわかった。

チームの柱である立浪と谷繁が岡本の続投を直訴し、指揮官もそれを受け入れたのだ。そんなことは落合が監督になってから初めてであり、岡本の野球人生においてもかつてないことだった。

岡本はその後、同点のタイムリーヒットを浴びた。なお満塁のピンチは続き、もっとも警戒すべき四番のアレックス・カブレラを迎えた。

それでも落合はベンチでじっと動かなかった。

岡本は全身に漲(みなぎ)るものを感じた。いつしか緊張感は消えていた。

カウント一－一からの三球目、岡本の投じたストレートは会心の一球だった。内角低めに伸びる、申し分のない球だった。立浪と谷繁と、落合が投げさせてくれた球だった。

次の瞬間、白球は左翼場外の闇に消えていた。打球の行方を振り返った岡本の視線の先で、ライオンズブルーの人波が揺れていた。後からデータを洗ってわかったことだが、そこは、カブレラが最も得意としているコースであった。

中日は敗れた。敗戦投手となった岡本には熱いものが残った。打たれたことへの悔恨と、あの場面で続投させてくれたことへの恍惚である。

だが、ゲーム後の落合はカメラのフラッシュを浴びながら、どこか冷めた表情でこう言い残した。

「全てはこっちのミスで負けた。監督のミスで負けたんだ」

翌日の紙面で目にしたその指揮官のコメントは、岡本の胸に突き刺さった。

「監督は、あの決断を後悔しているのだろうか……」

中日は最終的に三勝四敗で日本一を逃した。落合が急速に選手と距離を置くようになったのは、それからだった。遠くから冷徹にチームを見つめるようになった。

そして、二年目、三年目、四年目とシーズンを重ねるごとに、信じるものを減らしていっているように映った。

——あの日から落合は変わったのだろう。信頼や情、そうしたものを捨て去ったのだろう。完全試合が近づくなかで、岡本の頭に継投が浮かんだのは、その記憶があったからだ。

ついに八回表が終わった。ブルペンのモニターには、観衆からスタンディングオベーションを浴びる山井の姿が映っていた。あと一回。あと三人。場内にこだまする山井コールが岡本の耳にも聞こえていた。

一方で、目の前には淡々と投球練習を続ける岩瀬がいた。

続投か。継投か。

どうか、山井に最後まで投げさせてやってくれ……。

岡本は祈った。あの夜のホームランの痛みはまだ消えていない。だが同時に、落合に続投を告げられた瞬間の痺れるような恍惚も残っている。それが投手という生き物だ。

だから九回のマウンドに上がるのが山井であることを、岡本は祈らずにはいられなかった。

# 4

森はコーチとしての選択を迫られていた。

眼前には八回表を投げ終えて、万雷の拍手を浴びながらベンチへと戻ってくる山井がいた。ひとりのランナーも許さず、史上初の大記録に手をかけている。

自分のすぐ横のモニターにはブルペンが映っていた。そこにはひとり、ピッチング練習をする男がいた。岩瀬だった。

残された選択肢は二つに一つ。続投か継投か。山井か岩瀬か。

ふと、森は思った。

そもそも完全試合にリリーフが必要なのか？

あまりにも当たり前で、今まで浮かんだことすらない問いだった。

森はよく投手陣にこんな話をした。

「俺はお前らの口から限界なんて聞きたくない。投手は、ひとりで投げ切るに越したことはないんだ。継投すればするほど、チームにとってはリスクが高くなるんだ」

森は才能のあるピッチャーが能力を出し切らずに降板することが何よりも嫌いだった。

それは自身が現役時代に、怪我によってユニホームを脱いだことが影響していたのかもしれない。

二十四歳で西武に入った森は、先発投手として活躍した後、二十七歳でストッパーとなった。ライオンズ黄金期の幕開けとなる一九八二年、一九八三年、二年連続日本一の一翼を担った。しかし、二十九歳で右肘を壊すと、かつての球威は見る影もなくなった。

復活を模索した末に、当時の日本では例のなかった肘の靭帯再建手術を受けるため、アメリカの権威フランク・ジョーブの執刀に委ねることにした。

手術はあっという間に終わった。地獄はその後だった。乾いた空の下、気の遠くなるようなリハビリが森を待っていた。来る日も来る日も、まるで重さを感じないゴムチューブを右手で何度も何度も引っ張るだけだった。

俺の肘は治るのか？

一週間、十日が経っても日々は変わらなかった。そして一カ月を過ぎたころ、森の精神は限界に達した。

「いつまで同じことをやらせるんだ！　一歩も進んでないじゃないか！」

森の剣幕を前に、医師はじっと黙っていたが、やがてひとつ息をつくと、ハサミを持ってきた。それでゴムチューブを真っ二つに切った。森はその断面を見て、愕然とした。ゴムチューブの中には無数の細いゴムが通っていた。それを増やしていたのだ。患者が先を急ぎすぎて、肘の痛みが再発しないように……。

森はそれ以上、何も言えなかった。胸にこみ上げるものがあった。

それからは、ただひたすらゴムチューブを引っ張った。

結果的に森の肘は元に戻らなかった。その後、再びスポットライトを浴びることなくユニホームを脱いだが、コーチとなってもあの日に見た断面を忘れることはなかった。ピッチャーが投げるというのは、あの無数のゴムのような小さな積み重ねだ。それだけの奇跡なのだ。

だから森は、投手たちがマウンドに立つことのできる「今」を無駄にすることが許せなかった。まだ投げられるのに、自らの心の弱さからマウンドを降りてしまうことが我慢ならなかった。

森は、山井を見て思った。

俺なら、絶対に代わるのは嫌だ。

それが投手として生きてきた男の本音だった。

だが、その胸のさらに奥底には、山井の降板を考えている自分がいた。

一人でもランナーが出れば、どうなるかわからない。この試合を落とせば、シリーズの行方もどうなるかわからない。

この矛盾した思考の元をたどれば、一点差の九回、抑える確率でいけば……岩瀬だ。

岩瀬というストッパーの存在があり、何より、その後ろには落合がいた。

勝つために、その他の一切を捨て去る。森は落合の下で、そういう野球をやってきた。

だからここまで辿り着けた、とも言える。

森は隣を見た。落合は微動だにせず、ベンチに座っていた。

「俺は投手のことはわかんねえから、お前に任せた――」

いつものように黙していた。それでも森には、落合の考えていることがわかった。だから迷っていた。記録と勝利、ロマンと現実、個人と組織。その狭間に森は立っていた。

八回裏の中日の攻撃が始まろうとしていた。もう時間はなかった。このイニングが終わるまでに、九回のマウンドに誰を送るのかを決めなくてはならない。

落合が口を開いたのは、そのときだった。

「どうする――」

いつも何も言わない落合が、森に問うた。

それはつまり、落合の中で答えが出ているということだった。

九回のマウンドには岩瀬を上げる。そう言っているに等しかった。

「ちょっと訊いてきます……」

森はそう告げて、落合のもとを離れた。

5

ブルペンは静かだった。じっと、最終回が始まるのを待つような空気があった。そのなかに岩瀬の投球音だけが響いていた。

岡本は壁にある通話機を見つめていた。ベンチからの指令を受けるためのものだ。ドアや壁面と同様に余分な装飾はなく、無機質に沈黙している。

その機械音が鳴ると、リリーフ投手たちは一瞬ビクッと身を震わせる。それは、勝利と敗北の狭間で煮えたぎったマウンドへの召集を告げる報せであるからだ。

ブルペンという英語には、闘牛場へ引っ張り出される前の牛を囲っておく場所という意味があるのだという。その通りだった。呼ばれれば、リリーバーはどんなに怖くても、もうマウンドに向かうしかない。ただ、この試合ばかりは召集音は鳴らないはずだ。九回のマウンドに上がるのは山井のはずだ。

岡本の祈りは続いていた。

密室を震わせる高い音が響いたのは、そのときだった。

岡本と他のリリーフ投手たちの「えっ」という声が重なり、誰もが通話機のほうを振り返った。視線の先でブルペン担当コーチが強張った表情で受話器を上げた。一瞬の無言を挟んで、「わかりました」と短く頷くと、コーチは岩瀬を見た。

「いくぞ」

ブルペンは静まり返っていた。岡本は全身の力が抜けていくのを感じた。

岩瀬がマウンドに召集された。山井はプロ野球史上初めての大記録を目前にして、マウンドを降りるのだ。落合はやはりそういう決断をした。もう、岡本を続投させた三年前の落合ではなかった。これがこのチームの戦い方なのだ。

指示を受けた岩瀬は、いつものように「はい」とだけ返事をして、グラウンドへ向かう準備を始めた。リリーフ投手たちの間で「力水」と呼ばれる一杯の水を口にふくむと、ブルペンの仲間たちの拍手に送り出されて、自らの戦場へと向かった。

岡本はドアの向こうへ消えていく岩瀬の背中を呆然と見送った。

## 6

宇野は一塁側のベンチからバックスクリーン上のスコアボードを見上げた。打撃コーチとしては見たくなるような数字ではなかった。八回裏の中日の攻撃は三人で終わった。ついに打線は追加点を奪うことができず、一－〇のまま最終回を迎えることになった。

最後の最後まで、ピッチャーに頼りっきりか……。

二回の犠牲フライで奪った一点だけであった。その今にも割れてしまいそうな薄い氷の上を渡りながら最終回までたどり着いた。打撃の三割より守りの十割を追求してきた、現実的な落合の野球を象徴するような展開であった。

九回が始まる。ベンチの後列で落合が腰を上げた。落合はスッと宇野の横を通り過ぎると、ホームベースの後方にいる球審のもとへと向かった。

まさか、代えるのか……。

宇野は落合の背中を目で追った。

少し前から、落合と、投手陣の責任者である森が何か話し合っているのはわかっていた。山井を続投させるのか、岩瀬に代えるのか、それについてなのだろうと察しはついていた。

確かに逃げ切るだけなら、岩瀬は最強のカードだった。だが、それにしても……という思いが宇野にはあった。

岩瀬を出したからといって、ゼロに抑えられる保証があるわけではない。ましてや、この先二度とないかもしれない日本シリーズの完全試合がかかっている。だったら、山井に……。

宇野の視線の先で、落合が球審に向かって歩を進めていく。宇野にはその背中が随分と遠くに感じられた。


森は、落合の後を追うように自らもベンチを出た。指揮官が球審に告げるピッチャー交代の言葉を、自分の目と耳で確かめなければ心が収まらなかった。

落合が球審を呼んだ。

場内が山井コールに包まれるなか、落合は球審の耳元で告げた。

「山井のところに、岩瀬——」

もう十一年もこの世界にいるベテランの審判員は一瞬、目を見開くと、今しがた聞いた言葉が間違いではないだろうかと確認するように、全く同じ台詞を自分で繰り返した。

「やまいのところにいわせ」

そしてもう一度、目を見開いた。

観衆は山井の名を叫び続けていた。

誰もが完全試合を目前にした先発ピッチャーの登場を待っていた。歴史的な瞬間を見せてくれと願っていた。

その中に場内アナウンスが流れた。

「選手の交代をお知らせします。ピッチャー、山井に代わりまして、岩瀬――」

怒号なのか、悲鳴なのか、嘆息なのか、そのいずれでもあるような巨大な声がドームに響いた。森はかつて聞いたことのない音の中で、改めてこの決断の重さを受け止めていた。

一塁側ベンチの奥から岩瀬が現れた。

少し早足で喧騒のグラウンドに足を踏み入れた。ストッパーの登場シーンだ。いつもならば勝利を確信したファンの歓声が聞こえてくるはずだった。だが、この日は違っていた。森は左右の耳がそれぞれ別の場所の音を聞いているかのような錯覚に陥った。昂りと悲しみ、怒りと嘆き、場内にはあらゆる感情が入り混じっていた。

この決断に味方はいない……。

それだけは、はっきりとわかった。もし、このイニングに失点するようなことがあれば、もし、この試合に敗れるようなことがあれば、想像を絶するような批判に晒されるだろう。あるいは永遠に汚名を背負っていくことになるかもしれない。

落合はそれを覚悟した上で答えを出した。そして、森も運命をともにすると決めたのだ。

森は球審から受け取った真新しいボールを握ったまま、マウンドで岩瀬を待っていた。いつものように蒼白い顔でストッパーが仕事場へやってきた。そこは未だかつて、誰も踏んだことのないマウンドだった。落合と森が、道づれにしたのだ。

森は岩瀬にボールを手渡すと、こう言った。

「すまん」

## 7

私は記者席から身を乗り出した。眼前で起こっていることを頭の中で整理しなければならないと思った。

これから始まる九回のマウンドに向かっているのは山井ではなく、岩瀬だった。日本シリーズで完全試合が達成されたことはない。同時に、完全試合を目の前にしたマウンドに、リリーフ投手が送られたこともない。

今、目の前にあるのはプロ野球の歴史上で誰も見たことのない光景なのだ。

ひとつ息を吐いてから、原稿の打ち合わせをするための電話を会社にかけた。

「まったく、なんてことをしてくれたんだろうな」

受話口から、デスクの尖った声が耳に刺さった。

「もう日本一どころじゃねえぞ……」

場内はざわめきに包まれ、その中を野次とも悲鳴ともつかない声がいくつも飛び交っていた。耳に聞こえてくるものはすべて、落合の決断と世の中との深い断層だった。

そして、記者である私はその狭間にいた。

一人のランナーも出していない投手にリリーフを送る。その采配に衝撃を受けながらも、不思議なことに、落合ならそうするかもしれないという思いが心のどこかにあった。おそらく日々、落合に接してきた人間は皆、同じ予感を抱えていたはずだ。

「岩瀬で負けたらしょうがねえじゃねえか」

リードを守れず、最終回の逆転で敗れた夜、落合は決まってこう言った。それ以外の言葉で敗戦を語ろうとはしなかった。落合にそこまで言わしめる選手は岩瀬をおいて他にはいなかった。

落合は選手を名指しで評価することを、ほとんどしなかった。まだ一軍の試合に出はじめたばかりの選手が結果を出し、新聞に少しでも派手な見出しが躍ると決まって報道陣に釘を刺した。

「お前ら、すぐ持ち上げるだろう。野球って、そんな簡単なもんじゃない」

そんな落合が自ら名前を挙げて評価し、勝敗をそっくり預けてしまうのが岩瀬だった。

岩瀬は不思議な選手だった。いつも不安そうな顔をしているのだ。一九九九年、社会人のNTT東海から二十四歳でプロ入りした。それ以来、毎シーズン五十試合以上を投げ続けている。リリーフとしての実績では他の追随を許さず、このチームの日本人選手の中で誰よりも高い年俸をもらっている。それなのに、いつも自信なげに青ざめているのだ。まるで学生のようなTシャツとデニムパンツ、スポーツシューズというありふれた格好で決まった時刻に球場にやってきて、仕事が終われば静かに帰っていく。この世界で勝ち残ってきた男たちが共通して持っているゴツゴツとした自己顕示の匂いがまるでなかった。落合が「岩瀬で負けたらしょうがねえじゃねえか」と口にするたび、蒼白い顔はますます色を失った。

「監督に、そう言わせないようにしなきゃいけないでしょう。だって失敗を繰り返したら、いずれそう言ってもらえなくなるから……」

一度、岩瀬に訊いたことがある。打たれた後、いつ気持ちを切り替えているのか。するといつもの困ったような表情でこう言った。

「切り替えることはないよ。悔しさも怖さも、忘れることなく、次のマウンドまでずっと引きずっていく。そうやって引きずって引きずって初めて、次のマウンドに立った瞬間に開き直れる。僕はそれを一番最初のゲームで覚えたから……」

岩瀬はプロデビュー戦で悪夢を見ている。

プロに入ったばかりの一九九九年の開幕戦、一点リードの六回ツーアウト二塁。当時の監督だった星野仙一は岩瀬をリリーフに送った。初めて公式戦のマウンドに立ったルーキーはしかし、そこから三連打を浴びて逆転を許した。プロでやれる自信をつかむ前の新人投手を、葬り去ってしまってもおかしくないほど、残酷なマウンドだった。一つのアウトも取れずに降板を命じられた岩瀬は、その後、ベンチから充血した目で、チームの戦いを見届けることしかできなかった。

おそらく岩瀬はあの夜をずっと引きずっている。片時も不安や恐怖を手放さずに、リリーフとして生きてきたのだ。だからいつも、青ざめた顔でマウンドに立つのだ。

勝つためにあらゆるものを捨ててきた落合が、最後の最後まで信頼したのは、そういう男だった。落合と岩瀬。二人の関係を見てきた者には、このかつてない継投策の裏に、薄っすらとだが根拠を見出すことができた。

ただ、それでも落合の出した答えは、あまりに代償が大き過ぎるように思えた。岩瀬がマウンドに立っても鳴り止むことのない怒号と悲鳴が、それを物語っていた。

完全試合をリリーフしたストッパー。誰も見たことのない最終回が始まろうとしていた。

8

九回表、日本ハムの攻撃は七番の金子誠からだった。一人のランナーも、一本のヒットも許したくないという場面において、もっとも嫌なバッターだった。

　ベンチに戻った森はいつものように落合の隣に立った。そこから視線をマウンドへと注いだ。一球目、岩瀬が投じたストレートは指に引っかかったように低めに外れ、ボール球になった。あの岩瀬でさえも、体と心を制御できていないのだということがわかった。

　すまん――。これから投げるピッチャーに、そう言わざるを得なかった痛みが、森の胸には残っていた。

　落合は感情を消し去った表情で戦況を見つめていた。森には、これから何が起こっても、それを受け止めるという指揮官の覚悟が伝わってきた。それは同時に、日本一への、勝つことへの、誰にも理解できないほどの執着の現れでもあった。

　森は完全試合を頭から消していた。岩瀬に代えた以上は、ランナーを出しても、ヒットを打たれても構わない。とにかく勝ってくれ。このゲームで日本一を決めてくれ。それだけを願っていた。

　ただ、おそらく岩瀬はそう思ってはいない。山井の完全試合をそっくりそのまま背負ってマウンドに立っている。ヒットはおろか、ひとつのフォアボールも許されないという呪縛(じゅばく)の中で投げている。間違いなく、史上もっとも過酷なマウンドだ。完遂したところで記録達成者になれるわけではなかった。勝ち星がつくわけでもなかった。あるのはただ、チームとしての勝利のみ。成功しても個人として得るものはほとんどなく、失敗した場合に失うものがあまりにも大きすぎた。森が岩瀬に申し訳なく思うのは、そのためだった。

振り返ってみれば岩瀬をストッパーに転向させたのは落合と森であった。まるでこの極限の瞬間をともにするべく、そうしたかのようであった。

二〇〇三年の秋、中日の監督に就任した落合と、投手コーチとなった森が最初にやったことは、当時はまだセットアッパーだった岩瀬をストッパーにすることだった。

他球団のコーチをしているときから、打者の眼前で生き物のように動く岩瀬のボールには目を奪われた。スピードガン表示で観衆を沸かせたり見栄えのする三振を取るわけではないが、打者がもっとも嫌がるボールを投げた。つまり、勝利の確率を高める上でもっとも重要なピースだった。その評価は、落合とも共通していた。

だが森は、岩瀬にストッパーを任せると告げた後に一瞬、迷いが生じた。投手としての栄誉を与えようというのに、岩瀬が逡巡し、あまりに不安そうにしていたからだ。

現代野球においてストッパーは、チーム最高の投手である。積み上げてきたリードが最終回に黒星に変わってしまっても、この投手なら、と全員が納得できる存在でなくてはならない。だからその座につく者は揺るぎない自信を持ち、それを決して手放してはならない。それなのに、岩瀬は「僕にできるでしょうか……」と青ざめているのだ。

もう一つの気がかりは、岩瀬が体質的に酒を飲めなかったことだ。

酒を飲まずに、どうやって負けた夜をやり過ごすというのか……。

かつて森は西武ライオンズのストッパーだった。一九八三年には当時の日本記録である三十四セーブを挙げ、チームを日本一に導いた。

華やかな日々だったが、その裏で精神は蝕まれていた。抑えて当たり前、打たれれば他の投手やチームメイト、ベンチの首脳陣の生活までをも脅かすことになる。

負けた夜は、その負い目と臆病になりそうな自分を忘れるために酒を飲んだ。逃げ場がなければ、とてもやっていけなかった。

だから、躊躇う岩瀬を半ば無理矢理ストッパーにした森には、精神的な面で岩瀬が潰れてしまうのではないかという危惧が常にあった。

ドームに歓声が起こった。九回表の最初のアウトを岩瀬が奪ったのだ。岩瀬は二球目からは、いつもの自分に戻っていた。最後は死神の鎌と呼ばれるスライダーに、日本ハムの曲者、金子のバットが力なく空を切った。

悲鳴や怒号は止んでいた。半世紀ぶりの日本一へと近づいていく緊迫感によって、山井を代えたことに対する観衆の怒りはひとまず収束しているようだった。

森はあらためて、岩瀬という男を見つめた。

普通の人間なら、このマウンドでストライクすら投げられないはずだ……。

不安げにストッパーとなった岩瀬は森の想像を遥かに超えていった。セーブを積み重ね、やがて日本記録を塗り替えるような投手になっていくなかで、森が抱いていた危惧は、ある種の畏怖に変わった。

酒を飲まず、いつも不安を抱えて、一体どうやって精神を保っているのか。常に明日のこと、次のマウンドを考えながら蒼白になっている。そんな日々になぜ耐えられるのか。岩瀬の心は俺には計り知れない……。

共に闘い、グラウンド上のすべてを共有しているはずなのに、心の奥に他者と隔絶した領域がある。そういう部分で、岩瀬と落合は通じていた。

森は何度か、落合のトランクの中を見たことがあった。長い遠征に出るときでも、落合はほとんど私服を持っていかなかった。ただ野球に必要なものだけが整然と詰めてあった。休みの日もホテルの部屋からほとんど出てこなかった。人はここまで仕事に、野球で勝つことのみに生きられるものだろうか。森が二人に抱いたのは、そういう不思議さだった。

追い込まれた日本ハムは代打を送ってきた。長打力のある髙橋信二である。

四球目、その巨体が岩瀬の魔球をとらえた。スライダーを引っ張った打球は角度よくレフトへ舞い上がった。静寂が破られ、悲鳴が上がった。森も一瞬、唇を嚙んだ。

だが、マウンドの岩瀬は打球の行方を追わなかった。スタンドに届くことはないと確信しているようだった。白球はまるでそうなるとあらかじめ計算されていたかのように、フェンスの手前で失速し、左翼手のグラブに収まった。

ツーアウト。あと一人。スタンドは真っ赤に膨張していた。

対照的に、岩瀬と落合の顔だけが、白く冷たかった。

森はベンチの反対側へと視線を移した。そこには山井がいた。

このゲームの主役を務めてきた投手は、隅に座ったままタオルで汗を拭っていた。岩瀬への信頼からか、もう勝ったかのように微笑んでいた。本来なら、極限の状態であのマウンドに立っているはずの男が、すっかり解放されてしまっていた。

森はそれがやるせなかった。

このゲームにはもうほとんど何も残されていなかった。ドラマも個人の栄誉も、何もなかった。あるのはただ、計り知れない喪失か、幾多の賛否を孕んだ勝利のみだった。

こんなゲームは、もうごめんだ。

森は、目の前の光景から目を背けたくなるような思いだった。

その隣で、落合はどういうわけか、ブルペンモニターを睨(にら)んでいた。画面のなかには誰もいない。もう誰も投げていない。それなのに、空っぽのブルペンをじっと見つめていた。

9

この試合について、一体、何を報じるべきなのだろうか——。

私は記者席で自問していた。

自分ならどうする?

そう考えずにはいられなかった。個人の記録か、チームの勝利か。ロマンか、現実か。プロ野球とは何なのか。あらゆる人にそう問いかけるゲームだった。

ただ、実際に決断をするのは、この世の中で落合ひとりだ。そして落合は、おそらくは、もっとも痛みを伴うであろう選択をしたのだ。

私は手元のスコアブックに目を落とした。ふと、メモを取るための余白がどれくらい残っているのかが気になった。

落合との約束が迫っていた。このまま中日が日本一になれば、すべてが終わった後、私はその場で落合の手記を取ることになっている。

この第五戦が始まる前に、監督付広報の松永幸男から告げられていた。

「時間は約束できない。ただし、日本一になり、監督のすべての仕事が終われば、その場で取材に応じる」

そのとき、私は落合に何を問うことになるのだろうか。

ひとつだけはっきりしていることがあった。私は落合が最後に書いた「答え」を訊かなければならない。締め切り時間を考えれば、新聞社にとって危険なギャンブルとなる落合の条件をのんだのは、そのためだ。

そう考えると、自然と頭の中は整理されていった。

落合の最終答案を問う——やるべきことは、ほとんどそれだけでいいような気がした。

岩瀬がこの試合の十三球目を投じた。

最後のバッター小谷野栄一の打球は力なく転がり、セカンド荒木雅博のグラブに収まった。一塁へ送られた白球がタイロン・ウッズのミットに届いた。その瞬間、初めて岩瀬の頬に赤みがさした。膨らみ続けた場内の空気は沸点に達した。選手たちがベンチを飛び出し、場内に紙テープが舞った。

私は落合を見ていた。落合はひとりだけ違う温度の中にいるかのようだった。試合終了を見届けると静かに立ち上がり、森や宇野らスタッフと握手を交わした。それから、ゆっくりとグラウンドに出てきた。無数の感情がうねるスタンドを見渡して、深く息を吐いた。

そしてドームの天井を見つめながら、選手たちの手によって宙に舞った。あらゆるものが抜け落ちたような顔をしていた。

「今日は泣くまいと決めています」

前年、優勝の瞬間に号泣した指揮官は、台の上でマイクを向けられると涙を見せることなく、そう言った。

「昭和二十九年ですか。私が十一カ月の時ですから長かったですね……。この四年間も……長かったです」

落合は、この球団が日本一の栄光から遠ざかっていた五十二年の歳月と、自らが監督になってからの四年間を、同じ時間のように語った。落合はこの空間にいながら、誰とも異なる空気をまとっていた。あらゆるものが発露していくなかで、ひとり収束していた。

このドームの外に広がっている自分と世の中との乖離を、落合は知っているだろうかと、私は思った。

試合終了から時間が経つにつれ、落合の投手交代に対する賛否が世に溢れていった。私は、デスクとの電話や携帯電話の画面に映る速報ニュースを通じて、この采配の影響の大きさを実感していた。

「私情を捨て、チームの悲願を確実とする采配に徹したんだ」

八〇年代から九〇年代にかけて、常勝ライオンズを率いた名将・森祇晶は、落合の心情を代弁した。

一方で、かつての中日の顔であり、選手としての落合も知る星野仙一は、出演したテレビ番組で冷静に言った。

「私なら代えない。落合は投手じゃないから気持ちがわからないんじゃないかな。まあ、落合というのは、勝つことで評価される監督だから」

野球殿堂入りも果たした球界の重鎮からは「ファンに対して無責任だ」という矢が飛び、いつもは落合と野球観を通わせる野村克也ですら、首を傾げた。

「私には理解できない」

球界から政界、芸能界から街角の居酒屋まで、落合の決断はスポーツの枠を飛び越えた議論になった。

その賛否の洪水のなかで、私はこれから訪れる落合との約束に気持ちを向けた。デスクには「何時になるか、わかりません」とだけ伝えていた。

ほどなくドーム一階に設置されたひな壇で共同記者会見が始まった。パイプ椅子を埋めた報道陣からの質問は、落合の采配に集中した。

「なぜ、完全試合に手をかけていた投手を交代させたのか」

落合は形を変えて何度か繰り返された質問に、こう答えた。

「幸か不幸か、山井がもういっぱいだと言うので、代える分には抵抗はありませんでした。指にマメもできていましたから」

山井のユニホームに血がついていたのは、記者席にあるモニターでも確認できた。だから血マメの影響があったと言われれば、そうかとも思った。

だが、どこか釈然としなかった。そのコメントには、落合の言葉ではないような違和感があった。

落合の言う通りであれば、血マメの影響を受けた山井が降板を直訴したことによって、はじめて岩瀬への交代を決断したことになる。つまり、あらかじめ想定していた継投ではなく、方針転換を余儀なくされたということだ。

しかし私には、落合があらかじめ答えを決めていたように思えて仕方なかった。

「落合が本音を言うわけがないじゃないか」

あるベテラン記者が会見場の片隅で、吐き捨てた。

森は、山井交代に対する落合の答弁を側で聞いていた。胸には痛みがあった。落合は何かを守っているのか……。それとも、あの落合でさえ、心が揺れているのか。あの交代劇の当事者であった森には、落合の言葉に本当と嘘が混じっていることがわかっていた。

真相は落合と森と山井、三人の胸の内だけにあった。それぞれの思いが交錯したのは、八回裏を終えたときのことだった——。

「どうする?」

ベンチで落合からそう問われた森は「ちょっと訊いてきます……」とその場を離れた。いつもは森に全てを任せる落合が発した、どうする? の意味はよくわかっていた。

森が最初に向かったのはキャッチャーの谷繁のところだった。投手交代を決断するときに判断材料としていたのが、グラウンドの指揮官とも言うべき、この男の感覚だった。このゲームでも谷繁は、ミットを通して誰よりも山井の変化や兆しを感じているはずだった。

森が近づくと、谷繁は全てを察している様子だった。

「僕はそろそろだと、思います」

問う前に、答えを返してきた。

「あとは山井に訊いてください」

つまりは谷繁も、落合と同じ答えを出していた。

かつてはスラッガーとして名を馳せた谷繁だが、年齢と幾多の勝利を重ねるうちに、自らの打撃よりもチームの勝敗だけに目を向けるようになっていた。勝たなければ捕手は評価されないと、割り切っていた。落合の下で戦う人間は、次第にそうなっていくのかもしれない。

山井のもとへ向かう前に、森はひとつ呼吸をした。

俺自身も答えを出さなければならない……。

森は自分の胸に問うてみた。考えるまでもなかった。

打たれていない投手をマウンドから降ろすことは、俺にはできない。山井がもし投げるというのなら、九回のマウンドに立たせる。そうなれば……、俺が監督を説得するしかない。

それが、投手として生きてきた森の答えだった。

「どうだ？」

森は、ベンチの隅で汗を拭っていた山井に近づくと、問いかけた。

山井は一瞬、意外そうな表情を見せた。

ノーヒットノーランや完全試合を継続している投手には話しかけないという暗黙のルールが、この世界にはあった。森がそれを知らぬはずがないのだ。

だが山井はすぐに、なぜ投手の責任者がわざわざ自分のところへやってきたのかを察したようだった。

少し間をおいて、はっきりと言った。「いきます――」

当然だろう、と森は思った。この意志を止める権利は誰にもない。

やはり、俺が監督に話すしかない。納得してくれるかどうかはわからないが、説得するしかない。

森は山井に背を向けると、覚悟をもって落合のもとへ引き返そうと歩き出した。

そのときだった。

「森さん、すいません……」

背後で声がした。

振り向くと、山井が何かをためらうように俯いていた。

そして顔を上げると、こう言った。

「すいません……。やはり、交代……、お願いします」

これから球史に名を刻もうという投手は、自ら降板を口にした。

森は一瞬、呆気にとられたが、どこか山井の胸中がわかるような気がした。

投げては怪我をしての繰り返しだった自分が、日本一の瞬間にマウンドにいていいのか？ このチームの歩みを考えれば、そこにいるべきは岩瀬ではないのか？

おそらく山井は、自分で自分を天秤にかけたのだろう。コーチである自分が問いかけてきたことで、そう自問せざるを得なかったのだ。

森は何も言えなかった。

いつもの森なら、「自分で投げ切れ。限界なんて聞きたくない」と憤るところだ。だが、このとき森は心底「救われた」と思っている自分に気づいた。認めたくはなかったが、それが本音だった。そんな自分に嫌気がさした。

「山井が、自分で言ってくれて良かったな……」

ベンチの反対側に結論を持ち帰ると、落合は少し強張った表情でそう言った。そして球審に交代を告げるために立ち上がると、ベンチを出た。

それが真相だった。

——会見場では、何度も落合に質問が飛んでいた。

「血マメは投げられないほどのものだったのですか？」

「交代を決断するときに迷いはありましたか？」

その度に、落合は同じような返答を繰り返した。

山井が降板を申し出た——それは事実だ。

だがそう言わせたのは、自分であり、落合だった。その呵責が森にはあった。

そして、記者たちの質問にどこか歯切れの悪い答弁をする指揮官を見ていると、落合にもやはり揺れがあったのかもしれない、そう思うのだった。

共同会見が終わると、ドーム内の車両搬入口にブルーシートと幕が張られ、日本一を祝うビールかけが始まった。喉と肌から染み込んでくる陶酔と発泡音がすべてを忘れさせてくれる、待ち望んでいた瞬間だ。

岡本はその解放感に身を浸しながらも、心の片隅に引っかかっているものがあった。山井に何と声をかけていいのか、わからなかった。

山井は美酒を浴びて微笑んでいた。

「ここまできたら個人記録は関係ないです。チームが日本一になることが大事でした。最後は岩瀬さんに投げて欲しかった。だから……自分から代わります、と言いました」

マイクを向けるテレビのレポーターに、そう答えていた。

今頃は大記録を成し遂げて、舞台の主役になっていたかもしれない。人生を劇的に変えていたかもしれない男が、脇役の一人として大勢のなかで笑っているのがやりきれなかった。

一方で岩瀬も主役という顔はしていなかった。前代未聞のマウンドについて感想を求められるたびに、また顔色を失くしていた。

「人生で初めてでした。あんなプレッシャーは……」

ためらいがちに、そう答えるだけだった。

そういえば落合は会見で、山井の血マメについて口にしていた。岡本はそれを聞きながら妙な気がした。

試合中、山井は自ら「全然、大丈夫っすよ」と口にしていた。それは他の選手も知っていた。ましてや起用を判断する落合や森は間違いなくわかっていたはずだ。冷徹に「勝つために代えた」と言えばよかったはずなのに、なぜ……。

岡本の脳裏には、三年前の日本シリーズで、自らの決断を覆して岡本を続投させた指揮官の姿が残っていた。当時とはまったく逆の決断をして頂点に立ったはずなのに、その裏に、あの時と似た落合の心の揺れが見えたような気がした。

10

時計の針は日付を越えようとしていた。

ビールかけの終わったナゴヤドームに残っていたのは火照りと余韻だけだった。一階のコンコースには目と鼻につんと滲み入るアルコールの匂いが漂っていた。シャワーを浴びて着替えを済ませた選手やスタッフたちがそのなかを帰っていく。誰もが特別な一日を閉じようという時刻に、私にはまだやるべきことが残されていた。

落合はテレビ各局のブースで優勝特別番組の収録をしていた。

「それで監督としての仕事は終わりだ」と監督付広報の松永からは伝えられていた。

「駐車場で待っていてくれ」

松永は確実なこと、必要なこと以外は喋らない男だった。

ドーム内の放送局ブースから階段を降りると、関係者用の駐車場に出る。冷たいコンクリートに囲まれた灰色の空間だ。私はそこで落合を待った。時折、ポケットの携帯電話が気になった。デスクからはすでに何度も着信があった。

「まだか？」

最終締め切りの時刻は迫っていたが、落合の条件を飲んだ以上は待つより他なかった。午前零時をまわったところで、再び携帯電話が鳴った。あと長針が半周するまでに入稿できなければ「落ちる」とデスクに告げられた。時間切れで紙面に穴が開く……。最悪の事態が頭をよぎった。

まだか……。

落合に質問をして、原稿を書く。逆算すればもうデッドラインだった。焦りが忍び寄っていた。

訊きたいことは一つだった。最終回のマウンドに誰を上げるのか。その瞬間に落合が書いた、勝つための最終答案——それだけだった。

「血マメができていたんです」

「山井がダメだと言ってきたので」

落合はテレビカメラの前でも、そう答えていた。私はその言葉に、依然として違和感が消えなかった。

「お前がテストで答案用紙に答えを書くだろう？　もし、それが間違っていたとしても、正解だと思うから書くんだろう？」

そう言った甲子園での落合と、あの九回が始まる前の落合は同じ形相をしていた。すでに揺るぎない答えを持った人間の顔だった。

それなのに、なぜ……。

自らの采配へのバッシングを知ってのことだろうか。その批判から何かを守るためなのだろうか。

「そろそろだ」

薄暗い駐車場に、松永の低い声が響いたのはそのときだった。時計を見た。タイムリミットまで残り十五分。

やがて階上から、ゆっくりと静かな足音がして、落合が現れた。

「じゃあ、やるか」

落合は私を見ると、すべての血を使い果たしたような生気のない笑みを浮かべた。いつもの凍てつくような緊迫感は消え失せていた。

「なぜ、山井を代えたのですか？」

私はその場に立ったまま訊いた。

落合はその問いに間髪入れることなく、会見のときと同じ答えをした。

「山井が自分からダメだと言ったんだ。いっぱいだと言うからだ」

血マメのことは口にしなかったが、その穏やかな笑みに、私はなぜか、そわそわとした気持ちになった。だから、訊くべきことを訊いた。

「岩瀬に代えようと、あらかじめ頭にあったわけではないのですか？　あの場面、監督が書いた答えは何だったのですか？」

落合の目が光ったような気がした。

今度は一瞬の間があった。落合は立ったまま私を見下ろすと、「フッ」と笑った。さきほどより緊張感をともなった笑みだった。

そして、少し遠い目をしてから言った。

「これまで、うちは日本シリーズで負けてきたよな。あれは俺の甘さだったんだ……」

私はメモも取らず、黙って聞いていた。

「二〇〇四年のシリーズで岡本を代えようとしただろう。でも、そのシーズンに頑張った選手だからって続投させた。俺はどうしても、いつもと同じように戦いたいとか、ずっと働いてきた選手を使いたいとか、そういう考えが捨てきれなかったんだ」

その場面には覚えがあった。あの所沢での敗戦の夜に落合が浮かべた、自らを冷笑するような表情は鮮明に残っていた。

「でもな、負けてわかったよ。それまでどれだけ尽くしてきた選手でも、ある意味で切り捨てる非情さが必要だったんだ」

深夜の駐車場に、落合の言葉が響いた。

あの夜の後悔が、この日の決断に繫がっていた……。この四年間を「長かった」と言ったのは、そういう意味だったのだろうか。

山井を代えたのは落合だった。確信的にそうしたのだ。

それと同時に、私の前にいる落合は限りなく人間だった。最初から冷徹なマシンのように決断したわけではなかった。血が通っている限り、どうしようもなく引きずってしまうものを断ち切れず、もがいた末にそれを捨て去り、ようやく非情という答えに辿り着いた。

「監督っていうのはな、選手もスタッフもその家族も、全員が乗っている船を目指す港に到着させなけりゃならないんだ。誰か一人のために、その船を沈めるわけにはいかないんだ。そう言えば、わかるだろ?」

落合はそこまで言うと、また力のない笑みに戻った。

人影のない空間に沈黙が流れた。私にはもう訊くべきことはなかった。

「じゃあな」と告げて去っていく落合の背中を、その場に立ち尽くしたまま見ていた。

勝者とは、こういうものか……。

私は戦慄(せんりつ)していた。

落合は空っぽだった。繫がりも信頼も、あらゆるものを断ち切って、ようやくつかんだ日本一だというのに、ほとんど何も手にしていないように見えた。頭を丸め、肉を削ぎ落とした痩せぎすのシルエットが薄暗い駐車場に浮かんでいた。一歩ドームを出れば、無数の批難が待っているだろう。落合の手に残されたのは、ただ勝ったという事実だけだった。

闇の中にひとり去っていく落合は、果てたように空虚で、パサパサに乾いていて、そして、美しかった。

# 2008

リーグ3位　CS敗退

71勝68敗5分／.511／打率.253／本塁打140／防御率3.53

第6章

# 中田宗男 時代の逆風

十年先を見据えてスカウトする中田。
だが落合は、「すぐ使える選手を」と求めた。

# 1

和歌山の太地町は靴下型をした県のつま先にあたる。熊野灘に抱かれた捕鯨の町として知られているが、もう一つのシンボルは落合博満野球記念館である。

高台に建つ鉄筋二階の館内には、落合の等身大ブロンズ像や現役時代に使用したバットやユニホーム、トロフィーなどが展示されている。落合は例年、正月をこの別荘で過ごしており、年が明けるとそこへ番記者たちが集まるのが恒例となっていた。

二〇〇八年一月三日、私は名古屋から特急「南紀一号」に揺られた。日の出まもなくに出発して昼前にようやく紀伊勝浦という駅に着くと、他の記者たちもそこに集合していた。

私たちが記念館を訪ねると、落合はグレーのハイネックセーターを着て、太平洋を一望できる二階の喫茶にいた。そこで新年最初の囲みに応じた。

「で、今年はなんだ?」

日本一監督は一同を見渡した。

二〇〇八年の初頭、球界の話題は巨人が独占していた。横浜からストッパーのマーク・クルーンを、ヤクルトからは先発のセス・グライシンガーと主砲アレックス・ラミレスをと、同じリーグの他球団から大物外国人選手を次々に補強していた。球界の盟主がなりふり構わず勝ちにきているのは明らかだった。対して前年に日本一となった中日は、西武からフリーエージェント宣言をしたスラッガー、和田一浩を獲得しただけだった。

「巨人が補強したっていいじゃねえか。去年うちに（クライマックスシリーズで）勝てなかったから補強したんだろう。巨人の選手も（大型補強に）、俺たちがいるのに何でだろうと思っているはずだ。まあ、いつものことだけどな」

前年のクライマックスシリーズで中日に敗れた巨人が大型補強に出た。それによって巨人軍内に軋轢（あつれき）が生じることを示唆した。ライバルを心理的に揺さぶった。新聞記者に歓迎される類のコメントだった。こうした発言をするとき、落合はいつも確信的な笑みを浮かべる。翌日の紙面にどんな見出しが載るのか。それを巨人の関係者がどんな思いで目にするのか。何より自軍の選手たちが何を感じるのか。それら全てを計算した上での発言のように聞こえた。

それから落合は広く球界について語り、気付けばカップのコーヒーはなくなっていた。いつもならそれで解散となるが、この日は続きがあった。

「泊まっていける人は泊まっていけばいいじゃない」という夫人の言葉に、落合も頷いたのだ。

私は数人の記者とともに当地に残ることになった。

そんな時間を過ごすのは、番記者になってから初めてのことだった。

落合家の別荘は記念館の裏にあった。白を基調とした開放的なリビングには南向きの大きなガラス窓があり、そこから見える山の向こうに陽が落ちたころ晩餐になった。

落合はロックグラスに焼酎を満たしていた。夫人が楕円形のテーブルに「はいよ！」と次々並べる料理にゆっくりと箸を伸ばしていた。球場では見せることのない凪いだ表情だった。庭の灯りに釣られてひょっこりとやってくる狸を眺めたり、海に見える鯨のことを話したりした。

「動物はいいよなあ。騙したり、裏切ったりしないんだからな」

時折、海風がガラス窓を揺らすだけの穏やかで静かな夜は更けていき、やがて話は、あの日本シリーズの投手交代へと及んだ。

あれ以来、落合の周りには常についてまわる話題だった。

「部外者には、内部の事情はわからねえんだよ」

落合は乾いた笑いを浮かべた。

あの日を境に落合のイメージは決定づけられた。冷徹非情という人物像が固定化され、アンチ層からは、ロマンと引き換えに日本一を勝ち取った男という冷ややかな視線が注がれた。球団膝元の名古屋にさえ、そう見る者たちがいた。「落合の野球はつまらない」と揶揄（やゆ）する声は、日本一になっても減らなかった。

もちろん批難ばかりではなかった。シリーズから二週間後に、落合は現代プロ野球を生んだ男の名を冠した「正力松太郎賞」を受賞した。その年、もっとも日本プロ野球の発展に貢献した者に贈られる賞で、歴代受賞者には王貞治や長嶋茂雄が名を連ねている球界最大の誉れのひとつである。

「一生、縁がないと思っていた。打撃のタイトルは数字を出せば獲れるけど、こればかりは人から選んでもらわないといけない賞だからな」

落合は日本一の思わぬ見返りに、驚きを隠さなかった。

現役時代、三度の三冠王に輝いても、「狭い川崎球場が本拠地だから」などの理由で、正力賞の授賞は見送られてきた。そうしたことの積み重ねからか、落合は、自分は万人から認められることはないのだという、諦観のようなものを抱いているように見えた。だから、監督としての受賞には、ようやく世の中から認められたという実感があるようだった。

だが、受賞が決まり、会見に向かう当日、落合は大きな喪失に襲われることになった。東京の自宅を出る間際に、夫人から稲尾和久の訃報を知らされたのだ。

「え？　うそ？　いつ……」

落合は玄関口でそう言ったきり、絶句したという。

獲得と喪失がいつも背中合わせにやってくる。それは落合と人生の関係を象徴しているような出来事だった。

「なんか変な日ですね。今日は……」

受賞会見の後、落合は稲尾に黙禱を捧げるようにしばらく黙り込んだ。晴れ着のはずの、淡い藤色のダブルがしんみりとして見えた。

「ウチで女房の手料理を食ったり、朝方まで酒を飲んだ。野球の話ばっかりだったなあ。投手はこういう生き物なんだって。あれだけ勝ってきた人にしか分からない投手心理を聞くことができたのは、私の財産です」

稲尾は、まだ世の中が認めてくれる前の落合を、まるごと認めた人物だった。出会いは一九八四年の冬、まだプロ六年目のキャンプが始まる前に、自宅へ一本の電話がかかってきた。

「もしもし。稲尾だ」

受話器の向こうの少ししゃがれた声に、三十歳の落合は言ったという。

「誰？　どこの稲尾だよ？」

当時、稲尾はロッテの監督に就任することが決まったばかりだった。一方の落合は、残した成績に見合った年俸ではないと、球団に対して契約の意思を保留している最中だった。

「監督の稲尾だよ。早く判子を押せ」

「それとこれとは話が別」

二人の関係は、そんなやりとりから始まった。

西鉄のエースとして一シーズン四十二勝を挙げ、一九五八年の日本シリーズでは四完投するなど、不滅と言われる記録を数多く残した稲尾は、豪腕のイメージで知られていた。だが、その裏には繊細な情を持ち合わせていた。当時は打者の顔面付近に投げて威嚇するブラッシュボールが当たり前の時代だったが、稲尾はそれをしなかった。降板するときには次の投手のためにマウンドを丁寧にならしてからベンチへ下がった。プロ九年目で肩を傷めて投げられなくなった経験があるからだろうか、大エースでありながら、他者の心情に寄り添うことができた。大分の漁師のもとに生まれながら、気性は穏やかで、生来のゆっくりとした言動から「サイ」と呼ばれていた。稲尾はその包容力で、落合の尖ったところもへこんだところも、すっぽり包み込んでしまった。

他と一線を画した技術論から全体主義に背を向ける落合の生き方まで、正義も悪もなく、そっくりそのまま受け容れた。

落合は試合中のベンチで、いつも稲尾の隣に座っていた。

「おい、オチ、そろそろ頼むぞ」

「はいよ」

そう言ってベンチを立つと、勝負を決めるホームランを打って、また稲尾の隣へと帰ってくる。監督と選手というより、どう生きるかまで価値観を通わせた同志のようだった。

落合は稲尾のもとで、二度目、三度目の三冠王を獲得した。神様、仏様と呼ばれたかつての稲尾のように、この世界で唯一無二の男になった。

三年契約を終えた一九八六年に、稲尾はロッテの監督を辞することになった。

「落合の三冠王が一番嬉しかった」

稲尾は去り際に、そう言った。

そして落合も球団を去った。

「稲尾さんのいないロッテにいる必要はない――」

それから落合は球団を渡り歩いた。球界最高年俸を条件にバット一本でさすらう優勝請負人。それが世間のイメージになった。その裏で落合は理解者たる指揮官を求めているようでもあった。星野仙一に請われて中日へ。長嶋茂雄のラブコールで巨人へ。稲尾の幻影を追っているかのようでもあった。

「いい人だった。優しい人だった。まあ、それと勝負事っていうのは別なんだろうけど……」

またひとつ、この世における寄る辺を失った落合は、そう言い残して表彰式の会場から去っていった。

翌日の紙面は稲尾の訃報一色だった。落合が正力賞を受賞したというニュースは埋没した。そして、落合の勝利は広く万人に認められることはなく、受賞後も日本一監督への称賛と批難は相半ばしたままだった。

「俺は気にしてねえよ」

漆黒の海を見下ろす高台の夜、落合は焼酎の杯を重ねて言った。

監督としての稲尾は勝てなかった。ライオンズとオリオンズ、八年間で一度も優勝はできなかった。

落合は勝ってきた。四年で三度、日本シリーズに進出した。そして、ようやく手にした日本一の代償として、非情の指揮官という代名詞を背負うことになった。

「そもそも万人に認めてもらおうなんて思ってないよ」

グラス片手に語る落合を、夫人と長男が思いを秘めたような表情で見つめていた。私には二人が何を思っているのかが、何となくわかった。落合から放たれる言葉にはいつも、船の引き波のように漂っているものがあった。それは世の中に対する諦めであり、孤独だった。近くにいる者ほど、なぜあらゆるものに背を向けるのか、なぜ折り合いをつけられないのか、という静かなため息を重ねてきたのだろう。

窓の外に顔を出していた狸はいつしか姿を見せなくなっていた。

落合は場のしんみりした空気を穿（うが）つように言った。

「俺が本当に評価されるのは……俺が死んでからなんだろうな」

その口調に悲壮感はなかったが、言葉が含んでいるものはあまりに悲しかった。そのためだろうか、落合を見つめていた夫人と長男の目に、光るものがあった。落合はそれに気づくと、困ったように笑って、またグラスをあおった。

その夜、静かな別荘の離れで布団をかぶった私は、落合のその言葉がずっと頭から離れなかった。

## 2

バスは国道四二号線を北上していた。熊野灘を右手に見ながら海風の吹く道路をのんびりとした速度で進んでいた。車内の照明は落とされており、その中でテレビモニターだけが光っていた。

画面にはアメリカ合衆国大統領に扮したハリソン・フォードがいた。彼はダークスーツにシルクのネクタイを締めて、聴衆の見つめる演説台に立っていた。

『皆さん、真の平和は、戦争の回避ではなく正義を行うことによって勝ち取るものです。テロを許したり、怖れるようなことがあってはなりません』

厳然とした眼差しと七三に整えられたブロンドグレーの髪が、この映画の主人公であることを物語っていた。

『怖れるのは……向こうだ』

真っ白なシャツに身を包んだ正義の象徴は、悪との境界線をきっぱりと引いた。

「ああ、これ、見たことあるわ」

落合は画面に向かってそう言った。

だからと言って、別の映画に取り替えるわけでもなく、これから始まる二時間の上映に備えて、座席のリクライニングを倒した。

太地町の別荘で過ごした翌日の夕刻、落合は名古屋への帰路についていた。観光会社から借りた大型バスには、運転手の他に夫人と長男、そして私と他の記者が同乗していた。

落合は道中をビデオ鑑賞で過ごすと決めたようだった。画面に近い前方座席に陣取ると、足を投げ出して、両手を頭の後ろに組んだ。

私にはそれが、妙に堂に入った仕草のように見えた。そういえば、落合はシーズン中も、試合のない月曜日は自宅で映画を観て過ごすことがほとんどだった。

「暇つぶしだよ」

あるとき理由を訊くと、ぶっきらぼうにそう言った。

はたしてそうだろうかと私は思った。聞く限り、落合は青年時代からずっと、空白の時間を映画という非現実の物語で埋めてきたからだ。

まだ高校生だったころの落合は、学校ではなく小さなシアターを教室にしていたという。

男鹿（おが）半島の付け根に広がる田園地帯、朝、自宅を出るとバスで数十分かけて国鉄・船越駅に出る。八郎潟を車窓に見ながら南へ揺られること一時間弱で秋田駅に着く。落合の通った秋田工業高校はそこからさらに旧久保田藩主の居城跡を抜け、北へ数キロのところにあったが、落合は道ゆく学生たちの流れに逆らって、ひとり駅から西へ向かった。

駅前通りを進んで川にぶつかると、その手前に映画館通りと呼ばれる筋があった。両側に三、四階建てのビルがいくつも立ち並び、それぞれスナックなどの飲食店とともに小さな映画館が入っていた。落合はそこの常連だった。

高校の野球部は入学してすぐに行かなくなっていた。国鉄の線路と幅のない土手に挟まれた土のグラウンド、その狭い世界で繰り広げられる理不尽な体罰や実力と無縁の上下関係に嫌気がさしたのだ。だから、とりたてて学校に行く理由も見当たらなかった。まだ館内入れ替え制のなかった時代である。西部劇から任侠もの、ラブロマンスまで、思春期の青年は日がな一日、スクリーンを眺めて過ごしたという。

「出席日数が足りなくなると学校に顔を出すんだ。すると、野球部の仲間に呼ばれる。次の日曜に試合があるから、来てくれってな」

落合は試合に出ると打った。誰よりも打った。そして、また翌朝には同級生たちに背を向けて、スクリーンの前に戻っていった。まだ十代半ばのころから、そうやって生きてきたのだ。

私は広くなったバスの後部座席から画面と落合を見ていた。映画はプロローグの場面が終わり、本筋に入っていくところだった。

「これ、ハイジャックされるやつだよな?」

落合は隣の席で身を横たえている夫人に、そう言った。

一九九七年に公開された『エアフォース・ワン』というアメリカ映画は、私も学生時代に観たことがあった。

まだブルージーンズにスニーカーだったころ、私の胸に残ったのはハリソン・フォードだけだった。大統領専用機を乗っ取られながら、ひとりでテロリストを殲滅(せんめつ)していく痛快さだけが記憶にあった。

ただ、三十歳になった私は、なぜか悪役を演じるゲイリー・オールドマンが妙に気になっていた。どこか謎めいたイギリス出身の俳優は、民主主義の敵として、強大なソビエト連邦再建を目論む狂信主義者を演じていた。フォード扮する大統領を人質に取り、独裁的な指導者の解放を要求するべく、ホワイトハウスに向かって叫んだ。

『何が正義だ！ お前らは石油の値段を下げる、そのためだけに十万人のイラク人を殺したじゃないか！』

静かな車内に悪役の台詞が響いた。その言葉がやけに耳に残った。悪役のことが気になるのは年齢のせいだろうか、それとも……。

私はぼんやりと映画を眺めながら、前の晩に聞いた落合の言葉を思い返していた。

俺が本当に評価されるのは、俺が死んでからなんだろうな——。

悲しい台詞だった。そんなことを口にするのは、映画の中の人物だけだと思っていた。ただ、時間が経つにつれて、その言葉に含まれているものは悲しさだけではないような気がしてきた。

バスは海岸線と林道が断続的に続く闇の中を抜けて、紀勢自動車道に入った。窓の外にも灯りはなく、車内では相変わらずテレビ画面だけが光を放っていた。

ハリソン・フォードは危機を脱しようとしていた。乗っ取られた機内で大統領自らテロリストを抹殺していく。英雄はいつもタフで迷うことなく、恐れ知らずだ。

一方で、オールドマンは悪役としての末路を辿ろうとしていた。

『何が正義だ！』

追い詰められたテロリストは、断末魔の台詞を叫んだ。

『お前らが持ち込んだ自由という伝染病のせいで、俺の街にはチンピラや娼婦ばかりが蔓延(はびこ)るようになってしまった。そして、お前たちが何もかも奪い去っていくんだ。全てなくなるまで……』

私の意識はやはり、オールドマンに向けられていた。学生時代にはほとんど頭に入ってこなかった言葉のひとつひとつが胸に響いてしかたがなかった。

大勢の人間が唱え、当たり前のように跋扈(ばっこ)する正義とは本当に正しいのだろうか？　そもそも、万人のための正義などあるのだろうか？

ここのところそんなことを考えるようになっていた。そして、それは落合と接しているためではないだろうか、と感じていた。

なぜなら落合はいつも、正義と決められていることと、悪と見なされていることの狭間に石を投げ込み、波紋を広げるからだ。おそらく意識してのことではないのだろうが、その賛否の渦に日々触れていると、正しいとか正しくないとか、そんなことはどうでもいいような気がしてくるのだ。

ハリソン・フォードの白いシャツは汗と血にまみれ、シルクの黒いネクタイは胸元まですり落ちていた。正義の戦いをした証だった。傷だらけの彼は勇壮なエンディングテーマの中で微笑んでいた。そのころオールドマンはもう画面にいなかった。正義が勝ったのだ。ハリウッド映画ではお決まりのラストシーンだった。

落合は何も言わずひとつ伸びをすると、シートに身を横たえたままエンドロールを眺めていた。窓の外から人工的な光が差し込んできて車内が明るくなった。名古屋市街に入ったようだった。バスは低速の唸りを上げ、停止と発進を繰り返すようになった。

やがて、落合の住む重厚なマンションが見えてくると、バスは完全に停止した。落合はゆっくりとシートから身を起こした。

「休みは終わりだ」

そう呟くと首をぐるぐるとまわして立ち上がった。

落合はまた戦いに向かうのだ。

私はふと、あの日本シリーズが終わった夜、ドームからの去り際に落合が呟いた言葉を思い起こしていた。

「やっぱりな、リーグ優勝して日本一にならないと、どこかで勝った気がしないんだよな……」

あの夜、日本一の余韻が冷めやらぬうちに、落合はそう言った。

この先どれだけ勝っても万人に称えられることはないだろう。それを知りながら、もう次の勝利を欲していた。死んでから評価されるためなのか。それとも、勝ち続けたその先に何か求めているものがあるのか。私にはわからなかった。

暖房の効いたバスの車内から外へ出ると、冷気が身に染みた。吐く息が闇を白く染めた。

「もう、休みは終わりですか？」

私が訊くと、落合は苦笑いした。

「早えよな……。でも、ずっとこんな調子だ。野球をやっている限りはな」

星ひとつない無表情な冬の空が、落合を見下ろしていた。

3

このチームは、この先、どうなってしまうのか……。

中日のスカウト部長・中田宗男の不安は年を経るごとに大きくなっていた。

二〇〇八年が明けてまもない一月九日の朝、二軍のナゴヤ球場に隣接する選手寮には慌ただしく人が出入りしていた。前年秋のドラフト会議で指名した新人選手たちが入寮してくるのだ。

中田は寮の入口で新人選手たちを迎えていた。キャリーケースやボストンバッグに希望と不安を同じだけ詰めて、プロの第一歩を踏み出す彼らに、中田は天性のカラリとした笑みを見せていた。それがスカウト部長としての年頭の仕事だった。

オールバックの丸顔には人を安心させる力があったが、その笑みの裏で葛藤は続いていた。この年、寮に入ってきた新人選手はわずかに四人で、そのうち三人が投手だった。この中野手は社会人出身の、どのポジションもできる器用なタイプが一人だけだった。この中の何人が一軍の舞台に立つことができるのか、戦力のバランスはこれでいいのか、という思いがあった。

中田は新人選手たちの入寮を見届けると、黒いコートの襟を立てて、乾いた寒風が吹きつけるグラウンドに出てみた。冬枯れの芝生の上ではいくつかの長い影が動いていた。自主トレーニングにやってきた選手たちが走っているのだ。現有戦力の彼らもまた、そのほとんどが中田の笑みに迎え入れられた選手たちだった。

新しく入ってくる者がいれば、同じ数だけ去りゆく者もいる。その中で生き残った者だけがここにいる。チームとは本来、そうした血の循環によって生きている。

中田の危惧はそこにあった。

今、チームを支えているのは、いわゆる十年選手たちだった。

一九八八年に入団した立浪和義を別格として、荒木雅博と井端弘和の二遊間コンビも、エースの川上憲伸も、ストッパーの岩瀬仁紀も、一九八〇年代終わりから一九九〇年代後半に入団してきた。つまり、星野仙一が監督の時代に獲得した選手たちだった。

彼らの次を担う選手は育っているのか……。

他球団では二十代前半の選手がスタメンを張っているというのに、中日はレギュラーのなかで最年少の森野将彦でさえ、もう三十になる。チームは高齢化していた。中田には血の巡りが滞っているように感じられた。二十年近くこの球団のスカウトを務めている身としては看過できなかった。

中田は一九七九年に、投手として日本体育大学からドラフト外で入団した。五年で現役を引退すると、翌年からスカウトになった。それからずっと胸に刻んできた言葉がある。

「スカウトは十年先のチームを見て仕事をしろ」

すぐに戦力にはならなくても、可能性を秘めた素材を見つけて現場に大きく育ててもらう。それがやがてはチームの血肉になる。

だが、落合は監督に就任すると、中田にこう言った。

「すぐに使える選手が欲しい。勝つための戦力を取ってくれ」

振り返れば、中田の危惧はそのときから始まり、年々膨らんできた。そして、この二〇〇八年シーズンには、それが現実のものになっていくのだった。

初夏の陽射しは午前中から容赦がなく、温度計の数値をぐんぐん上げていた。

中田はその日、球団事務所でスポーツ新聞を広げていた。昼間のオフィスはひっそりとしていて、低く唸るような冷房の風音だけが聞こえていた。

スカウトが所属する編成部のシマはフロアの一番奥にあった。経理や営業など他部署と離れた一角につくられているのは、機密情報を扱うという性質があるからだ。

編成部のデスクにいるのは中田だけだった。机はスカウトの人数分だけ並んでいたが、もう何日も空席だった。野球シーズンが始まれば、球界の目利きたちは球場から球場を渡り歩く。中田もずっとそうやって机を必要としない生活をしてきたが、スカウト部のトップとなった今は、週に一度は事務所で情報収集するようにしていた。

全国紙からスポーツ紙まで、あらゆるアマチュア野球記事に目を通していると、同時に嫌でもプロ野球面の見出しが目に飛び込んでくる。

『中日、早くも自力優勝消滅――』

その日、七月十日の見出しはチームの異常事態を告げていた。

シーズン折り返しとなるオールスター戦の前だというのに、すでに中日は首位阪神に十三ゲームもの差をつけられ、ペナントレースの優勝はほとんど絶望的な状況になっていた。こんなことは落合が監督になってから初めてのことだった。

「いいんじゃないか、苦しめば。これが現実だもん――」

見出しの脇には、落合のコメントが載っていた。相変わらず遠くからチームを俯瞰しているような物言いだった。

中田は、危惧していたチームの崩壊がもう始まってしまっているような気がした。それは目先の勝ち負けという問題ではなく、この球団の根っこに関わることであった。

前年に五十三年ぶりの日本一をもたらした落合は、この二〇〇八年シーズンのキャンプ初日、第一声でこう言った。

「ポジションは八つ埋まっています」

八つというのは投手を除く全ポジションのことである。つまり、レギュラーとそうでない選手を完全に差別化したのだ。

この言葉は、落合が見ているものと、中田のそれとの違いを決定的に表していた。

打線の核であった福留孝介がアメリカ大リーグに移籍した代わりに、チームには西武からフリーエージェントで獲得した三十五歳の和田が加わっていた。新戦力はその一人だけで、あとは荒木と井端、前年に補強した韓国のスター李炳圭（イ・ビョンギュ）と主砲のタイロン・ウッズ、中村紀洋、森野将彦、谷繁元信という八人が、落合のいう〇八年会員制クラブのメンバーだった。

落合の発言の主たる目的は、海千山千の十年選手たちの自覚を促すことのように思えた。レギュラーたちは指揮官にそう言われれば、競争に気を取られることなくシーズンに向けての調整に専念できる。逆に若い選手たちはチャンスすら与えられず、ベンチに座るか、もしくは二軍で暮らすことになると告げられた。

つまり落合は未来ではなく、いま目の前の勝利を見ていた。

だが、スカウトである中田の視点は違う。今いる選手たちが枯れたときに、次に咲く花は芽吹いているか。そこを見ていた。チームという生命体に脈打つ血の循環を途絶えさせないためには、たとえ今を犠牲にしてでも種をまき、水をやり、その芽を育てておく必要があると考えていた。

プロの監督と球団の職員であるスカウトとでは仕事の性質上、視点が異なるのは当たり前なのかもしれない。ただ、いくらそう言い聞かせたところで、中田の胸騒ぎは消えなかった。

「スカウトは十年先のチームを見て仕事をしろ」

中田が胸に刻んできたその言葉は、振り返ってみれば、かつての指揮官・星野仙一から贈られたものだった。

「俺だって毎年、優勝したいよ。でもな、五年、十年先も考えなきゃならん。それがチームづくりじゃないか」

中田がまだ駆け出しのスカウトだったころ、この球団の監督に就任した星野は言った。

「お前らが一番良いと思うやつを獲ってこい。その代わり二番手はいらんぞ。途中で諦めるな」

星野の言葉は中田に使命感を与え、やがてスカウト人生を決定づける選手に巡りあうことになった。

一九八六年のことだった。プロ野球界がランディ・バースと落合博満の両リーグ三冠王に沸いたその年、スカウト三年目で関西地区の担当だった中田は、大阪産業大学高校大東校舎という高校の一年生左腕に目を留めた。別の選手を目当てに地方大会に足を運んだのだが、なぜか、その細身のサウスポーが描いた綺麗なストレートの軌道が頭から離れなかった。

まだ線は細いが、体力がつけば面白いかもしれない。

思った通り秋の大会では、翌年の甲子園を春夏連覇することになるＰＬ学園高校を相手に好投した。〇－一で敗れたものの、中田の予感は確信に変わっていった。

中田はプロでは投手として一勝しか挙げられなかったが、もがいた経験の分だけ選手を測る物差しを身につけていた。スカウトとしての中田はいつも、ピッチング練習を終えた投手の指先を見ることにしていた。マメのできる場所によって力量がわかるのだ。

その一年生左腕は、人差し指と中指に同じくらいの大きさのマメがあった。それは、スピンの利いたストレートを投げるピッチャーだという証であった。

そして何よりも注視したのは、バッターの内角に投げられるかということだった。投手はそこを攻め切れるか、打者はそこを打てるか、プロの世界ではその差が生死を分ける。中田は肌身をもって理解していた。

くだんのサウスポーは、ホームベースに覆いかぶさるように打席に立つＰＬ学園のバッターに対し、何食わぬ顔で胸元へストレートを投げていた。何球かユニホームの袖をかすり、その度に睨(にら)みをきかされるのだが、平然とまた同じところへ投げ込んだ。

ゲームが終わったあと、中田は公衆電話ボックスに駆け込んだ。球団から支給されていたテレホンカードを差し込むと、事務所にいる当時のスカウト部長へダイヤルした。

息急き切れていて、繋がるまでの時間さえもどかしかった。

「いやあ、久しぶりにこんなピッチャー見ましたよ！　僕はこいつが大阪で一番やと思いますよ」

捲し立てる中田の声をスカウト部のトップは「そうか」と聞いていた。そして次の大会には自らやってきた。シーズン中にもかかわらず、一軍の投手コーチを連れてきた。

「監督がコーチと一緒に行ってこいと言ってくれたんだ。確かに、こいつはいいな。単独で指名できるようにやってみろ」

それから中田は門真市にある彼の実家に日参した。ドラフト前には「中田さん、もし他球団に指名されたら、社会人のチームに行きますから」と言ってもらえるまでになった。

中田は、どの球団であれ、指名されれば入団すべきだと返答したが、胸の内では星野を信じていた。必ずこの投手を一位で指名してくれる――。

そして一九八八年の秋、中日はドラフト一位で十七歳の今中慎二を単独指名した。その年は大分・津久見高校の川崎憲次郎や島根・江の川高校の谷繁元信など甲子園組が上位を占めていたが、球団と星野は全国の舞台を踏んでいない今中を選んでくれた。

中田はドラフト会場の片隅でひとり、拳を握った。

シーズンが始まると、星野は今中をいきなり一軍で投げさせた。中田の目に狂いはなかった。細身のサウスポーは一年目から勝ち星をあげると、二年目には十勝投手になり、五年目には十七勝をあげて沢村賞投手になった。中田は自らの仕事が球団の血肉になり、その行く末を左右するのだと実感した。

星野は未知数で計算の立たない高校生が好きだった。一九八六年の近藤真一と山﨑武司に始まり、八七年の立浪和義も、そして八八年の今中も、スカウトが見つけてきた原石を上位で指名し、ゲームに使った。

「お前ら、使えんやつばっかり獲ってきやがって」

そう毒づきながらも、宇野勝らベテランをコンバートしてまで、彼らが試合に出るためのポジションを空けた。まだ無色透明の才能たちを怒鳴りつけ、蹴り上げ、熱く抱擁しながら自分色に染めていった。そうやって星野のカラーが色濃い、血縁のようなチームをつくりあげていった。

やがて原石たちが宝石として輝き始めると、星野は「ようやく使えるようになってきたやないか。お前らの目は間違ってなかったなあ」とスカウトたちを労った。中田たちは星野のその熱に触れたくて、よく一軍の球場に足を運んだ。

一方で、落合の手法は対照的だった。

監督に就任することが決まると、落合はまずグラウンドで動く選手たちをじっと見ていた。パズルのピースを眺めているかのようだった。何日かすると、スカウト部長である中田に言った。

「お前、いい選手獲ってくるよなあ。この選手たちをトレードせずに底上げすれば、このチームは勝てるよ」

そして本当に、一年目からリーグ優勝を果たした。

落合は自分の色を押しつけることはしなかった。むしろ、特色のある選手たちを用兵によって生かした。若さや未知の可能性よりも、習熟した技術を重んじた。だから、新人選手にいきなりポジションを与えることは決してなかった。

中田は、落合が監督になって初めてのドラフト会議で、こう要望されたことが忘れられなかった。

「今年、高校生はひとりもいらない。すぐに使える選手、勝つための即戦力を獲ってくれ」

スカウトとして忸怩（じくじ）たる思いがあったが、その考え方には、落合自身の野球人生が影響しているような気がした。

中田はまだ日体大の学生だったころから、三つ上の落合を知っていた。東芝府中の落合といえば、アマチュア球界で知らぬ者がいないほど名の通ったバッターだった。だがなぜか毎年ドラフトになると指名されなかった。そして、中田が中日に入団するのと同じ一九七八年に、ようやくロッテから三位で指名された。

監督としての落合は、甲子園や大学野球という華やかな舞台に縁がなくても、遠回りしながら確かな技術を身につけた逸材を探しているようだった。かつての自分のような選手が埋もれているかもしれないという潜在意識が垣間見えた。

「ポジションは八つ埋まっています」

成熟を重んじる落合にとって、それは最上級の表現なのかもしれない。ただ、今と引き換えに未来を失ってはならないと中田は考えていた。

球団事務所は昼前になっても相変わらず、しんとしていた。ブーンという冷房の唸りだけがあった。中田は新聞を閉じると夏物のジャケットを手にした。二軍の試合でも観にいこうかという気になった。無性にこの球団の未来を担う才能たちを見たくなったのだ。

ビルの外に出ると、本格的な夏の到来を告げる大きな太陽がアスファルトを焼いていた。

そろそろ、ナゴヤドームにも行かなくてはならない……。

中田は毎年、この時期になると、現場の指揮官とその年のドラフトについて話し合うことにしていた。

今年は監督と戦うことになるかもしれない……。

そんな予感があった。中田の胸にはすでに一位で指名するべき高校生の名前が浮かんでいた。そしてそれは、おそらく落合の意に反する選択であった。

## 4

住宅街を縫って環八通りへと抜ける道には人影がなかった。連日の猛暑が人々を室内に留まらせているのだろうか。植え込みのヒマワリも、心なしか項垂れて見えた。

私は横浜スタジアムに向かうタクシーの窓から、次々と視界を流れ去っていく街並みを見ていた。隣では落合がシートに身を沈めていた。

二〇〇八年の盛夏、私はあることを訊くために落合の横に座っていた。

「内密に、落合さんに訊いてもらいたいことがあるんだ……」

球界に広くネットワークを持つ、東京本社の記者から電話があったのは前夜のことだった。必ず第三者のいない場所で訊いてくれ――そう念押しされた情報は、確かにスポーツ界においては大きなニュースに違いなかった。

そのため私は周囲を窺いながら落合邸の前に張り込み、いつかのようにタクシーに乗り込んでいた。人目に触れることなく落合に何かを訊くにはそれしかなかった。

車は環八通りに出ると、急に進まなくなった。落合は窓枠に肘をもたせかけたまま、ぼんやりとしていた。

「思うようにいかないですね」

私はまずチームについて問いかけた。本題は、なるべく落合が構えていない瞬間を見計らって投げかけたかった。

「最近は眠れねえよ」

落合は自嘲気味に笑った。

「生まれ変わったら、もう野球はやらないだろうな。毎日、映画を観て暮らすよ」

冗談めかしていたものの、発散されている空気はどことなく先ほど目にしたヒマワリのように気怠かった。

このシーズンは落合にとって、かつてないほどの計算外が続いていた。五月に森野が故障で離脱したのを皮切りに、李も井端も、そして守備の要である谷繁までも、次々に怪我で戦列を外れた。落合が自信を持っていたレギュラー八人衆は早々に崩壊した。

穴を埋める新しい力もなかった。いわゆる甲子園ヒーローとして世の中から注目を浴びている平田良介や堂上直倫という若い逸材はいたが、まだ一軍での場数が足りず、落合は明らかに信を置いていなかった。何かが枯渇したようなチームは八月に入った時点で完全に首位の背中を見失っていた。

思わぬ形で露見した戦力の断層は、落合に対する新たな批判の材料となった。

いつも同じメンバーで新鮮味がない。

なぜ若い選手を使わないのか。

そうした声は落合の耳にも届いていたようだ。落合はタクシーの窓枠に肘をついたまま不思議そうに首を傾げた。

「なんで、みんな若い奴を使え、使えって言うんだろうな？　与えられた選手ってのは弱いんだよ。何かにぶつかれば、すぐ潰れる。ポジションってのは自分でつかみとるもんだ」

落合は白いものを白いと言っているだけだというような表情をした。

「不公平じゃないか。若いってだけで使ってもらえるのか？ 今、うちにファームで三割打っている奴がいるか？ ベテランにだって生活権はあるんだぜ」

そう言うと、また窓の外に目をやった。私はその沈黙を機に、用意していた言葉を発しようとしていた。

そのとき、落合が視線を動かさずに言った。

「で、今日は何を訊きにきたんだ？」

私は口に出かかっていた言葉を飲み込んだ。

見透かされていたのか……。

私は咄嗟に言葉が出てこなかった。心の動揺を隠すための間が必要だったが、もうそんな努力も無駄であるような気がした。

私は結局、待ち構える落合に質問を投げることになった。

「WBC日本代表の監督を……やるつもりですか」

それが年長の記者から私に託された情報だった。

ワールドベースボールクラシック、通称WBCはアメリカのメジャーリーグベースボールが主催する大会であり、日本ではすでに国民的行事に近いものになっていた。きっかけは、二〇〇六年に開催された第一回大会だった。日本は王貞治が代表の監督となり、イチローを筆頭とする大リーガーと国内のスター選手がひとつになって世界の頂点に立った。名実ともにトップのプロ選手たちが団結して国際大会を戦う。これまでになかった日本野球の姿に人々は熱狂した。決勝戦の中継は日本シリーズを凌ぐほどの視聴率を記録した。

そして、その熱狂はそのまま次大会への期待になっていたのだが、二〇〇九年の春に予定されている第二回大会の監督問題は混迷していた。当初は北京五輪代表の監督を務めた星野の就任が既定路線とされていたが、北京でメダルなしに終わったことと、それに対するバッシングの激しさからか、星野はＷＢＣの監督には就任しないことを自ら表明した。

そこから多くの人物の名前が浮上しては消え、人事は迷走した。そんな状況の中で、二〇〇七年の日本一監督である落合に、日本野球機構から水面下で代表監督就任の打診があったというのだ。

「――そんな話は知らない」

落合は、私の質問が終わらないうちに言った。表情を消したまま、こう続けた。

「そんな話は知らない……、ただ、仮に話があったとしても俺はやらないだろうな。一生やらないと思う。他所のチームから大事な選手を預かって、無事に返す自信がないよ。勝つために無理させるのは目に見えている。そんなに神経使って、体力使って、体を壊したくねえよ」

車は環八の混雑を抜けて高速道路に入っていた。車内には、よく舗装された道から伝わる微かな振動音だけがあった。私はその沈黙のなかで落合の言葉の意味を考えていた。おそらく打診はあったのだ……。そして、すでに断ったのだ……。ただ、落合の言い回しからは、絶対にその事実を明かすつもりがないことも伝わってきた。

私はまた、落合という人間がわからなくなった。

第一回WBCの監督は王であり、主役はイチローだった。日の丸の下には正義があった。その御旗の下で勝てば、日本シリーズの非情継投によって固定化されたイメージさえも劇的に変わるだろう。その機会が目の前にあるというのに、落合は決して万人の英雄として振る舞おうとしなかった。

「みんな代表監督なんてやりたいのか？　なんで、やりたがるんだろうな？」

落合はそう言って、私を見た。目の前の記者がまだ合点のいかない顔をしていたからだろうか、ふとこんな話を始めた。

「俺はいつも人がいる場所で、下を向いて歩くだろう？　なんでだかわかるか？」

唐突なその問いに私は返答できなかった。ただ、思い浮かべてみれば確かにそうだった。落合は球場であれホテルのロビーであれ、世の中の目に晒される（さら）ときは、あえて視線を落として歩いているようだった。多くの人々を見渡して、手を振ったりすることはほとんどなかった。プロ野球のスターとして生きてきた人間としては随分と不思議な行動だった。

「俺が歩いてるとな、大勢の人が俺に声をかけたり、挨拶したりしてくるんだ。中にはどこかの社長とか、偉い人もいる。でも俺はその人を知らない。それなのに後で『落合は挨拶もしなかった。無礼な奴だ』と言われるんだ。最初から下を向いていれば、そう言われることもないだろうと思ってな」

落合はさも可笑しそうに言った。

なぜ、こんな話をするのか。落合はいつものように答えを言わなかったが、私はぼんやりと何かが見えたような気がした。

なぜ日の丸のユニホームに背を向けるのか——おそらく落合はずっと正義とされるものの反対側で生きてきたのだ。

同じ世代の者たちが甲子園こそすべてだと頭を丸め、理不尽な直立不動とボール拾いに耐えていたとき、映画館のスクリーンの前で足を投げ出していた。

落合が通っていた映画館通りから川を隔てたすぐ向こうには花街がある。戦後に東北有数の繁華街として栄えた川反(かわばた)地区である。まだ陽が沈まぬうちから酒と女、悦楽と哀しみの匂いが漂ってくる。そこに親や教師が望むものはない。落合は汗と涙の代わりに、あからさまな人生の虚構と現実を見つめながら青春を過ごしたのだ。

落合には、自分が他人の望むように振る舞ったとき、その先に自分の望むものはないということがわかっているようだった。それは、あらゆる集団の中でマイノリティーとして生きてきた男の性(さが)のようでもあった。

タクシーを降りて、落合が去っていった後、私は携帯電話を取り出した。東京本社の記者にはひとつのことだけを伝えた。

「落合が、日本代表の監督になることはありません」

5

会議が始まってから、もう四時間が経とうとしていた。室内には睨み合ったまま動かない二つの空気があり、中田はその中で無力感を握りしめていた。

二〇〇八年のドラフト会議を翌日に控えた十月二十九日、中日のスカウトたちは東京・品川のホテルの一室に集まっていた。

この日は落合を交えて、どの選手をどの順で指名するか、最後の詰めの協議が行われていた。会議の冒頭から、落合は各地区の担当スカウトの報告を聞きながら、指名候補選手のビデオ映像に目を通していた。そして、それが終わると、あらかじめ台詞を用意していたかのように言った。

「一位は野本でいってくれ」

野本圭、二十四歳。社会人・日本通運の外野手はアマチュア日本代表の中心メンバーでもある好打者で、いわば完成品であった。

やはり、野本か……。

中田は落合がそう言い出すのを半ば予想していた。これまで落合の口からその名前を何度か聞いたことがあったからだ。

ただ、中田にもこれと決めた選手がいた。大田泰示、十八歳。神奈川の強豪・東海大相模高校で通算六十五本塁打を放った一八八センチの大型遊撃手である。未完成ながら巨大な可能性を秘めた今ドラフトの目玉だった。

「野本は良い選手です。ただ、将来を考えれば、大田の方が大きく育つ可能性があるんじゃないですか」

中田は言った。ここは譲ってはならないという覚悟があった。

中田がスカウトになってからの中日は、一九八五年の清原和博をはじめとして、九二年の松井秀喜、九五年の福留孝介と、数年にひとりと言われる大型スラッガーが現れた年には必ず一位で指名してきた。たとえ、抽選に外れて獲得できなかったとしても、それが球団のアイデンティティだと考えていた。

そんな中田に落合は言った。

「来年は外野が必要なんだ」

この二〇〇八年シーズン、中日は巨人、阪神に次ぐ三位に甘んじた。落合が監督になって四年目でワーストの順位であり、リーグを連覇した巨人との差は大きく開いているように見えた。

だからこそ、翌年に向けて編成上の穴を埋める、目の前の勝負を制するという点において、落合の言葉はしごく妥当であった。現実的で理に適っていた。

それゆえ、落合と中田の視点はどこまでも重ならなかった。

「監督、こういう選手は何年かに一度しか出ません。うちはそういう選手は必ず指名してきたんです」

その中田の言葉によって部屋の空気は膠着し、動かなくなった。明るいうちに会議を始めたはずが、いつしか外は真っ暗になっていた。

やがて落合が静かに言った。

「お前らには悪いんだけどな、どうしても野本が欲しいんだ」

無力感が中田を襲ったのは、その瞬間だった。

いつもそうだった。落合は星野のように声を荒げることはしなかった。その代わり、絶対に変節することもなかった。静かなトーンには、もう議論は終わりだと突き放すような響きがあった。フォルティッシモで感情をぶつけてくる星野に対し、落合はピアニッシモで明確な職分の線を引いた。

球団のオーナーや社長が認めた現場の指揮官から名指しで選手を求められれば、スカウトに言えることはもう何もなかった。

「明日、また話そう」という落合の言葉で会議は終わった。

会議の後は、監督とスカウト全員で食事をするのが毎年の恒例だったが、落合は「俺はいいよ」と言い残して帰っていった。

中田の覚悟は宙に浮き、胸の不安はそのまま沈殿した。

翌日のドラフト会議で、中日は二十四歳の野本を一位で指名した。

楽天と競合になったが、球団社長の西川順之助が交渉権確定の封筒を引き当てた。球団は目の前の勝利をつかむことを選んだ。落合と中田の主張はついに交わることはなかった。

欲しかったものを手中にした落合は、番記者たちの前で言った。

「現場のわがままを通させてもらった。ものからすれば、何年かに一人の逸材がドラフト戦線にいたのは確かだ。考え方は二つある。でも、五年、十年先じゃなくて、来年の戦いに勝たないといけないんだ」

落合も認めた何年かに一人の逸材——十八歳の大田泰示は巨人が引き当てた。スカウト部長の中田はどうすることもできなかった。

落合の後で報道陣の前に立った中田は衝動的な思いを口にした。

「いや、何と言えばいいのか……。清原も松井も福留も、これというバッターが出てきたとき、必ず入札していたのは我が中日だけでした。そういう意味で、ずっと大田君を、と思ってきました。ただ、監督は即戦力が欲しいということで……。そう言われれば我々はどうすることもできませんから」

中田は落合とスカウトとの間に乖離があったことを口にした。球団内の溝を外部に曝(さら)

すことになるのはわかっていたが、それでも黙っていることはできなかった。ずっと抱えてきた感情が限界まで膨らみ、叫びになった。

そして、憂いはこの先も消えないということが中田には薄々わかっていた。球界も、中日という球団も、すでに転換期の真っ只中にいた。

「球団の金庫には百億円の埋蔵金がある」

かつて球団の内部ではそう囁かれていた時代があった。

中部圏で圧倒的なシェアと販売部数を誇る親会社の財力は、スカウトも含めた編成面での優位性になっていた。スカウトたちがアマチュア球界の関係者に持参する手土産ひとつとっても、中日は他球団と差別化することができた。相手側が目を丸くしているところから話を始めることができた。

だが、インターネットの普及によって新聞業界は過渡期を迎え、埋蔵金はいつしか消えていた。星野仙一が監督だった時代のように、巨人の向こうを張って編成補強費を使った日々は、もはや昔話だった。

そもそも、経営難に陥った近鉄がオリックスと合併したことから始まった二〇〇四年の球界再編騒動以降、プロ野球の球団は親会社の広告塔という位置づけから外れ、単体での採算と経営の健全化が求められるようになっていた。

つまり、球団に求められるのは勝利だけではなくなってきていた。

確かに落合は中日を常勝チームにした。だが、球団まで目先の勝負にとらわれていいものか……。そもそも補強費が先細るなか、どうやって常勝を維持していくというのか。

中田の憂慮はそこまで根深いものになっていた。

6

枯れた色の芝生の上を冷たい風が吹き抜けていた。

ドラフトからひと月が経った二〇〇八年十一月二十二日、冬の到来を予感させるナゴヤ球場にあって、バックネット裏の記者席だけは異様な緊迫感と熱気に包まれていた。ペンとノートを手にした記者たちが幾重にも折り重なり、その輪の真ん中に落合が座っていた。

「ボイコットしているわけじゃない。球団も監督も、行けとも行くなとも言っていない。本人たちに意志を訊いたら、四人ともそうなったんだ」

落合のひと言、ひと言に記者たちがペンを走らせていた。中日の指揮官は今や日本球界の敵として、そこにいた。

事の発端は前日、東京で開かれた第二回WBC日本代表のスタッフ会議だった。翌年三月に迫った本大会へ向けて、リストアップされた選手の派遣を各球団に要請していたのだが、蓋を開けてみると中日に要請していた四選手——森野将彦、岩瀬仁紀、浅尾拓也、髙橋聡文——全員が辞退の意志を示していた。

巨人の監督と代表監督を兼務することになった原辰徳は会議の後、口をへの字にして言った。

「全球団、全世界に散らばっている野球人のほとんどが協力してくれることに御礼を申し上げたい。中には事情のある辞退者もいました。やむを得ないこともありますが、一球団においては誰ひとりも協力者がいなかった。やや寂しいことでした」

原は混迷した代表監督人事の果てに、火中の栗を拾う形で、日の丸を背負っていた。その原の言葉に報道陣は色めき立った。原の言う一球団が中日を指しているのは、候補選手のリストを見れば明らかだった。

代表監督の発言を受けて、この日の朝刊各紙には大きな見出しが躍っていた。

『中日、WBCボイコット』

中日ビルの球団事務所には朝から苦情の電話が殺到した。第一回大会の熱狂そのままに第二回大会への関心が高かっただけに、落合の冷徹非情のイメージと相まったボイコット疑惑には、世の中の批難が集中した。

それが耳に入ったのだろう。この日、ナゴヤ球場で練習を見守っていた落合は番記者たちが集まったのを見計らって、グラウンド着のままネット裏の記者席にやってきた。軋(きし)むような音がする古びたドアを自ら開け、記者たちの中へ分け入った。

室内の空気は重く張り詰めた。

「なぜ、中日の選手は派遣要請の回答書に辞退の理由を書かなかったのですか?」

輪の中から質問が飛んだ。代表候補に選ばれた選手には事前にセ・パ両リーグを統括するNPBから、出場の意志を確認する書類が送られてきていた。

落合は眉ひとつ動かさずに口を開いた。

「球団に届いた用紙を見せてもらったが、出るか、出ないかの意思を書く欄だけで、理由を書けとは書いていなかった。こういうものに説明は要らないと思う。誰がどこを故障しているかは明かせないだろう。医者が患者の病気を他人に言えるか？」

代表から派遣の要請を受けた選手たちは全員が何らかの故障を抱えており、自らの意思で辞退した。怪我の詳細については機密にあたるため説明する必要がない。それが落合の言い分だった。口調は淡々としていたが、その眼は何かに背を向けるときの、あの確信的な光を宿していた。

そして、返す刀で「日本代表」という組織の矛盾を冷たく突いた。

「プロ野球選手は球団の社員じゃない。NPBの社員でもない。個人事業主だ。もし大会に出て故障して、飯が食えなくなったら、誰が補償してくれる？」

国際大会の多いサッカーなどと比べれば、野球界は代表選手の報酬や補償問題が整備されていなかった。球団との契約に基づいてプレーするプロフェッショナルに対して、名誉だけを見返りに参加を求めるならば、当然、断る権利もあるはずだ。

その主張に記者席は静まり返った。私は輪の前列で落合の冷め切った表情を見ていた。理解されることなど期待していない、世の中への諦めを漂わせた顔だった。

落合はまた、正義とされるものと悪と決められたものの狭間に石を投げ込んだのだ。

室内にもう質疑の声はなかった。ただ落合の言葉だけが響いた。

「プロ野球選手に、公式戦以外のイベントへの参加を強制することはできない。怪我をしたら、NPBが補償してくれるというのならいい。でもそうじゃないだろ。理想論を掲げられて、一番困るのは選手だ。代表チームが呼べば、みんなが出てくれると思うのが大間違いなんだ」

そこまで言うと落合は記者席を後にした。誰もが何か考えざるをえないような沈黙が残された。

私は正月にバスの中で観た映画を思い浮かべた。画面には己が正義を疑わない合衆国大統領と、正義とは何なのかと世界に叫ぶテロリストがいた。落合はそれをじっと見ていた。あの夜の私がなぜハリソン・フォードではなく、ゲイリー・オールドマンの言葉ばかり気になったのか、わかったような気がした。

翌日の紙面には四十分間に及んだ落合のボイコット疑惑に対する反論が掲載された。

そこから賛否の波紋が広がっていった。

「全員が怪我をしているはずがないじゃないか」

「自分の球団のことしか考えていない、落合の方便だろう」

「ただ、たしかに代表チームの補償問題は話し合うべきだ」

議論の決着は定かではなかったが、ひとつだけ確かなことがあった。

翌二〇〇九年春、原に率いられた日本代表は苦しみながらも決勝まで勝ち進み、イチローの劇的なタイムリーヒットでライバル韓国を下し、二大会連続優勝を果たした。日の丸が揺れる熱狂の渦中で落合の言葉は掻き消え、中日は国民的行事に、ただの一人も選手を派遣しなかったという事実だけが残った。

正義と悪は明確に色分けされ、落合の中日は新しい二〇〇九年シーズンのペナントレースを悪役として戦うことになったのだった。

TIME JUDGE
2:42
AV176
HR 1
マイナビ転職
TOSHIBA
CHUNICHI

# 2009

リーグ2位　CS敗退

81勝62敗1分／.566／打率.258／本塁打136／防御率3.17

Dragons

第7章

# 吉見一起

## エースの条件

「うちにエースはいない」前年十勝を挙げた吉見は、落合のその言葉に、投手とは、エースとは何かを考えた。

1

吉見一起は起きがけにスポーツ新聞を開いた。二〇〇九年シーズンが開幕してまもない、ある朝のことだった。

中日の試合がどのように報じられているのか、誰がどんな発言をしているのか、ざっと目を通すのは、一軍の先発ピッチャーとして投げるようになってからの習慣であった。毎朝のモーニングコーヒーのように、当たり前にページをめくっていく。

とりわけ自分が投げた翌朝は、疲労で重たいはずのその手が急いた。知らず知らずのうちに、ある人物の言葉を探していたからだ。

その日は第一面で手が止まった。

「一三〇球投げたって、一球だめなら全部、無駄になる。何も残らねえってやつだ――」

印字された文字が刺々しく、胸に刺さった。

落合の発言であった。

前夜、ナゴヤドームの先発マウンドに立った吉見は一三一球を投げた。阪神タイガースを相手に七回まで得点を与えることなく、わずか一点のリードを守り続けた。そして八回に相手の代打として登場したバッターにホームランを打たれた。許したヒットはそれを含めてわずかに三本だけで、まずかったボールといえば、その一球だけだった。
だが、その一球によってゲームは同点となり、延長十二回の末にチームは敗れた。
敗戦の後、番記者に囲まれた落合は、一点しか取れなかった打線でもなく、延長戦で打たれたリリーフ投手でもなく、吉見のその一球を断罪したのだ。

何も、こんな言い方をしなくても……。

活字になった落合のコメントを目にしながら、二十四歳の心は折れ曲がった。何しろ八イニング、二十四個のアウトを奪った。その間に一点しか失わなかったのだ。責められるだけでは割に合わないような気がした。ただ、胸の奥を覗いてみると、あの一球への後悔があるのも確かだった。

八回の先頭バッターだった。ボール球が二球続いた。投手としては一塁に歩かせたくないという心理が働く。フォアボールを嫌ってストライクが欲しくなる。それは相手も見通しているはずだった。だから、長打を浴びるくらいなら歩かせた方がいい——それはわかっていた。わかってはいたが、結果的に吉見のストレートはホームベースの真ん中に吸い込まれた。次の瞬間、白球はライトスタンドに消えていた。

誰にもわからないほどの誤差でリスク管理を怠った？　自分の心に負けた？

試合が終わった直後からずっと、微かな呵責（かしゃく）があった。

それは当事者である吉見にしかわからない内なる蹉跌（さてつ）であった。事実、ゲームの後は多くの人が「よく投げた」と言ってくれた。敗れたのはお前の責任じゃないさ、と肩を叩いてくれた。そんな中で、落合だけがあの一球に潜んでいる罪を見逃さなかった。

活字が胸に刺さったのは、そのためだ。

吉見は紙面をじっと見つめた。触れないようにしていた傷口を抉るような言葉だった。落合はベンチやロッカールームではほとんど選手と接しないが、ゲームの後にメディアを通じてポツリとメッセージのようなひと言を残すことがあった。容易には答えが見つからず、深く考えざるをえないような言葉だった。ひとたび目にすれば、しばらく煩悶することになる。そんな落合の言葉に心を揺さぶられないための最良の方法が新聞を広げないことだった。

「俺は、新聞を見ないようにしている」

チームの中にはそういう選手もいた。

だが、吉見は日々、紙面を開いた。気づけば指揮官の言葉を探していた。自分でもはっきりとした理由はわからなかったが、その先に探しているものがあるような気がしていた。

プロになって四年目、吉見は投手としての岐路に立ち、迷っていた。

この世界に入る前の憧れは川上憲伸だった。あらゆる相手を力でねじ伏せてしまうような剛球を武器に、中日のエースとして君臨していた。落合が監督になってからのリーグ優勝も、日本一も、川上がいなければ成らなかっただろう。

吉見もまた、幼いころからずっとエースと呼ばれてきた。金光大阪高校では甲子園の土を踏み、全国屈指の速球投手として騒がれた。社会人の名門トヨタ自動車に進んでからも、誰よりも速い球を投げることができた。だから、川上の姿に未来の自分をダブらせていた。バットをへし折ってしまうような剛球と力感あふれるガッツポーズこそ、エースの証だと考えていた。

二〇〇六年にドラフト最上位で中日に入団してからも、ひたすらスピードガンを追いかけた。プロの試合ではたとえ二軍のゲームであっても、投げ終えた投手にチャートと呼ばれる記録紙が配られる。そこにはどのゾーンにどの球種を投げたのか、どれだけの球速が出ていたのか、あらゆるデータが記されているのだが、吉見はいつも球速を示す三けたの数字ばかりを探した。

今日は一五〇キロを投げることができたのか。

以前の自分に比べて球が速くなっただろうか。

他のデータには目もくれず、スピードを求めた。それが吉見の思い描くエース像だったからだ。

だが、初めて吉見のボールをブルペンで受けた谷繁元信からは、こう指摘された。

「お前は、低めに投げてゴロを打たせるタイプのピッチャーだ」

一軍の正捕手の言葉に少なからず動揺した。

投手部門のボスである森繁和からも言われた。

「スピードにこだわらなくていい。低く、遠くに投げるイメージで投げてみろ」

それぞれの視点で幾多のピッチャーを見てきた二人が、同じ類の言葉を口にした。吉見が迷い始めたのは、それからだった。

薄っすらと感じてはいた。吉見のストレートは一四〇キロを超えたが、一五〇キロにはなかなか届かなかった。その数キロがプロの世界でどれくらい大きな差であるかは、年数を重ねるごとにわかってきた。渾身のスピードボールを投じても、一軍のトップ選手には寸分違わぬタイミングで弾き返されるのだ。

自分はスピードだけでは生きていけないかもしれない……。

いつも胸の奥で葛藤していたが、受け入れることはできなかった。

川上がアメリカ大リーグに移籍したのは前年、二〇〇八年シーズンが終わった後のことだった。チームからエースがいなくなった。吉見は自分が川上になれるという確信はなかったが、川上のいた場所を埋めるのは自分でなくてはならないと考えていた。豪速球で空振り三振を奪って、マウンドで派手に拳を握る。ずっと思い描いてきたエース像を捨て去ることができずにいた。

そんな固定観念に決定的なひびを入れたのが、落合の言葉だった。

吉見はプロ三年目の二〇〇八年に先発とリリーフの二役をこなしながら、川上を上回る十勝を挙げた。それによって、この世界で名前を知られるようになり、「新エース」と書き立てるメディアもあった。

だが、落合はそんな吉見に向かって、こう囁(ささや)いた。

「ただ投げているだけのピッチャーは、この世界で長生きできねえぞ――」

勝ち投手になり、歓声を浴びながらベンチに戻り、指揮官と握手を交わす。喜びに満ちたその瞬間、すれ違いざまに背筋が冷たくなるようなひと言を放ったのだ。

吉見の心は揺れた。

どういうことなんだ？

落合は明らかに他の人間とは異なる尺度でピッチャーを見ていた。その証拠に、多くの人々が好む「エース」というフレーズをほとんど使わなかった。

「今は十勝したらすぐエースって言われるだろう。エースってそんなもんじゃないよ。何年も続けて勝って、ようやく認められるもんだろう。今のうちにエースはいない。セ・リーグを見渡したって、エースなんていない」

ある日の紙面で落合がこう語っていたことがあった。吉見は意外な気がした。

中日には一五〇キロを超える速球を持つピッチャーが何人もいたからだ。川上とともに先発陣を支えてきた中田賢一や、吉見と同い年の浅尾拓也、そして若くから台湾の至宝と言われていたチェン・ウェイン……。ただ、落合は誰のこともエースとは呼ばなかった。

振り返ってみれば、川上がいたころでさえ、その単語を口にしたのを聞いたことがなかった。

吉見は考えざるを得なかった。

ピッチャーとは何か……。エースとは何か……。

そして、いつしか落合に認められたいと考えている自分に気づいた。

この人がエースと認めるのは、どんな投手だろうか。どうすれば、そう言わせることができるのだろうか。

吉見は新聞を閉じた。瞼の奥にはまだ活字になった落合の言葉が残っていた。

「一三〇球投げたって、一球だめなら全部、無駄になる」

この二〇〇九年は開幕してから四試合に投げて、防御率は一点台だった。申し分のない数字だ。だが、勝ち星はまだ二つしか手にしていなかった。吉見は好投手と言われるようにはなったが、まだ勝てる投手とは呼ばれなかった。

自分は、ただ投げているだけのピッチャーなのか？

落合の言葉が現実のものとして迫ってきた。

そろそろ別の道を歩き始めるときなのかもしれない……。

一五〇キロのスピードボールと憧れのエース像を追ってきた吉見は、そんな気持ちになっていた。

2

ナゴヤドームには日に一度、落合の言葉が響く場所がある。グラウンドとコンコースをつなぐトンネルのような通路の中ほどにある、「インタビュールーム」と記された部屋である。試合が終わると、中日の指揮官は必ずそこへやってきて番記者の質問に答えることになっていた。勝っても負けても、どんな日でもそうするのは、球団との契約条項に含まれた監督としての義務だったからだ。

部屋は清涼感のある青と白で統一され、ほとんどの時間はドアが開け放たれていた。誰でも自由に出入りできるようになっていて、日中は番記者やテレビレポーターたちがそこへやってきては、グラウンドでは口にできない噂話や取るに足らないゴシップネタを吐き出している。

そんな気の置けない場所が、ゲームが終わりに近づくにしたがって緊迫感に満ちていく。最終回に入ると、ひとりまたひとりと記者やアナウンサーが集まってくるのだが、もう軽口を叩く者はいない。誰もがペンを手にしたまま、開け放たれた前方のドアを見つめている。向こうに広がる薄暗い通路から落合が現れるのをじっと待つ。沈黙のなかで、私はいつも青と白の色彩が冷たさを帯びていくのを感じていた。

落合がこちらの予測通りにやってくることはほとんどなかった。ジリジリするほど時間が経ってからやってくることもあれば、試合終了から数分と経たないうちに不意に姿を見せることもあった。そして勝った日ほど素っ気なく、逆に敗れた日は気味の悪いほど穏やかに言葉を連ねた。長くてもわずか三分足らずのその時間は、落合とメディア、その向こうに広がる世間を繋ぐ唯一の接点であった。

落合が無防備にその部屋に来ているようには思えなかった。ゲームを終え、ひとつ息をつき、再び頭をめぐらせ、駆け引きを手にした上で私たちの前に現れているような気がした。その姿勢が取材者たちを緊張させていた。

私は一日のうちでこの時間がもっとも憂鬱だった。どんな視線で何が発せられるのか、予想できない不安とともに、落合の言葉を耳にした後はそれを咀嚼しなければならなかったからだ。謎かけのようなフレーズはときに、何日もかけて真意を考え続けなければならなかった。

二〇〇九年シーズンも三十試合あまりを消化した五月のある夜、落合はゲームセットから二分と経たないうちに姿を見せた。予期していなかったタイミングでの登場に、記者たちで埋まったインタビュールームの空気が揺れた。ユニホーム姿の指揮官は誰とも視線を合わせることなく、ゆらりと人垣の中央へと歩み入った。そこには背面側を前に向けた簡素な椅子が置かれており、落合はいつものように、立ったまま浅く腰をもたせかけた。

問わず語りに話し始めることもある落合だが、この日は腕を組んで俯いたまま質問を待った。物音ひとつしない室内の空気が重たく澱んだ。

「このチームらしくない負け方でしたが……」

沈黙を破ったのは、前列にいた年輩の記者だった。落合は視線を上げると、チラッと質問者を見た。場が凍りつく瞬間だ。

この夜、中日は敗れた。四点を先に取りながらひっくり返された。借金と呼ばれるシーズンの負け越しは五つにまで膨らみ、すぐ下に最下位が迫っていた。首位をいく巨人との差は九ゲームにまで開いた。球団の歴史上、それだけのゲーム差を逆転した前例はなかった。つまり中日は、データの上で優勝の可能性を失ったのだ。

リスクを避けて確率の高い野球をする落合のチームが四点差を守りきれずに敗れることも、波の少ない戦いを旨とするチームがシーズン序盤でここまで落ち込むことも、かつてないことだった。記者が「らしくない」と言ったのは、おそらくそのことだった。

質問者を見つめた落合は無感覚な表情を浮かべたまま口を開いた。

「野球だから……、あるよ」

ここにはない何かを見ているような目だった。

「野球だから、何でもある」

そのフレーズが何を意味しているのか、それとも何も意味していないのか、私はわからなかった。その場に、わかっている者は誰もいないようだった。

それから落合は呆気に取られたような記者たちを見渡すと、これで義務は果たしただろうというように腰を上げた。

ドアの向こうの闇に消えていく落合の背中を見ながら、私は内心で舌打ちした。

一体、何があるというのか……。

あらゆることが枯れ果て、このチームにはもう何も残されていないように感じられた。

このシーズンを迎える前、エース格だった川上がチームを去った。その前の年には、攻撃の核であった福留孝介がやはりアメリカへ渡った。中日は投打の主役を立て続けに失ったのだが、その際の落合の対応は球団関係者やファンの間で物議を醸すものだった。

指揮官として、彼らの選択について問われた落合は淡々とこう語ったのだ。

「引き止める権限は監督にはない。冷たいとか、温かいとか、そういう問題じゃない。選手の権利なんだから」

それはたしかに正論だった。選手がフリーエージェントという自ら獲得した権利を行使する以上、止める権利は誰にもない。

だが、当時の球界において、とくに中日のような地方球団においては、主力選手の流出に対しては指揮官が慰留するのが当然だろうと思われていた。ファンも選手本人も、それを愛情や誠意として捉えているところがあった。

だから、去る者を追わない落合の姿勢は、日本シリーズの継投やWBCボイコット疑惑によって人々の脳裏に焼きついた冷徹なイメージをさらに上書きすることになった。

メディアも観衆も、新たな希望を託す器を欲していた。何かを失ったとき、人はそうして不安を打ち消そうとするものだ。だが落合は、裏付けのない一時の感情によって生み出されたエースや四番打者をひどく嫌った。実力よりも名前がよく知られた若き甲子園ヒーローを抜擢することはなかった。番記者たちが実績の浅い投手のことを「新エース」と書こうものなら、わざわざ翌日のインタビュールームで釘を刺した。

「誰でも彼でもエースにしてくれるな。そんな簡単なもんじゃない。このチームにエースはいないんだ」

落合の冷たい視線を浴びながら、私はメディアの一員として思っていた。

それでは、このチームに何が残っているというのか?

落合の手元にはもうエースもジョーカーもなかった。大衆に支持される正義もなかった。私は日本一になったあの長い夜からずっと、落合が勝利の先に何を求めているのかを考え続けていたが、じつは何もないのではないかと思い始めていた。目の前の勝利を求め続けた末に、待っているのは枯渇だけであるような気がした。日に日に空席を増していくナゴヤドームのスタンドがそれを物語っているようだった。

その夜、落合が去った後のインタビュールームには消化しきれないもどかしさだけが漂っていた。意味深長に吐き出された言葉をどう捉えて、どう活字にすればいいのかという憂鬱だけが残されていた。

落合の目が何を見通しているのか、そのときの私にはまだわかっていなかった。

## 3

データの上で、中日の優勝が消滅した翌日、吉見はナゴヤドームのマウンドに立っていた。

「一球だめなら、あとは全部、無駄になる」

あの日の紙面で目にした落合の言葉はずっと胸に刺さったままだった。最下位・横浜ベイスターズとの試合に漂っている倦怠感とは裏腹に、吉見の内面はプレーボールの瞬間から張り詰めていた。

吉見は高級ハイブリッドカーのように静かに揺れることなく滑り出した。初回を三人で片付けると、三回までスコアボードにゼロを並べた。一方で、中日の打線も相手のエース三浦大輔の前に沈黙していた。

ゲームは、スコアレスのまま中盤へと入っていった。一点勝負の気配が漂っていた。一球が明暗を分ける——まるで吉見の胸に何かを残した、あの一カ月前の試合を再現するような展開だった。

ひとつだけ違ったことがあるとすれば、それは吉見の視点だった。

これまでなら一球投げるたびにバックネットの上部にあるスピードガン表示をちらちらと見上げずにはいられなかったが、この夜は一瞥もしなかった。代わりにその目がとらえていたのは、現実には見えないものだった。

五回表を投げ終えると、吉見はベンチ裏のロッカールームへ向かった。

ゲームの折り返しに訪れるこのイニングブレークは、先発ピッチャーにとって戦場で手にできる数少ない休息だった。まず汗の染み込んだアンダーシャツを着替え、喉を潤す。それから紫煙を吐き出して心を落ち着かせる者もいれば、誰もいない空間でひとり目を閉じる者もいる。イニングの合間に観客がビールとつまみを買いに席を立つように、打席を終えたバッターたちがどっかりとベンチに腰を下ろして汗を拭うのと同じように、投手もこの瞬間だけはゲームから意識を離すことが許される。

だが、この日の吉見はロッカーに戻ってもゲームを見つめ続けていた。アンダーシャツを替えながら壁面のモニターを睨んでいた。そこには中日の攻撃が映し出されていた。投げることが仕事である投手にとっては業務外の範疇だったが、吉見はどのバッターが、どのような結果に終わるのか、それに対して双方のベンチがどんな反応を示しているかをじっと見ていた。ゲームの裏側に蠢(うごめ)いている流れを読み取ろうとしていた。自分が次のイニングで投げるボールはそれによって決まるのだと考えていた。

ゲーム心理を見る。それは落合の目線だった。

プレーボールからゲームセットまで、ベンチの端でとぐろを巻くようにしてグラウンドを見つめている落合の眼が何をとらえているのか、吉見は観察するようになっていた。

落合は、ひとつひとつの事象の向こうに人間心理を見ているようだった。空振りをしたバッターのスイングと表情に矛盾はないか。マウンドにいる投手の仕草とボールの軌道に関連性はないか。相手が苦悶の表情の裏で舌なめずりしているのか、それともポーカーフェイスの裏で冷や汗をかいているのかを見抜こうとしていた。

動くべきか待つべきか。押すべきか引くべきか。落合の決断はそれらを判断材料にして下されているようだった。

球速のデジタル表示を追っているだけでは決して見えないものだった。

ただ投げているだけのピッチャーは長生きできねえぞ——。

指揮官の視線を追っていると、あの言葉の意味が迫ってきた。

試合は最終回に入ってもスコアレスが続いていた。果てしなく続くような投げ合いだった。吉見は九回もスコアボードにゼロを刻んだ。マウンドからベンチに引き上げると、チームメイトにポンと背中を叩かれた。

「おい、きょうは一三八キロしか出てねえぞ。大丈夫か?」

かつてなら、その言葉に力み上がっていたかもしれない。だが、今はその軽口を称賛と受け止めることができた。吉見はスピードガンと決別していた。

ゲームは延長戦に入った。プロ入り前に右肘を傷め、手術歴のある吉見がここまで長いイニングを投げるのは高校生以来のことだった。だが、何球投げようが不思議と気にはならなかった。たとえいくつのゼロを並べても、たとえ一五〇キロのスピードボールで観衆を沸かせても、勝たなければ何も残らないのだという意識があった。

十回表の相手の攻撃は三番バッターからだった。このイニングを抑えれば、何かが起こるという予感がした。それは、プレーボールからずっと目に見えないゲームの流れを追い続けてきた者だけが嗅ぐことのできる匂いだった。

吉見は相手のクリーンアップを抑え、最後のバッターを三振にとった。特別に速い球ではなかったが、正確に外角低めを射抜いた。川上の荒ぶる剛球とは対照的に、静かに糸を引くようなストレートだった。誰に教えられたわけでもない、自分だけの球だった。

八歳まで住んでいた京都府の団地には、共有入口のところに四段の階段があった。夕暮れどきになると仲間とそこに集まって、的当てゲームをした。階段の下から順に一から四とつけた番号のうち、ひとつを予告して、当て合う。吉見はそのゲームでほとんど負けた憶えがなかった。振り返ってみれば、それが自分をプロの世界に導いてくれたものだった。

もう川上の残像を追うことはやめていた。淡々と抑制の利いたボールを投げ続け、ゲームを支配していくのだ。沸騰するような一瞬のカタルシスではなく、冷たくゲームの流れを読み、恒久的に勝つ投手――それが吉見の描く新しいエース像だった。

その裏、吉見が直感した通り、チームは一点を奪って勝利を収めた。吉見はサヨナラヒットを放った井端弘和がもみくちゃにされる歓喜の輪に控えめに加わった。それからベンチへ引き上げた。落合が待っていた。指揮官は右手を差し出すと、一二八球を投げ抜いたピッチャーの手をしっかりと握った。言葉はなかった。

吉見にはそれで十分だった。

この道を進んでいけばいいんだと確信できた瞬間だった。

4

二〇〇九年は結局、落合と中日の年ではなかった。原辰徳と読売巨人軍の年だった。春には原が指揮官として率いた日本代表がWBCの連覇を成し遂げ、夏の終わりには巨人がセ・リーグのペナントレースを独走で制した。そして秋も深まった十月二十四日、クライマックスシリーズでの逆転にかける落合の中日を退け、日本シリーズ進出を決めた。WBC優勝監督となった原とボイコット疑惑の落合と、正義と悪は明確に分かれ、正義が勝ったのだ。

その夜、東京ドームのベンチ裏に続く薄暗い通路に落合の言葉が響いた。

「それにしても、今年は思いがけない風が吹きっぱなしだったな」

追いすがる番記者たちに囲まれながら、しばらく無言で歩を進めた後に、ポツリと放ったものだった。リーグでは最終的に二位まで巻き返したが、原の巨人に十二ゲームもの差をつけられた。微かな望みを託したプレーオフでもやはり巨人に完敗した。

悪役の断末魔のような、敗戦の弁である。

思いがけない風とはどんな風か？

問われた落合は、前を向いたまま視線を動かさずに言った。

「いろんなこと。ぼかして言ってるんだから、自分で考えてくれ。これが正力松太郎さんの望んだプロ野球界なのか、訊いてみたいな」

華やかなスタジアムのバックヤードは決まって薄暗く灰色である。落合はそういう場所でこそ、真に迫った言葉を口にした。あのバスの中で観たハリウッド映画でいえばゲイリー・オールドマンの叫びだった。

落合の中日は三年連続でペナントレース優勝を逃すことになった。一方、原の巨人は三連覇を果たした。そこには大きな差があるように見えた。

この球団はひとつの終わりを迎えたのかもしれない……。

落合を囲む人波にもまれながら、私はそう感じていた。

黄昏を象徴するようなニュースがあった。立浪和義がこのシーズンを最後に引退することを表明した。二十二年もの間、青いユニホームを着続けたミスター・ドラゴンズが去る。立浪も、福留も、川上も、星野仙一が監督だった時代に生まれたスター選手はもういないのだ。

代わりになる芽は出てきているのか？　落合は、このチームをどう再生するつもりなのか？　それが見えなかった。

星野は時に勝敗を超え、球団の未来を語った。人々が希望を託すことのできるスターを自らプロデュースした。球団の一部となり、ある意味でそのものになった。だから勝ち続けなくても愛された。

だが、落合は今しか語らなかった。意図的にスターをつくろうとはせず、集団の象徴として振る舞おうともせず、あくまで契約に基づいた一人のプロ監督であることを貫いていた。だから、敗れれば孤立した。

私には落合の言う風とは、時代の逆風であるように思えた。

もう球団の金庫にはかつてのように潤沢な補強費はないという。そもそも、近鉄の身売りに端を発した球界再編騒動以来、プロ野球の球団にとっての成功は必ずしも勝ち続けることだけではなくなってきていた。

東京ドームの去り際に、落合はこう言い残した。

「巨人との差は何もないと思う。たしかに今年はうちに力がなかった。ただ、逆転する要素は十分にある」

向かい風の中で、しかし落合には萌芽が見えているようだった。相変わらず時代とも組織とも折り合わずに勝利を求めていた。その先に何があるのか。落合には何が見えているのか。ほとんど誰にもわからないまま、逆風の二〇〇九年シーズンは終わった。

## 5

このチームのエースになれるかもしれない……。

吉見がそう実感したのは、薄紅色の花弁がまだ蕾におさまっている三月はじめのことだった。二〇一〇年シーズンの足音がかすかに聞こえていた。

その日の午後、吉見はグラウンドでたっぷりと汗をかいた後、ナゴヤドームの風呂に向かった。ペナントレースの開幕に向けてオープン戦で投げ始めたばかりだった。張りが出てきた筋肉は湯船に浸かると心地よくほぐれていった。

そのとき、湯気の向こうからヘッドコーチの森が現れた。

投手陣を取り仕切る森は洗い場で身体を流し始めた。そして、まるで背中に目がついているように、そのまま吉見に向かって言った。

「次は十日後。その次は中五日だ。そうすれば、二十六日にいけるだろ――」

独特の荒っぽい早口が浴場の壁に反響した。

これからの登板スケジュールを告げられているということはわかったのだが、聞き取りづらかったこともあって、吉見は訊き直した。

「え？　どういうことですか？」

言葉の最後に、「三月二十六日」と聞こえたような気がした。

それは、このシーズンの開幕日であった――。

すると、森はもどかしそうに言った。

「開幕だよ！　お前が投げるんだ！　嫌なのか？」

吉見は反射的に湯船から立ち上がると、「いえ！」と首を横に振った。それから深く何度も頷いた。

胸の奥に高鳴るものがあった。鼓動が速くなっているのは、湯の熱さのせいだけではなかった。

プロ五年目で初めて開幕投手に指名された。球界で「エースの日」とされているオープニングゲームに投げるのだ。そして、森からの指名は、すなわち落合の意志でもあった。

心のなかで曖昧に埋もれていたエースという言葉を、再びはっきりと意識するようになったのは、それからだった。

紙面のなかに落合の言葉を探すことは続けていた。

開幕を間近に控えたある日、落合のコメントに目が留まった。

その日の指揮官は、番記者たちを相手に珍しく饒舌だったことが活字を通して伝わってきた。

「お前ら、そろそろ開幕投手の予想か？　昔は簡単だったよ。どの球団にも大エースがいたからな。でも、今のセ・リーグに誰かいるか？　いないだろう。お前らも悪いんだ。一年良ければすぐエースにしちゃうから」

いつものように記者たちに釘を刺しながらエース論を披露していたのだが、これまでと違っていたのは、最後にこう付け加えられていたことだった。

「まあ、階段を上がっているやつはいるけどな……」

吉見はその言葉を何度も何度も読み返した。

そして春の陽光に包まれた三月二十六日、初めて開幕戦の先発マウンドに立った。

二〇一〇年のペナントレースは季節が進むにつれて混沌としていった。首位に立っていた巨人が梅雨明けを境に下降をはじめ、阪神が浮上した。そして、その後ろから、ずっと中位につけていた中日がひたひたとその差をつめていた。

暦がお盆に入ったある日のことだった。盛夏にしては控えめな太陽が昇ったその朝、吉見はナゴヤドームへと車を走らせていた。十二ラウンドを戦い抜いたボクサーのような満ち足りた気分だった。ハンドルを握る腕には心地良い疲労感があった。

吉見は前夜、広島カープを相手にこのシーズン十勝目を手にした。いつまでも噛み締めていたくなるような白星だった。それは、巨人や阪神と優勝争いを繰り広げている真っ只中での勝利だったということもそうだが、個人的にひとつの到達だったからだ。

吉見は、二〇〇八年から三年続けての二桁勝利を挙げたことになった。

「三年連続で十勝すれば、その投手は一流だ――」

プロに入ったばかりのころ、年長者にそう言われた。球界にはそういう言葉があるのだという。見渡してみると、たしかにこの数字を残している者は各球団でエースか、それに準じる呼称を得ていた。中日においては、あの川上以来のことだった。

吉見はドームに着くと駐車場の奥まったところに車を停めた。各選手の車は関係者用入口に近い方から順に山本昌、谷繁、岩瀬仁紀……と並んでいた。実績と年齢を考慮してスペースが決められていた。プロの世界はこんなところにも序列がある。吉見が停めたところからは、入口まで少し歩かなければならなかったが、それでも一軍で勝てるようになって手に入れた自分の居場所だった。勝って、認められなければ手にできないものだった。

吉見はロッカールームで着替えを済ませると、ランニングシューズでグラウンドに出た。

「おめでとう！」

馴染みのアナウンサーや記者たちから声をかけられた。

チームの外にいる人間も、前夜の吉見の勝利がどれくらい重いものかを知っていた。

それから吉見は外野フェンス際を走った。右翼ポールから左翼ポールまで、ゆっくりと何往復もしながら汗をかく。登板翌日はそうやって疲労を抜くのだ。とりわけこの日はドームの照明と人工芝がいつもより鮮やかに映った。

側に目をやると、距離の短いダッシュを繰り返している投手たちがいる。この日の先発ピッチャーであり、リリーフ投手たちだった。一見すると、誰もが同じグラウンドに立ち、それぞれの役割をこなしているように見えるが、そこにも序列はある。先発ローテーションの一番手、二番手、三番手……、リリーフでも、リードしている展開を任せられる者とビハインドでマウンドに上がる者、セットアッパーにストッパー、そしてエース……。その序列は明確に名札をつけて示されるわけではなく、積み上げた結果によって、それぞれの内心で認め合うものだ。

そして、吉見はもうエースと呼ばれてもおかしくないだけの数字を重ねていた。前年は最多勝のタイトルを獲得し、この二〇一〇年シーズンは初めて開幕投手を務め、夏までにチームでもっとも多くの勝ち星を挙げていた。誰かに与えられたものではなく、落合の言葉に心を穿(うが)たれたあの日から、自分で勝ち取ってきたものだ。

淡い期待が胸にあった。落合が今の自分をどう評価しているのかが気になっていた。

この朝もいつものように紙面を開いた。落合のコメントが載っていた。囲みのなかで三年連続の十勝目をあげた吉見について問われた指揮官は、こう言ったのだという。

「俺が言わなくてもわかるだろ。一行目に書いておけ」

記事によれば、それは吉見のピッチングへの賛辞を意味しているのだという。勝った後には毒を含んだ短い台詞を吐くことの多い落合にしては、珍しいことなのだという。ただ、「エース」という言葉は活字のなかにはなかった。

吉見はランニングを終えると、軽くキャッチボールをした。やるべきことを終えるとベンチ裏へ下がった。細い通路を抜けるとチーム用のサロンがある。ガラス張りの扉を開けると、長方形のテーブルはすでにいくつか埋まっていた。選手やスタッフがゲームに備えて食事を摂っていた。室内を見渡した吉見は入ってすぐのテーブルに落合が座っていることに気づいた。指揮官はいつもその場所を指定席としていた。

選手とはほとんど会話をしない落合だが、吉見に気づくと顔を上げた。目が合った。何か言いたそうな顔をした落合は、少し間を置いてから、こう呟いた。

「五年、だからな」

吉見は一瞬、その言葉の真意を測りかねたが、しばらく考えて腑に落ちた。

三年ではなく、五年なのだ。

ああ、この人らしいな……と、吉見は思った。

エースの三文字はあえて口にしなかったが、言葉のなかに込められていることが伝わってきた。小さく頷いた吉見を見て、物言わぬ指揮官はにやりと笑った。黙って向かい合う二人のまわりを、他の者たちが不思議そうな顔をして通り過ぎていった。

五年続ければ認めてやる——。

それは逆風の中で萌芽を待っていた指揮官と、新しいエースとの約束になった。

CHIAI
66

# 2010

## リーグ1位　vs.ロッテ（2勝4敗1分）

79勝62敗3分／.560／打率.259／本塁打119／防御率3.29

第8章

# 和田一浩

# 逃げ場のない地獄

「チームのことなんて考えなくていい」

走者のために打った和田を落合は咎めた。

がんばろう!
日本
5

## 1

中日ドラゴンズの一行を乗せた大型バスは、夜の中央道を西から東へ向かっていた。

和田一浩は後部座席に火照った体を沈めていた。車内はほどよく冷房が効いているというのに、足先に不気味な熱と疼(うず)きがあった。バスの振動よりも速く強く、左足親指の付け根が脈打っていた。

二〇一〇年八月十日は陽が落ちても気温の下がらない熱帯夜だった。中日は甲府市の小瀬(こせ)スポーツ公園野球場で横浜ベイスターズとのナイターを戦った。三番バッターとして出場した和田は、試合終盤の打席で自らの打球を左足に当ててしまった。

自打球と呼ばれるバッターにとっては付きものの災禍で、当たった直後は痺れた感じがする程度だった。そのため和田はそのままプレーを続けた。

大したことはないだろう……。

そう楽観的に考えていたが、試合を終えて横浜市内へと移動するバスに乗り込み、シートに腰を落ち着けると急速に痛みが襲ってきた。

翌日には横浜スタジアムで試合がある。左足から伝わってくる痛みから察するに、走るのはもちろん、歩くのでさえままならないだろう。

試合に出られるのか……。

和田はそこまで想像して、すぐにその思考を掻き消した。出るか、出ないか。このチームではその二つに一つを自分で決めるしかないのだ。それが落合の下でプレーするということだった。

二年前に西武ライオンズからこのチームに移籍してきた和田は、落合という指揮官に抱いていた印象をがらりと変えることになった。

全体のためなら個人の犠牲も厭わない勝利至上主義者——この球団にくるまでは、落合のことをそう理解していた。

外から見た中日は、選手が勝利に必要なことだけを淡々とこなしているように映った。二〇〇七年の日本シリーズで完全試合目前だった山井大介を交代させた継投は、鮮烈な記憶として残っていた。そうした断片的な印象をもとに落合の人物像を描いていた。

だが濃青と白のユニホームに袖を通してみると、すぐにそのイメージは覆されることになった。

落合と初めて言葉を交わしたのは、移籍してすぐの沖縄キャンプだった。和田がバットを担いでベンチ裏のロッカールームを出ると、細い通路の向こうから落合がやってきた。指揮官はすれ違いざまに言った。

「お前は競争させねえからな」

和田はすぐには何のことかわからなかったが、続く言葉で合点がいった。

「開幕に合わせて、自分でやれ」

落合はそれきり監督室に入ってしまったが、和田はしばらくその場に立ち尽くしていた。そんなことを言われたのはプロ生活十二年で初めてのことだった。

じつは和田には、新しいチームに対して僅かながら引け目があった。三十五歳の自分がフリーエージェントによる補強戦力として入ってきたことで、若い選手たちのポジションが一つ埋まってしまうからだ。

それが世の中に、とりわけ中日のような地方球団のファンに受け入れられ難いことはわかっていた。この世界ではいつだって、若くて新しいスターが待ち望まれている。だから地元放送局のインタビューには、「競争して、ポジションを勝ち取りたいです」と答えていた。事実、その覚悟だった。

だが、落合はそんな和田の引け目を「お前は競争させねえ」という一言で吹き飛ばした。メディアの前でもそう公言した。

「この世界は実力社会だ。年齢は関係ない――」

パ・リーグで首位打者の実績がある和田に対し、何も証明していない若手選手には競争する権利すらないというのだ。

シーズンに入ると、さらに意外なことがあった。

ある試合でノーアウト二塁の場面となった。クリーンアップを任された和田は、最低でも三塁へランナーを進めなければならないと考えた。だから定石通りに一、二塁間へゴロを打った。全体のために己を犠牲にするプレーであった。

すると試合後、ベンチ裏の監督室に呼ばれた。紙コップに入ったコーヒーがテーブルに置かれているだけの整然とした部屋だった。

落合は眉間に皺を刻んで、語調を尖らせた。

「いいか、自分から右打ちなんてするな。やれという時にはこっちが指示する。それがない限り、お前はホームランを打つこと、自分の数字を上げることだけを考えろ。チームのことなんて考えなくていい。勝たせるのはこっちの仕事だ」

和田は再び呆気にとられることになった。

それまで野球をやってきて、チームバッティングを讃えられたことはあっても、咎められたことなどなかったからだ。そうして、落合のイメージは百八十度変わっていった。

チームを乗せたバスはすぐに山梨県から神奈川県に入った。夜の高速は空いていて出発から一時間半あまりで横浜の街が見えてきた。やがてチームが宿泊するホテルが見えてきた。和田はシートから立ち上がろうと腰を上げた。その瞬間に思わず顔をしかめて崩れ落ちた。左足にかつてない痛みが走った。よく見ると、足首から先が右足の倍ほどに腫れ上がっていた。チームメイトに肩を借りて、ようやくバスを降りることができた。症状は思っていたよりも深刻だった。

和田はなんとかホテルの部屋にたどり着くと、ベッドに倒れ込んだ。天井を見つめながら、考えた。

明日から、どうする……。

やはり、自分ひとりで結論を出さなければならなかった。落合のチームにおいて、レギュラー選手は自分のために自分で決めたことをやればよかった。組織への献身よりも個の追求が優先された。そして、その代償として責任を負うのだ。

そうしたプロフェッショナル像は、思えば現役時代の落合そのものであった。

和田には十七歳の夏に刻まれた、忘れられない記憶があった。

岐阜県生まれの和田にとって、少年時代からドラゴンズブルーのユニホームは憧れだった。強豪・県立岐阜商業野球部だった高校二年の夏、和田は甲子園に出場した。初戦を間近に控えた夜のこと、兵庫県内の宿舎で夕飯を済ませた和田は、他の部員たちとともに夜の素振りをしていた。

旅館のテレビでは中日対巨人のナイター中継が流れていた。中日は〇－三で負けていたばかりか、巨人のエース斎藤雅樹の前に九回ワンアウトまでノーヒットに封じられていた。

「おい、ノーヒットノーランやられてるみたいだぞ」

和田と仲間たちはバットを手にしたまま、画面の前に顔を寄せ合った。

監督である星野仙一がベンチで睨(にら)みをきかせる中日は、最終回にライト前ヒットで何とかノーヒットノーランの屈辱を免れると、そこから意地を示すように一点を返した。

ただ、一矢を報いただけで敗北は決定的に思えた。

そのとき、白木のバットをすらりと構えて打席に立ったのが落合だった。ランナーは二人いた。中日の四番打者は唸りを上げる斎藤のストレートをゆったりとしたスイングでとらえた。錯覚だったのかもしれないが、そのように見えた。時間が矛盾したような衝突が起こり、そこから飛び出した打球は歓声の中を伸びていった。和田の見つめる先でナゴヤ球場の外野スタンドに飛び込んだ。逆転サヨナラ3ラン——。

高校野球でも起こり得ないようなドラマに、和田は素振りも忘れて食い入った。ナゴヤ球場のスタンドも中日ベンチも揺れていた。星野も立ち上がってベンチを出ていた。ただ、落合はそのなかでひとり異なる温度を保っているようだった。淡々と仲間たちと手を合わせるそのポーカーフェイスはチームとは一線を画した個を感じさせた。俺は俺の責任を果たしただけだ、というドライな顔に見えた。

その夏の夜の残像は和田のなかで永遠になった。

和田はホテルの部屋で天井を見つめていた。ベッドに投げ出した左足には、相変わらず疼くような痛みがあった。覚悟を決めるしかなかった。

たとえ走れなくても……やるしかない。

野球という団体スポーツにあって、落合のチームはひたすら個を追求していく。それは一見すると選手にとって理想の環境に映るのだが、いざその状況に身を置いてみると決して楽園などではないことがわかった。むしろ逃げ場のない地獄であると言えた。

例えば、どこかを傷めた選手に、落合は「大事を取って休め」とは決して言わなかった。痛みを訴えてきた選手に対して、落合の口から出るのは「やるのか?　やらないのか?」という問いだけだった。

「できません」と答えれば、次の日には二軍のロッカーにいることになる。それだけだ。権利と引き換えに、冷徹に結果と責任も求められる。その天秤が釣り合わなくなれば、自分の指定席には別の誰かが座ることになる。

首根っこを押さえ付けられ、反吐を吐くまでやらされる。和田は日本野球界に根付いた根性主義には耐えてきた自負があったが、落合には、それとはまったく種類の異なる怖ろしさがあった。

翌朝になっても痛みは引かなかった。和田はチームトレーナーに状態を報告すると、落合には、「今日はちょっと全力で走れないかもしれません」とだけ伝えた。落合は頷いただけで何も言わなかった。

そして、和田はいつものように打席に立った。横浜スタジアムのナイター照明を浴びて、一本のヒットを放ち一つの四球を選んだ。ベースをまわる和田の足取りがいつもより鈍く歩幅が狭くなっていたことに気づいた者はほとんどいなかった。

## 2

二〇一〇年の夏は記録的だった。気象庁は統計を開始して以降の百十三年間で、平均気温が最も高いことを発表した。

何が起こってもおかしくない猛暑のなか、セ・リーグは巨人と阪神、中日が微妙な距離を保ちながら三つ巴のレースを繰り広げていた。

むせ返るような八月のある日、ナゴヤドームのグラウンドでは無得点が続く、じりじりとした試合が繰り広げられていた。私はゲーム中に記者席を立った。

バックネット後方にある記者席を裏にまわると、人がようやくすれ違える程度の通路がある。それを右翼方向へ進んでいくと放送局のブースが並んでおり、さらに行くと、多目的に使用される表示のない部屋がいくつか見えてくる。私はそのうちの、ある一室をノックした。

「あら」

中からドアを開けたのは落合の夫人だった。室内は会議用のテーブルと椅子だけのシンプルな空間だった。

「どうぞ」と言って夫人は自分の椅子へ戻った。視線はガラス窓の向こうに広がるグラウンドへ注がれていた。ブルーのパステルカラーのシャツの上に、落合と同じ66番のユニホームを羽織り、両手に球団カラーのメガホンを持っていた。

ナゴヤドームで試合があるとき、夫人は決まってこの部屋にいた。ここは夫人にとっての戦いの場なのだ。

「もう、どうなってるの――。なんで、こんなに勝ったり負けたりなの？」

夫人は視線を前に向けたまま、眉を八の字にした。おそらく困っていることを表現しているのだが、この人が発すると不思議と嘆き節もカラリと聞こえる。

中日は開幕からずっと三位を這い進んでいた。梅雨明け前にあった首位巨人との八ゲームもの差を徐々に詰めてきてはいたが、夏の甲子園が始まる時期になっても上位の背中をとらえきれず、依然として巨人と阪神を下から見上げている格好だった。

「最近はね、私も落合も眠れないよ」

夫人はさらに眉尻を下げた。今度は幾分、困ったような顔に見えた。

私はナゴヤドームでゲームがある日は、時折この部屋を訪ねていた。感情を隠さない夫人を見ていると、その時々の落合の内面がわかる気がしたからだ。

とりわけこのシーズンの落合は、何かがこれまでとは違っているように感じられた。

例えばまだ本格的な夏が来る前、ゲームがないある日のベンチで、落合と数人の番記者とで雑談になったことがあった。落合はふと、こんなことを言い出した。

「なあ、もし二十歳に戻れたらどうする？」

唐突な問いに思案する記者たちを眺めながら、落合は続けた。

「俺は野球はやらないだろうな。毎日、映画館に通って、ぼーっと暮らすよ」

落合は以前にもそんな話をしたことがあったが、今度の口調はそのときよりも真に迫っていた。

「王さんも、ノムさんも、すごいよな。この仕事をあれだけ長くやったんだから……」

そのとき私は、これまで能面に隠していた落合の内面から、何かが漏れ出してきているように感じた。

「落合も私も最近はね、睡眠導入剤っていうのかしら、眠れない人のための。あれを毎晩飲んでいるの」

夫人は私の方に向き直って言った。ガラス窓の向こうでは中日が無得点で攻撃を終え、スタンドにため息が渦巻いていた。

「この間なんか、落合が着替えているのを見てびっくりしたわよ。首にも手首にも足首にも、あのゴムの輪っか……なんて言うのかしら……とにかく体中、あれをグルグル巻きにしてるんだもん。ああ、この人、こんなに悩んでいるんだって」

夫人の言う「輪っか」とは、磁気によって血流を促すネックレスのようなものだろうか。もしくは願をかけて、それが千切れると叶うというものだろうか。いずれにしても私は、それらでグルグル巻きになっている落合を想像してみた。

「二十歳に戻れたら――」と落合が言ったのはそうした苦悩から逃れるためだったのだろうか……。

私の胸には、終わりの予感があった。

落合が監督になってからもう七年が経とうとしていた。張りつめた日々の緊迫感はやがて疲弊と枯渇を生み、勝ってもその度に批判の火種は増え、本社や球団との軋轢(あつれき)となり、世の中と時代の逆風がそれに追い討ちをかけていた。

すべてが同じように在ることはできない。落合でさえも、その摂理からは逃れられないのだ。私はこの夏、そうした想像を掻き立てる、ある情報に触れていた。

それは、ひと気の少ない昼間の球団事務所で涼んでいたとき、球団関係者との茶飲み話で、たまたま拾ったものだった。

「聞いたか？」

関係者は誰もいないプレスルームを見渡すと、声を潜めて意味ありげに言った。

「西川さん、今年で退任するみたいだぞ……」

球団社長の西川順之助が、その座を退く——もし本当ならば、それは終わりの予兆だと言えた。

球団親会社の中日新聞は、もともと二つの新聞社が合併して設立された。愛知出身の政治家・大島宇吉が創刊した新愛知新聞と、長野生まれの小山松寿（しょうじゅ）による名古屋新聞である。その複雑な生い立ちゆえ、一九四二年の戦時統合によって合併創刊された後も本流を奪い合う大島派と小山派の対立が続き、その派閥争いは球団の歴代監督人事にも影響を及ぼしていると囁（ささや）かれていた。

星野は、とりわけ前オーナーの大島宏彦ら大島派から寵愛され、長く実権を握った。一方で、二〇〇一年に球団社長となった西川は、現オーナーの白井文吾とともに小山派であった。星野から山田久志へと監督を交代した後に、大島派からアレルギー反応の強かった落合を次の監督に招聘したのは、星野色を一掃するためだと言われていた。

三重に生まれ、早稲田大学を出た西川は、中日新聞で記者になってからは専ら（もっぱ）バレーボールの世界に身を置いた。野球は門外漢であるゆえか、それとも大柄な身にまとった生来の大らかさゆえか、現場のことはもちろん、ドラフトや外国人選手の補強など、球団の編成に関しても全て落合に一任した。白井とともに世論から落合を擁護し、本社内に渦巻く批判からの風除けにもなった。だが、二〇〇七年に日本一になって以降は、球団の赤字経営が指摘されるようになり、西川自身に対する本社からの風当たりが強くなっていた。

落合は二〇〇九年から新たに球団と三年契約を結んでいた。それが満了となる二〇一一年を前にして西川が去ることになれば、落合にとって大きな喪失であることは間違いない。関係者が意味ありげに言ったのは、そういう事情を全て含んでのことだった。

たしかに忍び寄っているものがあった。私は眼下で繰り広げられる、もどかしいゲームを見ながら、落合はこのことを知っているのだろうか、と思った。

そのときだった。

「ほら、打ってえ！　和田さあん！」

隣にいた夫人が椅子から立ち上がった。

グラウンドではまた中日の攻撃が始まっていた。夫人はガラス窓など隔てていないかのように、目の前のゲームに没入していた。先ほどの嘆き雨は嘘のように晴れ上がり、八の字の眉は跡形もなくなり、むしろ逆に跳ね上がってさえいた。

ワッというスタンドの歓声がガラス窓を揺らした。中日が投手戦の均衡を破ったのだ。

「私、こうしちゃいられないわ。ちょっといってくる！」
メガホンを振り上げた夫人はそう言うと、部屋のドアを開け、熱気に満ちた客席へと飛び出していった。

3

二〇一〇年のペナントレースは残り十試合を切っても、もつれたままだった。巨人と阪神、そして中日の三強が二・五ゲーム差の中にひしめいていた。記録的な猛暑の余韻を引きずるような消耗戦が繰り広げられていた九月十九日の正午前、私は世田谷の住宅街に向かっていた。

具体的に、落合に訊きたいことがあったわけではなかった。ただ前夜の出来事だけが、頭の中をぐるぐると巡っていた。

前の晩、神宮球場でのナイトゲームで落合は退場になった。ゲーム中盤のピンチで、ライト線ぎりぎりに飛んだ相手の打球が右翼手のグラブを弾いて転がった。フェアかファウルか、微妙なシーンは最終的にフェアだと判定された。中日の敗戦を決定づけたその判定を巡って抗議に出た指揮官は、塁審への暴言によって退場処分を受けたのだ。

落合がゲーム中にベンチから姿を消すのは珍しいことではなかった。監督になってからこれが五度目だった。ただ、これまでと明らかに違ったのは、結果的に落合が自らのルールに反したということだった。

「選手が判定に納得できないときは監督が抗議にいかなきゃならないんだ。だって抗議権があるのは監督だけだろ。それで納得いけば引き下がるし、納得いかなければ退場になったって引き下がらない。それだけだ。だから俺の退場は全部、遅延行為だろ？　遅延行為はルールブックに書いてある。暴力、暴言はルールに書いていない。だから、やっちゃダメなんだ」

落合は以前、こう語っていた。

規定では審判に五分以上の抗議をすれば、「遅延行為」として退場処分とされている。だから落合は判定に納得がいかなければ、この手段を選んだ。手を出すことも、声を荒げることもなく審判にこう問いかける。

「俺は引き下がるわけにはいかないんだ。だから五分経つのを待つ必要もないだろう。ほら、退場にしろよ」

困った顔の審判を前に五分が過ぎると、落合は去っていく。判定を受け入れないという静かで断固たる意志を示して、互いの正義を汚すことなく確信的に退場になる。それが落合の考えるルールだった。

ところが前夜の落合は、スタジアム中の視線が注がれるなかで怒りを剝き出しにし、声を荒げた。退場を宣告されてからも、審判に向かって鋭く言葉を浴びせ続けた。

バックネット裏の記者席からは、落合と審判のやり取りを聞き取ることはできなかった。もしかしたら、落合の怒りに足る何かがあったのかもしれない。ただ私には、落合の内面で感情を押しとどめていた大きな堰がついに切れてしまったように見えた。果ての見えない消耗戦のためなのか。あるいは勝てば勝つほど疲弊し、枯渇していくチームへの苛立ちのためだろうか。

そして一夜明けると、あの閑静な住宅街へと足を向けていたのだ。

いつもより早く目が覚めてしまった私は通勤ラッシュが終わった小田急線に揺られていた。各駅停車のシートに腰かけて、あの退場劇を見てから居ても立ってもいられなくなった理由を探してみた。心の奥の方に、それらしきものがポツンとあった。

私はどうやら落合を疑っているらしかった。摩耗して擦り切れた落合が突然、このチームから去るのではないかという疑心である。

「スクープをものにできるのは、疑り深い奴だけだ──」

まだ新聞社に入って間もないころ、そんな言葉を耳にした。

出張ついでに東京本社に寄ったときのことである。初めて見る締め切り間際の東京編集局は戦場のようだった。鳴り止まない電話と、デスクとレイアウターの叫び声が飛び交う光景に圧倒されながら、私は原稿用紙やゲラが山積みされた机と机の間で佇んでいた。

すると、ごま塩頭の痩せた男が私に話しかけてきた。

「君は記者か?」

その問いに頷くと、中年過ぎに見えるその人物は、「そうか」と私の身なりを眺めまわした。そして話し始めた。

「例えば、君の前に沢村という男がいたとする。君が記者なら、彼はあの沢村栄治の知られざる末裔ではないか？　とまず疑わなきゃだめだ。そんなことはあり得ないと決めつける奴にニュースは取れない。スクープをものにできるのは疑い深い奴だけなんだ」

沢村は戦前のプロ野球で数々の日本記録を打ち立て、終戦の前年に戦死した伝説の投手である。私はずいぶん極端な話をする人だなと思ったが、後から聞いてみると、その人物は幾多のスクープをものにしてきた東京本社の英雄なのだという。

その後、記者として年数を重ねても、あの話はなぜか私の心にずっと残っていた。

落合は自らやめるのではないか……。

今、自分の中に疑心を発見した私は、そのことを思い出していた。

翳（かげ）りを見せない九月の太陽が静かな住宅街をにらみつけていた。落合邸の白い塀までもが倦怠感を漂わせているようだった。私はシャッターの降りたガレージの前にかろうじて日陰を見つけると、そこに立って時を過ごすことにした。

まばらに浮かんだ雲は動かず、日陰はその幅をどんどん狭めていた。逃げ場のない直射日光と、まったくひと気のない静けさが訪問者を拒んでいるようだった。

今の落合は誰も寄せつけないかもしれない……。

ふと、そんな思いがよぎった。

前夜の落合は退場した後、待ち構えていた報道陣に囲まれたのだが、ただの一言も発することなく、誰とも視線を交わすことなく歩き去った。かつてない苛立ちと焦燥が見てとれた。その内面に他人が踏み込める気配はほとんどなかった。

私はシャツの袖をひとつ捲ると、渇いた喉にごくりと唾を飲み込んだ。

やがて黒塗りのタクシーが静々とやってきて門扉の前に停まった。

落合がゆらりと現れたのはそれから間もなくだった。太陽が真上にきて、ガレージの前からは日陰が完全になくなっていた。淡いストライプシャツのボタンを二つ外した落合は目が虚ろで焦点が定まっていないように見えた。明らかに独りの世界にいる様子だった。それでも間接視野に私の姿をとらえていたのだろうか、視線を彷徨わせたまま、ぼそりと呟いた。

「乗るなら、乗れよ……」

ふわふわと宙を漂うような微かな声だった。

車は落合と私を乗せて走り出した。チームが投宿する千代田区のホテルに向かっていた。落合は後部座席のシートと窓枠にぐったりともたれたまま薄っすら目を開けて、私を見た。

「道案内……できるよな」

力なくそう言うと、耳にイヤホンをつけて目を閉じた。膝の上に投げ出された手の平には携帯用のミュージックプレーヤーが握られていた。

タクシーは車が一台ようやく通れるほどの細い路地を縫って、踏み切りを渡り、首都高速に入った。運転手も私もひと言も発しなかった。車内を支配する静けさの中で、落合のイヤホンからわずかに女性ヴォーカルが漏れていた。落合が好きだという五輪真弓の声だろうか。美空ひばりのようにも聞こえた。

車が高速の流れに乗って定速運転になると、落合はかすかに寝息を立て始めた。窓ガラスに寄りかかった蒼白い顔を陽射しが照らしていた。それら全てが今、落合の心模様を物語っているように思えた。

「最近はね、私も落合も眠れないよ」

ドームの一室で耳にした夫人の言葉が浮かんできた。

「睡眠導入剤っていうのかしら、あれを毎晩飲んでいるの」

落合は明らかに憔悴していた。

やがて明治神宮外苑が見えてくると、タクシーは滑るように音もなくインターを降りた。赤坂御用地と迎賓館を右手に見ながら、紀尾井坂を下っていく。落合がゆっくりと目を開けたのは、ホテルの玄関に到着する寸前だった。深く息を吐きながら身を起こすと、無言のまま車を降りていった。そして去り際に後ろを振り返ると、私に向かって力のない笑みを浮かべた。かつて見せたことのない姿を晒しながら、自らの戦場に向かっていった。

私は腕時計を見た。世田谷の住宅街を出てから二十九分間の雄弁な沈黙だった。それが物語っていたのは、落合の仕事であり、落合の責任であった。

「二十歳に戻れたら、野球はやらないだろうな」と落合は言った。

私にはそれが本心とは思えなかった。

気づけば、前の晩からあった疑心は消えていた。

私は、もしこのチームが優勝したら、この沈黙の車中を書こうと思った。それが記者としての私の仕事だと、落合に言われたような気がした。

中日が優勝したのは、それから十二日後のことだった。

残り一試合、巨人が倒れ、勝ち続けるしかなくなった阪神が力尽きて、最後に中日だけが泥沼に立っていた。そんな勝利だった。

4

二〇一〇年の師走が迫った中日の球団事務所は華やいでいた。入口正面には恰幅の良い樽酒がどっかりと鎮座し、その横で祝花が身を寄せ合っていた。

四年ぶりのリーグ優勝に彩られるなか、和田は別室に用意された記者会見場でフラッシュを浴びていた。

「想像していた以上の評価をしてもらいました」

ストライプのダークスーツにシックなネクタイを結んだ和田の胸には、年俸四億円で新たに三年契約を結んだことへの喜色とともに、望外のものを手にしたことへのわずかな戸惑いが入り混じっていた。

このシーズン、三十八歳の和田はセ・リーグ最年長記録でMVPに選ばれた。日本シリーズこそ、パ・リーグ三位から這い上がってきたロッテに敗れたものの、ペナント奪回の立役者となった主砲に、球団からも最大級の評価が与えられたのだ。

個人タイトルに莫大な年俸、気づけば和田はこの世界におけるほとんどすべてを手にしていた。不思議な心地がした。左足の痛みはずっと消えなかった。あの甲府でのアクシデントから数週間の後に、病院でレントゲンを撮ってみてわかったのは骨が折れていたということだった。

「これ、三箇所くらい亀裂が入っています。折れてましたよ」

医師には呆れたようにそう言われた。自分でもそこまでの怪我だとは想像していなかった。和田はそんな状態で一試合も欠場することなくプレーした。

そして足の痛みとは逆に、和田が放つ打球はかつてよりも力強く加速した。

このシーズンは自己最多となる三十七本塁打を放った。アベレージは三割三分を超え、打点は九十を数えた。これまでで最高の自分がいた。

振り返ってみれば、今、手にしている感覚は落合の言葉がきっかけだった。

「打ち方を変えなきゃだめだ」

すべては、その一言から始まっていた。

和田が初めて落合の世界に触れたのは、中日に移籍してきた二〇〇八年春の沖縄キャンプ、長い合宿生活も半ばを過ぎたある日のことだった。

全体のメニューを終えた和田は、ひとりバットを担いで室内練習場に向かった。柔らかな西陽の差し込んでくる静かな空間で、打撃練習用マシンが投じるカーブを打っていた。

すると、そこへ落合がフラッと入ってきた。

「ちょっと見てやるよ」と防球ネット越しに言うと、落合はホームベースの後ろに立った。

和田の鼓動が密かに速くなった。

何か聞けるのかもしれない……。

十七歳の夏の夜に見たホームランの残像はいまだ鮮やかで、落合の口からバッティングの深遠を聞いてみたいというのが、新天地に中日を選んだ理由の一つでもあった。

だが落合は何も言わなかった。和田の真後ろ、斜め後方、真横……、少しずつ場所を変えながら、ゆっくりと三百六十度をまわり、じっと眺めているだけだった。

自分と落合の他にはボール拾いのスタッフだけしかいない。ぴんと張りつめた空間で和田はバットを振り続けた。

一時間が過ぎても、落合は無言だった。打撃練習用マシンが単調な機械音とともにカーブを吐き出す。静寂のなかに乾いた打球音だけが響いた。次第に、どれくらい時間が経ったのかも、何球打ったのかもわからなくなっていった。

ボール籠(かご)が空っぽになるまで打ち終えた和田は、思わずその場にへたり込んだ。かつてこれほど精神的に擦り減ったバッティング練習があっただろうか。そんな疲れが全身を襲っていた。

落合は去り際に言い残した。

「打ち方を変えなきゃだめだ。それだと怪我する。成績も上がらねえ」

和田は呆然とした。

ただ、そこに強制の響きは含まれていなかった。

「やろうという気になったら言ってこい。ただし、時間はかかるぞ」

和田は座り込んだまま、落合の言葉を反芻(はんすう)していた。

扉を開けるか、開けないかは自分次第だった。

プロ入りから十年かけてつくりあげたバッティングへの自負から、和田は中日に移籍して最初のシーズンは従来の打ち方を貫いた。その結果、打率三割二厘、十六本塁打、七十四打点という成績に終わった。とても三億円の年俸に見合う数字ではなかった。

急に年齢に対する不安が襲ってきた。

俺はこのまま終わってしまうかもしれない……。

だから中日での二年目、二〇〇九年のキャンプ、再びあの室内練習場に居合わせたタイミングで怖る怖る落合に歩み寄ってみた。

「三年はかかるぞ」と落合は念を押した。「それでもやるか？」

三十代半ばを過ぎた選手に三年計画を提示すること自体、球界の常識からは逸脱していた。

この人は、一体どういう物差しを持っているんだろう……。

和田は落合の言葉に得体の知れないものを感じながらも、憧憬と覚悟を込めて頭を下げた。「お願いします――」

次の日から落合は、両手にある十指をどの順で、どこからどこに動かし、どれくらいの力を入れるのか、ということから話し始めた。

それはひとつのスイングを構成する一から十までの手順、すべてを繋げていくような作業だった。落合の言葉を耳にしていると、あの不思議なスイング動作の一つ一つに根拠があることがわかった。

ああ……、俺は今まで、ただがむしゃらにやってきただけなんだ。

これまで二と三、あるいは六と八を部分的に教えてくれた人はいたが、すべてを繋いでみせたのは落合だけだった。

中日には甲子園で名を馳せた平田良介や堂上直倫という若くて期待値の高い選手たちがいた。落合は彼らがバッティング練習をしていると、和田を呼んでこう言った。

「あれを見てみろ。あんなことをしていたら、打てるわけがないというのがよくわかるだろ？ でも、今のあいつらにそれを言ったところで理解できないんだ。物事には言えばわかる段階と、言ってもわからない段階があるんだ」

なぜ若い選手を使わないのか？

落合に対し、そうした批判があることは知っていた。ただ、落合とバッティングについて言葉を交わしていると、次第にどういう物差しで選手を測っているのかがわかってきた。

落合が求めていたのは若さが持つ勢いや可能性という曖昧なものではなく、確かな理と揺るぎない個であった。

そして落合の世界に踏み入って感じたのは、その理というのはほとんどの場合、常識の反対側にあるということだった。

あるとき、和田がスピードボールを打つためにスイング動作を小さくしたことがあった。ピッチャーが一五〇キロのストレートを投げてからホームベースに到達するまではわずか〇・四秒である。その刹那に少しでもバットを間に合わせようというつもりだったのだが、落合は首を横に振った。

「それじゃあ、逆に打てなくなる」

落合はむしろ、大きくゆったり振れと言った。半信半疑でそうしてみると、不思議とバットが間に合った。

「その方がボールを長く見ていられるだろ」と落合は頷いた。

大きく振ろうとすれば、バッターは自然と早めに予備動作のバックスイングを始める。投手のモーションに合わせて動きながら、リリースされるボールを見ることができる。同じ〇・四秒がいつもよりも長く感じられるのだ。すると、どれだけ速い球に対してもタイミングを合わせることができた。ストライクか、ボールかを見極める間も生まれた。

「この世界に年齢は関係ない」

「チームのことなんて考えなくていい。自分の数字を上げることだけを考えろ」

落合が発した言葉の意味が腑に落ちた。

おそらく落合は常識を疑うことによって、ひとつひとつ理を手に入れてきた。そのためには全体にとらわれず、個であり続けなければならなかったのだ。

和田は十七歳の夏に見たあの幻想的なホームランの裏に、これほど現実的なプロフェッショナリズムがあったのだと初めて知った。

そして、リーグ最高の打者となった今、あの日の落合に少し近づけたのだろうかと考えていた。

「和田さん、人差し指を立ててもらえませんか？」

四億円プレーヤーとなった和田は、ひな壇のまわりを囲んだスチールカメラマンから注文された。

選手として頂点に立ったことを示せというリクエストだったが、和田は躊躇いがちな笑みでしか応えることができなかった。なぜなら感慨とすぐ背中合わせに畏れがあったからだ。

自分は、いつ落合に必要とされなくなるのだろうか……。

充実感と背中合わせの畏怖は、シーズン中から抱いていた。

春先のある試合、中日はエース格の吉見一起が先発したにもかかわらず、三回までに五点を失った。すると落合は次の回からキャッチャーの谷繁元信を交代させた。バッテリーではなく捕手だけをベンチへ下げた。失態の責任が谷繁にあると、わざわざ内外に示したような采配だった。

「ふざけんなよ！」

ベンチでもロッカーでも指定席が隣り合っていた和田は、谷繁の怒りを目の当たりにした。

谷繁はもう十年近くもこのチームの正捕手として君臨していた。打者の狙いを洞察する能力と経験値は、失点のリスクを潰していく落合の野球にとって欠かせないものだった。リーグ優勝も、あの完全試合継投での日本一も、落合がつかんだ勝利のほとんどすべてが谷繁とともにあったと言っても過言ではなかった。

その谷繁を、落合は公然と、しかも無言のうちに断罪した。

この人は完全に、選手を駒として見ている。

荒れる谷繁を見ながら、和田は監督としての落合の本質に触れたような気がした。

和田はもともと捕手だった。西武ライオンズに入ったばかりのころ、チームには一九八〇年代から九〇年代半ばまでの黄金時代を支えた伊東勤という正捕手がいた。実力もさることながら、和田がどうにも超えられないと感じたのは、伊東がチームとともに築き上げてきた栄光の大きさであり、それに対するベンチの揺るぎない信頼であった。それが伊東を不可侵な存在にしていた。

この世界には、実力だけでは測り切れないものがあることを知った。

だが、落合と谷繁を見ていると、幾多の勝利を共にしてきた指揮官と正捕手の関係には見えなかった。情実的な繋がりがまるでないのだ。

それは和田に対しても同じことだった。このチームで、落合と打撃論を交わすことができるのは和田だけであったが、それが落合との繋がりを生み、自分の立場を保証するかといえば、到底そんな実感はなかった。どれだけ勝利に貢献してきたかではなく、いま目の前のゲームに必要なピースであるかどうか。それだけを落合は見ていた。それが勝てる理由であり、同時に和田を畏れさせているものの正体だった。

プロ野球といえど、多くの者はチームのために、仲間のためにという大義を抱いて戦っている。ときにはそれに寄りかかる。打てなかった夜は、集団のために戦ったのだという大義が逃げ場をつくってくれる。ところが、落合の求めるプロフェッショナリズムには、そうした寄る辺がまるでなかった。

落合の言葉通り、常識にも組織にも背を向けて個を追求した果てに、和田はこれまで見たことのない景色を見た。その一方で、この道を行くからには独りでさらに高い山を登り続けなければならなかった。それができなくなれば滑落が待っている。どれだけの勲章を手にしても、そういう畏れが消えなかった。

「こっちにも笑顔ください」

カメラマンたちはそんな和田の内面を知ることなく、屈託のない要求を続けていた。

自分はいつ、駒として必要とされなくなるのか。

和田は今しがた判子をついたばかりの年俸四億円という契約の重みを感じながら、かろうじて笑みをつくった。

5

あの永遠に続くような夏が嘘であったかのように、冬の陽が落ちるのは早かった。

二〇一〇年オフシーズンのある夕刻、私は名古屋市南東部の住宅街を歩いていた。その辺りは市内有数の戸建てが並んでいるエリアだった。

私は球団社長である西川の邸宅へ向かっていた。

大通りのバス停から二ブロック奥へ入ると、よく整備された通りに出た。すらりと背の高い紳士のような街灯が、枯れ葉の舞う歩道を照らしていた。やがて石塀に囲まれた日本家屋が見えてきた。私は腕時計を確認してから、格子の門扉に設置されたインターホンを押した。

少し間があってから、西川本人が現れた。

「おや、今日は何かな?」

球団トップは、突然の訪問者をいつもの鷹揚(おうよう)さで居間へと迎え入れた。

私の頭にあったのは、夏の盛りに耳にした球団関係者の言葉だった。

「西川さん、今年で退任するみたいだぞ……」

あの情報の真偽だけは、どうしても新しいシーズンが来る前に確かめておかなければならないと思っていた。

和服姿の西川と私は居間のテーブルを挟んで向かい合った。湯呑みが運ばれてくるのを待って、私は切り出した。

「球団社長を辞められるという話を耳にしたのですが、本当ですか? もし本当だとすれば、落合監督の去就はどうなりますか?」

落合は次のシーズンが契約最終年であった。

前置きを欠いたストレートな問いに、西川は口角を上げて笑った。目は緩やかな細い曲線になっていた。

「それをどこから聞いたのかは知らんけど……まあ、そうなってもおかしくはないわな。私ももう、十年やっとるわけだから」

普段はイエスか、ノーかをはっきりさせる西川が肯定も否定もしなかった。

それから西川は私をジロリと見ると、かすり模様の襟を正して言った。

「だが、落合のことは私とは関係ない。もし私がいなくなっても、次に就任する社長がどう判断するか。最終的にはオーナーがどう判断されるかだよ」

意味ありげな沈黙が流れた。

西川と私が向かい合ったテーブルの上に、蛍光灯が乾いた陰影をつくり出していた。私は湯呑みに口をつける振りをして、西川の言葉の真意について考えをめぐらせた。

ナゴヤドームの観客動員が伸びないこと、球団が十億を超える赤字を抱えていることは中日が抱える喫緊の問題として取り沙汰されていた。その原因が落合に長期政権を任せているからだという声は、本社内でも球団内でも日増しに大きくなっていた。かつてなら親会社が赤字を補填していたが、二〇〇〇年代に入って新聞社を取り巻く環境は大きく変わったのだ。

本社内には、設立以来続いている大島派と小山派による派閥争いが存在する。現オーナーの白井文吾や西川が小山派であるとして、二人と反対側にいる大島派の人間が次の球団トップになれば、不入りや赤字という負の要素は十分に落合降ろしの口実になるはずだ。これまで世間や本社から落合に向けられる批判の盾となり、擁護してきた西川の退任がその引き金になるのではないか。

私はそこまで頭を整理すると、それをそのまま次の問いとしてぶつけた。

「監督にそこまで求めちゃいかんと思うよ」と西川は言った。

眼鏡の奥の目はもう線ではなくなり、むしろ大きく見開かれていた。

「現場は勝つのが仕事なんだ。ドームが開場してもう十五年近くも経つわけだから、お客さんが右肩上がりに増えないのはある意味、当然なことじゃないか。赤字は球団が営業努力を怠っとるということじゃないかな。つまり私の責任だよ」

西川はそこまで言うと湯呑みに手を伸ばし、それをゆっくりと啜った。落合への逆風が強くなっていることは感じているようだった。

それから西川は少し声を落として続けた。

「しかしね……もし仮に私が辞めるとして、新しい社長が落合のことをどう考えるかは、私にはわからん。そればっかりはどうしようもない。私も会社の一員だからねえ……」

最後にそう言うと、西川は遠くを見つめるような目をした。

訊くべきことは、もう見当たらなかった。

私は居間を見渡した。和の調度品が飾られ、落ち着いた雰囲気に統一されていた。西川の後ろには書斎に置かれるような背の高い本棚があり、歴史書らしきタイトルの背表紙が几帳面に並んでいた。野球に関するものはほとんど見当たらなかった。サッシのついた窓からは、よく手入れされた庭が見えた。会社員の成功を象徴するような一戸建てだった。すべてが調和していた。落合邸のリビングのような、極端な戦いの匂いはしない。西川はもともと、この世界の住人ではないのだ。おそらく後任となる人物もバックボーンは同じだろう。自分で決められることはある。だが、多くのことは自分以外の、実体のない集合体が決める。どこまでも個である落合とは別次元にいるのだ。

そして落合のようなプロ監督の命運というのは、そういう人間たちが織りなす、つかみどころのないパワーバランスに握られているのだ。

私も会社の一員だから……という西川の言葉にあらためて、そう気づかされた。

それから少しだけとりとめのない話をして、私は西川邸を辞した。

外に出ると、冷たさを増した冬の風が落ち葉をどこか遠くへと運び去っていった。

終わりの予感が色濃く漂うなかで、二〇一一年シーズンは幕を開けた。

# 2011

リーグ1位　vs.ソフトバンク（3勝4敗）

75勝59敗10分／.560／打率.228／本塁打82／防御率2.46

CHU
69

# 第9章

# 小林正人

# 「2」というカード

「相手はお前を嫌がっている――」

落合のその言葉が、俯く小林の眼前を拓いた。

# 1

小林正人は毎年二月になると決まってパズルを始めた。プロ野球のキャンプインに合わせて作成されるB4サイズのメンバー表を手に、投手陣の顔触れをじっくりと眺める。まだシーズンの殺伐とした空気からは遠い沖縄のホテルの一室で海風を感じながら、それを元に頭の中でパズルをする。

今年も自分の居場所はあるか？

人間と人間の隙間を見つけだす、人生をかけたパズルである。

二〇一一年シーズンを前に、中日からは五人の投手が去り、四人の投手が入ってきた。そのうち小林と同じ左投げは二人——大学出の新人投手とベネズエラからやってきた二十八歳の外国人選手だった。とくに外国人のことは気になった。先発なのか、リリーフなのか。どんなピッチャーだろうか。

小林はメンバー表に列記されたピッチャーたちの名前を見渡してみた。エースの吉見一起を筆頭にセットアッパーの浅尾拓也、ストッパーの岩瀬仁紀ら替えの利かない巨大なピースから、俗に敗戦処理と呼ばれる小さなピースまで、一軍のベンチという限られた枠に当てはめてみた。そうやってパズルは進んでいく。小新しい助っ人のことは気になったが、不安で眠れなくなるようなことはなかった。小林には自負があった。

このチームには、自分というピースでしか埋められない役割がある。

それはプロ九年目でようやく辿り着いた境地だった。

かつての小林は冬が終わってキャンプが始まり、木々が芽吹くころになると、いつも不安に襲われていた。

今年こそクビかもしれない……。

怯えながらも、行くべき道がわからずに彷徨(さまよ)っていた。振り返ってみると、葛藤の出発点は、落合が監督としてやってきたばかりの春であった――。

「お前たちに、言っておかないといけないことがある」

落合が中日の新監督に就任してまもない二〇〇四年の三月のことだった。ナゴヤ球場に隣接する選手寮「昇竜館」のロビーには、館長の堂上照(てらし)が強ばった顔で立っていた。

「今年のオフは、十五人くらいの戦力外が出るらしい。寮生も例外じゃないみたいだ……」

寮にいる選手全員を集めて堂上は言った。

「寮生も例外じゃない」という言葉に、その場の空気が急に張りつめた。

堂上によれば、監督となった落合は一人もクビにすることなく現有戦力で一年目を戦うと約束した一方で、シーズンが終われば、必要ないと判断した戦力を、数を限らずに切り捨てるつもりだという。

それまでの中日には選手寮にいる選手——原則として高卒四年、大卒二年——はクビにならないという暗黙のルールがあったが、落合のメスに聖域はないのだという。

堂上の話を聞き終えた後、小林の心臓は早鐘を打っていた。

クビになるのは……俺だ。

東海大学からドラフト六巡目で入団して二年目だった。プロに入ってすぐ入籍した妻と生まれたばかりの娘がいた。社会人として家庭を築いた一方で、投手としてはまだ半人前だった。一軍のマウンドに上がることすらできていなかった。稼ぐどころか、プロになって手にしたものといえば、劣等感ばかりだった。思い描いていた世界とはまるで違っていた。

小林がこの世界に抱いていた幻想は、ある一枚の写真に象徴されていた。

十八歳になる春、小林は群馬の強豪・桐生第一高校のエースとして関東大会に出場した。その開会式でポケットに使い捨てカメラを忍ばせていたのには理由があった。同じグラウンドに並ぶ、横浜高校のエース松坂大輔と記念撮影をするためだ。

式が終わると、小林は松坂を囲む多くの人波をかき分け、本人の元へたどり着いた。すでに全国に名を知られていた松坂は桐生第一のサウスポーの名前に聞き覚えがある様子だった。そのことが誇らしかった。丸刈り頭の二人で同じフレームに収まった一枚は、

小林に不思議な力を与えた。

最後の夏は甲子園の一回戦で敗れたが、群馬に戻ってからも、テレビの中の松坂に釘

付けになった。PL学園高校との延長十七回の死闘も、翌日の準決勝でテーピングを剝ぎ取ってマウンドに上がった姿も、そして決勝でのノーヒットノーランも、松坂が甲子園のスターになっていく姿を、まるで自分のことのように目に焼きつけた。

そのころの小林はいつもあの写真を持ち歩いていた。それを見ると、何だってできるような気持ちになった。自分も世の中が呼ぶ「松坂世代」の一員であり、彼を筆頭にして並んだ星のひとつなのだという事実が未来を明るく照らしてくれるような気がしていた。

だが平成の怪物から遅れること四年、大学を経てプロの世界に入ってみると現実を突きつけられた。

それまで小林はストレートで打者を抑えてきたが、ブルペンのすぐ横に自分より速い球を投げるピッチャーがいた。そのまた隣にはさらに上がいた。こんな世界で自分は何を頼りに成功すればいいのか。二軍のマウンドに上がることさえままならない小林には、それがわからなかった。

はっきりしていたのは、松坂はこの世界ですでにエースであり、五十を超える勝利を手にしていたということ、まだ何者でもない自分との間には果てしない距離があるということだった。

松坂だけではなかった。同じ東海大学から巨人に入った久保裕也は一年目から東京ドームで華やかな照明を浴びていた。早稲田大学からダイエーに入ったサウスポーの和田毅は新人王を手にしていた。

松坂世代とひとくくりにされ、遠くからは並んで光っているように見える星の群れも個々の明度には歴然と差があり、序列があった。アマチュアでは顕在化しなかったその差が、プロの世界ではこれでもかというくらい浮き彫りになった。

いつしか松坂と並んで映ったあの写真は小林の手元を離れ、遠いものになっていた。

クビという単語に真っ先に自分の名前を連想するようになっていた。

二〇〇四年の秋、館長の堂上が言った通り、落合は十五人の選手に戦力外を通告した。その中に小林の名前は含まれていなかった。その理由が、小林にはわからなかった。

なぜ、俺ではなかったのか……。

そして新しい春が来るたびに、次こそは自分の番だという不安に襲われ、身を縮めながら秋まで過ごさなければならなかった。人々が待ち望む季節を小林は怖れた。

小さなきっかけが訪れたのは、ようやく一軍で四試合に投げた三年目の秋だった。オフシーズンの練習をしているところへ、投手コーチの森繁和がやってきた。何か思惑を秘めているような顔をしていた。

「お前、腕を下げてみないか？」

森は縁の細い眼鏡の奥を光らせて言った。オーバーハンドからサイドスローへ転向してみないかということだった。思いつきではなく、タイミングを計っていたかのような口調だった。

この年はシーズン中から森の視線を感じることがあった。ブルペンでピッチング練習をしていると、小林のことをじっと見ている。そして、フラッとブルペンにやってきた落合もまた森と何やら話し込みながら、自分の方へと視線を送る。そういうことが何度かあった。もしかしたら、俺は期待されているのかもしれない……と内心では思っていた。

「昔な、こういう投手がいたんだ」

腕を下げるという言葉の真意を測りかねていた小林に、森は一本のビデオを手渡した。自宅に帰ってそれを再生してみると、画面の中にはひとりのサウスポーがいた。小柄で細身のその投手はモーションに入ると低く沈み込み、地面スレスレのところからボールを投げていた。

永射(ながい)保――一九七〇年代後半から八〇年代半ばにかけて、西武ライオンズ黄金時代の幕開けを支えたリリーバーだった。

永射は「左殺し」の異名を取った。左の横手投げという希少性を生かして、左バッターの背中から襲ってくるようなストレートとカーブで各球団の主砲を封じた。自軍のピンチでマウンドに上がると、ロッテの二冠王レロン・リーや南海のホームラン王・門田博光、日本ハムでサモアの怪人と怖れられたトニー・ソレイタら左打ちの強打者を淡々と打ち取ってマウンドを降りていくのだ。

永射の存在は、天下無敵であったはずの彼らに左打ちであることを呪わせた。リーはあまりに永射に抑えられたため、一九八一年のある試合で、本来とは逆の右打席に立ったほどだった。

小林は三十年近くも昔の永射の投球に食い入った。古びた映像を何度も巻き戻した。ゲームの勝敗を左右する場面で一人の打者を抑える。そうやってこの世界を生きていく方法もあるのだということを永射の姿は示していた。エースではない。主役ではない。だが、舞台の片隅に自分だけの場所を持っている。小林にはそんなワンポイントリリーバーが眩しく見えた。

落合と森は同じ時代に敵として、味方として永射を見てきたのだ。小林はシーズン中に落合と森から注がれていた視線の意味を理解した。

そういうことだったのか……。

セ・リーグのライバル球団を見渡してみると、阪神の金本知憲をはじめ、巨人の高橋由伸と阿部慎之助、広島の前田智徳といった左バッターたちがライバル球団の主軸として君臨していた。

小林にとっては雲の上の存在だったが、落合と森は彼らを飯の種にしろと言っていた。二十一世紀の永射になれ、というのだ。

腕を下げてみないか？

小林は森の言葉をもう一度、反芻してみた。

希少性を武器とする左のワンポイントになるということはこの先、舞台の片隅で、脇役として生きていくということだ。

小林の胸に一瞬、松坂とふたりで並んだ写真がよぎった。まっさらなマウンドに上がり、スピードボールで打者をねじ伏せる。ずっと抱えていた憧れに別れを告げることになる。

それから小林は、まだ何者でもない自分と結婚した妻と物心ついたばかりの幼い娘の顔を浮かべて、青春の匂いがする微かな未練を断ち切った。そして森に返事をした。

「やります。お願いします」

その日から小林は、誰とも違う角度からボールを投げるようになった。低く、もっと低く。ありったけ重心を下げたところから重力に逆らうように投げていく。そのフォームは想像していた以上に苦しいものだった。

だから結果が出ないときは、かつてのように上から投げてみたこともあった。随分とスムーズに投げられるように感じた。ただその度に、心の底に残っている未練に気づき、それを振り払うように自分に言い聞かせた。

俺は何のために、下から投げると決めたんだ……。

世代トップランナーである松坂の背中を追うのではない。誰とも違う道をひとり歩く。盤上のある一瞬だけ光を放つ駒になるのだ。その先に生きる道があるはずだと、小林は信じた。一寸先も見えない闇のなかでは、そうするしかなかった。

ようやく生きる道が見えたのは六年目を迎えた二〇〇八年のことだった。

開幕まもない阪神とのナイトゲーム、小林は同点の七回からマウンドに上がった。ツーアウトながら二塁にランナーを背負い、打席に三番の新井貴浩を迎えていた。

落合がベンチを立つのが見えた。

ああ、交代か……。

小林はそう判断した。おそらく次の一点が勝敗を分ける。右の強打者を迎えた場面での降板は無理もないことのように思えた。

だが、マウンドにやってきた落合は予測とはまったく逆のことを言った。

「勝負だ」

抑揚のないその声を聞いて、小林はあえて右バッターの新井と勝負するのだと理解した。左殺しである自分への指示としては妙な気もしたが、落合が言うのであればそうするしかない。

すると、正捕手の谷繁がマスク越しに小林の目を見て言った。

「お前、わかってるか？　新井を敬遠して、金本さん勝負ってことだぞ」

それを聞いて、小林は頭が真っ白になった。

タイガースの四番金本は左打ちだったが、投手の左右に関係なく、リーグで最も対戦を避けるべきバッターだった。毎年のように三十本以上のホームランを放ち、とりわけ勝敗を分ける場面では他に並ぶ者がないほどの強さを発揮する。だから、どの球団のバッテリーも勝負どころでは金本を一塁へ歩かせていた。

そんな打者と勝負しろ、と落合は言った。小林の全身を高揚感が駆け巡った。左を殺す。そのための駒として認められた瞬間だった。

新井を歩かせて塁を埋めると、スタジアムがどよめいた。阪神ベンチもざわついていた。何より静かに打席に入ってくる金本からただならぬ空気が漂っていた。小林はかつての永射と同じようにゲームのヤマ場で最強の左バッターと向き合った。

鼓動が速くなり過ぎたためかもしれない。結果的に金本にはフォアボールを与えた。試合は引き分けに終わった。多くの者にとっては長いシーズンの、ある一試合に過ぎなかったかもしれない。ただ、ゲーム後も小林の胸は痺(しび)れたままだった。松坂に出会ったころの誇らしさが微かによみがえっていた。投手としてどう生きていくのか、その道が見えた気がした。

小林が春を怖れなくなったのは、それからだった。

## 2

二〇一一年は特別なシーズンだった。桜の花びらが見上げる空にひらひら舞うころになっても、まだ日本列島にプレーボールはかからなかった。

三・一一――太平洋、三陸沖の海底から起こった大地の鳴動は、人智の及ばぬ海水の巨大なうねりとなり、一瞬で一万人以上の命を奪い去っていった。あとに残されたのは変わり果てた街の残骸だけだった。

日常は永遠には続かない。終わりはある日突然やってくる。逃れることのできないこの世界の摂理に人々が打ちのめされるなか、プロ野球も例年より半月遅れの開幕を余儀なくされていた。

生と死、破壊と再生を突きつけられた春に、中日という球団にもひとつの終わりが訪れていた。

三月二十五日、ナゴヤドーム三階の会見場は報道陣で埋まっていた。壇上には十年間、球団社長という地位にいた西川順之助と、その隣には新しい球団トップが並んでいた。坂井克彦――本社の常務取締役であり、名古屋市の教育委員長も務めている人物だという。細身と白髪が印象的な坂井は柳が揺れるように静かな口調で言った。

「強いチームをつくらなくてはいけません。それと同時にファンを大事にしなくてはいけません」

会見場の隅にいた私は、膝の上に広げたノートにその言葉を書きつけた。他の記者もこのフレーズにペンを走らせていた。坂井の語調は二つ目の言葉をより強めていた。

さりげなく放たれたその言葉の矛先がどこに向けられているのか、このチームを見てきた者なら誰でも察しがつくことだった。坂井の第一声は明らかに落合を意識していた。

メディアが求めるようには語らず、内部情報を閉ざし、「勝つことが最大のファンサービス」と公言する。本社内には、そんな落合に対し、「メディアを、ひいてはファンを軽んじている」という批判が渦巻いていると耳にしたことがある。坂井の発言はそれらを代弁しているかのようにも受け取れた。

静謐（せいひつ）のなかにも凛とした正義感を漂わせた坂井の言葉に対し、去りゆく西川は隣でじっと耳を傾けていた。新旧球団トップの間には微妙な距離があった。隣り合っていても言葉を交わすことはなかった。大島派と小山派の代理戦争を想起させるその光景に、私はまだ冬が到来したばかりの夜に西川と交わした言葉を思い返していた。

「落合のことは私とは関係ない。もし私がいなくなっても、次に就任する社長がどう判断するか――」

あのとき西川はすでに知っていたのではないだろうか。自らの退任についてはもちろん、新しい球団社長として誰がやってくるのかについても――。

「ファンを大事にしなくてはいけません」

番記者、地元テレビ局のカメラを前に、新しい球団社長は繰り返した。

西川の鷹揚（おうよう）さとは対照的に、抑制の利いた諭（さと）すような口調だった。まだ球団の内情を知らないはずの人物にしては明確な使命感を帯びていた。

いつだったか、落合がファンサービスについて語ったことがあった。

「よくファンのために野球をやるっていう選手がいるだろう？　あれは建前だ。自分がクビになりそうだったら、そんなこと言えるか？　みんな突きつめれば自分のために、家族のために野球をやってるんだ。そうやって必死になって戦って勝つ姿を、お客さんは見て喜ぶんだ。俺は建前は言わない。建前を言うのは政治家に任せておけばいいんだ」

私はそれが落合の生き方を象徴する発言のような気がして、ノートに書き残した覚えがあった。坂井とは対照的な言説だった。

中日の球団社長が交代したという記事は、翌日の朝刊紙面の片隅に小さく掲載されただけだったが、私は終わりに向かって大きな流れが動き出したことを感じていた。

3

多くの者にとっては何の変哲もなく、時とともに忘れ去ってしまうような一瞬でも、ある者にとっては生涯の記念碑になることがある。

被災地に仮設住宅が建ち並び、街がわずかに生活の匂いを取り戻し始めた二〇一一年の初夏、小林にそんな瞬間が訪れた。

梅雨明けのナゴヤドームだった。広島カープとのデーゲームは三点をリードされたまま中盤に入っていた。小林はベンチ裏のブルペンに待機していた。いつものように、ゲームの半ば過ぎに巡ってくるであろう出番に備えて、試合状況を映し出すモニターを見つめていた。プロ九年目を迎えた左のワンポイントリリーバーは、このシーズンもパズルのピースとして一軍に必要とされていた。

広島は六回表にランナーを二人出した。相手ベンチから監督の野村謙二郎が立ち上がった。それに呼応するように真っ赤なレフトスタンドからは歓声が上がり、ダグアウトの奥からひとりのバッターが現れた。

前田智徳だった。赤ヘルが誇る天才打者は、四十歳を迎えても代打の切り札として君臨していた。どうしてもヒットが欲しい。得点を奪いたい。誰もがそう願うとき、彼らは前田に託すのだ。一流のプロも羨望の眼差しを注ぐ前田のスイングは、一振りでスタジアムの空気を変える力があった。

ブルペンの通話機が鳴ったのはそのときだった。小林は名前を呼ばれるまでもなく仕事の時間がきたことを悟っていた。汗を拭ってコップ一杯の水をあおるとブルペンを発った。

薄暗いバックヤードの通路にスパイクの音が冷たく響く。不安が襲ってくる瞬間だ。ブルペンでマウンドのように。マウンドでブルペンのように……。

心の中でそう唱えながら小林は歓声の中へと飛び出していった。

マウンドに上がると、まずバックスクリーンを仰いだ。イニングと得点差を頭で整理し、レフトからセンター、ライト……味方の誰が、どのポジションを守っているのかを目視した。今、自分が置かれている状況を鳥のような目線から俯瞰(ふかん)するのだ。

それからロジンバッグを触り、ブルペンとまったく同じ所作で投球練習をしながら、相手バッターの心理を思い描く。

小林はいつ、どこの球場においても寸分違わず同じ手順を踏んだ。弱い自分を認めて、心の揺れを抑えるために、自らつくり上げた儀式だった。

腕を下げてワンポイントになったばかりのころ、小林は自分の仕事の重さに負けていた。

ゲームを左右する一つのアウトを、相手の最も警戒すべきバッターから奪わなければならない。金本に阿部、そして前田、他と隔絶したオーラを放つ男たちに気圧され、気負うあまり、フォアボールで歩かせてしまうことが度々あった。

そんな試合の後は決まって、荷物をまとめて二軍の球場へ向かうことになった。

ある日、同じ過ちを繰り返した小林が降板を告げられ、俯きながらマウンドを降りていくと、落合がベンチに座ったままポツリと言った。

「相手はお前を嫌がっているのに、自分で自分を苦しめることはないんじゃないか」

誰に言うともなしに放たれたその言葉は、小林をハッとさせた。

それまで小林は、リーグを代表するような強打者に対しては、自分の限界を超えるようなボールを投げない限り抑えることはできないと考えていた。だから相手が自分のことを嫌がっているなどとは想像したこともなかった。

本当だろうか？

それから小林は勝負の最中、相手がどんな顔をしているのか、観察するようになった。

すると、バット一本で何億も稼ぎ出すような男たちが、一三〇キロに届かない小林のボールに顔を歪(ゆが)ませているのが見えてきた。なかでも、最もそれが伝わってきたのが前田だった。

前田は対戦を重ねるうちに、小林がマウンドに上がるとベンチ裏へ一度下がって、右肘にエルボーガードを着けてくるようになった。

背中から襲ってくるような左サイドハンドへの恐怖心なのか、いずれにしても他の投手に対しては見せないその行動は、小林に精神的なゆとりを与えた。

俺を嫌がっているんだ……。

それから小林は、自分のことをトランプカードの「2」であるとイメージするようになった。「2」というカードは平場(ひらば)での序列は低いが、ある特定のゲームにおいて、エースやキングに勝つことができる。

自分は落合にとって、そういうカードなのだと言い聞かせるようになった。

赤く染まったナゴヤドームのレフトスタンドから前田のテーマが流れていた。相手はとっておきのカードを切って、この試合を決めにきていた。小林は五球と定められた投球練習を終えると、もう一度ロジンバッグを触り、打席の前田へと向き直った。

ところが視線の先に前田はいなかった。カープの切り札はベンチを出たところで指揮官の野村と何やら言葉をかわすと、ヘルメットを脱ぎ、ベンチへ戻っていったのだ。

代わりに打席にやってきたのは右バッターの井生(いおう)崇光であった。

「バッター、前田に代わりまして、井生――」

前田に替わる代打がコールされた。耳慣れないアナウンスにスタジアムは騒然とした。小林はそのざわめきのなかで立ち尽くしていた。

これまで前田が代打を送られたことなどあっただろうか……。バット一本でこの世界を登りつめてきた孤高の天才が、他者に打席を譲ったことなどあっただろうか。

そうさせたのは、かつてクビに怯え、ひしめく才能の序列に打ちのめされた球速一三〇キロにも満たないサウスポーだった。

その瞬間は小林にとって、ひとつの到達であった。

井生にはツーベースを打たれ、試合には敗れた。だが小林は結果とは別のところで満たされていた。

落合の言葉が胸に響いた。

「相手はお前を嫌がっている――」

小林はかつてレロン・リーを右打席に立たせた永射のように、この世界で自分だけの居場所をつくった。

松坂はもう同じ舞台にはいなかった。遠くメジャーのマウンドに立っていた。

青春の日、怪物とひとつのフレームに収まったサウスポーはまったく別の場所で、彼とは異なる光を放っていた。小林にはそんな自分が、あのころの自分よりも誇らしく思えた。

第10章

# 井手峻
# グラウンド外の戦い

「なぜ当然のことを言って批難される」

星野に背いた落合は、井手を前に吐露した。

# 1

中日新聞本社は、名古屋市内の市庁舎や警察署が集まった丸の内の一角に聳(そび)えている。地上七階建ての要塞からは北方に名古屋城の天守閣をのぞむことができる。中日ドラゴンズの定例役員会は、いつもその堅牢な建物の一室で開かれていた。

球団の取締役編成担当である井手峻(たかし)は、この会議の席で意見を求められることが頻繁にあった。本社の役員から、こう問われるのだ。

ナゴヤドームの観客動員数が頭打ちなのは、落合がメディアにサービスをしないからではないのか？

その向こうにファンがいることを落合はわかっているのか？

このまま落合にチームを任せていていいのか？

背広姿の重鎮たちに問われる度に、井手はこう答えることにしていた。

「落合に任せておけば、大丈夫です――」

新宿高校から東京大学農学部を出た井手は、一九六七年にドラフト制度発足後では初めて東大から指名された選手として、中日に入団した。

井手のグラウンド上の記録としては、投手としての一勝と外野手としての十二本のヒットが残っているだけであるが、十年間もユニホームを着続けられたのは、ベンチに座っていても戦力になったからだった。相手ピッチャーのクセやゲームの分水嶺を洞察する能力を、時々の監督に求められたのだ。

ファンの間で「学士さん」と呼ばれた井手は、現役を引退するとコーチを経て球団のフロントマンになった。

要点だけを端的に射抜く物言いと細身の体をスラリと見せるアイビー風のトラッドスタイルをトレードマークに、戦力補強を担う編成部のトップに登りつめた。東大卒の経歴と相まった知的なイメージとその実績から、井手は本社側の役員からも知恵袋として信頼されていた。

だからこそ役員の中には、実務的能力を持っている井手がなぜ、トレードやドラフトの編成業務からチームの運営に至るまで落合に任せっきりにしているのか、そのことを訝（いぶか）っている者も数多くいた。

おそらく説明してもわかってはもらえないだろう、と井手は思っていた。

落合に任せておけば、大丈夫です——井手が役員たちにそう繰り返すのは、井手しか知らない実体験に基づいた根拠があったからだ。

それは、まだ落合が中日の四番打者だった一九八九年のことだった。平成という時代が幕を開けたばかりの一月半ば、球団を揺るがす舌禍（ぜっか）事件が起こった。

発端は落合の言葉だった。その日、中日の主砲は長野県南部の昼神（ひるがみ）温泉でオフシーズンの自主トレーニングをマスコミに公開していた。夫人と一歳半の長男を同伴した異例のスタイルで調整する落合は山間に流れる渓流沿いを歩き、切り立った山道を登り、温泉旅館のプール施設で泳ぐ姿をカメラマンたちに披露した。

ネタ枯れのオフシーズンは、チームの看板になるような選手が、それぞれ日時を決めて報道陣に対応するのが慣例だった。つまり、翌日の紙面には自分の名前が載ると予測できるタイミングで落合は口を開いた。

「俺は体重計には乗らないよ――」

落合は旅館のロビーで番記者たちとの雑談に応じた。話題は監督の星野仙一から課されていた体重制限だった。前年のシーズンが終わった直後、星野から全選手に翌年のキャンプ初日の練習メニューが配布された。さらに、全員が秤に乗せられ、ベスト体重を超過した者からは一キロオーバーするごとに十万円の罰金を徴収すると言い渡された。

野球協約では、十二月と一月のポストシーズンは選手が球団に拘束されないと定められている。選手にとって束の間の自由となる二カ月だったが、このオフの中日の選手たちは否が応でも二月から始まるキャンプのことを考えざるをえなかった。

そんな状況下で、落合は体重計に乗らないと宣言したのだ。

「球団社長が罰金取るならわかるけど、トレーニングコーチが取るんでしょ。なんでかねえ……」

落合は解せないようだった。

「俺の身体は俺が一番よく知っている。十八歳と三十五歳が同じメニューはできないだろ。もしオーバーワークで故障したら、罰金以上に俺の年俸が下がるんだ。要するに開幕に間に合わせればいいんだろう。それで罰金なら仕方ない。あとは上の人が判断すること」

名前こそ出さなかったが、落合の舌鋒が星野に向けられていることは明らかだった。

「昔の選手はこの時期から誰も動かなかったよ。そんな人間が今になって一月十日ぐらいから〝動け、動け〟って言ってるんだからねえ。昔やっていなかった人ほど指導者になったらそういうこと言ってる」

目の前で繰り広げられる〝監督批判〟に、集まった記者たちはゴクリと唾を呑み込んだ。落合はお構いなしに続けた。

「練習は見せるためのものじゃない。要は結果が大事ってこと。今年は三冠王が目標だ。この二年は年俸を据え置かれたし、タイトルを獲らないと給料上がらないからな」

意図したのか、していないのか。いずれにしても落合が発したこの言葉によって騒動の幕は開いた。

翌日、各紙に大見出しが躍った。

『落合　星野批判』

『落合　星野指令無視』

紙面の上で勃発した中日の内紛は、名古屋だけでなく全国的なニュースになった。

井手は当時、球団総務部の二軍担当であった。その日の朝、新聞を手に息を呑んだ。

星野が監督になって三年目を迎えようとしていたが、これまでそのやり方に異を唱えた者はいなかったからだ。

一九八七年、四十歳にしてチームを任された星野は一年目に二位となり、二年目の八八年にはリーグ優勝を果たした。ベテランを放出し、高卒の若い選手に出場機会を与える中でチームを自分色に染めていった。

ミスや怠慢プレーには鉄拳制裁、罰金という厳罰主義を打ち出す一方で、乱闘になれば真っ先にベンチを飛び出して選手を守った。ミスした者にはその翌日にチャンスを与えた。鉄の掟の下で血の結束を生み出す。そんなファミリーのドンを、落合は公然と批判したのだ。世の中はそう受け止めた。井手が危惧した通り、波紋は瞬く間に広がっていった。

星野は故郷・岡山で落合の発言を知ると、顔色を変えずに言った。

「どうしたいこうしたいと報道陣に言っても仕方ないだろう。スタッフ（コーチ）と話し合えばいいんだ」

表面上は穏やかだったが、星野はそういうときの方が恐ろしいということを関係者はよく知っていた。球団は星野の深い怒りを察して、慌ただしく事態の収拾に動き出した。

当時の球団社長・中山了（さとる）は報道陣を前に憮然として語気を荒げた。

「星野くんは怒っているだろうね。しかし、星野くんが怒っているから球団が動くのではないよ。あの言動は他球団では知らないが、中日ドラゴンズでは決して許されないものだ」

事情聴取のため、落合が自主トレを行っている長野県に球団代表を向かわせた。そして、その結果次第では重いペナルティーを科す方針を打ち出した。

全体主義の監督と個人主義の四番バッター。その対立構図は人々の関心を惹きつけ、新聞紙面には連日、騒動の続報が掲載された。

『造反の落合、昼神温泉に籠城――』

星野の面子を保とうとする球団と、自分の成績を上げるために当然のことを言ったまでとする落合の言い分は平行線を辿った。ついには宇野勝や小松辰雄、鈴木孝政ら選手会の幹部が落合を説得するために長野まで出向くという事態に発展した。

メディアも球団もチームメイトも、落合の側に立つ者は誰もいなかった。

落合は孤立していった。

騒動が決着をみたのは発言から五日後のことだった。落合が球団代表とともに名古屋市内の星野邸を訪れ、謝罪したのだ。

落合は推定百万円とされる罰金に加え、オーストラリアで行われる一軍キャンプではなく、沖縄での二軍キャンプに参加することが決まった。

「火付け役は俺だし、悪いと思ったから頭を下げた」

市内のホテルで記者会見を開いた落合は、無精髭に苦笑いを浮かべてペロッと舌を出した。形としては落合の敗北だった。

ただ、一部始終を見ていた井手には、それが表面上の決着のようにしか思えなかった。そして、なぜこの男はこんな手段に出たのだろうかという疑問が残った。

舌禍事件が終息してから数日後に、井手は球団社長から折り入って話があると呼ばれた。そこで言い渡されたのは思いもかけない任務だった。

「キャンプ中、落合をマスコミと直接しゃべらせるな」

星野のいる一軍から離れて、二軍キャンプで調整する落合を野放しにしておけば、またいつ監督への批判を口にするかわからない。そう危惧した球団が考えたのが、筆談による取材だった。

井手はその窓口を任されたのだ。

キャンプイン前日の一月三十一日、沖縄県具志川市にある二軍の宿舎「春日観光ホテル」のさほど広くないロビーは、かつてない数の報道陣でごった返していた。ほとんど全てが落合目当てであった。

まだフロントマンとしては駆けだしだった井手はペンとカメラの群れを集めて、こう告げた。

「今後、落合への取材は全て私を通してもらいます」

報道陣からはいっせいに不満顔を向けられたが、引き下がるわけにはいかなかった。

井手は自らの職を賭して、球団の言い分を押し通した。

そこからプロ野球史上例のない筆談キャンプが始まった。

井手は日々、落合の言葉を聞き続けることになった。『取材依頼書』と印刷されたA4用紙に報道陣が各社総意の質問を書き込んでくる。井手は練習を終えた落合のところへその書面を持っていく。回答を聞き出して、またメディアに戻す。

その作業を繰り返す中で、井手は自分の中で描いていた落合像が劇的に変わっていくのを感じていた。

落合は球団主導の、どこか滑稽な筆談取材に正面から答えた。一問一問一文節ほどの短い返答だったが、それが契約した球団との約束事ならばと、すべてに対応した。返答を拒否されることも覚悟していた井手は意外に思った。

落合とやりとりをするなかで野球談義になることもあった。そんなときは二人して外に出た。ねっとりした海風の吹く真っ暗な路地を抜け、具志川市内の居酒屋に場所を移した。

杯を重ねてみて井手は驚いた。反逆者のイメージが強かった落合の口から語られる野球論はだれよりも論理的だった。基本技術から守備陣形などの戦術まで、指導者をしのぐほどの知識を持っていた。

例えば内野フライを捕るとき、なぜしゃがみながら捕れと教えないのか。落合はそう言って首を傾げた。

井手は深く頷いた。現役時代に投手を廃業して野手に転向した際、最も苦労したのがフライの捕り方だった。特に遠近感のつかめない飛球は、プロの選手でもグラブで迎えにいってミスすることがある。落下してくるボールを引きつけて捕るには、しゃがみながら捕るのが最も理に適っている。何万本のノックを打つより、それを教える方が効果的ではないか。落合は井手がコーチを経験してようやくわかったことをすでに頭に入れていた。教科書には載っていない類の、野球の真理を知っていた。

「お前、どこでそれを教わったの?」

思わず訊いた井手に、このチームの外れ者はニヤッと笑って、やはり一言で返した。

「独学」

次第に井手には、チームの和を乱すとされている落合の言動が筋の通ったものに思えてきた。その合理性は野球だけではなく、日常の些細なことにまで垣間見えた。

井手はキャンプの一日が終わると、よく二軍監督の岡田英津也の部屋に行った。岡田は郷里の岡山でも、明治大学でも後輩にあたる星野から、トラブルメーカーの落合を預けられた格好だった。

ただ、かつて西武ライオンズの辣腕スカウトとして知られた岡田は、どういうわけか落合と接すると、その人間性に興味を持ったようであった。

「落合を呼ぼう」

沖縄の宿舎での夜、岡田がそう言うたびに井手は落合の部屋に電話をかけた。

すると落合は決まって、こう訊いてくるのだ。

「どんな酒がありますか？」

二軍のトップである岡田の部屋には、贈答品の高級ブランデーやウィスキーが置いてあった。落合は電話口でそれを確認してから、良い酒があるとわかると、ひょっこり岡田の部屋にやってきた。

落合は自分の理屈に合わなければ誰の命令でも動かなかった。一方で、それが契約した球団との約束であれば、筆談取材にも応じた。自らの利になると思えば、夜中に二軍監督の部屋にもやってきた。

なるほど、星野のチームでこの男は浮くだろうなと井手は思った。

もともと両者は相思相愛のはずだった。星野が監督になった一九八六年のオフに、ロッテから一対四の大型トレードでやってきたのがパ・リーグ三冠王の落合だった。星野と並んだ入団会見、臙脂（えんじ）のダブルで決めた落合は言った。

「男が男に惚れました」

落合はいわば、星野が率いる新生ドラゴンズの目玉であった。

だが、チームの中に個人があるとする星野と、オレ流と表現される落合の相剋（そうこく）は時間とともに浮き彫りになり、両者の間に溝ができ、ついに舌禍事件として露呈したのだった。

落合の合理性はこの組織では反逆であり、エゴとみなされた。

沖縄でのある夜のこと、井手がいつものように落合と語らっていると、この世界における組織と個人についての話になった。

雇用の保障されたサラリーマンならいざ知らず、球団と契約したプロ選手を縛るものは契約書のみであるはずだ、契約を全うするためにどんな手段を選ぶかは個人の責任であるはずだと、落合は言った。

それなのになぜ、当たり前のことを言った自分がこうも批難されるのか。

落合はグラスを手にそう語った。目に涙が浮かんでいた。

井手はその涙を見て気づいた。

落合はまだ戦いをやめていない……。自らの主張を貫いているのだ……。

チーム内でも、世論からも孤立して逆風を浴びているように見えるが、じつはあの舌禍事件で落合が手に入れたものもあった。罰金や謝罪と引き換えに、星野から離れた静かな沖縄で自分のペースに従って身体をつくる権利である。そう考えれば、あの発言はやはり確信犯だったようにも思えてきた。

独り静かな戦いを続けたそのシーズン、落合は打率三割二分一厘、四十本塁打、一一六打点という圧倒的な結果を残した。チームは三位に終わったが、史上初めてとなる両リーグでの打点王となり、オフには日本人選手最高年俸一億六千五百万円での契約を勝ち取った。

井手はまるで孤立をエネルギーにしたような、その無言の勝利に戦慄した。

孤立したとき、逆風のなかで戦うとき、落合という男はなんと強いのだろう。

監督とフロントマンという関係になっても、その像は消えなかった。だからどれだけ野球がつまらないと言われても、非情という誹りを受けても、むしろそういう時にこそ落合は勝つ。その確信が井手にあの台詞を吐かせた。

「落合に任せておけば、大丈夫です――」

そうした信頼関係によって、現場の落合とフロントの井手はリーグ優勝をつかみ、日本一を成し遂げたのだった。

ところが二〇一一年の春になると、井手の言葉は宙に浮くようになっていた。球団には新しい社長として坂井克彦が、代表として佐藤良平という人物が本社からやってきた。二人はこれまでの球団トップとはまったく別のところを見ていた。勝敗とは無関係の、いわばグラウンドの外であった。

2

二〇一一年七月二十二日の朝、井手はいつものようにクローゼットの鏡の前でネクタイを選んでいた。出張に赴くと、井手は横浜元町にある洋館風の紳士服店に寄ることにしていた。東大時代から行きつけの店で目についたネクタイを買い求めるうち、その数は百に近いものとなり、いつしかタンスにおさめきれないほどになっていた。それは現場の人間にとってのユニホームと同じようにフロントマンたる証であり、いかに長くこの球団の背広組として働いてきたかを物語っていた。

この日は午前中から落合が球団事務所に来ることになっていた。オーナーの白井文吾に、前半戦終了の報告を行うためだ。

オールスター戦による中断期間を迎えた時点で、セントラル・リーグの首位はヤクルトだった。ここ数年、三つ巴を繰り返してきた巨人でも阪神でもなく、九年間も優勝から遠ざかっているダークホースが突っ走っていた。落合の中日はそのヤクルトから八ゲーム離された二位にいた。楽観と悲観が相半ばするこの状況をオーナーがどう評価するか。例年であれば、そこが焦点となるはずだった。

だが、この年はどうも様相が違っていた。今や球団と本社の間では勝敗とかけ離れたところでの駆け引きが蠢(うごめ)いているようだった。


白井と落合は球団の貴賓室で向かい合った。表向きは普段と変わらずに会談した。折り返し地点での報告を終えた落合は足早に中日ビルを後にした。何も言わずに立ち去った指揮官に代わって、集まったメディアの前に立ったのはオーナーの白井であった。井手はその傍で報道陣とのやり取りを見守っていた。

「八ゲーム離されているが、逆転できない数字ではない。九月がヤマ場になるだろうと、監督はそう言っておったよ」

白井は声を上げずに笑った。ただよく見ると、顔の造形はたしかに笑みをつくっているのだが、小さな黒眼には感情が浮かんでいなかった。中日グループの総帥は、よくそういう笑い方をした。

白井の発言を聞いた報道陣には一瞬の間ができた。もうひと言、あるだろうと踏んでいたからだ。

これまで白井は、この会談の場で落合の去就を明言してきた。最初の三年契約が切れるときも、次の二年契約が終わるときも、シーズンの終わりを待たずに早々と続投を決めてきた。だから、その場にいた多くの人間が、この日も落合の去就について何かを語るはずだと考えていたようだった。

だが白井は落合の進退については触れなかった。番記者の中からは当然の問いが発せられた。

「落合監督は今年で契約が切れますが、去就についてのお話は?」

今度は白井がひとつ間をおいた。顔に貼りつけた笑みはそのままに、こう言った。

「私の中に考えはあるが、まだ球団で話し合っていない。それに今、バラしてしまっては具合が悪いんだよ」

思わせぶりな言葉だった。だから、再び人垣のなかから二の矢が飛んだ。

「落合監督の去就は成績次第ということですか?」

白井はその質問が終わらないうちに、今度は間髪入れずに言った。

「それは関係ない――」

顔にはもう笑みはなくなっていた。二つの黒い眼は、どこまでも闇が続く深い洞穴のようだった。二の句を継がせない空気を発散しながら、白井はその場を去っていった。

後には思案せざるを得ないような沈黙だけが残っていた。その場にいた誰もが、この球団の異変を少なからず感じているようだった。プロの監督を、まして落合を勝敗で判断しないとすれば一体何で測るのか？　そんな疑問が渦巻いていた。

一連のやり取りを傍らで見守っていた井手には、白井の言葉の意味がわかった。

二〇一一年のシーズンが始まってから、新しい球団社長の坂井と代表の佐藤が調査したのは人件費問題だった。赤字を抱えるようになった球団財政を圧迫しているものがそこにあると踏んでいるようだった。人件費とはつまり勝ち続けることによって高騰した選手やコーチングスタッフ、そして落合の年俸であった。

坂井は時折、球団事務所から数分のところにある本社に出向いていた。白井に会っているようだった。

そこでどんな綱引きが行われているのか、井手には想像することができた。

これまで落合を擁護してきた白井は、ドラゴンズのオーナーであるとともに中日新聞社会長という肩書きがある。それゆえ、なり振り構わず異端の指揮官を守ることはできない。あくまで球団の意見を尊重した上でということになる。大島派を中心にした本社内の反落合勢力だけでなく、球団トップまでが財政面を根拠に落合体制への疑義を示せば、白井も耳を傾けざるを得ないはずだった。そう考えれば、白井が落合の続投を明言しなかった理由も見えてくる……。

逆風に立つ落合は強い。それは確かだった。だが、すでに去就は勝敗を超えたところで議論されていた。井手はこの問題がもう自分の手の及ばない次元にいってしまったことを感じていた。

3

ペナントレースはお盆を過ぎても先が見えなかった。十年ぶりの優勝へ独走していたヤクルトが停滞し、阪神と巨人が背後まで迫っていた。そして、落合の中日はそのわずか後ろで小さな浮き沈みを繰り返していた。

八月半ばの月曜日、私はひとり新幹線の改札に立っていた。夕刻の東京駅には人波がつくり出す流れがいくつもできていて、その中では誰もが同じ速度で同じ方向に進んでいた。ゆっくり歩くことも、立ち止まることも許されないような強制的な流れだった。

私は落合を待っていた。

ゲームのないこの日、落合は十八時五十分発の「のぞみ六三号」で名古屋に入る——夫人との何気ない会話の中で私はそう聞いていた。

関係者の目に触れない場所で待とうと思ったのは、核心に触れなければならないことがあったからだ。

ひと月前、落合はシーズンの前半戦を終えたタイミングでオーナーの白井と会談した。指揮官として、チームの現状と後半戦への見通しを示した。

白井はその席のことを報道陣から問われたが、落合の進退についての明言を避けた。

「今、バラしてしまっては具合が悪いんだよ――」

契約最終年を迎えたシーズンには、これまで必ず落合の続投を明言してきた。そのグループ総帥が口を閉ざしたという事実は、明らかに落合政権の終わりを暗示していた。シーズン前に本社から新しい球団社長がやってきたことも、すべてはそこに向けた布石なのではないか、と連想させた。

落合がこの流れの変化を感じとっていないはずはない……。

ゲームの分岐点となるわずかな兆しも見逃さず、常に先手を取る。そうやってこの世界を勝ち残ってきた指揮官がこの状況をどう捉え、どんな手を打とうとしているのか。私はそれが知りたかった。

夏の陽が西の空に沈む時刻になると、駅のコンコースを流れる人波はさらに密度と速度を増していった。

私は腕時計を見た。

発車まであと五分あまりになっても、落合は姿を見せなかった。

改札内からは新幹線がまもなくホームに入ってくるというアナウンスが聞こえてきた。俯き（うつむ）ながら家路を急ぐ人たちが、次々と目の前を通り過ぎていく。次第に私はそわそわとしてきた。

予定を変更したのだろうか……。

私はもう一度、時計に目を落とした。

人波の中から、男が現れたのはそのときだった。ひとりだけ流れに逆らうように歩いてくる。遠目にも落合であることがわかった。

もう発車までは一分足らずだった。落合はいつものように、ぶらんと体の脇に下げた両腕をほとんど動かすことなく、ゆったりと歩いてきた。改札の前に立っている私を見つけると、「お」と短く発し、改札を抜けた。私はその後ろに続いた。

もう列車は出発の準備を終えているようで、しきりに乗車をうながすアナウンスが流れていた。乗客らしき何人かが落合の脇を駆けていった。

このままでは遅れてしまう……。

私は焦りを覚えたが、目の前の落合は中型のボストンバッグを手に相変わらず周囲とまるで調和しない速度で歩を進めていた。売店をいくつか通り過ぎ、ホームへと続く階段を上がっていく。いつもは苦にならない段が果てしなく長く感じられた。

落合が階段の中腹に差し掛かったあたりで、ついに発車を告げる甲高いベル音が鳴り響いた。

「まもなく、扉が閉まります――」

私は思わず駆け出した。落合も当然、そうするものだと思った。

後ろで声がしたのはそのときだった。

「俺は走らねえよ」

振り向くと、落合が薄っすらと笑みを浮かべていた。私は啞然とした。

落合はこの期に及んでも歩いていた。

確かに落合が走る姿を見たことはなかった。あるとすれば、現役時代の映像の中だけだ。監督としては、グラウンドでも、プライベートでも、いつもゆったりと歩く姿しか記憶になかった。

周囲に流されない。他に合わせない。それが落合の流儀だろう。だが、あらかじめ指定席をおさえた新幹線が今まさに目の前で動き出そうとしている。そんな状況でさえ、自らの歩みを崩そうとしない人間を私は初めて見た。そんな生き方があるのかと、思った。

落合と私がホームに辿り着かないうちに、のぞみ六三号のドアは閉まった。生きものが大きく息を吐き出すような音が響き渡った。私は何かを目前で逃したとき特有の、大袈裟な喪失感に襲われた。落合はその横でどうということもないという顔をしてホームを先へと進んでいた。顔にはまだ先ほどの薄笑いがあった。

落合は指定席の切符をどうするのだろうか？

私がそんなことを考えていると、ホームにアナウンスが流れた。

何かのトラブルだろうか、列車はまだ動き出していなかった。

そして、なぜか私たちの目の前で新幹線のドアが再び開いたのだ。まるで落合を待っていたかのように……。

こんなことがあるのか……。

落合は悠々と歩いて、目当ての車両に乗り込んでいった。私は呆気にとられながら、その後に続いた。

「たまただけど、よかったな」

落合は可笑しそうに言うと、グリーン車最前列の窓側のシートに身を沈めた。私は指定券を持っていなかったが、後で買うつもりで隣に腰を下ろした。

ドアはなぜ開いたのか。いや、それよりも、なぜ落合は走らないのか。私の脳内は今しがたの不思議な出来事にとらわれていた。

新幹線はようやく動き出した。

私はそこでようやく、自分がやるべきことへと思考を戻した。

落合は車窓から夕闇を眺めていた。窓ガラスに映る横顔は角がなく、どことなく丸みを帯びていた。

私はちょうど一年前の夏に見た落合の姿を思い出した。耳にイヤホンをしたままタクシーの窓枠にもたれ、力尽きたように目を閉じていた、あの二十九分間の沈黙である。

憔悴（しょうすい）しながらもどこか研ぎ澄まされていたあのときの表情と比べて、今シーズンの落合は妙に穏やかだった。チーム状況は当時よりも厳しいはずだったが、なぜかすべてを受け入れているような気配があった。気がかりな変化だった。

列車が動き出してほどなく、落合は通りかかったワゴンサービスを止め、アイスクリームを二つ注文した。

「これが一番、美味いんだ」

そう言うと、叩くと音がするくらいに凍ったバニラを座席テーブルの上に置いた。そしてこんな話を始めた。

「なあ、もし明日死ぬとしたら、何を食べる？」

私は一瞬、鼓動が速くなった。私の用意していた問いもまさに〝終わり〟についてだったからだ。

それを知ってか知らずか、落合は続けた。

「俺は秋田の米を食べるよ。でもな、東京で食べるんじゃあ意味がないんだ。米はその土地の水で炊いたのが一番うまいんだ」

落合が故郷・秋田の話をするのは珍しいことだった。あたり一面が水田だったという生家を思い出しているのだろうか。少し遠い目をしていた。

なぜ、唐突にこんな話をするのだろうか……。

私は落ち着かない気持ちになり、思わず訊いてみた。

「死は突然やってくると思うんです……。そう考えると不安になりませんか？」

落合は遠くを見たまま、ふっと笑った。

「別に明日死ぬと言われても騒ぐことないじゃないか。交通事故で死ぬにしても、病気で死ぬにしても、それが寿命なんだ」

何かを暗示しているような言葉だった。少なくとも私にはそう聞こえた。

座席テーブルの上に載ったアイスクリームは汗をかき始めていた。蓋を取ると、落合はまだ硬そうなバニラをプラスチック製の頼りないスプーンで削り始めた。私はその横顔に向かって、用意していた問いを発した。

「オーナーが来季の続投を明言しなかったことをどう考えていますか？」

落合は横目でじろりと私を見ると、感情を込めずに呟いた。

「さあな、それはオーナーが決めることだ」

声に棘はなかった。私は黙ったまま次の言葉を待った。

「いいか、俺たちは契約の世界に生きてるんだ。やりたいとか、やりたくないじゃない。契約すると言われればやるし、しませんと言われれば終わり。それだけだ。だから、もし俺がやめるとしても、それは解任じゃない。契約満了だ」

言葉の裏に執着は見えなかった。そうかといって、そこにあるのは諦観とも違っていた。落合はまるで呼吸をするようにそう言ったのだ。

「契約っていうのは、それだけ重いんだ。オーナーと交わした契約書は家に大事にとってある。俺がやるべきことはすべてそこに書いてある。このチームを優勝させることとってな」

グリーン車の室内に他の乗客の声はなく、新幹線はただ微かに低く唸りながら西へと向かっていた。私は沈黙のなかで球団関係者に聞いた話を思い出していた。

春から球団社長になった坂井は、まず人件費についての調査を始めた。それは高騰する選手の年俸のみならず、落合の年俸も対象になっているという。

監督就任時に落合と球団が交わした契約には、成績に応じて年俸が上っていくという条項が含まれていた。優勝すれば五千万円、三位以内に入れば数千万円というように成績に応じて増額分が決められており、例えば三度優勝すれば就任時の年俸である一億五千万円が倍になるのだという。その条件は星野仙一も、前任の山田久志も同様だったのだが、他の監督と違ったのは落合が勝ち続けたことだった。

七年間でリーグを三度制覇し、Aクラスを逃したことは一度もなかった。そのため、今や落合の年俸は看板選手並みになっているという。

もしそれが解任の理由に挙げられているならば、契約書通りに仕事をしたことが自らの首を絞めていることになる。

私は落合が自宅に保管しているという契約書を想像してみた。

自らの道理に合わなければ、権力や正義にも背を向ける落合を、唯一縛っているものが感情を持たない一枚の書面だというのは不思議だった。一方で、落合が人波に左右されず、時刻表にすら合わせずに歩いていけるのは、そのためかもしれないとも思った。

私はこのシーズンの落合が穏やかな表情でいる理由がわかった気がした。

なぜ新しい球団社長がやってきたのか。なぜ白井が来年について語ろうとしないのか。

おそらく落合は全てを察しているのだ。

流れの変化や迫り来る終わりを感じながらも、落合が殉ずるのは一枚の契約書だけなのだ。

「ちょっと寝るぞ」

そう言うと、落合は座席のリクライニングを倒して目を閉じた。

テーブルの上のバニラはもうすんなりとスプーンが通るくらいに柔らかくなっていた。

新幹線でのみ販売されているという一つ三百円のそれは、忘れられない味がした。

私はそれからひとり、最後の晩餐について考えてみた。あれこれと頭に浮かべてみてわかったのは、私にはまだ人生の終わりを想像する覚悟がないということだけだった。

やがて新幹線が名古屋駅のホームに滑り込んだ。

ホームに降りると空には月が出ていた。空のサイズに合わないくらいの、異様に大きな月だった。

落合は別れ際に言った。

「今年のペナントレースは半月遅れて始まったんだ」

その顔には少し、戦いの気配が漂っていた。

「九月、十月にナゴヤドームで連戦があるよな。あそこがヤマだ」

東日本大震災の影響で変則日程となったこのシーズン、中日は確かに九月の下旬に四連戦、十月半ばに十連戦を本拠地で戦うことになっていた。そのうちの八試合が首位ヤクルトとの直接対決だった。

「まだ、何があるかわからねえよ」

眼光にいつもの冷たい光を宿した落合は、決して変わることのない歩調で去っていった。

CHUNICHI
42

第11章

# トニ・ブランコ
# 真の渇望

「お前の力をわかった上で契約している」

沈鬱な表情の異国の打者に、落合は言った。

# 1

桂川昇は球団の通訳である。それとわかるように、他のユニホームの面々とは異なる白いジャージを着ている。そして、いつも黒い革製の手帳を手にしていた。ゲーム中のベンチの隅に立ち、グラウンドを見つめながら、ペンを走らせていた。

桂川の視線の先にいるのは、自分より頭ひとつ以上も抜きん出た外国人選手、トニ・ブランコであった。彼は今や多くの人に待ち望まれる存在だった。

二〇一一年八月の終わり、ナゴヤドームは沸いていた。ブランコが戦列に戻ってきたのだ。中日の四番バッターはペナントレースが開幕してまもなく、右手中指にデッドボールを受けた。その影響で三カ月ものあいだ戦線を離脱していたのだが、この日、ついに一軍のバッターボックスに立った。

長尺のバットを担いだブランコがベンチを出て第一打席へ向かうと、スタンドから歓声が降ってきた。首位をとらえきれずに停滞しているチームが、この男の復帰をきっかけに浮上していくはずだという期待がスタンドに満ちていた。

桂川はペンを握った。彼の一打一打を記すために黒革の手帳はあった。今やその大きな背中には、願いを込めた無数の視線が注がれている。ベンチからその光景を目にしていると、ブランコが日本で手に入れたものについて思いを馳せずにはいられなかった。

カリブ海に浮かぶ島国の何者でもなかったバッターが、チャンピオンチームの四番打者となり数万人の歓声を浴びている。三年前には想像もしなかったことだった——。

桂川が初めてトニ・エンリケ・ブランコ・カブレラを見たのは二〇〇八年のオフシーズンのことだった。中日に数々のタイトルをもたらした四番バッター、タイロン・ウッズがそのシーズン限りで退団した。ウッズ自身の年齢的な衰えと補強費の縮小が要因だった。六億円ともいわれる高額年俸の主砲は、球団の財政事情に見合わなくなったのだ。

落合は後釜になる大砲を探すべく、自身の右腕である森繁和を中米のドミニカへと派遣した。桂川はスペイン語の通訳として森に同行し、現地で開催されているウインターリーグを見てまわった。そこにはアメリカ大リーグでメジャー契約を結べなかった男たちが自分を売り出すために集まっていた。原石といえば聞こえはいいが、現実としては売れ残りであり敗残者たちであるとも言えた。

桂川が驚いたのは、森がゲームの始まる四時間も前にスタジアムに足を運ぶことだった。落合の参謀役は亜熱帯の陽射しと湿気を含んだ風に吹かれながら、まだ誰もいないスタンドからグラウンドを見つめていた。

すると、ラテン系の選手たちの中にも時間を守り、早くから体を動かしている者たちが何人かいた。その中のひとりがブランコだった。一八八センチの長身と骨太の体軀と巨大な尻を備えた、ホームランバッターを絵に描いたような男だった。

現地の関係者によれば、ドミニカ共和国の西部サンフアン州で生まれたブランコは、十七歳で大リーグの名門ボストン・レッドソックスが現地につくったベースボールアカデミーに入った。早くからボールを遠くに飛ばす才能は図抜けていたという。

『歩いて海は渡れない――』

ドミニカの野球少年なら誰もが胸に抱いている言葉がある。

裸足でボールを追いかけ始めたころから、彼らにとっての最終目的地は海の向こう、アメリカ大陸である。メジャー球団と契約して大金を手にするか、さもなくば、さとうきび畑に戻って老いていくか。

カリブ海を渡るためのパスポートはフォアボールを選んで一塁へ歩いても手には入らない。誰が見てもわかるような大飛球をフェンスの向こうに飛ばすしかないのだ。ブランコはその格言通りホームランによって少年時代の憧れを実現した。十八歳を前にレッドソックスと契約して海を渡った。

だが夢の大地で待っていたのは乾いた現実だった。レッドソックスではメジャーデビューすることができず、チームを移りながら二十四歳でようやくメジャーの舞台に辿り着いたが、五十六試合でホームランはわずか一本のみ、打率は一割七分七厘に終わった。十回に一度しか当たらないバッターはメジャーでは必要とされなかった。

その後、ブランコはマイナーリーグの底辺であるルーキーリーグから三軍相当の２Aの間を行ったり来たりするようになった。安いホテルに泊まり、ベンチ裏でパサパサのハンバーガーを食べ、ゲームが終われば長距離移動のバスに揺られる。将来を嘱望されていた男はいつしか、〝ハンバーガー・リーグ〟の住人になっていた。

ブランコは、本当の意味で海を渡ることはできなかったのだ。

アメリカへ渡るドミニカ人選手は年間数百人にのぼるが、メジャーで生き残れるのはそのうちの二パーセントに過ぎない。バットに当たれば誰よりも遠くに飛ばせる。誰よりも速い球が投げられる。そう自負してきた若者たちが時間の経過とともに自分の力を信じきれなくなっていく。そうやって名も財も残せないまま、カリブ海の水面に消えていく才能がほとんどだった。ブランコはまさにその瀬戸際にいた。

桂川と森がドミニカのウインターリーグを訪れたのは、そんな時だった。

桂川は、まもなく二十八歳になるこのドミニカンに不思議な縁を感じていた。彼は森が観戦したゲームでことごとくホームランを放ったのだ。

森も何かを感じているようだった。長打力もさることながら、その飢えを宿した眼光に目を留めていた。

現地入りして数日が過ぎた夜のことだった。森は首都サント・ドミンゴのホテルから、日本へ向けて一本の電話をかけた。

「奴にはアメリカのマイナーからもオファーが来ているようです」

桂川は声の様子から、電話の向こうにいるのが落合だとわかった。

「このまま見ていても結論は同じです。もう決めていいですか？」

それからまもなく、森はどこか生真面目な雰囲気を漂わせたホームランバッターと交渉に入った。

森が提示した年俸三十万ドル——当時のレートで約二千七百六十万円——は前任者のウッズの二十分の一にも満たない条件だった。日本人選手でも数シーズン通して一軍にいれば、手にできる程度の額であった。

「日本で成功できるかどうかはわからないが、化ける可能性はあるだろう。今いる日本人選手と競争させて、良い方を使えばいい」

森は桂川に向かって、現実的な口調で言った。

「試合に出られなければ、日本人選手より実力が下だったということだ」

球団の通訳となって六年目、桂川は、プロ野球における外国人選手は破格の条件と待遇をもって迎えられるものだという頭があった。だから「助っ人」と呼ばれるのだと。

ところがブランコとの交渉は、そんな球界のセオリーを覆すものだった。球団の赤字が取り沙汰され、かつてのように補強費が使えなくなった時代、落合と森は自らの居場所を求める男の渇望に賭けているようだった。

そしてブランコもまた飢えを漲(みなぎ)らせ、とても助っ人とは言えない契約にサインした。

十七歳でカリブ海を渡りながら、まだ何も手にしていない二十八歳のホームランバッターは、ラストチャンスとして太平洋を渡った。

来日当初、ブランコに向けられた視線は懐疑的なものだった。

この大男に、ウッズの後釜が務まるのか？

「格安助っ人」という枕詞もさることながら、実際にキャンプでバットを振ってみてもブランコは空回りしてばかりだった。当たればどこまでも飛んでいくという触れ込みのバットは、太平洋をまたいだ途端に真っ二つに折れるようになった。丸太のような二の腕に青筋を浮かべてスイングするのだが、次の瞬間には鈍い音がして木製のバットが砕けている。そんなことがしばらく続いた。打たせることが仕事のバッティング投手の球にすら、バットをへし折られてしまった。そのたびに桂川はベンチ裏から新しいバットを引っ張り出して彼のもとへ駆け寄った。

スクラップになった商売道具を手にしたブランコの眼には憂鬱そうな影があった。下がった眉尻が自信なげだった。ファンもメディアも、チーム関係者でさえも自分の力を信じていない――彼はそのことを察しているようだった。ブランコには体格に似つかわしくない繊細な部分があった。周囲の人間の心理や顔色の変化がわかってしまうのだ。桂川はアメリカで失いかけた彼の自信が、このままでは完全に消えてしまうのではないかと不安になった。そんな中で、一人だけ全く顔色を変えずにブランコを見つめていた人物がいた。

落合である。

「俺たちは、お前の力をわかった上で契約してるんだ」

落合はブランコに言った。そして自らバットを握ると、彼の目の前で実際にスイングしてみせた。「俺はバッターとして、腕よりも脚でタイミングをとっていた。そういうやり方もあるんだ」とヒントのようなことを呟いた。落合のスイングをじっと見ていたブランコは、その言葉に小さく頷いた。

米大リーグでプレーした選手は、とりわけ若くからバッティングの才を認められてきた者は日本野球に対して居丈高なプライドを持っていることが多かったが、ブランコは落合のスイングに今まで目にしたことのない何かを感じたようだった。

「ああ、わかった。オチアイサンの言うようにやってみるよ」

落合がブランコに与えたのは、それだけだった。あとは三振しても、ヒットを打ってもホームランを打っても、たとえバットが折れても、顔色を変えずベンチに座っていた。

桂川は、落合の数少ない言葉をスペイン語に通訳しながら、周りの視線にナーバスになっていたブランコが次第に落ち着いていくのを感じていた。

不思議だった。日本人選手の中には、落合の無表情や無言に不安を感じたり、怖れを抱く者もいたのだが、言葉の通じないブランコにとっては、それが何よりの精神安定剤になっているようだった。

ブランコが加わった二〇〇九年シーズンの開幕ゲーム、落合はまだ半信半疑の目で見られていた新しい助っ人の名前を、メンバー表の上から四番目に書き込んだ。まるで端からそうすると決めていたかのように――。

開幕戦のロッカールームでは全員に赤飯が配られた。ブランコは初めて目にする異国の縁起物に少し塩を振りかけ、恐る恐る口にした。側でその様子を見ていた桂川には、それがこの国で戦っていく彼の覚悟のように感じられた。

日本で迎えた初めての打席、ブランコの巨体から振り出されたバットは白球をとらえ、バックスクリーンまで運んだ。来日初打席でのホームランだった。

記者席もスタンドも、この格安助っ人の株価変動にざわめいた。落合だけが黙ってその様子を見つめていた。ブランコの打球がその怪力通りに、誰よりも遠くへ飛んでいくようになったのはそれからだった。

桂川はスタジアムでも、移動の車中でもブランコの隣にいた。彼の息づかいまで聞こえそうな距離感のなかでわかったことがあった。

落合がブランコに与えたものは、じつはもうひとつあったのだ。

それはある契約だった。

「ノボル、これでまたボーナスに近づいたよ」

シーズンが始まると、ブランコはそう言って、ロッカールームや帰りのタクシーの中で指折りカウントダウンをするようになった。

打点と得点を合わせて一五〇を上回れば、年俸に匹敵するボーナスを手にすることができる——。それは落合が編成担当の井手峻にかけあって、新しい四番バッターに用意したインセンティブだった。この出来高契約が異国で戦うブランコにとって道標のようになっていた。

自らホームランを打つだけでなく、フォアボールやヒットで塁に出て他の打者にホームへ還してもらっても、ボーナスに向かって一つ指を折ることができる。どうすれば欲しているものに辿り着けるか、その道筋がはっきりと示されたのだ。

『歩いて海は渡れない』

少年時代からそう信じて、柵の向こうにボールを飛ばすことだけを考えてきた男が、ボール球を見極めて一塁へと歩くようになった。すると次の打席にはホームランボールがくるという好循環が生まれた。

「ノボル、もうすぐ一五〇だよ。それを超えたら一点ごとにエクストラ・ボーナスが出るんだ」

ブランコは時間ができると、名古屋の下町・大須(おおす)商店街の中古ブランドショップに立ち寄るようになった。そこでガラスケースに飾られた純金のネックレスを見つめていた。そうした日々のカウントダウンの末に、ブランコは一年目のシーズン、三十九本塁打、一一〇打点で二冠王を獲得した。得点はリーグ最高の八十七を数え、ボーナスも手中にした。年俸は来日した当時の六倍となる一億八千万円にまで上がった。日本での一年目を終えるころには、彼の首には純金のネックレスが光っていた。日本で成功をつかんだ証だった。ブランコはタイトルホルダーであり、バッターの世界の王様だった。

かつてカリブ海を渡りきれなかった才能は、歩いて太平洋を渡ることに成功したのである。

## 2

ナゴヤドームの歓声はため息に変わった。

三点を追いかける八回裏、ランナーを置いて、戦列復帰したブランコに打席がまわったが、そのバットは大きな弧を描いて空を切った。一八八センチの四番バッターは眉間に深い皺を刻んで首を傾げた。

きょうは長い夜になるかもしれない……。ベンチから見ていた桂川はそんな予感がした。

「ノボル、きょうはエクストラ・バッティングだ」

打てなかった夜、自分のバットに納得がいかなかった夜、ブランコはよくそう言ってベンチ裏のバッティングルームにこもるからだ。

しかめっ面でベンチに引き上げてくるブランコを見つめながら、桂川は黒い革の手帳にペンを走らせた。打席で対した投手が誰であったか、カウントや球種、打席結果の詳細を残しておくためだった。通訳として必ずしも義務ではなかった。本人や他の誰かに、やってほしいと求められたわけでもなかった。ただどういうわけか、ブランコを見ているうちにそうしなければという気になったのだ。

今やセ・リーグで最も恐れられるバッターの一人となったこのドミニカ人は、日本に来て、このチームに入って人生を劇的に変えた。サクセスストーリーを目の当たりにするなかで不思議だったのは、多くを手にすればするほどブランコが貪欲になっていくことだった。

ゲームの後、ベンチ裏の密室でバッティング練習を始めると、容易には終わらなかった。打撃用のネットに向かって、桂川がトスしたボールを打つ。チームメイトたちがスタジアムを去ってもスイングは延々と続けられた。ときには空中でゆらゆらと揺れ動くヒマワリの種を打つこともあった。

打てば打つほど、大金を手にすればするほど、より多くを欲するようになった。

そんな彼の姿を見て、ハングリーの本当の意味がわかったような気がした。

桂川は高校野球の強豪・県立岐阜商業高校で甲子園をめざした。大学を出た後は青年海外協力隊に身を投じた。野球の普及活動をするというボランティアで中米ニカラグアを訪れた。

北米大陸と南米大陸のちょうど真ん中に位置するコーヒーとバナナとさとうきびの国、現地に赴いてみると貧困は想像していた以上だった。トタン屋根の家には電気も水道もなかった。シャワーはバケツで汲んできた水を浴びるだけ。そんな環境のなか、裸足の少年たちが靴下を丸めたボールを木の棒で打っていた。桂川はそれがハングリーだと思っていた。

だが目の前のブランコを見ていると、真の渇望とはパサパサのハンバーガーを食べているうちは生まれないものであることに気づいた。

研ぎ澄まされていく彼の飢餓感を最も感じたのは、来日して二年目の二〇一〇年シーズンのことだった。

四年ぶりにリーグを制覇した中日はクライマックスシリーズでも巨人を倒した。日本シリーズの出場権を勝ち取った。因縁深いライバルを完全に倒したその夜は、このチームにとってひとつの到達であった。誰もが解放感に浸るロッカールームで、ブランコだけはまた眉間に深い渓谷を掘っていた。

「エクストラ・バッティングだ」

仲間たちが勝利に酔いしれるなか、彼はロッカーを出ると、バットを手にして密室のドアを開けた。それから時計の針が日付を越えてもバットを振り続けた。ドームに誰もいなくなってもスイングを止めなかった。

振り返ってみれば、桂川が手帳にメモを取るようになったのは、ブランコのそうした姿を見ていたからだった。年間五〇〇を超える打席のすべてを記したのは、ゲームの後に彼とやり取りする中で少しでも参考になればという気持ちからだった。

そして突きつめれば、自分のためであった。

誰かを支えるだけでなく、誰かの言葉を伝えるだけでなく、自分も最前線で戦っているプロの一人なのだという証でもあった。

見渡せば、落合のチームにいるのは挫折を味わい遠回りをしながらも、自分の居場所を勝ち取った男たちばかりだった。

和田一浩は三十八歳にしてMVPを獲得し、球界における年齢の常識を覆した。浅尾拓也は無名校を出て、とてもピッチャーの投げ方ではないと揶揄されながら、リーグ最高のセットアッパーとなった。小林正人は一三〇キロに満たない球速ながら、左のワンポイントリリーフという働き場所を切り拓き、五千万に迫る年俸をとるまでになった。いわゆる若くから騒がれた甲子園のスターはいなかったが、葛藤の末に自分だけの武器を手に入れた職人的なプロフェッショナルの集まりだった。

彼らは、選手を冷徹に駒として扱う落合の下で、いつ自分のポジションを失うかもしれないという危機感とその裏返しの飢餓感を持っていた。

そんな集団の中に身を置いていると、桂川は自分も何かをせずにはいられなかった。ブランコのように貪欲にならざるを得なかった。

ナゴヤドームは最後の見せ場を迎えていた。

九回裏ツーアウト満塁、一打逆転サヨナラという場面で打席に立ったのは、故障から戻ってきたブランコだった。

夏休みの終わり、スタンドは家族連れで埋まっていた。顔の前で祈るように両手を組む少年たち。その目の前で、四番バッターは内野フライに倒れた。この日、もっとも大きなため息とともにゲームは終わった。

ブランコは自分への怒りを漲らせながら、ベンチの桂川のもとへ帰ってきた。

対照的に落合はチームが敗れたにもかかわらず、番記者たちに向かって淡々とこう言った。

「明日からスタートだと思えばいいんじゃないのか？ それなりのメンバーが帰ってきたんだから」

この指揮官の無表情こそが、繊細なブランコの心を落ち着かせていた。

直接言葉を交わすことのできない外国人選手と監督との関係は、感情を伝えようとするあまり、あるいは伝わりきらずにトラブルになることがある。依存の大きさが失望に変わることもある。ただ、落合はそもそも言葉や感情を用いなかった。日本人と外国人という線すら引かなかった。能面の指揮官と選手たちを繋いでいるのは、プロとしての契約のみだった。それが奇妙な落ち着きをチームにもたらしていた。

その夜、桂川が予想した通り、ブランコはベンチ裏の密室にこもった。

3

国道一五三号線はまだ目覚めていなかった。九月の朝陽がさし始めたばかりの四車線に車はまばらだった。私はハンドルを東へ向けてアクセルを踏み込んだ。

飯田街道と呼ばれるこの道を行けば、郊外に出てすぐ愛知郡東郷という町がある。一九六〇年代の終わり、名古屋市や世界に冠たる自動車メーカーのある豊田市への通勤圏として宅地開発が進んだ。この緑豊かな住宅街に中日グループ総帥、白井文吾の邸宅はある。

私は白井に訊くべきことがあった。

助手席のシートにはスポーツ新聞が放り出してあった。紙面を占拠していたのは、九月半ばになっても首位を守るヤクルトだった。一方で中日は浮かぶでも沈むでもなく六ゲーム差の二位を漂っていた。絶望するには至らず、希望を抱くには楽観的すぎる曖昧な状況だった。

だが、私の視線はすでにグラウンドの外に向いていた。

「もし明日死ぬとしたら、何を食べる？」

のぞみ六三号で聞いた言葉が頭の中を支配していた。穏やかさをたたえた落合の顔は明らかに終わりを覚悟していた。

「契約っていうのは、それだけ重いんだ」

落合は自分が唯一、殉ずるべきものは契約書であると言った。それを交わした主は白井である。だから、私は白井のもとへ向かっていた。

落合の首をどうするのか――。

それを訊くためだった。

国道に車列ができる前に市街を抜けることができた。一五三号線から郊外の市道へと降りると、やがて朝陽の中に一戸建ての立ち並ぶ一角が見えてきた。私は幾分、アクセルをゆるめて進んだ。しっとりと落ち着いた住宅街の最奥部に白井邸はあった。

背丈ほどもある塀に囲まれた邸内は外からうかがい知ることはできなかった。その塀の高さは、容易に胸の内を読み取らせない白井の佇(たたず)まいを連想させた。

どうすれば、本心を探ることができるのか……。

ハンドルを握る手に汗が滲んだ。

例年なら夏の初めには明らかにされる落合の去就について、白井はいまだ沈黙を貫いていた。

おそらくそれは、オーナーである白井と球団の意見が割れているからだ。

私はそう考えていた。

新しく球団社長となった坂井克彦が、頻繁に本社の会長室に足を運んでいるという噂は耳にしていた。ドームの不入りに球団の赤字に人件費の高騰と、両手に余るほどの材料を抱えた坂井が落合の解任動議を持っていっているとすれば、あとは白井がそれを飲むか、飲まないか。事態はもう、そこまできている。

ハンドルを握ったまま白井邸の門前を通り過ぎると、ワンブロック先の空き地沿いに車を停めた。近隣の住民のものだろうか、少し先に乗用車が一台停まっていた。その車はどこか周囲の景色に溶け込んでいないように見えた。

私はバックミラーに自分を映し、ネクタイを直してから車を降りた。

静かな朝だった。住宅街には鳥の囀りだけがあった。生ぬるい九月の空気のなかに夏草の匂いと微かな秋の気配が入り混じっていた。

現場の人事は夏のうちに終わる――プロ野球の世界では、そう言われていた。白井の決断にもう猶予は残されていないはずだった。

門扉の前に立ってみると、白井邸の外塀は車の中から見るよりも高く聳えているように感じられた。私はもう一度、ネクタイを確かめた。

やがて、どこからか黒塗りのセンチュリーが音も立てずにやってきた。重厚な車体から正装の運転手が降りてきて、何も言わず私の隣に並んで立った。

冷たい沈黙が場に張りつめた。

ほどなく頭上で錠の開く音がした。門扉の隙間からオールバックに撫で付けられた白髪が見えた。グレーのスーツに身を包んだ中部圏最大の新聞社の会長は、玄関で夫人が差し出した鞄を受け取ると、革靴で踏石を鳴らし、自らの背丈より高い塀のこちら側へと姿を現した。

門を出た白井は、そこに立っている私を見つけると、ちらっと一瞥した。わずかに歩を緩めたが、足は止めなかった。運転手がうやうやしく開けた後部座席のドアから車に乗り込もうとする白井に、私は少し早口で問いを投げた。

「オーナー、落合監督の進退について、胸にあるお考えは結論に至りましたか?」

イエスか、ノーか。ひと言で済む問いだった。私はそれが聞ければ、十分だと考えていた。

もし落合を続投させると決まったなら、白井はそれをすぐにでも表に出すはずだ。いまだに沈黙を貫いているということは反落合派からの具申を保留しているということだ。その抵抗をやめたのか、それともまだ続けているのか。イエスかノーで結論が見える——。

だが、白井は頷くことも首を横に振ることもしなかった。後部座席に腰掛けると、視線を動かさずにじっと私を見つめた。

「まあ、そう急ぎなさんな」

声を出さずに笑った。感情を伴わない笑みを顔に浮かべていた。

「チームはまだ優勝をかけて戦っとるわけだから、今はまだ言えんわな」

双眼はともに山なりの曲線を描いているのだが、そこからは何も読み取れなかった。瞳の奥にはただ漆黒が広がっているだけだった。

白井は言い終えると、視線を外して運転手の方を見た。私は否応なく一歩下がらざるを得なかった。

そのときだった。ワンブロック先に停まっていた乗用車の辺りで人影が動くのが見えた。現れたのはワイシャツにネクタイ姿の男だった。胸には紐付きの封筒を大事そうに抱えていた。

その人物が誰なのか、朝靄の中ですぐにはわからなかったが、よく見れば親会社の新聞の番記者だった。彼はセンチュリーに駆け寄ると、後部座席の白井に抱えていた封筒を差し出した。白井は黙ってそれを受け取った。あらかじめ、封筒の中身が何であるかを知っているかのように——。

それから黒塗りの車は静かな排気音とともに遠ざかっていった。

後に残されたのは二人の記者だった。大本営とその他、与党と野党、そう表現される商売敵(がたき)ではあったが、日常的に現場で顔を合わせる記者同士はある意味で、社内の人間よりもわかり合っている部分がある。

だがこの日の彼は、私と視線を合わせることなく軽い会釈だけを残して足早に乗用車へと戻っていった。

あたりは再び鳥の囀りだけになった。

誰もいなくなった白井邸の前で私は、いま目の前で起こった意味ありげな出来事について考えた。

あの紐付きの封筒がすべてを物語っているような気がした。私は自分の車へと歩きながら、以前に年長の記者から聞いた話を思い出していた。

八年前の九月、中日は当時の監督だった山田久志を解任した。そこから落合に白羽の矢を立てるまでの一カ月間、新監督探しは続いた。

連日、新しい候補者の名前が紙面に浮かんでは消えていくなか、球団は「使者」と呼ばれる人間を通じて、いくつもの封筒をオーナーの白井に届けていたらしい。そして、その中身は新監督候補となった人物の調査書だったという――。

いま目にしたのは、八年前の監督交代劇で繰り広げられたのと同じ光景ではないだろうか……。

私の問いに対して白井はイエスともノーとも言わなかった。言葉や表情から、何かを読み取ることすら許さなかった。だが、私にはあの封筒が答えであるように思えた。それはほとんど確信に近い推測であった。

落合に別れを告げるときかもしれない……。

私の胸には、ある覚悟が芽生えていた。

# 第12章

# 荒木雅博

# 内面に生まれたもの

「お前らボールを目で追うようになった」荒木と井端をコンバートした落合の真意は、誰にもわからなかった。

# 1

二〇一一年の夏、荒木雅博は失意の底で、ひとつの言葉の意味をずっと考えていた。

もう一年以上も探しているのだが、答えは見つかっていなかった。

「お前らボールを目で追うようになった。このままじゃ終わるぞ——」

それは落合が放った、謎かけのような言葉だった。

八月下旬の暑い夜、中日は首位を走るヤクルトに敗れた。熱風が吹き抜ける神宮球場で、荒木はシーズン十二個目の失策を犯した。スタンドを浴衣姿の人々が彩っていた。夜の火照りが照明を陽炎のように揺らしていた。開放的な夏の匂いが横溢していたが、それも慰めにはならなかった。守備の名手といわれる男の内面は冷たく沈んでいた。

ゲーム中にグラブをはめた荒木が立っていたのは、長年自分の仕事場としてきたセカンドではなく、ショートだった。球界最高と謳われていた荒木と井端弘和の二遊間コンビのポジションを、落合は前のシーズンから入れ替えた。「お前らボールを目で追うようになった——」という言葉とともに、そっくり反対にしたのだ。

荒木の苦悩はそこから始まった。

野球における内野手は打球を捕るだけではなく、打者走者よりも早くファーストに送球してはじめて一つのアウトを得る。

セカンドからファーストまでの距離は長くても塁間の二七メートルだったが、ショートからとなれば常時三〇メートル以上、長いときには四〇メートル近くを投げなければならなかった。もともと右肩に故障歴があり、スローイングに不安を抱えていた荒木には、その十数メートルの差が果てしなく感じられた。

コンバートされた二〇一〇年、荒木はリーグで二番目に多い二十失策を記録した。そのほとんどが送球によるエラーだった。

六年連続で獲得していたゴールデングラブ賞を手放し、築き上げた名手のイメージは崩れ去った。手にしたものを失うのは一瞬なのだとつくづく思い知った。そして、地獄はこの二〇一一年も続いていた。

荒木が右肩に不安を抱えていることはチーム関係者なら誰もが知っていた。だから、荒木と井端の入れ替えについては、評論家やメディアの間ではもちろん、チーム内にも賛意は見当たらなかった。落合に対する疑問だけが渦巻いていた。

すでに最高のものを、なぜわざわざ壊す必要があるのか？

落合は説明しなかった。周囲の疑問は荒木が失策を重ねるごとに矛先鋭く落合への批判となった。それでも落合は無言のまま、日々、荒木をショートへと送り出した。

敗戦に加えて熱帯夜の苛立ちも手伝ってか、神宮球場のスタンドからは荒木に罵声が飛んだ。名手の誉れ高かった男がこれまで耳にすることのなかった類の野次だった。観衆のストレスが募るのも当然だろう。

荒木は自分にそう言い聞かせると、前を見つめたままだ堪(こら)えた。

それよりも耐えがたかったのは、チームメイトの信頼を失っていくことだった。選手もコーチもいまだ落合の決断に懐疑的だった。敗戦後のロッカールームは冷え切っていて、誰も荒木に近寄ってくる者はいなかった。

なぜ自分をこんな目に遭わせるのか……。

正直、落合を恨んだ夜は一度や二度ではなかった。だが、その度に荒木は闇の中で我に返るのだった。

荒木が二十失策したシーズン、チームは四年ぶりにリーグ優勝を果たした。守備の要であるショートがそれだけのエラーを犯したにもかかわらず、守りの野球は崩壊しなかった。

自分や周りの人間には見えていなくて、あの人だけに見えているものがある……。

だから荒木は、落合の言葉の意味を考え続けていた。

他人には明かさなかったが、そもそも荒木はプロに入った直後から根源的な自己不信を抱えていた。

選ばれた人間が集う世界で、自分は一体、何を評価されているのだろう?

葛藤の始まりは一九九五年秋のドラフト会議だった。

その日、詰襟の学ランで胸を高鳴らせていた熊本工業高校三年の華奢な青年は、中日からドラフト一位で指名された瞬間に、テレビ画面の前で放心した。

なぜ、自分が一位なんだ？

甲子園の土は踏んだが、目立った活躍はしていなかった。足には自信があるが、打つことにおいてプロでやっていけるような確信はなかった。自他ともに認めるサブキャストは、まさかのトップ指名に言葉を失った。

舞台裏には運命のいたずらがあった。その年のドラフトで、中日はＰＬ学園高校の福留孝介を獲得することに賭けていた。だが担当スカウトである中田宗男の願いも虚しく、福留には高校生史上最多七球団の一位指名が競合し、抽選箱に差し入れられた星野仙一の右手は空転した。ならばと、名門・東海大相模高校の強肩強打、原俊介を一位指名したが、ここでも巨人との競合に敗れた。

世間の耳目が集まる中で二連敗を晒した星野は、スカウトたちが陣取る円卓に戻ってくるなりぶちまけた。

「もう誰でもええわ！　クジにならん奴はおらんのか！」

頭を抱えた中田らスカウトたちは、確実に他球団と競合しない選手として、三位で予定していた荒木を繰り上げることにした。

「監督、棒（バッティング）は少々弱いですが、足は抜群です――」

こうしてプロ野球選手になることにすら半信半疑だった青年は、「外れの外れ」という注釈付きで地方球団の希望の星となった。

荒木は後に、スカウトの中田から謝られたことがあった。

「お前にドラフト一位の重圧を背負わせてしまって、すまない」

事実、外れの外れという注釈は時間とともに忘れられても、「一位」というブランド・シールは荒木の背中にべったりと貼りついたままだった。

荒木は痛いほどわかっていた。自分には立浪和義や同い年の福留孝介のような打の才能はなかった。しかし観る者がドラフト一位に期待するのはいつも空に舞い上がる放物線か、豪速球である。監督も地元メディアも、毎年シーズンが始まる頃になると決まり文句のようにスター候補として荒木の名前を挙げた。理由は単純だった。

だって、彼はドラフト一位なのだから——。

独り歩きしていく評価に追い縋ろうと荒木はバットを振った。ただ振っても振っても打球は外野まで飛ばなかった。打撃ケージから出ないことさえあった。プロ五年目までに放ったヒットはわずかに十五本だった。

ドラフト一位を演じることに疲れ果てても、そこから逃れる術はなかった。だんだんと荒木には、この世界の輪郭がぼやけて見えてきた。何をもって実力を測られているのか、わからなくなった。

やがてこう考えるようになった。

きっと自分の与り知らぬところで、自分とは全く異なる価値観が存在しているのだろう。

すべてが曖昧な世界で、荒木がたった一つ確かなものとして縋ったのがヘッドスライディングだった。荒木が走り、ベースに頭から突っ込む。追いつけない打球にダイビングする。そのプレーを喜ばない監督はいなかった。観衆も同じだった。

何を評価されているのか。明確な物差しを見つけられない不安を打ち消すように、荒木は土の上に飛び込んだ。泥だらけになったユニホームが唯一、確かなものだった。そうしていれば、何となくこの世界を漂っていられるような気がしていた。

落合がやってきたのは、そんな時だった。

## 2

どこか得体の知れない空気を漂わせた指揮官が、ノックバットを持って自分の前に現れた日のことを、荒木は鮮明に覚えていた。

それは落合が就任してまもなく、二〇〇三年秋の沖縄キャンプでのことだった。夕暮れ前のサブグラウンドに現れた落合は、異様に細長いノックバットを手にしていた。ジャンパーを羽織ったまま、荒木に向かって緩やかなゴロを打ち始めた。身構えていた荒木が思わず拍子抜けするくらいに何の変哲もない打球だった。ノックは強度を上げていくわけでもなく、平凡なゴロが淡々と続いた。

だが十分、二十分と経過するにつれ、荒木はあることに気づいた。

この打球は、生きている……。

黒土をわずかに削り、静かに這ってくる白球は、荒木の息づかいの乱れや足の疲れをわかっているかのようだった。常にグラブがようやく追いつく場所へ、ギリギリの速さで飛んできた。まるでボールがノックの受け手をじっと観察しているかのようだった。

三十分が過ぎたころ、南国の太陽に照らされた荒木は頭から爪先まで汗で濡れそぼっていた。水分を含んだ半袖のシャツがずっしりと重かった。ジャンパーを着たままの落合が汗ひとつかかずに放つ静かなゴロに、荒木は追いつめられていた。

ふとサブグラウンドの脇に立っている時計ポールを見た。まもなくノックを始めてから四十分になろうとしていた。胸に安堵が広がった。

もう、そろそろだろう……。

プロで十年近く生きていると、さじ加減がわかってくる。中日というチームにおいて、個別のノックはこれまで三十分を大幅に超えることはなかった。おそらく他球団でも同じようなものだろう。たとえ練習といえど、プロ野球は常にメディアやファンの視線に晒されている。必然的にノックを打つ側にも受ける側にも、ある程度のパフォーマンスや予定調和が存在する。だから、そろそろ終わりだと感じた頃合いで選手はダイビングするのだ。追いつけない打球に飛び込む姿が、ユニホームについた泥が、鬼の看板を背負った監督やコーチを満足させる。観衆を納得させる。それで終わりだ。

荒木はもう一度、チラリと時計を見ると、落合の打球に飛び込んだ。

すると、それまで無言でノックを打っていた落合が鋭く言った。

「飛び込むな！」

荒木は一瞬、呆気にとられた。

「飛び込んだら意味がない」

新しい指揮官はそう言うと、また淡々とバットをふるい始めた。

ノックは終わる気配がなかった。一球一球、怠りなく足を運べば捕れるところへ正確に飛んできた。荒木は胸の内を見透かされているようで恐ろしくなった。

一時間を過ぎると体中の水分が枯渇し、思考が薄れてきた。頭の中が空っぽになったまま、ただ体だけは勝手に動き続けていた。

そのとき、荒木の耳にかつてない音が聞こえてきた。ボールを捕ると、グラブが「パンッ」と高く乾いた音で鳴り始めたのだ。

落合はそれを見て、にやりとした。

「十球ノーミスで終わりだ。ただし、飛び込むな。飛び込んだら振り出しに戻す――」

ノックの音が止んだとき、荒木はもう時計を見るのを忘れていた。周りに誰がいるのか、どう見られているのかも気にしていなかった。ダイビングをしていないはずなのに、シャツは泥だらけだった。落合のノックには予定調和がまるで存在していなかった。

暮れなずむグラウンドで、ジャンパーを着たままの落合が、立ち尽くす荒木の方へゆっくりと歩いてきた。そして言った。

「野球っていうのはな、打つだけじゃねえんだ。お前くらい足が動く奴は、この世界にそうはいねえよ」

痺れるような感覚が体を巡った。プロに入って初めて等身大の自分を認められたような気がした。

荒木がセカンドのポジションをつかみ、守備者の栄誉である黄金のグラブを手に入れ、名手と呼ばれるようになっていったのはそれからだった。

つまり、ほとんどの勲章は落合が現れてから手にしたものだった。

だから二〇一〇年に突然、働き場をショートに移され、すべてを失っていくような地獄に落とされても、荒木は落合の言葉の意味を考え続けることができた。

3

ここに来るのも、これが最後かもしれない……。

見慣れた小田急線の駅に降り立った瞬間に、そんな思いがよぎった。

二〇一一年九月二十日の夜だった。横浜スタジアムでナイターの取材を終えた私は、電車を乗り継いで東京・世田谷の落合邸に向かっていた。

自分の仕事にケリをつけるためだった。

腕時計の針は二十二時にさしかかっていた。家路を急ぐ人々の列に混じって改札を抜けると、ぽつん、とひと雫がシャツを濡らした。空には月も星もなく、低く垂れ込めた雲が闇夜をさらに暗くしていた。

台風が近づいていた。アジア名で「Ｒｏｋｅ」と名付けられた台風十五号は一週間前に日本の南海上で発生した。沖縄近海で蛇行と停滞を繰り返した後、急速に進路を本州へと向けていた。テレビのニュースは「明日の昼には関東に上陸する見込みです」と、繰り返し警戒を呼びかけていた。

私は傘を開き、まばらな雨音を頭上に聞きながら駅からの道を歩き始めた。脳裏には中日のオーナー白井文吾の邸宅で見た紐付きの封筒が浮かんでいた。

数日前の朝、私の目の前で本社の番記者が白井に渡した封筒——あれは八年前の監督交代劇でも使者を通じて白井に渡されていたという新監督候補の調査書ではなかったか。つまり、落合が今シーズン限りで監督の座を追われるという証拠ではなかったか。

私はそう考えていた。

本社と球団の決定事項であれば、すでに落合にも届いている可能性があった。私はこの夜、それを確かめにきていた。それが自分の仕事における決着だった。

落合はおそらく、自らの口から去就を漏らすことはないだろう。たとえ球団から伝えられていたとしても、イエスともノーとも言わないはずだ。ただ、あの朝の出来事を伝えて、その瞬間の落合の表情を見れば、私はすべてを判断できる気がしていた。

私は記者としてこの八年間、その一瞬のために落合に接してきたようなものなのだ。

「落合の首を取ってこい――」

デスクは言った。私もそのつもりだった。中日を常勝チームに変えた落合が退任するとなれば、それは全国的なスクープなのだ。

君は記者か？　記者なら疑わなければならない。疑わない奴にニュースは取れない。新聞社に入ったばかりのころに聞いた、東京本社の英雄の声が胸によみがえっていた。対象に迫って関係を深め、内面を知る。すべては最後に疑うためだ。否定の裏に肯定を隠してはいないか。沈黙の奥底に重大な事実が潜んでいるのではないか。わずかな表情の変化や仕草からその真偽を見抜くためだ。

私はまさにそのときを迎えていた。

駅から住宅街へと続くアスファルトの上にはタバコの吸い殻がいくつも潰れていた。何によるものかわからない染みが無数にあった。その上に大きさを増した雨粒がまだら模様を描いていく。私はいつの間にか、俯いて歩いている自分に気づいた。

いつも駅からの道は景色を眺めながら歩いていたはずだった。道幅の狭い商店街を、曲がり角のブティックを、三角形の公園を、オブジェのような植え込みを、季節ごとに眺めながら落合邸に向かっていた。だがこの夜はなぜか、足元しか目に入らなかった。やがて、ひときわ閑静な一角に辿り着いた。よく舗装された道の向こうに見慣れた高い塀が見えてきた。闇夜に落合邸が白く浮かんでいた。

今日で最後になるかもしれないという予感がそうさせたのか、私は八年前に初めてここに来た日のことを思い出していた。

落合博満が中日の新監督になる——その情報を記事にすると、本人に伝えるためだった。あの朝、私はデスクのメッセージを落合に届けるだけの伝書鳩に過ぎなかった。予定の時刻よりも遅れたせいか、駅からの道が果てしなく遠く感じられた。あのころの私はいつも倦怠感を引きずりながら目覚め、なんとなく夜が来るのを待っていた。自分の知らないところですべてが決まっていく無力感に慣れきっていた。

「恥かくぞ。それでもいいなら書け」

ベージュのシャツにスラックス姿で朝陽の中に出てきた元三冠王は、ふっと笑ってそう言った。駆け出しの記者はそれを聞いて、この人が中日の監督になることはないんだ、と思った。そして数日後、ダークグレーのダブルスーツで監督就任会見をする落合の姿に呆然とするしかなかった。

あれから何度、ここに来ただろう。

「お前、ひとりか？」

落合は私に言った。

監督という立場にある人間の前には、いつも長蛇の列ができている。席次表が決められていて、末席の記者は隅っこで順番を待っているしかない。私が知っていたこの世界の常識を落合は破壊した。

「俺はひとりで来る奴には喋るよ」

いつしか私は、誰かの指示ではなく、自分の意志で落合のもとに向かうようになっていた。気づけば朝の倦怠感は消え去り、ただ夜を待つことをやめていた。

擦り切れた革靴に、少しダブついたスーツはあのころと変わらなかったが、黒い鞄は幾分、その重量を減らしていた。入っているのは傷だらけのパソコンと角の折れたスコアブックだけだった。自分に必要なのはそれだけだと、今の私にはわかっていた。

私は今なら落合の内面を読みとれるような気がしていた。

落合邸のワンブロック手前には駐車場があった。そこまで来て私は足を止めた。いつのまにか雨は止んでいた。傘を閉じて顔を上げると、数メートル先にガレージが見えた。八年前のあの朝、赤と青の車が出てきたあのガレージだ。閉じたシャッターの上には出窓があり、カーテン越しに灯りが漏れているのがわかった。

リビングに誰かいるのだろう。横浜でのナイターを終えた落合が帰宅し、夫人と長男と団欒を過ごしているのかもしれない。

私はどういうわけか、そこから先に進めなくなっていた。砂利敷きの駐車場とアスファルトを隔てる縁石を踏みながら、立ち尽くしていた。

もし、自らの退任が決定的だということを落合が知らなかったら……。

闇に浮かぶ落合邸を眺めながら、そんな想像が胸に浮かんでいた。

中日はこの夜、横浜に勝って首位ヤクルトとの差を四・五ゲームとしていた。移動日を一日挟み、その翌日からはナゴヤドームでヤクルトとの直接対決四連戦を迎える。

「あそこがヤマだ。まだ、何があるかわからねえよ」

まだお盆を過ぎたばかりのころ、東京発のぞみ六三号を降りた落合が去り際に言った、あの連戦だった。

おそらくここで優勝の行方が見えるだろう。

もし落合がその四連戦に自らの進退を賭けているとしたら、私の言葉を聞いてどんな顔をするだろうか……。リビングの出窓から漏れるあの灯りはどうなるだろうか……。

それは考える必要のないことだった。自分でもわかっていた。

私が記者としてやるべきことは、もうワンブロック進み、門扉の脇のインターホンを押して、落合に自分が見てきたことを告げる。そして書く。それだけだ。

どれくらいの時間、そこに立っていただろうか。縁石の上に雫が跳ねた。見上げると、再び真っ黒な空が泣き始めていた。

生ぬるい湿気のためか。不安定な低気圧のせいか。妙に感傷的になり過ぎる夜だった。

君は記者か？ 再び声が響いた。私はもう一度考えた。

どこまでも疑念をたどり、夜の闇の中でそれを捕まえ、翌朝の一面トップでそれを世に報じる。それが記者の仕事だ。そこに感傷はいらない。ずっと胸に刻んできたことだ。

ただ自分の意志とは裏腹に、私はどうしても足を踏み出すことができなかった。自分でも理由のわからないまま、私は落合邸に背を向けると、来た道を引き返していた。

生ぬるい雫に濡れたまま、傘も差さずに歩いた。

落合の退任が発表されたのは、その二日後のことだった。

## 4

二〇一一年九月二十二日の名古屋には、台風一過の澄んだ空が広がっていた。

荒木雅博は正午過ぎに名古屋市千種区の自宅を出ると、いつものように愛車のエンジンをかけた。腹部の真ん中にきりきりとした痛みがあった。痛み止めのボルタレンが胃を荒らしているのだ。ハンドルを支える右肩には、じんわりと痺れるような感覚があった。

前日二十一日、チームは関東へ近づく台風十五号を避けるように、朝のうちに横浜から名古屋へと戻った。荒木はその足でかかりつけの医院へと向かった。首位ヤクルトとの決戦を前に、痛む右肩に関節の滑りを円滑にする液体を注射するためだった。その上で試合当日には痛み止めの錠剤を飲んでいた。そうやって日々、荒木は何とかショートのポジションを守っていた。もう限界だと考えたことは何度かあったが、その度に荒木を踏みとどまらせたものがあった。

「お前らボールを目で追うようになった。このままじゃ終わるぞ」

あの言葉が何を意味しているのか？　自問は続いていた。答えはいまだに見えなかったが、問い続けるなかでわかったことがあった。

落合は二つの地獄から一つを選べと言っているのだ。落合以外の誰からも信頼を失いながらショートを守るか。落合ひとりの信用を失うことと引き換えにセカンドにとどまるか。荒木は前者を選んだ。これまで築き上げてきたものを手放すよりも、落合の信用を失うことが怖かった。

フロントガラス越しにナゴヤドームの銀色の屋根が見えてきた。

荒木はこの瞬間、いつも憂鬱に落ちた。ショートを守るようになってからは、とくにそうだ。アクセルを踏みながら、このままハンドルを握る手を離してしまえば全てから解放されるだろうかという考えがよぎるのだ。

エラーをしないだろうか。スタンドのため息やチームメイトの白い目に晒されはしないだろうか。負の連想が止まらなくなった。

なぜ、自分はこれほど不安に苛(さいな)まれるのか。なぜ、もっと揺るぎない心を持って生まれてこなかったのか。プロ十六年目になっても自己不信の根っこが消えることはなかった。

そんな荒木に落合は言い放った。

「心は技術で補える。心が弱いのは、技術が足りないからだ」

落合が求めたのは日によって浮き沈みする感情的なプレーではなく、闘志や気迫という曖昧なものでもなく、いつどんな状況でも揺るがない技術だった。心を理由に、その追求から逃げることを許さなかった。

就任以来、落合が選手に禁じていたことがあった。ヘッドスライディングだ。とりわけ本塁へのヘッドスライディングは故障のリスクが高いため、固く禁止されていた。

「どんなことがあっても頭から飛び込むな。もし飛び込んで怪我したら、お前責任取れるか？ レギュラーっていうのはな、一年間すべての試合に出なくちゃならないんだ。勝敗の責任は俺が取る。お前たちは、自分の給料の責任を取るんだ」

どの監督からも愛された荒木のヘッドスライディングを、落合は禁じた。

荒木にも他のどの選手に対しても、落合は「頑張れ」とも「期待している」とも言わなかった。怒鳴ることも手を上げることもなかった。怪我をした選手に「大丈夫か？」とも言わなかった。技術的に認めた者をグラウンドに送り出し、認めていない者のユニホームを脱がせる。それだけだった。

落合の冷徹な眼差しは、自分が何を評価されているのかわからずこの世界を漂っていたドラフト一位に明確な物差しを与えた。

だからこそ、荒木は落合が恐ろしかった。もし、落合の物差しから外れれば、それは誤魔化しようのない烙印に思えたからだ。そのときは、もう野球をやめるしかない。

エラーを重ねて万人の信頼を失うことよりも、たったひとり落合の信用を失うことが怖かったのは、そのためだ。

ナゴヤドームの薄暗い駐車場に車を滑り込ませると、荒木は重たい足を引きずりながら関係者入口のドアを押した。細い通路を歩いて、ロッカールームの扉を開けると、微かに胸がざわついた。年間百日近く過ごす空間だ。わずかな空気の変化が嫌でもわかる。

この日のロッカーはどこかいつもと違っていた。

荒木の様子に気づいたのか、年配のスタッフが近づいてきて声を潜めた。

「監督、やめるらしいぞ。これから球団が記者会見するって」

荒木は一瞬、息を呑んだ。

この世界では起こり得ることだとわかっていたが、優勝をかけた試合前というのはあまりに唐突な気がした。そして疑問が浮かんだ。

なぜ、やめなければならないのか……。

荒木はロッカーの椅子に腰を下ろすと、しばし考えた。思い当たることは一つだった。

おそらく、嫌われたのだ――。

結果がすべてのプロの世界で、結果を出し続けている指揮官が追われる理由はそれしかないように思えた。

落合は自らの言動の裏にある真意を説明しなかった。そもそも理解されることを求めていなかった。だから落合の内面に迫ろうとしない者にとっては、落合の価値観も決断も常識外れで不気味なものに映る。人は自分が理解できない物事を怖れ、遠ざけるものだ。

落合は勝ち過ぎたのだ。勝者と敗者、プロフェッショナルとそうでないもの、真実と欺瞞、あらゆるものの輪郭を鮮明にし過ぎたのだ。

荒木はそう自分を納得させた。

ふと壁の時計を見ると、午後一時をまわったばかりだった。球団は午後六時のプレーボール前に落合の退任を発表するつもりらしい。今シーズン最大の戦いを前に、チームは監督交代を突きつけられることになる。

ただそれにしてはロッカールームは静かだった。自分を含めて、最も影響を受けるであろう選手たちは意外なほどに落ち着いていた。

やるべきことは変わらない。

荒木はそう考えていた。おそらく他の選手もそうだった。むしろ落合が去るという事実を知って、シンプルな思考がより研ぎ澄まされていくような感覚があった。

荒木は自分の内面に何かが生まれていることがわかった。それは喜びや悲しみではなく怒りでもなかった。感情を超越して、心の奥底で蒼く爆ぜるものだった。

ユニホームに着替えた荒木はシューズの紐をいつもより固く結んだ。痛み止めのボルタレンを一錠口に入れると、グラブを手にグラウンドへと向かった。

## 5

落合の退任発表はナゴヤドーム内で行われた。チームが試合前の練習をしている午後三時からというタイミングだった。

記者会見場はメディアで埋まっていたが、人の多さの割に、どこか空虚だった。当の落合は壇上にいなかった。広報が出席を打診したが、断られたのだという。球団社長である坂井克彦もいなかった。用意された椅子は球団代表の佐藤良平のものだけだった。

「落合監督とは来季の契約を結びません」

本社の社長室で秘書部長を務めていたという佐藤の口調は、冒頭から淀みがなかった。二〇〇四年から監督を務めた落合の今季限りでの退任と、次期監督に球団OBの高木守道が就任するという決定事項をひと息に発表した。

私は会見場の中ほどにいた。並べられたパイプ椅子に腰をおろし、ペンを握ってはいたが佐藤の声はほとんど上の空だった。頭には、あの台風の夜のことがよぎっていた。あの夜、なぜ落合邸のインターホンを押せなかったのか。記者として、このニュースをものにするために動いてきたはずなのに、なぜもうワンブロック踏み出せなかったのか。

怖気付いたのか？　それとも憐憫（れんびん）なのか？　私は本当に記者なのか？

自己嫌悪が頭のなかをグルグルと巡っていた。

球団側の発表事項が終わると、すぐに質疑応答になった。私がこの会見で訊きたいことは一つだけだった。

落合が退任する理由は何なのか？

誰もがそう考えていたのだろう。番記者の間から、真っ先にその質問が飛んだ。

佐藤は一瞬、天井に目をやってから、こう答えた。

「野球殿堂入りも果たされ、節目であると考えました。落合監督の残された成績は輝かしいものですが、判断の一つは一度、新しい風を入れたいということです」

佐藤は滑らかにそう言ったが、それはこの場にいる誰もが知ろうとしている「なぜ？」に答えていなかった。

曖昧な説明に苛立つように、再び報道陣の中から声があがった。

「高木さんも殿堂入りしてますが？」

佐藤は並べられたマイクの前で絶句した。苦笑いを浮かべながら傍にいた球団職員に事実確認すると、そのまま黙り込んでしまった。

会見場には空疎な沈黙が流れた。

しばらく静寂が続いたあと、次の問いが飛んだ。

「なぜ、優勝をかけた試合前というタイミングでの発表なのですか？」

佐藤は先ほどまでの口調を取り戻して、落合との契約が十月三十一日までであること、契約更新の有無をその一カ月前までに通達しなければならないことを説明した。

「我々としては落合監督の退任を公表せざるを得なかった。重要な試合の直前ではありますが、選手もかえって、落合監督を胴上げするんだということで、全力を尽くしてくれると思っています」

再び疑問符が場を漂った。

優勝の行方を左右するヤクルトとの四連戦は九月二十五日までだった。佐藤の説明からすれば、発表はその後でもよかったことになる。

いくつもの疑問を残したまま、記者会見は終わった。

私はざわめく会場の真ん中で思った。

落合は解任されたのだ。

球団側は落合との契約を打ち切る理由となりそうなことを何ひとつ言わなかった。ドームの観客動員数減少や球団の赤字、ＯＢコーチやスタッフの解雇、そして人件費高騰など、本社や球団内で囁(ささや)かれてきた落合政権に対する批判の種はひとつも語られなかった。

それらを口にすれば、同時に球団の経営責任も問われるからだろうか。

世の中を納得させる理由が明らかにされないまま、契約は切れた。

6

荒木は二塁ベース上から、マウンドの向こうに見えるホームベースを見つめていた。

いつもは果てしなく感じる本塁への距離が、なぜかすぐそこであるように感じられた。

どことなくいつもの自分ではないようだった──。

二〇一一年九月二十三日、落合の退任が発表された翌日、首位ヤクルトとそれを追う中日との天王山は、同点のまま八回裏を迎えていた。

中日はツーアウトから一番の荒木がレフト線へツーベースを放った。リーグ屈指の足を誇るトップバッターがスコアリングポジションに立ったことで、ゲームは一気に張り詰めた。

ワンヒットでホームを踏むか。阻止するか。両チームの駆け引きが動き出した。

ヤクルトは外野を極端に前進させた。とりわけセンターの青木宣親は二塁ベースのすぐ後方まで出てきていた。外野手の頭上を越されるリスクを背負っても、次の一点を与えないという意思表示だった。この守備隊形を見れば、どれだけ足に覚えのあるランナーでも、シングルヒットでホームへ還るのは不可能だと感じるだろう。

ところが塁上からその様子を見ていた荒木には、まるで不安がなかった。成否の境にいるとき、決まって襲ってくる中腹部の痛みも消えていた。自分でも説明がつかないその感覚が生まれたのは前日のことだった。落合がチームを去るとわかった瞬間に、胸の中で静かに爆ぜたものがあった。

前日、ヤクルトとの首位攻防第一ラウンドが始まる三時間前に、球団は落合の退任を発表した。記者会見を終えた球団代表の佐藤はその足で、選手やスタッフに監督交代についての説明をしようとした。

だが落合はロッカールームへの立ち入りを拒否した。そして自らは去就について一切触れることなく、何事もなかったように試合前のミーティングを終え、いつものようにプレーボールを迎えた。荒木にはそれが無言のメッセージのように思えた。監督が誰であろうと何も変わらない。それぞれの仕事をするだけだ。

落合は、どんな状況でも自分のためにプレーすることを選手たちに求めてきた。だから、落合と選手の間には、熱したり冷めたりするような感情そのものが介在していなかった。

この八年間、荒木はスタジアムからスタジアムへ全国を転々とする日々の中で、落合の内面を覗ける機会をうかがってきた。最大のチャンスは、遠征先でのナイターの後だった。球場からホテルへ戻ると多くの選手は街へと繰り出していくが、荒木はホテル内に設営されたチームの食事会場へ向かうことが多かった。そこにはいつも落合がいたからだ。

人の少ない時間を見計らって会場にいくと、選手とは別の、コーチングスタッフ用テーブルにいる落合から声をかけられることがあった。

「お前ひとりか？　それなら、こっちで食えよ」

焼酎グラスを片手にゆっくりと箸を運ぶ落合は、グラウンドにいる時よりも少しだけ饒舌になった。荒木はそこで指揮官の胸の内を垣間見てきた。そうやって積み重ねてきた会話のなかに忘れられない言葉があった。

ある夜、荒木はずっと抱えてきた疑問をぶつけてみた。

「使う選手と使わない選手をどこで測っているんですか？」

落合の物差しが知りたかった。

すると、指揮官はじろりと荒木を見て、言った。

「心配するな。俺はお前が好きだから試合に使っているわけじゃない。俺は好き嫌いで選手を見ていない」

荒木は一瞬、その言葉をどう解釈するべきか迷ったが、最終的には褒め言葉なのだろうと受け止めた。

「でもな……この世界、そうじゃない人間の方が多いんだ」

落合は少し笑ってグラスを置くと、荒木の眼を見た。

「だからお前は、監督から嫌われても、使わざるを得ないような選手になれよ――」

その言葉はずっと荒木の胸から消えなかった。

このチームにおいて監督と選手を繋いでいるのは、勝利とそのための技術のみだった。だから、去りゆく落合を胴上げするために戦おうと考える者もいなければ、惜別の感情も存在しなかった。そもそも落合自身がそんなセンチメンタリズムを望んでいなかった。

これまでと何ら変わらないはずだった。

それなのに、落合の退任を耳にした瞬間に、自らの内面に生まれたものがあった。

これは、なんだ……。

なぜ胃の痛みが消えたのか。なぜ不安に襲われないのか。荒木は自問しながら、自分が覚醒していくような感覚に満たされていた。

次打者を告げるアナウンスに、ナゴヤドームが沸きたった。

荒木を二塁に置いてバッターボックスに立ったのは、井端弘和だった。

内野と外野の間にボールを落とす。その技術において、チームで右に出る者はいない。塁上に荒木、打席に井端、中日が一点を取る上でこれ以上ない役者が揃った。

荒木は二塁ベース上から、ふたつ年上の井端を見つめた。守っては二遊間を組み、打っては一、二番に並ぶ。世間はそんな自分たちを「アライバ・コンビ」と呼んだ。まるで同質であるかのように扱った。

だが荒木はずっと、井端にある種の劣等感を抱いていた。

まだ荒木がドラフト一位のブランド・シールに翻弄され、なぜ自分には打の華がないのかと葛藤していたプロ三年目、亜細亜大学からドラフト五位で入団してきたのが井端だった。その指名順位からか、井端は入団当初からさほど注目されていなかった。

ただ荒木は同じ内野手として、自分との差を感じ取っていた。井端は明らかに自分にはないものを持っていた。まるで爪の先まで神経が通っているかのように、イメージしたことを精密に身体で表現してしまう。後天的には決して手にできない才があった。

あの人と同じことはできない……。

井端が自分より先に一軍のスポットライトを浴びるのは必然のことに思えた。それでも周囲は、ドラフト一位と五位という順位付けされたフィルターを通して二人を見た。五位の井端ができるなら、一位の荒木にできないはずはないだろう——。

その視線が荒木を惑わせ、焦らせ、自己不信に拍車がかかった。

振り返ってみれば、そうした井端へのコンプレックスから解放されたのも落合のノックを受けてからだった。

「お前くらい足が動く奴は、この世界にそうはいねえよ」

落合からそう言われたあの日から少しずつ、ありのままの自分を信じられるようになってきたのかもしれない。

ドームの観衆は固唾（かたず）をのんでいた。攻める側も守る側も、誰もがゲームの勝敗だけでなく、このシーズンを左右する局面であることを悟っていた。

ヤクルトのマウンドにはリリーフ左腕が上がっていた。

初球、井端は低めのボールを見逃した。

荒木は二塁ベースからリードを広げ、本塁への道筋を描いた。井端はおそらく外野手の正面には打たないだろう。センターに打つにしても、ライトに打つにしても、左右へわずかにずらした打球を打つはずだ。それだけの技術を持っている。それによって外野手の返球がコンマ数秒遅れる。この極端な前進守備の中にわずかな可能性が生まれる。それを自分の足がものにするのだ。

井端は打ち、自分は走る。同じである必要はない。自分にしかできない仕事をするのだ。荒木は頭の中を整理した。ベンチを見ると、チームを去ることが決まった落合がいつものように体をわずかに傾げながら、じっと二人の動きを見つめていた。

二球目、投手がセットポジションに入った。低めの球に井端のツートンカラーのバットが反応した。打球音が聞こえた瞬間に荒木はもうスタートを切っていた。白球がセカンドのすぐ頭上を越えていくのが視野の隅に映った。センター前に落ちる——。

そこからは前だけを見て疾走した。

顔を上げると三塁ベースコーチが腕を大きく回していた。荒木は三塁を蹴って、加速した。悲鳴のような歓声のような音が耳を通り過ぎて後ろへ遠ざかっていく。

視線の先にホームベースとその上でミットを構える捕手が見えた。分の悪い勝負になることはわかっていた。それでも荒木の足は不安に囚われることなくアンツーカーを蹴った。

あと数メートルというところでキャッチャーに返球が届くのが見えた。アウトだ——経験則が耳元で囁いた。それと同時にホームベースの左端にわずかな空間が見えた。

次の瞬間、荒木は飛んだ。微かなその隙間に、まるで宙を泳ぐように頭から飛び込んでいった。意図していたのではなく何かに突き動かされるようにそうしていた。

それは、落合が禁じたヘッドスライディングだった。

「無茶だ――」

バックネット裏の記者席で私は思わず身を乗り出した。

センター前に弾んだ井端の打球をヤクルトの青木が捕球したとき、荒木はまだ三塁を蹴るか、蹴らないかのところにいた。球足の速い打球が極端な前進守備を敷いていた外野手のほぼ正面に飛んだのだ。荒木がホームへ向かったのは完全な暴走だった。

ところがセンターからの返球が捕手のミットに収まった瞬間に、荒木は数メートルも手前から飛んだ。地面すれすれを滑空するようなヘッドスライディングは、まるで自分以外のあらゆるものの時間を止めたようにミットの下をすり抜け、ホームベースの左端を掠め取っていった。ドームが一瞬の静寂に包まれた後、審判の両手が横に広がった。どよめきと歓声が交錯した。

私はペンを握ったまま呆然としていた。完全にアウトだと思われたタイミングをセーフにしてしまったことへの驚きもあったが、荒木から発散されているものに衝撃を受けていた。

## 7

これが落合のチームなのか?

荒木が見せた走塁は、落合がこのチームから排除したものだった。

「俺は、たまにとんでもなく大きな仕事をする選手より、こっちが想定した範囲のことを毎日できる選手を使う。それがレギュラーってもんだろう」

落合はリスクや不確実性をゲームから取り除いた。それが勝つために最も合理的な方法だと考えたからだ。指揮官の哲学は選手たちにも浸透し、ギャンブル的な暴走や怪我の怖れがあるヘッドスライディングは、この八年間ほとんど見たことがなかった。

憑かれたような眼でホームへ突進した荒木を見ながら、私は確信した。

このチームは変わったのだ……。

そして変質のきっかけは、落合の退任であるように思えた。

前日、逆転優勝をかけた四連戦の直前に監督交代を知らされたチームはヤクルトに勝った。選手もスタッフも感情の揺れを見せることなく、淡々と自らの役割をこなしていた。

当の落合も試合後のインタビュールームに現れると番記者たちを前に、「ナゴヤドームの野球だったな」と普段と変わらない問わず語りを残して、その場を去ろうとした。慌てた記者たちに呼び止められ、退任について問われると、ああ、そのことかというような顔で後ろを振り返り、やはりひと言で終わらせた。

「契約書通り。この世界はそういう世界だ」

外形的には落合が解任される前と後でチームは何も変わっていないように見えた。

だが、選手たちの内面に触れてみると、彼らのなかに何かが生まれているのがわかった。

ロッカールームのボスである谷繁元信が釈然としない表情で言った。

「監督が代わるというのは、この世界よくあることだけど……俺はチームが弱くなるのは嫌なんだ」

野手のなかで最年長の正捕手はこれまで何度となく落合とぶつかってきた。何の説明もなく突然ベンチに下げられ、怒りをあらわにしたこともあった。築き上げた実績の上に腰掛けようとするたび、その椅子を取り上げられ、プライドの横っ面を張られ、翻弄されてきた。その谷繁が自分に投げかけるように「弱くなるのは嫌なんだ」と語ったことが私の胸に残っていた。

四番バッターのトニ・ブランコは通訳の桂川昇に言ったという。

「オチアイサンがやめるのか？　なぜだ？　モリサンもいなくなるのか？　それなら俺は来年、他のチームにいった方がいいのか？」

表には出さなかったが、各選手がそれぞれの思いを抱えていることが伝わってきた。そんな中でも、とりわけ秘めたものを感じさせたのが荒木だった。

「僕らは、どんな状況でも自分のために自分の仕事をやるだけ。ずっと監督から、そう言われてきましたから」

退任発表の後、報道陣に囲まれた荒木は静かに言った。いつも繊細に質問者の顔色をうかがうはずの彼の視線が、そのときは宙の一点だけを睨んでいた。

「でも……なんでやめるのかな？　なんで今なのかな？　とは思います」

私は、落合の退任について語る荒木が、これまでと別の人間のように見えた。

チーム内においても、プロ野球という世界においても、荒木は異質な選手だった。自分への揺るぎない確信を感じさせる者たちばかりの中で、荒木は心の揺れが透けて見えたからだ。どれだけ数字を積み上げ、名手と讃えられるようになっても、根底では確信を得られていないようだった。

落合はそんな荒木を見て、さも愉快そうに笑ったことがある。

「珍しい奴だよ。自分を過大評価する人間ばかりのこの世界で、あいつは自分を過小評価するんだからな」

そうと知りながら、右肩に痛みと不安を抱える荒木をショートへコンバートした。私には落合の意図がわからなかった。なぜかと問うてみても、落合は説明しようとはしなかった。

「俺と他の人間とじゃあ見ているところが違う。わかりっこねえよ」

そうやって意味ありげな言葉を断片的に残すだけだった。

確かに荒木をレギュラーにしたのは落合である。その一方で築き上げたものを失う地獄へと突き落としたのもまた落合だった。荒木はその狭間で揺れていた。この数年の彼は、もうほとんど限界のように見えた。

ナイトゲームの後、時計の針が日付をまたぎ、夜が底に沈んでいく時刻に私の携帯電話が鳴ることがあった。荒木からだった。

「今さ、本を読んでいて、いい言葉を見つけたんだ」

荒木は大抵、こちらの問いを待たずに話し始めた。

「千利休の言葉でさ、一より習い十を知り、十からかえるもとのその一っていうのがあるんだ。これ、今の俺にぴったりだと思わないか？」

自分に言い聞かせるような口調だった。エラーを犯した夜、ひとり眠れず葛藤しているのがわかった。

「監督はさ……、心は技術で補えるって言うんだよ。不安になるってことは技術が足りないんだって……。それはつまり、俺にもとの一に戻れって言っているのかな？」

同じ一九七七年に生まれた私は時折、荒木に自分を重ねることがあった。彼もまた自分と、自分が生まれた世界との間に確信が持てず、迷い続けているように見えたからだ。ところが今、その荒木から揺らぎが消えた。落合が去ると決まった瞬間から視線は一点を見つめるようになった。時を止めたようなヘッドスライディングには、恐れや迷いが見当たらなかった。

球審が両手を広げた瞬間に荒木は何かを叫んだ。ベンチから何人かの選手が飛び出してきた。感情を排してきたはずの男たちから、かつてない熱が発散されていた。このチームは変わった。乾いた繋がりだったはずの落合の退任を境に、内側に何かが生まれたのだ。

荒木の変貌がそれを象徴していた。

二時間五十九分の濃密な駆け引きの末に、試合は終わった。荒木はスタンドから降り注ぐ拍手が、自分の背中に向けられていることに気づいた。

あのヘッドスライディングは決勝点になった。それだけでなく、人々の心を動かしていた。ただ自分ではほとんど無意識のまま、衝動に従っただけだった。

マウンドに集まったチームメイトと勝利のタッチを交わし、一塁側のベンチへと引き上げていく。そこには落合が待っていた。いつものように能面を崩さないまま一人一人と握手を交わしていた。

荒木はアンツーカーの土がついた自分のユニホームを見て、身を固くした。その汚れは落合に禁じられたヘッドスライディングによるものだったからだ。

後から考えれば危険なプレーだった。ひとつ間違えば明日からゲームに出られなくなるかもしれなかった。そんなリスクを冒した自分に、落合は何と言うだろうか……。荒木は恐る恐る指揮官の眼を見た。

すると落合は右手を差し伸べて、こう言った。

「大丈夫か――」

荒木は、落合が選手にそんな言葉をかけたのを初めて聞いた。

## 8

二〇一一年のペナントレースが事実上の決着をみたのは、東日本大震災の被災地にも紅葉の便りが届き始めた十月十三日のことだった。

落合の退任発表から半月が過ぎて、首位と二位の立場は入れ替わっていた。その夜、中日はエース吉見一起の完封劇によって、追いすがるヤクルトを二－〇で下した。四・五ゲーム差に突き放し、マジックナンバーを2に減らした。残り六試合のうち一つを勝ち、ヤクルトが一つでも落とせば優勝が決まる状況になった。

私は記者席で試合の原稿を書き終えると、足早にナゴヤドームを出た。心地良い夜風に浸る間もなく、車に乗り込むとエンジンをかけた。この日はまだやるべきことが残っていた。

「監督が自宅で待っている」

監督付広報の松永幸男から、そう告げられていた。落合が、リーグ優勝の紙面に掲載するインタビューに、この時点で応じるというのだ。

ドームを出ると、自然といつもより強くアクセルを踏み込んでいた。真夜中の市道は空いていて、信号や街灯の光がフロントガラスに映っては消えていった。日常であるはずの景色が幻想的に感じられた。

私はハンドルを握りながら、今、目の前で起きていることについてゆっくり考えなければならないと思った。あまりにも現実感がなかったからだ。

中日は、落合が去ると決まった九月二十二日から勝ち続けていた。優勝を決定づけたこの夜まで十五勝三敗二分――ドラフトという共通の入口によって戦力が振り分けられるようになった現代プロ野球では、ほとんど目にすることのない数字だった。

その間、淡々と戦うことを矜持としていたはずのチームは異様な熱を発し続け、最大で十ゲーム差をつけられていたヤクルトに追いつき、抜き去り、突き放してしまった。勝ち続ける者も、負け続ける者も存在しないはずのプロの世界で、こんなことがありうるのか……。

あまりに多くのことがわずかな時間で一変していく様に、私は戸惑いを覚えていた。車はほとんど停止することなく、市街を北から南へ走った。十五分ほどでフロントガラスの向こうに、重厚感のあるマンションが見えてきた。名古屋における落合邸はその一番上にあった。

インターホンを押すと、「どうぞ」という夜を昼に変えるような夫人の声が響いて、オートロック錠が開いた。エレベーターで最上階まで上がり玄関にたどり着くと、別の新聞社の記者が出ていくのとすれ違った。おそらく今しがた、落合への取材を終えたのだろう。

あれほどメディアとの予定調和を拒んできた落合が、なぜこの段階で取材に応じるのだろうか。ふと疑問が浮かんだ。

玄関を入り、ドアをひとつ開けると広い部屋に出た。天井の高いリビングは暖色の光に包まれ、煌々(こうこう)としていた。その真ん中に開襟シャツ姿の落合が座していた。

「きたか」

その声はかつてないほど柔らかかった。戦いの匂いが消えていた。シャンデリアの複雑な光に照らされた落合の表情には角がなく、すべてが丸みを帯びていた。

私はそれを見て、四年前の二〇〇七年に中日が日本一になった夜のことを思い出した。あのころの落合はあらゆるものを捨て去り、削ぎ落として、ただ勝利だけを欲していた。日本シリーズ第五戦、ランナーを一人も出さず、シリーズ史上初の完全試合を目前にしていた山井大介に代えて、ストッパーの岩瀬仁紀を最終回のマウンドに送った。非情の誹(そし)りを背負うことを代償に頂点に立った。

あの夜の落合はすべてが終わった後でなければ口を開くこともなかった。ずっと望んでいたものを摑んだというのに、何も手にしていないようにパサパサで、終わったばかりだというのに、もう次の勝利に飢えていた。

ところがいま目の前にいる落合は、まだ完全には勝利を手にしていないというのに解放され、まるで演奏を終えた指揮者のように満ち足りていた。

「で、お前は俺に何を訊くんだ?」

落合は何かに陶酔したような顔で言った。

私はまず、この現実離れした戦いについて訊いた。一体、内部で何が起こったのか。

落合はフッと小さく笑った。

「確かに滅多に見られるもんじゃない……。まあ、もし、あいつらに火をつけたものがあったとすれば……」

そう言うと、二小節分くらいの間をおいて話し始めた。

「まだ俺の退任が発表される前、ジャイアンツ戦に負けただろう？ あのとき、球団のトップがおかしな動きをしたっていう噂が出たんだ」

落合の眼鏡の奥が一瞬、光ったように見えた。

その噂は私も耳にしていた。

数日前、球場内のコンコースとグラウンドを繋ぐ薄暗いトンネルのような通路の片隅で、あるスタッフが声を潜めて言ったのだ。

「知ってるか？ 巨人戦に負けた後に、社長がガッツポーズしたらしいぞ……」

私はそれが裏方スタッフの間だけの小さな噂話だと思っていたが、すでにチーム内部に浸透し、落合のところまで届いていたのだ。

落合は小さな黒い眼の奥を光らせたまま、続けた。

「勝つために練習して、長いこと休みなしでやってきて、なんで負けてガッツポーズされるんだ？ 選手からすれば、俺たち勝っちゃいけないのかよと思うだろうな。その後、俺の退任が発表された。それからだよ、あいつらに火がついたのは」

チームが敗れたにもかかわらず球団社長がガッツポーズをした——もし、それが本当ならば、そこから透けて見えるのは、優勝が絶望的になったことを理由に落合との契約を打ち切るという反落合派のシナリオである。

落合はその行為に対する反骨心が、現実離れした戦いの動力源になったというのだ。

「あんた、嫌われたんだろうねえ」

室内の沈黙を破るように、隣にいた夫人が笑った。その声につられて落合も笑った。

だが私は笑えなかった。微かに戦慄（せんりつ）していた。落合という人物の根源を目の当たりにした思いだった。

理解されず認められないことも、怖れられ嫌われることも、落合は生きる力にするのだ。万人の流れに依（よ）らず、自らの価値観だけで道を選ぶ者はそうするより他にないのだろう。

監督としての八年間だけではない。野球選手としてバッターとして、おそらくは人間としても、そうやって生きてきた。血肉にまで染み込んだその反骨の性（さが）が、落合を落合たらしめているような気がした。

そして私を震えさせたのは、これまで落合のものだけだったその性が集団に伝播していることだった。

いつしか選手たちも孤立することや嫌われることを動力に変えるようになっていた。あの退任発表から突如、彼らの内側に芽生えたものは、おそらくそれだ。

リビングルームの高い天井を見上げると、壁時計の針は午前一時を指していた。朝が来れば、東京へ移動して巨人とのゲームが待っている。

だが落合に時間を気にする素振りはなかった。相変わらず、もう全てを成し遂げたかのように微笑んでいた。勝利に飽くことのなかった男が、なぜこうも満ち足りているのか。

それが私の次の問いだった。

落合は、今度は深く息をついた。

「荒木のヘッドスライディング――」

そう言って探るように私を見た。

「あれを見て、俺が何も感じないと思うか?」

落合の言うプレーはすぐに思い浮かべることができた。私も鮮明に覚えていた。

あれは落合の退任が発表された翌日のゲームだった。荒木は二塁ランナーとして、生還は不可能だろうと思われた本塁へ突入し、身を賭したようなダイビングで決勝点をもぎ取った。このチームの変貌を象徴するようなプレーだった。

「あれは選手生命を失いかねないプレーだ。俺が監督になってからずっと禁じてきたことだ。でもな、あいつはそれを知っていながら、自分で判断して自分の責任でやったんだ。あれを見て、ああ、俺はもうあいつらに何かを言う必要はないんだって、そう思ったんだ」

落合は恍惚の表情を浮かべていた。

確かにそうだった。落合はあの日から何も言わなくなった。

「これでいいんじゃないか」

「俺は何もしていない。見てるだけ」

ゲーム後のインタビュールームでは、勝っても負けても穏やかにそう言うだけになった。紙面を通じて意味深げなメッセージを発することもなくなった。そんな落合の様子が、私の目には奇異に映っていた。

落合はシャンデリアを見上げると、少し遠い目をした。

「俺がここの監督になったとき、あいつらに何て言ったか知ってるか?」

私は無言で次の言葉を待った。

「球団のため、監督のため、そんなことのために野球をやるな。自分のために野球をやれって、そう言ったんだ。勝敗の責任は俺が取る。お前らは自分の仕事の責任を取れってな」

それは落合がこの球団にきてから、少しずつ浸透させていったものだった。かつて血の結束と闘争心と全体主義を打ち出して戦っていた地方球団が、次第に個を確立した者たちの集まりに変わっていった。

そしてあの日、周囲の視線に翻弄され、根源的な自己不信を抱えてきた荒木という選手が、監督の命に反してヘッドスライディングをした。その個人の判断の先に勝利があった。それはある意味で、このチームのゴールだったのではないか。

私はずっと、なぜ落合が勝利のみに執着するのか、勝ち続けた先に何を求めているのかを考えてきたが、今ならわかるような気がした。

落合は荒木のヘッドスライディングと劇的なチームの変化の中に、それを見つけたのだ。

落合の真意を探し続ける荒木が、このことを知ったらどう思うだろうか。

私は煌々と灯りの点るリビングで、そんな想像をした。

「あいつら最初は、この人何を言ってるんだと思っただろうな。俺の言うことは周りの人間の言うこととは違う。例えば、なんで俺が荒木と井端を入れ替えたのか。みんな、わからないって言ってたよな?」

落合は私の胸の内を見透かしたように、問わず語りを続けた。

「俺から見れば、あいつら足でボールを追わなくなったんだ。今までなら届いていた打球を目で判断して、途中で諦めるようになったんだ」

球界最高の二遊間と言われた二人を錆が侵食し始めていた——落合はそう言った。私にはそれがわからなかった。おそらく誰の目にも映らなかったはずだ。だから彼らをコンバートするという落合の決断は理解されなかった。

「あそこに絵があるだろう?」

落合はそう言うと、リビングの壁に掛けられた一枚の絵画を指さした。明るい色彩で、住居らしき建物と田園風景が描かれた水彩画だった。

「俺は選手の動きを一枚の絵にするんだ。毎日、同じ場所から眺めていると頭や手や足が最初にあったところからズレていることがある。そうしたら、その選手の動きはおかしいってことなんだ」

絵画の中の建物や花々を見つめながら、落合は言った。

「どんな選手だって年数を重ねれば、だんだんとズレてくる。人間っていうのはそういうもんだ。ただ荒木だけは、あいつの足の動きだけは、八年間ほとんど変わらなかった」

私は言葉を失っていた。

増え続ける失策数と、蒼白になっていく荒木の表情と、そうした目に見える情報から、なぜ落合は右肩に痛みを抱える選手をショートへコンバートしたのか？　なぜ、あえて地獄に突き落としたのか？　私は怒りにも似た疑問を抱いていた。

だが落合が見ていたのはボールを捕った後ではなく、その前だった。前年の二十失策と今年の十六失策の裏で、これまでなら外野へ抜けていったはずの打球を荒木が何本阻止したか……。記録には記されず、それゆえ目に見えないはずのその数字が落合には見えていたのだ。失策数の増加に反して、チームが優勝するという謎の答えがそこにあった。

つまり落合が見抜いたのは、井端弘和の足の衰えだったのだ。

いつだったか、休日のナゴヤドームで、私の隣にやってきた落合が放った言葉があった。

「ここから毎日バッターを見ててみな。同じ場所から、同じ人間を見るんだ。それを毎日続けてはじめて、昨日と今日、そのバッターがどう違うのか、わかるはずだ」

あの言葉の意味がようやくわかった。何より、落合に見られることの怖ろしさが迫ってきた。

「あいつら、俺がいなくなることで初めてわかったんだろうな。契約が全ての世界なんだって。自分で、ひとりで生きていかなくちゃならないんだってことをな。だったら俺はもう何も言う必要ないんだ」

タクトを置いた落合は、指揮者がいなくとも奏でられていく旋律に浸っていた。ずっとこの瞬間を待ち望んでいたかのように、時計の針が二時をまわっても恍惚としていた。


翌日の午後、私は東京ドームにいた。

ベンチ裏のコンクリートの通路で、坂井を待っていた。頭にはずっと、前の晩に落合が口にした言葉があった。

チームが敗れたにもかかわらず、球団社長がガッツポーズをした——その噂は確かに存在したが、目撃者は定かではなかった。

『バッティングピッチャーの◯◯が見たらしい』

『〇〇テレビの〇〇が見たようだ』

噂の中で名前が挙がった人物に当たってみても、ことごとく「自分も伝聞で知ったのだ」という。私は確証を得られずにいた。

ただ、その噂がチームに火をつけたのだと落合が語った以上は、紙面には去りゆく指揮官の手記として掲載される。私はその前に、坂井に事実を確認しておく必要があった。

プレーボールの一時間前、坂井はいつも通りの時刻に球場へやってきた。蛍光灯が冷たく光るバックヤードの通路を、ほとんど靴音を響かせることなく歩いてきた。

「折り入って訊きたいことがあります」

そう告げると、坂井は意外そうな顔をして立ち止まった。

「何でしょうか？」

静かな細い声だった。

前社長の西川順之助は、大柄で厚みのある体格にふさわしい鷹揚な雰囲気を醸していたが、華奢な輪郭の坂井は日々顔を合わせる番記者相手にも敬語を崩さず、どこか繊細な印象を与えた。

坂井の右手には紙パックの烏龍茶が握られていた。球場内の自動販売機で買ったものだろうか。チームのロッカーに行けば、飲料水は山と積まれているはずだが、坂井はむやみに現場に立ち入ることをせず、一線を引いているように見えた。

私は単刀直入に、落合が口にしたことを伝えた。そして訊いた。噂は事実なのか――。

坂井は立ったまま絶句した。

しばらく間を置いてから、柳の揺れるような声を震わせた。

「そんなこと……するはずがないでしょう……」

そう言った瞬間、右手にあった紙パックが潰れ、中から黒褐色の液体が飛び出した。坂井は拳を握ったようだった。私にはそれが動揺のためなのか、怒りのためなのか、それとも別の理由なのか、わからなかった。

「そんなことを……するはずがない」

坂井は内ポケットから取り出したハンカチでスーツに飛んだ水滴を拭きながら、震える声でもう一度、私と自分にはっきりと聞かせるように言った。

通路の蛍光灯に照らし出されたその表情が蒼白く見えた。

「そうとしか、言いようがありません」

いくらか平静を取り戻した坂井はぽつりと呟くと、背を向けて歩き出した。

私には坂井が嘘を言っているようには見えなかった。ただ、何かを怖れているのかもしれないとは感じた。その対象は、落合という人間の得体の知れなさなのか、それとも指揮官の退任を境にした劇的なチームの変化なのか。

去っていく坂井の後ろ姿を見ながら、私はそんなことを考えていた。

## 9

中日が球団史上初めてのリーグ連覇を果たしたのは、それから四日後のことだった。十月十八日、冷んやりとした夜風が吹き抜ける横浜スタジアムで荒木はショートを守っていた。名声を失い、呪いに呪ったそのポジションで優勝の瞬間を迎えた。

歓喜の輪を眺めていると、不思議な心持ちになった。半月遅れで始まった特別なシーズンの幕切れはどこか現実感がなく、あらゆるものが逆さまになったように思えた。

落合と何度もぶつかり合った谷繁元信が真っ先に指揮官を歓喜の輪へと誘っていた。怪力を金に変えるべく助っ人という立場でこの国にやってきたはずのトニ・ブランコが、まるで幼少時の夢を叶えたように飛び跳ねていた。

何ら感情的なつながりを持たないはずだった男たちの熱を帯びた手によって、落合が秋の夜空に舞っていた。

その後、都内ホテルの屋上で、ビールの泡にまみれた落合は言った。

「お前らのこと、認めてやるよ！」

これまで誰も耳にしたことのない言葉だった。その裏で、球団社長の坂井がひとり右手に持ったビールを自らの左手にかけていた。

荒木はその光景を見て、坂井も揺れていたのかもしれないと思った。

あの噂が本当だったのかどうかはわからない。ただ、落合という人間と会社組織と、その狭間で葛藤しながら球団社長としての経営判断を下したのだ。

正義を成した者と嫌われた者が、冷徹と激情が、常識と非常識が、あらゆるものが反転していく不思議な夜だった。

全身に染み渡っていく陶酔に浸りながら、荒木はふと思った。

自分が地獄だと感じていたこの歳月も、じつは絶頂だったのかもしれない。

# エピローグ　清冽な青

## 1

日曜日の昼前ということもあるのだろうか、福岡博多の中心街・天神は人波であふれていた。穏やかな陽光に誘われた人々がメインストリートを埋めていた。

私は雑踏を避けて、駅前の大通りから一つ奥まった筋にあるコーヒーショップに入った。互いが互いに干渉しない空間に、どこかで聞いたようなジャズが耳を邪魔しない程度の音量で流れていた。

ひとり掛けの席はすでに埋まっていた。私は仕方なく複数人用の大きなテーブルに鞄を置くと、古びた傷だらけのパソコンを取り出した。

落合についての、最後の原稿を書くためだった。

二〇一一年十一月二十日、中日ドラゴンズと福岡ソフトバンクホークスの日本シリーズは対戦成績三勝三敗で、最終第七戦を迎えていた。つまり勝っても負けても、この日曜日の試合が落合にとって最後のゲームだった。

私はまだこの二カ月の間に起こったことに現実感を持てずにいた。球団の補強費は先細り、戦力の代謝は滞り、ほとんど優勝は絶望的だと見られていたチームが、あと一勝で日本一というところまで辿り着いた。一体、誰が予想できただろうか。

全ては落合の退任発表からだった。チームも、世の中の視線も劇的に変わった。事実上の解任を突きつけられた指揮官と選手たちが、それに抗うように逆転優勝へと突き進んでいった。その姿に、人々は後押しを始めたのだ。

『落合の反骨、奇跡の逆転優勝』

『球団社長、敗戦にガッツポーズか』

新聞の見出しは落合を正義とした。それまで勝つことでしか評価されず、勝ってもつまらないとさえ言われた落合のチームが、今や万人の望む物語の主人公になっていた。

あらゆるものがめまぐるしく変わっていくなか、ひとつ確かなのは、落合だけが変わっていないということだった。

あのリーグ優勝を決定づけた夜、マンションのリビングで語り続けた落合はむず痒そうに笑っていた。

「不思議なもんだよな。これまで批判されてきた俺が……俺は何も変わっちゃいないっていうのに、今度は褒められるのかよ」

事実、落合は現実的でシニカルな落合のままだった。

暦が十一月に入り、まもなく日本シリーズが始まろうという時期に、球団編成担当の井手峻が苦笑いしていたことがあった。

「本社の役員が、落合は最後までけしからんと怒っているんだよ」

井手によれば、退任が決まり十月三十日で契約が切れた落合は、それ以降の期間にチームを指揮する上で、年俸を日割りしたサラリーを球団に求めたという。

中日にしてみれば、ヤクルトとのプレーオフも、日本シリーズも、落合不在で戦うことは考えられなかった。結局、落合は計算上で、一日あたり百万円以上の報酬を手にしながら、十一月の指揮を執ることになった。

「なんて奴だ、と役員は言うんだけど……」

現役時代から落合を知る井手は、そう言って首を傾げた。

「落合は当たり前のことを言っているだけなんだよ。彼はプロの監督なんだから」

やはり落合は変わっていなかった。この八年で変わったのは周りの人間たちだった。球団の選手や関係者たちばかりではない。かつて、誰かの伝書鳩であることに安寧を感じていた末席の記者が、デスクの顔色も胸の内も推し量ることなく、今日の原稿を書き出そうとしていた。

誰かの後ろにしか自分の居場所はないと考えていた私が、まだゲームが終わってさえいないのに、今はただ自分の思うように書けばいいのだと考えていた。

店内には相変わらず当たり障りのないジャズが流れていた。いつの間にかレジには人の列ができていて、学生らしき男女の四人連れが大きめのテーブルを挟んだ私の向かい側に座った。定期試験だろうか、あるいは就職活動だろうか。四人肩を並べた彼らは、それぞれに参考書のような教科書とノートを広げた。

私はかつての自分を見るような思いがした。前を走る誰かがいなければ不安で、いつも横並びの誰かを探していた。

社会に出たばかりのころ、私にあったのは茫洋とした無力感だけだった。
ロストジェネレーション——私たちの世代はそう呼ばれていた。高度経済成長もバブルも終わった氷河期に社会へ出た者たちを指すのだという。ただ私はずっと、自分が一体何を失ったのか疑問だった。もともと人生を劇的に彩るものなどなかったからだ。世の中が少しずつ見えてくる年齢になったとき、戦争の傷はほとんど覆い隠されていた。イデオロギー闘争は決着していて、経済の泡も消えていた。

同じ「失われた世代」でも、かつてヘミングウェイやフィッツジェラルドに降りかかったような、人生観を変えるほどの悲劇などなかった。すべては平らにならされ、熱くも冷たくもなかった。あのころの私には世の中がそう見えていた。もし自分に、他の世代と比べて喪失があるとすれば、それは何も失っていないことだ、と考えていた。その醜く矮小な劣等感を口にすることさえできず、胸の内でひそかに平坦な時代を呪うしかなかった。

社会で出会った人たちは、「戦後は……」「安保闘争は……」「バブルは……」とそれぞれが背負った傷を語った。それを耳にするたび、自分はこの列の後方でじっとしているしかないのだと感じていた。

そんな私が、順番を待つことをやめたのはいつからだろう。コーヒーショップにはひとりで行くのがいいと考えるようになり、夜ひとり飲む酒の苦みを噛み締めるようになったのはいつからだろうか。

「お前、ひとりか?」

振り返ってみれば、あの瞬間から私は自分の輪郭を描き始めたのかもしれない。私は落合という人間を追っているうちに、列に並ぶことをやめていた。

「別に嫌われたっていいさ」

「俺が本当に評価されるのは……俺が死んでからなんだろうな」

落合はどの序列にも属することなく、個であり続けた。

落合というフィルターを通して見ると、世界は劇的にその色を変えていった。この世にはあらかじめ決められた正義も悪もなかった。列に並んだ先には何もなく、自らの喪失を賭けた戦いは一人一人の眼前にあった。孤独になること、そのために戦い続けること、それが生きることであるように思えた。

ひとり落合邸に向かうたび、自分はこれまで世代という集団を隠れ蓑に孤独から逃げていただけなのだと気づいた。無力感は自分への怒りになり、いつしか私は時代を呪うことをやめていた。

そして当の落合は今、人々の胸に何かを遺したまま、やってきた時と同じように、ひとり歩き去ろうとしていた。

「猫って最期を迎えるとき、誰にも見られないところにいくんだよな。俺もそういうのがいいよな……」

時計の針が午前二時をまわっても恍惚としていたあの夜、マンションの外の闇で猫の鳴く声が聞こえた。それを耳にした落合はふと呟いた。

物語の主人公を演じるなんて、まっぴらごめんだとでも言うように笑っていた。

振り返ってみれば落合はいつもそうだった。

言葉を信用せず、誤解されるくらいなら無言を選んだ。

建前を嫌い、偽りの笑みを浮かべるくらいなら孤独を選んだ。

見ている者からすれば、悲しく映るくらいひとりだった――。

そこまでキーボードを叩いたとき、私は視界が歪んでいるのに気づいた。瞼のあたりが熱いのはなぜなのか、自分でもわからなかった。店内にピアノバラードが流れているわけでもないのに、どういうわけか私は込み上げるものを抑えることができなくなっていた。

テーブルを挟んで座っていた学生らしき男女の視線が、こちらに向けられているのがわかった。それでも私は目に映る液晶画面の文字をにじませたまま、流れ落ちるものもそのままに原稿を書いた。落合について書いた。私がやるべきことはそれしかなかった。

それからコーヒーショップを出て、スタジアムに向かった。日本一を決める最後のゲームだというのに勝利も敗北も等しいように感じられた。

落合の試合を見る上で、そんな気持ちになったのは初めてだった。

荒木雅博は打順を待つベンチで、ゲームセットの瞬間を迎えた。

落合が指揮を執った最後の試合、日本シリーズ第七戦に中日は敗れた。一点も奪うことができず、かといって勝負の緊迫感を手放すことなく、〇－三で敗れた。

九回表、最後のバッター和田一浩が空振り三振に倒れた瞬間、ベンチ後列に座っていた落合がすっと立ち上がるのが見えた。グラウンドに飛び出したソフトバンクの選手たちの抱擁を一瞥もすることなく、ベンチ裏の通路へと姿を消した。

そんなに悔しいのだろうか……。

落合の後ろ姿を見ながら、荒木は思った。

当然だろう。あと一勝と迫りながら、目前で日本一を逃したのだ。

「負けたら意味がない」と言い続けてきた落合もこのチームも、勝つことでのみ評価されてきたのだ。荒木にも敗れたことへの喪失感がなかったわけではない。

ただなぜかこのゲームだけは、始まる前から勝利と敗北の価値にあまり差がないような気がしていた。

## 2

そんなことは初めてだった。

福岡ドームは華やかに彩られていた。キラキラと光る紙吹雪のなかで、敵将の秋山幸二が宙を舞っていた。荒木はそれを見ながら、不思議と満ち足りていた。

落合がベンチへ戻ってきたのは勝者たちのセレモニーが一段落したころだった。その顔には悔恨も落胆も見当たらなかった。それを見て、荒木は少しほっとしたような気持ちになった。

「いくぞ」と、落合は全員に聞こえるように言った。

荒木は一瞬、どこにいくのだろう？　と思ったが、指揮官がブルーに染まったレフトスタンドへと歩き出した姿を見て、その意味を知った。

ナイター照明に反射する紙吹雪や紙テープの散乱したグラウンドを一歩一歩、踏みしめるように歩いた落合は、スタンドを埋めた人々の顔が見えるところまでくると立ち止まった。そこで脱帽し、深く一礼した。

その頭上に落合コールが降り注いでいた。

「勝つことが最大のファンサービスなんだ」

「お客は勝つところが見たいんだ。勝てばお客は来る」

そう言って憚（はばか）らず、それゆえに嫌われた監督が、敗れてなお、その名を叫ばれるのは、どういうわけなのだろうと荒木は考えた。

落合が変節したわけではなかった。

非情と呼ばれた指揮官は、最後のシーズンもこれまでと同じように淡々と、選手を勝つための駒として動かした。

最も打撃理論を交わした和田一浩を優勝争いの正念場で二軍に落とした。レギュラーを奪ってみろと自らノックバットを振るった森野将彦を、優勝目前に先発メンバーから外した。かつて完全試合まであと一イニングのマウンドへ送り出したストッパー岩瀬仁紀を、今度は逆に九回のマウンドから降ろし、代わりに浅尾拓也を送った。

チームを俯瞰する視線こそ穏やかになったように映ったが、根源的な冷徹さは変わらなかった。

変わったのは、自分たちなんだ……。

敵地に響く落合コールを聞きながら、荒木はそう確信した。

すべてが終わった後、選手たちは誰からともなくチーム用のサロンに集まり始めた。選手もスタッフも、まだ落合の口から別れの言葉を聞いていなかった。荒木は自然発生的にできたその輪に加わりながら、秘かに考えていることがあった。

今日なら、すべてを訊けるかもしれない……。

「お前ら目でボールを追うようになった――」

あの言葉の真意は何だったのか。

退任発表の翌日、禁じられたヘッドスライディングをした自分に、なぜ落合は「大丈夫か」と、自らの辞書にはない言葉を投げ掛けたのか。

最後にそれらの答えを訊くつもりだった。

荒木は、落合がチームを去ると決まってからも、これまでと同じように自問を続けてきた。東京でも横浜でも福岡でも、落合のいる時間を見計らって、ホテルの食事会場に足を運んでいた。

何度か言葉を交わす機会は得られたが、答えを訊こうとしても、あと一歩、踏み出すことができなかった。

そして最後の日が近づいたある夜、テーブル越しに向き合った落合から逆に問われたことがあった。

「俺が監督になったとき、キャンプ初日に紅白戦をやるって言ったよな？　あれ、何でだかわかるか？」

それは、この歳月を総括するような問いだった。

落合が就任して最初のシーズンとなった二〇〇四年、プロ野球界がようやく動き始めるキャンプ初日の二月一日に中日は紅白戦を行った。あらかじめ予告していたことを本当にやった落合は、球界の非常識と言われ、その得体の知れなさを内外に印象づけた。

選手を見極めるためではないだろうか。

荒木はそう考えていた。どの選手を残してどの選手を切るのか。そのための篩なのだと。

八年前の謎を持ち出した落合は、グラスを片手にこう言った。

「お前、あのとき、紅白戦の日まで何をしていた？」

にやりとした笑みを浮かべていた。

「ひとりで考えて練習しなかったか？　誰も教えてくれない時期に、どうやったらいきなり試合のできる身体をつくれるのか。今までで一番考えて練習しなかったか？」

荒木は、空になった落合のグラスを見つめながら記憶をたどった。

確かにそうだった。

新しい監督がやってきて、生き残りの篩にかけられる。その危機感から、まだ吐く息の白いうちから野球のことに頭を巡らせている自分がいた。前例のないことをやるにはどうすればいいのか。他の者はどうしているだろうか。ひとり不安の中で考え続けるしかなかった。自分だけでなく、おそらくチームの誰もがそうだったはずだ。

落合はそこまで言うと空のグラスを満たし、あとはただ笑っていた。


福岡ドームのベンチ裏は静まり返っていた。サロンには選手もスタッフも全員が顔を揃えていた。そこへ落合が入ってきた。

去りゆく指揮官はぐるりと一人一人の顔を見渡して、言った。

「八年間、ありがとうな」

その表情は勝者のようだった。

「今、この場に俺が立っていられるのはお前たちのおかげだ。九月でシーズンが終わっていたかもしれないんだからな。お前ら、大したもんだ」

誰もが黙って落合を見つめていた。

「ただな……」と指揮官は続けた。「これからも下手な野球はやるなよ。自分のために野球をやれよ。そうでなきゃ……俺とこれまでやってきた意味がねえじゃねえか」

そう言うと、落合は少し上を見上げた。その目に光るものがあった。

失神するほどのノックを浴びせられた森野が目を真っ赤にしていた。

日本一と完全試合をかけた史上最も過酷なマウンドに送り出された岩瀬が、真一文字に結んだ唇を震わせていた。

室内に言葉はなかったが、一人一人の雄弁な感情によって満たされていた。

このチームはいつから、これほど熱いものを内包していたのか。

荒木は胸に込み上げるものを感じていた。そして、やはり答えを訊くのはやめておこうと思った。

きっとこの先も不安に揺れることはあるだろう。それでもひとり、この歳月の意味を考え続けるのだ。それがこの世界を生きていくたった一つの物差しであり、落合が遺したものであるような気がした。

誰もその場を去ろうとしなかった。室内に満ちた郷愁はやがて長い戦いに勝利したような充足感へと変わっていった。

3

その年、私が最後に落合と会ったのは、クリスマス間近のよく晴れた日だった。

名古屋にある落合のマンションを訪れたのには理由があった。私はその日を最後に中日の担当を離れ、名古屋から去ることになっていた。

サラリーマンの常が自分にも回ってきたことを、区切りとして落合に伝えに行った。

「ちょっと乗れよ」

近くに所用があるのだろうか、荷物を持たずにマンションを出てきた落合は待たせていたタクシーに乗り込みながら、そう言った。

車が動き出すと、いつものように窓枠に片腕をかけ、景色に目をやりながら私が切り出すのを待っていた。

転勤を告げると、落合は驚いた様子もなく頷いた。

「そうか……、お前も去るのか」

もう監督と番記者ではないのに、これまでと同じように張り詰めた空気が車内に流れていた。

「ひとつ覚えておけよ」

そう言って、落合は私を見た。

「お前がこの先行く場所で、俺の話はしない方がいい。するな」

私はなぜ落合がそんな話をするのか、飲み込めなかった。

落合はそれを察したように続けた。

「俺の話をすれば、快く思わない人間はたくさんいるだろう。それにな、俺のやり方が正しいとは限らないってことだ。お前はこれから行く場所で見たものを、お前の目で判断すればいい。俺は関係ない。この人間がいなければ記事を書けないというような、そういう記者にはなるなよ」

言い終わると、落合は再び窓の外に視線を戻し、空を見ていた。

私は黙って頷いた。

落合なりの別れの言葉なのだろうと受け止めていた。

社会に出てから過ごしてきたプロ野球の世界で、自分のことを忘れないでくれと言う取材対象者はいても、自分の話はするなと言った人間は記憶になかった。

落合はこうして、また孤独へと還っていくのだろう。

チームという組織にいても、何人もの人間と戦いを共にしても、つまるところ落合はひとりだった。

時がくれば、去る。

どれだけ年月を重ねても何度顔を合わせても、凍てつくような緊張感が消えないのはそのためだ。

胸には、落合に初めて会った日、ガレージの中に私が見た赤と青が甦っていた。コカ・コーラの二五〇ミリ缶のような乾いた赤と、深海のような青である。

錯覚かもしれないとすら疑わず、私が視覚と脳に刻んだあの鮮烈な色彩は、あの住宅街の風景の一部でありながら、まるで周囲と調和せず隔絶しているように感じられた。落合という人間もそうだった。同じ時代、同じ社会を生きながら明らかに異形なのだ。あらゆるものへのアンチテーゼのようなその存在が、世の中の欺瞞や不合理を照らしだしてしまう。

いつかまた誰かがあの住宅街を訪れ、落合という反定立に触れ、世界の見方を一変させるのかもしれない。あるいは恐れ、嫌うのかもしれない。車を降りた私はそんなことを考えながら、ひとり冬の街を歩いた。

乾いた空気は澄んでいた。落合がそうしていたように上を見上げると、そこには息を飲むような光景が広がっていた。

空には何もなかった。ちぎれ雲ひとつなかった。壮絶なものが通り過ぎ、すべてをさらっていったような、清冽な青があるだけだった。

# あとがき

「落合さんを書いてみませんか？」

文藝春秋社「週刊文春」の編集長である加藤晃彦さんから、そう言われたのは二〇二〇年の初夏のことだった。

新型コロナウイルスの感染拡大によって東京オリンピックの延期が決まり、安倍晋三政権は緊急事態の舵取りに迷走していた。その裏で検察庁法改正案を強行しようとした矢先、首相が検事総長に据えようとしていた黒川弘務検事長の賭けマージャン問題を文春砲がスクープした。

巨大組織や統治者たちを覆っていたメッキが次々にはがれていく。加藤さんと会ったのは、そんな時期だった。

私は加藤さんの言葉に、心を見透かされたような気持ちになった。なぜなら、個人的にいつかは落合博満という人物について長編を書きたいと思っていたからだ。

ただそれは、もっとずっと先のことだとイメージしていた。言うなれば、自分が死ぬまでにやることの一つだと考えていた。

「なぜ、いま落合さんなんですか？」

私は訊いた。

加藤さんはたしか、偽善でも偽悪でもなく組織の枠からはみ出したリーダー像が読みたいからだ、と言ったような気がする。

それから数日が経ったあと、「タイトルをこうしようと思う」と連絡があった。

『嫌われた監督』

それを聞いて、書いてみようと思った。それなら書けるような気がした。なぜいま落合を書くのか、腑に落ちた。

その年の八月十三日・二十日の合併号から連載を始めた。

新聞のスクラップと、記者だった当時のスコアブックを引っ張り出して記憶をたどった。不思議なほど、ひとつひとつの場面を思い浮かべることができた。社会に出たばかりの時期に落合のような人物と遭遇したことは、その他の時間に比べて深く色濃く、私の心に刻まれていたのだとわかった。

取材者と対象者の関係だった八年間で、監督としての落合についてはあらかたのことを見てきたつもりでいたが、あらためて時間の経過を追いながら取材してみると、記者の視点ではとらえきれていなかった別側面がいくつもあった。落合は、接する側の立場や状況によって様々な顔に映るのだということがわかった。

破壊者であると見る人もいれば、迷える者を導く革命家であると信じる人もいる。ひとつだけ共通していたのは、いつまでも謎であり、その言動の真意について深く考えざるをえないことだった。

盛夏に始まった連載は年を越えて、二〇二一年の三月四日号で最終回を迎えた。そこから再び、一から手を入れるつもりで単行本化に向けての加筆を始めた。最後の一行を書こうという段になっても、私はまだ落合が何者であるかを表す端的な一文を見つけることはできなかった。ただ、それでいいのだろうと思った。

落合を、どの側面からどう捉えるのかは、それぞれの内面にあればいいことであり、規定することはできない。そういう結論に達していた。

そういう意味において、本書は当時の選手やスタッフの方々の協力なしには完成できなかった。各章に登場する視点人物として、鮮やかな記憶と自らの心の葛藤を証言してくれた関係者の方々に、この場を借りてあらためて謝意をお伝えしたい。

また落合の内面世界を浮かび上がらせるような装丁を施してくれた文藝春秋デザイン部の番洋樹さん、単行本化にあたり仕事の枠を越えて力添えをいただいた第二文藝部の柘植学さんに深く感謝したい。

そして何より、連載から単行本化まで各所との調整をしながら伴走してくれた週刊文春編集部の稲田修一さん、毎週の原稿と向き合い、ともに落合観を掘り下げてくれた担当の児玉也市さん、あの日、いつかいつかと胸に秘めたまま永久に書かなかったであろう私の背中を押してくれた加藤さんに、心からの感謝を申し上げたい。

二〇二一年　夏

鈴木忠平

# 文庫版新章　まえがき

本書の原型となった短編がある。五年前にスポーツ総合誌Ｎｕｍｂｅｒに掲載された「ストッパー岩瀬仁紀　生涯最高のマウンド」というノンフィクションである。

きっかけは二〇一八年に中日ドラゴンズの岩瀬が現役引退を表明したことだった。中日の黄金期を支えたストッパーはその記者会見の席上で、二十年間で最も心に残ったゲームを問われ、二〇〇七年の日本シリーズ第五戦を挙げたのだ。

あの試合か。

新聞紙上で岩瀬の発言を知ったとき、胸には驚きと、妙な納得が存在した。同時にほとんど忘れていたある場面を思い出した。

あの夜──史上初の完全試合継投で中日ドラゴンズが半世紀ぶりに日本一となったゲームの後、監督の落合博満は誰もいなくなったナゴヤドームの駐車場で口を開いた。なぜ、パーフェクトゲームを継続中の投手を降板させ、ストッパーの岩瀬をマウンドに送ったのか。なぜ、あえて批判の渦中に飛び込むような采配をしたのか。それについて、チーム全体を一隻の船に例えて語った。

監督とは、選手とスタッフ、その家族までも乗せた船を目指す港に到着させなければならない。誰か一人のためにその船を沈めるわけにはいかない。

そう落合は言った。そして、去り際にひと言、こう残したのだ。

「でもな、一番きつかったのは俺じゃない。誰だか分かるか――」

その問いかけは締め切りの切迫感の中で置き去りにされ、時間の経過とともに記憶の片隅に追いやられ埋没していたが、岩瀬があの最終回を生涯最高のマウンドに挙げたことで脳裡によみがえったのだ。

それから私は、岩瀬のドキュメンタリーを制作するテレビマンとともに取材を始めた。当事者となった人物たちにあらためて証言を取り、原稿用紙三十枚にまとめた。言うなれば、あの言葉の真相を確かめに戻った。

その後、『嫌われた監督』を書くことになったとき、真っ先に浮かんだのがこの短編だった。あのゲームには組織と個人、あるいは協調と孤立、責任と信頼をめぐる各々の断層がちりばめられており、それが舞台の大きさと事象の特異性によって、野球界だけでなく日本社会全体の議論になった。落合が中日という地方球団の監督になってから起こったことのほとんどが集約されていた。そういう意味で異端の指揮官の八年間を描く長編の原型となったのである。

今回、『嫌われた監督』の文庫化にあたってこの短編を収録することにしたのは、ベンチ側に視点をとっている本編第五章「味方なき決断」とは対照的に、この短編がグラウンドに立つ者たち、とりわけマウンドを託される投手たちの視点であのゲームを捉えているからだ。そのため互いに補完しうる、いわば日本シリーズ第五戦「ノーカット版」としての意味合いがあると考えた。

加筆修正に際して、私は新たな人物の証言を取った。

もし、一人でもランナーを出したら……。

もし、このゲームに敗れたら……。

最終回のマウンドにストッパーを送った時点で、岩瀬以外の人間はこの重圧からある意味で解放されている。それぐらいの力が岩瀬にはあった。

だが、もう一人、託される側の人間として、岩瀬と内面を共有していた人物がいたのではないか。私はあの後ずっとそう考えていた。それが当時のエース川上憲伸である。

結果的には存在しなかった第六戦に先発する予定だったエースは、あの夜どこにいて何を見たのか。その新たな証言を加えて短編を再構成した。そのためタイトルをＮｕｍｂｅｒ掲載時のものから「それぞれのマウンド」へと改めさせてもらった。

二〇二四年　夏

鈴木忠平

文庫版新章

# それぞれのマウンド

二〇〇七年　日本シリーズ第五戦
特別篇

ASAKURA
14
OBA
26

山井大介は登板前夜から自分でも驚くほど楽観的にゲームをイメージすることができていた。重圧も怖れも感じなかった。完璧主義者として知られ、時として己への過度な要求が悲観につながってしまう山井が、これほどポジティブな思考に浸れたのは後にも先にもこの時だけだった。

〈誰も僕に求めていないので、気楽でした。何イニングでも、いけるところまでいってやろうと。投げると言われた時からイメージトレーニングはしていたんですけど、早く投げたくて、うずうずしていました〉

二〇〇七年十一月一日、中日ドラゴンズは日本一に王手をかけていた。北海道日本ハムファイターズとの日本シリーズは札幌での初戦こそ敗れたが、その後は三連勝し、本拠地ナゴヤドームでの第五戦を迎えていた。中日にとって最後の日本一は一九五四年にまで遡らなければならず、この時点で最も長い間、シリーズ制覇から遠ざかっている球団だった。それだけに地元名古屋には五十三年ぶりの歓喜を目前にした熱気が渦巻いていた。

一方で日本ハムの先発投手が球界のエースたるダルビッシュ有であること、かたや中日の先発山井はシーズン六勝四敗の投手であることから、どこかに劣勢やむなしの冷静さを伴っていたことも確かだった。山井の楽観はそんな世の中の空気も影響していたのかもしれない。

午後六時十分。球審のプレーボールを聞くと、山井の予感はそのまま球筋となった。速球は鉈のように重く鋭く、スライダーはリモコン操作のようにバットとの衝突を避けた。立ち上がりから相手打線を圧倒した。ボールの切れ味を証明するように、二回には右手の中指に血マメができた。出血し、傷口がジンジンと脈打つような感覚があったが、投球に影響はなかった。だからそれを誰に言うこともなく、ただ目の前の打者に向かっていった。二十九歳の伏兵は一人の走者も出すことなく、スコアボードにゼロを刻んでいった。

◇

岩瀬仁紀はプレーボールとほとんど同時にベンチ裏にあるトレーナー室の扉を開けた。専用ベッドにうつ伏せになり、筋肉を解してもらう。グラウンドで戦いが始まる時刻、岩瀬はようやく体に油を差し始める。エンジンをかけるのは誰よりも後でいい。それは野球におけるストッパーの特権であった。

ただその反面、登板日が決まっている先発投手や常時グラウンドに立つ野手とは異なり、マウンドを予測することができない。それゆえ常に準備を求められる。岩瀬は試合前からすでに最終イニングのイメージをしていた。

〈連勝で迎えていたのでチーム全体がすごくリラックスしていました。試合前に（川上）憲伸から「岩瀬さんいつもガッツポーズが格好悪いから、格好いい形を考えましょう」という冗談なんかを言われて。この勢いだったら優勝できると思っていたので、決められるならやっぱり五戦で決めたかった。最後を締めるイメージはしていました〉

プレーボールの時点でストッパーが思い描いていたのは、いつも通りの勝ちゲームであった。

◇

どこまでいけるか――。

谷繁元信はキャッチャーマスク越しに相手バッターと自軍の先発投手とを洞察していた。山井は三回まで日本ハム打線を完全に封じていた。打順がひと巡りした時点でヒットはおろか、四死球すら与えていなかった。伏兵の思わぬ快投に本拠地ナゴヤドームは沸いていた。ベンチにも浮き立つような空気があった。ただ、谷繁の頭脳は冷たく保たれていた。

〈初回から球にキレがあって、とくに相手はスライダーに全くタイミングが合っていなかった。このボールを主体にしていけばという感触はありました。ただ、正直、一年間フルで投げたことのないピッチャーでしたから〉

強くて重たいボールを持つ山井の力は誰もが認めていたが、度重なる故障と調子の波の激しさからシーズン通してローテーションを守ったことはなかった。対して相手はダルビッシュである。二回、まだエンジンがかかる前に平田良介の犠牲フライで一点を先制したものの、打線が追加点を奪える気配はなかった。

〈一―〇というのがゲームを進める上では一番きついんです。山井がまだランナーを出していないというのは分かっていましたけど、カウントが悪くなったら歩かせることも考えていました〉

谷繁の頭には完全試合はおろか、完投すらなかった。このシーズンの中日は岡本真也、平井正史という剛球派のセットアッパーが七、八回を守り、最後はストッパーの岩瀬が締めるという方程式が完成しており、先発投手の完投がわずか八試合しかなかった。自然と谷繁の配球も継投を視野に組み立てられていた。先のことを考えず無心で投げる山井に対し、年間一四四試合、その一球目から最終球までを自らのサインで動かす正捕手はゲームセットまでを逆算している。その視線はグラウンド上のプレーヤーというよりもベンチのそれに近かった。

◇

中日のロッカールームは一塁側ベンチ裏の通路をライト方向へ進んだ先にある。この日、試合中には無人となるはずのその空間にひとりの男がいた。川上憲伸である。

中日のエースは翌々日、札幌ドームに舞台を移して行われる第六戦の先発ピッチャーに決まっていた。そのため、この第五戦のベンチ入りメンバーからは外れる「上がり」という立場で、いつもならば試合前のトレーニングを終えれば球場を後にしてよかった。だが、この日はシリーズが決着する可能性があるため、セレモニーや祝賀会に備えて待機していなければならず、そうかと言って、ベンチに座るわけにはいかず、居場所を探した末に誰もいないロッカールームでテレビ観戦していたのだった。

川上の足元にはキャリーバッグが開かれた状態で置かれていた。もし札幌での第六戦にもつれ込んだ場合、チームは翌日、空路で移動する。各選手やスタッフは球団指定のケースに荷物をまとめて試合開始までに駐車場の出入口に出しておかなければならない。それがルールだったが、川上はゲームが始まっても荷を詰めることができずにいた。

〈この試合で決まって欲しい、決まるんじゃないかなという気持ちがどこかにあって……、なかなか手がつけられなかったんです〉

空っぽのキャリーバッグはエースの心境を象徴していた。

川上はこの日本シリーズ、札幌ドームでの第一戦に先発した。初回に二つの四球を与え、相手の主砲フェルナンド・セギノールにホームランを浴びたものの、八回まで投げて許したのはその一発を含めて二安打のみだった。打線がダルビッシュに封じられたためゲームには一－三で敗れたが、川上の手に残ったのは相手打線をねじ伏せたという感触だった。だから翌日のミーティングではそれをそのままチームメイトやスタッフの前で口にした。

〈今の投手陣の力があれば怖がらなくていいと思いますと伝えました。セ・リーグの巨人や阪神が相手だと、相手の読みの裏をかいたりしなければならないんですが、あの年の日本ハム打線に関しては、それぞれの投手が自分の武器を出していけばそうそう打たれないようなイメージでした〉

川上が予感した通り、中日は第二戦以降も相手打線を封じ、三連勝で一気に日本一へ王手をかけていた。そして、この第五戦も先発山井のスライダーに対して相手は打開策を見つけられていなかった。それが、このまま終わるのではないかという川上の楽観的願望に繋がっていた。

ただ、腹の底を覗けば、キャリーバッグを空っぽのままにしているのには、もう一つ理由があった。

〈できれば自分が投げる前に終わってほしいという気持ちがあったのは確かです。正直、また札幌で投げるのはしんどいなと〉

長いシーズンの最終盤、エースの心と身体は人知れず摩耗しきっていた。

川上はまだ星野仙一が監督を務めていた一九九八年、明治大学から逆指名で中日に入団したが、本当の意味でエースとなったのは落合博満が監督に就任した二〇〇四年からであった。落合中日一年目のそのシーズンに十七勝を挙げて、リーグ優勝の立役者となった川上は以降、あらゆる節目のゲームを託され、毎年十勝以上の勝ち星を稼ぎ、チームの常勝を支えてきた。この二〇〇七年シーズンも前半戦を終えた中断期間中に、監督室へ呼ばれた。そこではペナントレースの日程表を前にして落合とバッテリーチーフコーチの森繁和が腕組みしていた。

「まずお前の投げるとこが決まらないと後半戦のローテーションが組めねえんだ。どこで投げたいのか、言ってみろ」

森は言った。それは読売ジャイアンツと阪神タイガースのどちらを相手に選ぶのか、という意味だった。二〇〇〇年代中盤、セントラル・リーグの覇権を争う相手は原辰徳率いる巨人と岡田彰布の阪神、ほぼこの二球団に絞られていた。落合と森はそのライバルに対し、日程が許す限り徹底的にエースをぶつけた。

毎週、超満員のスタジアムでマウンドに立ち、ペナントレースの行方を左右するゲームに投げる。落合の野球は守りの野球であり、点が取れないのならば、点をやらなければいいというスタイルである。必然的にどの試合もほとんどが一点差ゲームで、小笠原道大やアレックス・ラミレス、金本知憲といった球界を代表するスラッガーと神経を削るような紙一重の勝負を繰り広げることになった。川上は森の問いかけに「お任せします」とだけ答えたが、極度の重圧と緊張に身を浸し続けるうち、摩耗は進んでいた。

〈もちろんやりがいはあります。ただ、ピッチャーとしては同じバッターに何度も投げていると投げる球がなくなってくる。粘られるようになって自然と球数も増える。それに阪神なんかはＪＦＫといって六回以降に良い投手を置いていたので、先にリードされると自分に負けがついてしまう。チームが勝つために投げるんですけど、プロ野球は個人成績をもとに査定されて年俸が決まるので、勝ち星も求めていかないといけない。その辺りのジレンマはずっとありました〉

組織と個人、責任と重圧の間で揺れる川上の内面が外部に吐露されたのはペナントレース終盤のことだった。川上はその夜も優勝を占うゲームを任され、一点差で敗れた。先発投手としての責任は果たしたが、勝負には負けた――そんな試合だった。

ゲーム後、着替えを済ませた川上がナゴヤドームの駐車場に出ると担当記者たちが待っていた。足を止める。囲みによる質疑応答が始まる。その中で記者の一人が言った。

「きょうの敗因は？」

その記者は一対一の同点から勝ち越された二点目について問うているようだった。なぜ、打たれたのか。なぜ二点目を失ったのか。

その瞬間、心の堰に亀裂が入るのが分かった。

「それ、反省しろっていうことですか？　もし、うちが三点取って一点差で試合に勝っていたら、勝因は？　って訊くんですか？」

川上の言葉に囲みの輪が静まり返る。怪訝そうな顔の記者たちを前に川上は言葉を絞り出した。

「もし、あの一点を反省しろというなら……それをやり始めたら、僕はもう次、怖くて投げられなくなってしまいます」

それは毎シーズン優勝争いをするチームの中で、最も重たいゲームを託され、勝利を求められてきたエースの心の叫びであった。

――シリーズ第五戦は一対〇のまま半ばを過ぎ、六回に入っていた。ロッカールームには他に誰もいなかった。静けさの中、川上はテレビの中継画面を見つめていた。山井の快投は続いていたが、先の予測がつかない点差だった。祈りにも似た願望と責任感がせめぎ合う。やがて川上は擦り切れた心を奮い立たせるようにキャリーバッグに荷物を詰め始めた。やってくるかどうかわからない第六戦に向けての準備を始めた。

◇

谷繁はマスク越しにベンチの気配をうかがっていた。

継投があるのか、ないのか――。

山井は八回に入ってもランナーを許していなかった。観衆で膨れあがったナゴヤドームのスタンドはアウトがひとつカウントされるごとに大きくどよめいた。それはプロ野球史上初めてとなる日本シリーズでの完全試合が迫っている事実と、その目撃者となることに対する人々の昂りだった。いまや山井の立場は伏兵から、このビッグゲームの主役へと変わっていた。試合を逆算していた谷繁も、あらためて考えざるを得なかった。

〈僕が完全試合を意識したのは七回くらいからです。それでもやっぱり日本シリーズですから、八回にヒットを打たれれば即交代、フォアボール一つまでなら続投かな、と自分の中ではイメージしていました〉

通常であれば失点しない限りは交代など考える必要もなかっただろう。だが、問題はこれが半世紀ぶりの日本一を決めるゲームであり、リードがわずか一点だということだった。もし、このゲームを落とせば札幌で六、七戦を戦うことになる。もしそこで連敗すれば……そこまでのことが谷繁の頭をよぎっていた。

ペナントレースであれ、ポストシーズンの試合であれ、谷繁は投手交代についてバッテリーチーフコーチの森から意見を求められることがあった。ミット越しに伝わる感触やベテラン捕手のゲーム勘を判断材料の一つにしているようだった。だから谷繁は、ゲームを進めながら自分なりの答えを出しておこうと考えていた。

〈八回になっても相手はスライダーに合っていなかった。ただ山井も三まわり目に入って、少しキレが落ちていたのは確かです。曲がり方も緩くなっていました〉

快投の裏で微かに見え隠れするリスク。それはプレーボールからボールを受け続けてきた谷繁にしか感じることができない変化だったかもしれない。

山井は八回も三人で終わらせた。その瞬間、グラブを激しく叩き、吠えた。踊るようにマウンドを降りてくる右腕に観衆は総立ちで拍手とヤマイ・コールを降らせた。谷繁はその大合唱の中を淡々とベンチへ戻った。森が近づいてくるのが見えた。

どうだ？

その目が問うていた。

谷繁は用意していた答えを返した。

「そろそろだと思います。あとは山井に訊いてください」

落合から投手陣の一切を任せられている森はじっと谷繁を見つめていた。言葉の真意を反芻しているようであり、日焼けした強面の眉間にはいつになく深い皺が刻まれていた。

最終回のマウンドに立つのは山井ではなく、岩瀬——。

それが谷繁の出した結論だった。そして森がわざわざ自分のもとへやってきたということは、ベンチもまた継投を考えているという証だった。

〈この試合に勝つ。日本一になるということが僕には重要だった。完全試合よりも優先順位が高かった。点差やイニング、山井の状態、いろいろな条件を考えて出した答えです。でも……、もし岩瀬というストッパーがいなければ、そんなことは考えていなかったかもしれません〉

不思議だった。継投など必要がないはずの完全試合の最中に、監督とバッテリーチーフコーチ、そして正捕手までもが同じ男の顔を浮かべていた。

◇

山井はベンチの右端に座っていた。そこで汗を拭っていた。マウンドを降りてひとつ息をつくとこれまで見えていなかったものが目に入ってきた。ベンチもスタンドも異様な空気に包まれている。その視線が自分に注がれている。それだけのピッチングをしてきたのだと気づいた。

〈一人一人、目の前のバッターのことだけを考えていたので、あまり記録のことは意識せずにきました。疲れも感じなかったですし、ゾーンに入っていたのかもしれません。とにかく谷繁さんのミットだけ見て投げるということができていました〉

そのとき、ベンチの反対側から森が近づいてくるのが見えた。中日に入団して六年目、山井はこのチームの野球を、とりわけ落合が監督に就任してからの野球を目の当たりにしてきた。だからこの場面でバッテリーチーフコーチが動いた理由を察することができた。

「どうだ？」

森に問われた。山井は視線を合わせて言った。

「いきます――」

最終回のマウンドに立つ。その意思を示した。

森は頷くと、山井に背を向けてベンチの反対側にいる落合のもとへと歩き出した。続投を告げにいくのだ。当然だろう。第三者から見れば、それ以外の選択肢などあり得なかった。だが、その刹那、山井の脳裏に幾つかのイメージが浮かんで、消えた。

〈抑える自信はありました。でも、優勝の決まるマウンドを想像したときに、そこにはやっぱり岩瀬さんが立っていないといけないという気がしたんです。岩瀬さんが投げているイメージしか浮かばなかった。うちの投手陣はずっと、先発なら試合をつくって、中継ぎならそれを守って、最後は岩瀬さんに渡す。そうやって戦ってきたので〉

時間にすればわずか数秒だっただろう。山井は逡巡の末に森を呼び止めた。

「森さん、すいません」

森が足を止め、振り返る。

大記録を目前にした投手は俯いたまま言った。

「すいません……、やはり——」

◇

川上のキャリーバッグにはもうほとんど隙間がなくなっていた。マウンドの特性に合わせて球場ごとに使い分けているスパイクやランニングシューズ、イニングごとに着替えるアンダーシャツを一枚一枚たたんで収納しているうちに、試合は八回裏に入ろうとしていた。

テレビの中継画面は日本シリーズ史上初めての完全試合まであと一イニングと迫った山井の表情と、スタンドを埋めた観衆の熱狂を映し出していた。その異様な緊迫感はべンチ裏のロッカーまで漏れ伝わってきた。

　このまま終わってくれ——。川上はそう祈りながら、最後のアンダーシャツをたたんでいた。誰かがロッカールームに入ってきたのはその時だった。川上のロッカーは一番奥にあり、そこからは出入口が正面に見える。何気なく顔を上げたエースは入室者を見て、啞然とした。

〈山井だったんです。僕しかいないロッカーに山井が入ってきて、自分の椅子に座った。こっちとすれば、え、これから九回始まるのに、こんなところで何やってるのって……〉

　まもなく森が入ってきた。急ぎ足のバッテリーチーフコーチは山井の背中に向かって言った。

「いいんだな？　本当に無理なんだな？」

　いつになく、森の声が切迫していた。

　川上には何が起こっているのか理解できなかった。そもそもパーフェクトピッチングをしている投手とコーチがやり取りをしていること自体が考えられないことだった。

　川上は五年前、巨人戦でノーヒットノーランを達成した。その試合で記憶にあるのは、イニングを追うごとにベンチの一番奥に座る自分の周りから人がいなくなり、やがて誰も話しかけてこなくなったことである。大記録を継続中の投手に近づかないのは暗黙のルールであった。だから森が今の山井に話しかけるとすれば、何らかのアクシデントがあったとしか考えられない。川上は見てはいけない場面を見てしまったような気がして思わず顔を伏せた。そして一度はたたんだアンダーシャツを広げると、それをもう一度たたみながら気配をうかがった。

やがて落合も入ってきた。選手の領域であるロッカールームにはほとんど踏み入ることのない指揮官がわざわざベンチからやってきて、森と山井のやり取りを見つめている。ただならぬ緊迫感が伝わってきた。

落合はすぐにロッカーを出ていった。やがて森もベンチへと戻っていった。ただ、最終回のマウンドに立つはずの山井はそこに座ったままだった。

なぜ、ここにいる？

川上はそっと山井に歩み寄った。

「どうしたん？」

山井は川上に気づくと、力なくこう呟いた。

「交代です……」

耳を疑った。日本シリーズ史上初めての完全試合を目前にしている投手がマウンドを降りる。そんなことがあるのだろうか。そうだとしたら、何があったのか。

啞然として立ち尽くす川上に、山井は右手の中指を見せた。

「ちょっと指が……」

血マメができて、それが潰れていた。テレビ中継でもゲームの序盤から山井のユニホームに血がついている様子が映し出されていた。だが、同じプロの投手である川上には、この場合、それが降板の理由にはならないことが分かっていた。

〈森さんとどういうやり取りがあったかは分からないですが、自分だったらたとえ骨折していても投げる。何かアクシデントがあっても誰にも言わずに隠しておく。そう思いました。それを山井に直接言ってしまったのか、それとも自分の心の中で思っていただけなのか、そこは覚えていないんですけど……、山井の顔を見ていると、何か他人に言えないことがあるのかもしれないとも感じました〉

何があっても最終回のマウンドに立つべきだと義憤のような感情を抱く一方で、葛藤の跡をうかがわせる山井の表情を見ると、それ以上のことは言えなかった。

それから川上は、今からマウンドに上がる投手のことを思った。岩瀬である。登板指令を受けたときストッパーがどんな心境になるのか、その胸中は想像することができた。どんなに過酷なマウンドであろうと、託されれば上がるしかない。守護神が背負っている定めは、エースのそれとどこか重なるところがあった。

◇

八回裏、岩瀬はブルペンにいた。三つあるマウンドの一番奥、入口からもっとも離れた指定席で最後の投球練習をしていた。

試合開始と同時にマッサージを受け、五回にストレッチで体をほぐし、七回に最初の投球練習として十六球を投げる。そして八回に仕上げのピッチングをする。これまでストッパーとしてつくり上げたルーティンが狂ったことは一度もなかった。日々、あるかどうか分からない最終回のマウンドに備えなければならない岩瀬は、寸分違わず同じ行動を繰り返すことで心を保っていた。

だが、この日のグラウンドでは想定していないことが起きている。一球、一つのアウトごとに大きくなっていく歓声が、閉ざされた投手たちの密室まで響いてきた。山井のパーフェクトピッチングが続いているのだ。

〈ベンチからは、早めにいく可能性もあると言われていたので、八回からというのも想定してやっていたと思うんですが、これ、本当にいくのかな、という気持ちで投げていました〉

完全試合にリリーフは必要なのか。

投球練習をしながら岩瀬は考えた。これまで浮かべたこともない疑問だったが、この日は否応なく考えざるを得なかった。ゲーム前に描いていた最終回のマウンドに立つイメージはもはや薄れていた。

ブルペンで投げているのは岩瀬ひとりだった。他のリリーフ投手たちはすでに出番がないことを悟り、傍のパイプ椅子に腰かけて試合中継のモニター画面を見つめていた。静けさの中に岩瀬のボールがミットを鳴らす音だけが響いていた。

ほとんど肩ができ上がったとき、ブルペンの扉近くに設置された通話機が鳴った。岩瀬はビクリと身を震わせた。それはマウンドへの召集を告げる音だった。ブルペン担当コーチである近藤真市が通話機を取る。ベンチからの指令に頷き、岩瀬を見た。

〈いろいろなことが頭をよぎってしまいました。僕は普段からマウンドに行きたいと思ったことなんてない。ただ、あの場面は正直、本当に行きたくなかった……。でも、僕に選択肢はないですから。行くしかないんです〉

人生で初めて完全試合のリリーフを託された。寸分違わずいつも通りの準備を終えたはずなのに鼓動が乱れていた。岩瀬は重たい足取りでブルペンを出た。通路を抜けてグラウンドへ向かう。途中、ロッカールームの出入口に山井が立っていた。すでにマウンドを降りた右腕は「お願いします」と岩瀬に頭を下げた。

八回裏、中日の攻撃は三人で終わった。試合は一対〇のまま最終回を迎えた。史上初の大記録を待つ大観衆のヤマイ・コールの中、球場にアナウンスが流れる。

「ドラゴンズのピッチャー、山井に代わりまして岩瀬。ピッチャー、岩瀬――」

その瞬間、岩瀬はかつてない音を聞いた。

〈いつもならそこで歓声が起きるんですけど、そうではない音が聞こえてきた。やっぱりそうなんだな、と……。これは三人で終わらせないと大変なことになると思いました〉

どよめきとも溜息ともつかないその音は、この決断に対する世の中と中日ベンチとの乖離を表していた。その恐ろしいほどの乖離を最もよくわかっていたのはおそらく岩瀬だった。

どんな内容であれ、最終的に一点でもリードを保ってゲームを終わらせれば、ストッパーの仕事は完遂である。ただ、この夜に限っては、岩瀬は一人の走者も許されないリリーバーだった。勝敗以外のものを背負って投げなければならない。ヒットどころか、四死球さえも許されない。プロ野球史上、誰も経験したことのないマウンドが岩瀬を待っていた。

◇

ホームベースの後ろ、バックネット裏をずっと上がったところに記者席がある。江夏豊はそこで中日のピッチャー交代のアナウンスを耳にすると、呟いた。

「だから落合は嫌われるんだ」

同時にマウンドへ向かう岩瀬についてこう思った。

リリーフ冥利に尽きるだろうな。

江夏は日本プロ野球においてリリーフの地位を確立した投手だった。広島カープのストッパーを務めた一九七九年、史上初めてリリーフ投手としてＭＶＰを獲得した。そして、その年の近鉄バファローズとの日本シリーズ第七戦では一点リードの七回途中から大阪球場のマウンドに上がると、最終回に迎えたノーアウト満塁の大ピンチを奇跡的なピッチングで切り抜け、カープに球団初の日本一をもたらしたのだった。

江夏は近代野球におけるリリーフ投手の重要性を知らしめるとともに、そのゲームでストッパーがどんな人種であるかということも如実に示した。それは故・山際淳司氏のノンフィクション「江夏の21球」に描かれ、世の中の知るところとなった。

最たるシーンは九回裏、江夏が近鉄のアーノルドに四球を与え、ノーアウト一、三塁となった場面だ。監督の古葉竹識が他のリリーフ投手をグラウンド脇のブルペンへ向かわせたのを見た瞬間、ストッパーの心は折れ曲がった。

〈江夏が打たれたら、もう負けだ。古葉さんはずっとそうやってきた。それが最後の最後でベンチが動いた。動くんだったら、俺の見えないところで動け、と。なんでだ、ということでカーッときたんだ〉

まだリリーフが冷遇されていた時代、江夏は革命家たらんとした。

〈俺がMVPをとるまで、リリーフでは飯を食えない時代だった。そんなもん、先発できない奴がやるもんやと、思われとった〉

現代のように一イニング限定ではなく、複数イニングを投げるのは当たり前の時代だったが、江夏は全試合にベンチ入りし、スタンバイした。その気概を支えていたのが、自分の後ろにピッチャーはいないという強烈な自負であり、裏を返せばベンチからの信頼だった。それをシリーズの土壇場で覆されたと、江夏は心をくしゃくしゃにした。そして、その後、満塁となった場面で歩み寄った一塁手、衣笠祥雄の「いざとなったら俺も一緒にやめてやる」というひと言で吹っ切れていく。「21球」の名シーンである。

ストッパーにとっての幸せとはなんだろうか。そう考えて、江夏には真っ先に浮かんでくる光景がある。

〈俺が一番好きだったのは、日本ハムにいた時代、高橋一三さんが先発して、俺がリリーフして勝つと、球場からの帰りのバスでカズミさんが美味そうに缶ビールを飲むんだよ。あの人は何よりビールが好きだった。いつも一番後ろの席に座って、「豊！」と言って、俺にビールを見せてくれる。「俺がこの年で投げているのはなあ、このためだ」と言ってくれる。あのカズミさんの嬉しそうな顔を見ると、こっちも、ああ、よかったなあと思うんだよ〉

かつて互いに巨人、阪神のエースとして投げ合った怒り肩の左腕が、すでに一〇〇を超える勝ち星を持つ一流投手が、三十代も半ばを過ぎて、一杯の缶ビールを掲げて破顔する。それは投手から投手への信頼の合図だった。江夏はそれが見たくて、背負いたくもないマウンドに立っていたと言ってもいい。

〈投げたいなんて思ったことないよ。ストッパーが打たれるというのは、他人の生活を脅かすということなんだ。いつも「なんで代わるんや、自分で投げろよ」と思っていた。ただ、カズミさんの、あの顔は忘れられん。プロとして数字は大事だよ。でも、目と目が合う。握手して手と手が触れる。そのちょっとした瞬間のために、やってきたのかもわからん……〉

あの「21球」から約三十年、評論家として記者席に座る江夏の眼前にあるのは、ストッパーにとって前例のないマウンドだった。側からみれば、岩瀬には失うものしかなかった。一人でもランナーを出せば、その時点で自他ともに積み上げてきたものが失墜する。完全に抑えたとしても、なぜ山井を代えたのかという議論が先に立つ。それでも江夏には、そのマウンドを託されたストッパーが羨ましかった。

◇

岩瀬は青白い顔でマウンドに上がった。この日に限ったことではなく、グラウンドにいるとき中日のストッパーはいつも不安の色を浮かべていた。

九回表、日本ハムの先頭打者は七番の金子誠だった。一人のランナーも出したくない場面においては最も嫌なバッターである。最初の二球、岩瀬の投じたボールは谷繁が構えたミットと逆方向へ散った。

〈気持ちが突っ込んでいるからボールが引っかかる。自分が思っている以上に入れ込んでいるんだなと分かりました〉

指先の感覚が微妙に狂っている。マウンドの重さがそうさせていた。一方で、バッターと向き合った瞬間から岩瀬にはスタンドのざわめきが消えていく感覚があった。正確には音として聞こえているのだが、意識から外れ、無音の真っ白な世界に入っていく。

それは岩瀬が最終回のマウンドを守るうえで最も大切にしている感覚だった。

〈マウンドでは攻めないと抑えられない。僕は開き直らなきゃいけないってことをプロで一番最初に覚えたんです。そのためには怖さや悔しさを引きずって引きずって、マウンドに立った瞬間に消すということをやらないといけない〉

岩瀬のプロ人生は悪夢から始まっている。一九九九年四月二日、広島カープとの開幕戦。当時、新人だった岩瀬は一点リードの六回ツーアウト二塁というピンチでマウンドに送り出された。だが、ここから連打を浴びて逆転を許すと、一つのアウトも取れずに降ろされた。先発川上の白星を消した責任を抱え込んでベンチに沈み、真っ青な顔と、真っ赤な目でゲームセットを見とどけた。そして、この地獄のような長い夜を境に不安と恐怖を一時も手放さないようになった。

二〇〇四年に就任した落合からストッパーを任されてからは、さらに色濃くなった。

「岩瀬が打たれて負けたなら、仕方ねえじゃねえか」

最終回に逆転負けを食らった試合のあと、落合は決まってこうコメントした。それを翌日の新聞で目にするたび、岩瀬は身を硬くし、また恐れを溜め込むのである。

〈そう言ってもらえるのはありがたいんですけど、あのコメントを言わせたらいけないと思っていました。だって失敗を繰り返していたら、いずれそう言ってもらえなくなりますから……〉

落合と森は、岩瀬がマウンドに上がる時、ブルペンで誰も準備させなかった。岩瀬の後にピッチャーはいない。それはチーム内の不文律であり、いつしか当たり前の空気のようになっていった。

岩瀬にとって信頼とは恐怖だった。託した者の安堵と引き換えに、託された者は逃げ場なく、独り背負いこむしかない。ほとんどが三年もたずにその場を去るストッパーという職場で生き続けるには、常ならぬその状況にどっぷりと身を浸し、麻痺させ、不安と恐怖を日常とするしかなかった。岩瀬が決して登板を望まず、いつも青ざめた顔のままでいるのはそのためだった。そうして初めてマウンドで打者と向き合った瞬間、真っ白になれるのだ。

三球目、岩瀬のボールは谷繁のミットを正確に射抜いた。指先にいつもの感覚が戻っていた。ツーストライクと追い込んだ金子に対し、最後はボールゾーンから外角いっぱいに切れ込むスライダーを投じた。右打者に対する切り札とも言うべきボールで空振り三振を奪った。一アウト。

◇

川上はロッカールームを出るとベンチへ向かった。帽子をかぶり、ユニホーム姿になっていた。胴上げの輪に加わるためだった。まだゲームは終わっていない。一点差の最終回に何が起こるのかは誰にも分からず、絶対など存在しないことは誰よりもよく分かっていた。だが、不思議と九回に岩瀬がマウンドに上がってからはテレビ中継を目にしていなかった。その必要がなかった。この夜の岩瀬がいつも以上の岩瀬であることを川上は半ば確信していた。

〈とんでもないプレッシャーだったと思います。でも逆に、だから大丈夫だろうなと思った。あれだけのお客さんが入っているから、あの雰囲気だからこそ出せる力ってあるんです。表現が難しいんですけど、依存症のようなものかもしれません。相当なプレッシャーを受けて、大勢の人に見られて、そういうマウンドを経験すると、しんどかったなと感じる反面、どこかで、次はもっと痺れる場面で投げたいと思っている自分がいる。日常では絶対に味わえない刺激を求めるというか……そうなってくるんです〉

恐怖の裏側に恍惚を見つける。それは限られた者だけが辿り着ける境地だった。

〈決して心臓が強いとか、そういうことではなくて、重圧にも歴史があって、積み重ねがある。僕は高校三年のとき、甲子園がかかったマウンドでは両親やお世話になった人たちの顔が浮かんできて怖くなった。大学に入って初めて神宮球場で投げた日はグラウンドへの階段を上がる足が震えていた。プロになっても初めて東京ドームで巨人を相手に投げた試合のことはフワフワしていて、ほとんど覚えていません。そういう歴史があってはじめて大勢のお客さんの前で力を出せるようになるんです〉

プロであってもピンチの場面で固まってしまう者はいる。そんな投手にコーチが言う。

「目を瞑ってど真ん中に投げろ」

投手はその通りに投げ、結果的にピンチを脱して胸を撫でおろす。川上はそんな場面に遭遇する度、秘かにこの投手に先はないと悟るのだった。

目を見開いて恐怖と向き合わなければ上がれない階段がある。重圧に押し潰された傷を抱えた者しか立てないマウンドがある。何度も震え、何度も打ちのめされ、エースになった。岩瀬もまた、決して目を瞑ることなく重圧と恐怖を抱え込んできた投手だった。だから誰もが逃げ出したくなるようなこのマウンドはきっとストッパーの左腕にかつてない力を宿す――川上がテレビ中継を見る必要がなかったのはそのためだった。

通路を抜けてベンチに辿り着くと、もう二アウトになっていた。川上が想像していた通り、岩瀬はパーフェクトゲームを継続させたまま、試合を締めくくろうとしていた。

◇

二十七人目の打者、小谷野栄一が打席に入った。あと一人。この時、ベンチでは落合が自分のすぐ隣にあるモニター画面を見つめていた。そこには空っぽのブルペンが映っている。

カウント二-二。谷繁のサインは外角のボールゾーンから入ってくるスライダーだった。右打者に対する切り札で見逃し三振を奪う――明確な意図だった。

だが、ここで岩瀬は初めて谷繁のサインに首を振る。長年バッテリーを組んできた中でも珍しいことだった。

〈シゲさんが外スラを出すとは思っていました。バットに当てられたくないですから。僕もそのつもりでいたんです。けど、ふと二－二だな、と思って……。フォアボールを出してはいけないという重圧が襲ってきたんです〉

これは岩瀬が最後の最後まで、完全試合を背負っていたことの証である。縛られていたと言ってもいい。もし、次の球がボールになり、フルカウントになったら、球場はどんな雰囲気になるだろうか。その中で自分はいつものように腕を振れるだろうか。ストライクゾーンに投げることができるだろうか。そういう恐れが脳裏をよぎっている。

他の者は岩瀬への継投を決断した時点で、この呪縛から逃れている。落合も森も、谷繁も山井も、日本シリーズに勝てればいいという割り切りができている。ただ、岩瀬はそうはいかない。一人でも走者を出せば、自分もゲームもどうなってしまうかわからない。何より、このマウンドを自分に託した者たちを世の中の批判から守るためには、やはり一人の走者も許すことはできなかった。岩瀬が抱く恐怖とは、それに尽きた。

あと一球。その時、ベンチの落合がペットボトルの水をひと口、ゴクリと飲んだ。

背番号と同じ十三球目。岩瀬が投じた最後の球はストレートだった。

〈シーズン中なら投げないぐらいの力で抑えにいったストレートです。シーズン中は次の日に影響が出たり、故障するリスクもあるので絶対に投げないボールです〉

明日なき速球がうなる。小谷野のバットを押し込む。白球が二遊間へ転がる。二塁手、荒木雅博がさばき、一塁のタイロン・ウッズがミットを差し出す。

すべてが終わった瞬間、両手を突き上げた岩瀬の頬に初めて赤みがさした。ただ、マウンドで咆哮するストッパーの姿はすぐにベンチから飛び出してきた男たちの歓喜の渦の中へと消え、やがて見えなくなった。

◇

ゲームセットから数時間後、彼らはこの試合についての、自分たちと世間とのギャップを思い知ることになった。

プロ野球ファンの夢を落合の非情采配がぶち壊した。

あらゆる方位からの批判を要約すれば、そういうことだった。

谷繁は渦巻く賛否を目の当たりにしながら、その全てが正しいような気がした。

〈いろいろな野球観があるんだと再認識した試合です。でも、勝つために、あれがベストだったと今でも思います〉

自らの判断でマウンドを降りた山井はあの決断のために、その後、何度も自問自答することになった。会う人間、会う人間にあのシーンを問われるからだ。

「完全試合を続けている投手がなぜ、最終回のマウンドを他者に譲ったのか？」

問いの裏には、そんな投手が本当に存在するのか？　という世の中の視線がある。

その溝がおそらく何年経っても埋まらないであろうことは山井も分かっている。

〈あのまま投げていたら……、どうなったんですかね。分からないですけど。でも、小さい頃からやってきて、野球ってこういうスポーツだと教えてもらってきた。だから代わります、と。あの時、判断できて良かった。あのマウンドには岩瀬さんが上がるべきだった。こればっかりは変わらないです。ずっと変わらないです〉

世の中と彼らの断層の間には岩瀬がいる。だが、あのシリーズ第五戦は「プロ野球とは」という議論に発展していく中で、落合のものになった。指揮官としての非情さを表す代名詞になった。そして、いつしか岩瀬の十三球は風化し、忘れられていったのだ。

誰が一番きつかったか、わかるか――。

前代未聞の継投で日本シリーズが決着したあの夜、午前零時をまわったひと気のないナゴヤドームの駐車場で、落合が放った言葉の意味が迫ってくる。

岩瀬は今も、二〇〇七年日本シリーズ第五戦を「あの試合」と呼ぶ。

〈口に出すのも怖いというか、思い出すと今でもぞっとします。だから、「あの試合」としか言えない。抑えてもあれだけ反響が大きかったので、打たれたらどうなっていたんだろう、と。たぶん、僕の選手生命が終わっていたかもしれません〉

そう語るうちにも岩瀬の顔はまた色を失っていく。

ただ、ユニホームを脱いだ今、そっと打ち明ける。あの八回裏、ブルペンに登板を告げる連絡がきた瞬間、胸の奥にかつてない恍惚が存在した。

〈ありましたよ、やっぱり。この状況で自分をいかせてくれるんだ、と思いましたから。信頼って強いですね……。信頼されているからできることってあるんです〉

日本シリーズの成績は通算記録にカウントされない。岩瀬の一〇〇二試合、四〇七セーブのいずれにも含まれていない。それでもプロ野球史上最も多くのゲームに投げ、最も多くのセーブを挙げたストッパーはそれを生涯最高のマウンドとした。

# 解説　問う人の屈託

西川美和

まずはどうしても、落合博満という稀代の野球人について書かれたこのノンフィクションの解説を、グラウンドでの野球経験もなく、もちろん指導者としての経験も持たない素人——しかも、いまだにインフィールド・フライのルールなどにも戸惑ってしまうレベルの観客の立場から書かせてもらうことの不適格さについて、読者に謝らなければならない。そのくらい落合博満という人の野球観はすべての野球人・野球ファンの大きな関心事だし、またあの監督在任の八年間の思惑の謎は、今も人々の脳裏に濃くかかった霧のようなものだからである。史上初の一億円プレーヤーにして、三冠王を三度取った「落合さん」を抜きに日本のプロ野球史は語れない。現役時代から、どうしてあの人だけがあれほど他の野球選手と違って見えたのか、そして監督としてはさらに不可解さを極めたのか——いや、この際言葉を濁さず「嫌われたのか」について、多くの人が憶測で語り続ける中（日本の全プロ野球ファンは、評論家であり番記者である）、その落合さんの生の言葉を捕らえ、当時の選手やスタッフの証言を毀誉こもごもに綴ったドキュメントは、野球というスポーツと哲学の最難関の奥義に触れる読み物であるはずだ。日頃から多くの記者をはべらせ、選手やスタッフとも垣根を作らぬ人ならばともかく、夫人以外の他者をいかにも寄せつけなさそうな、かのミステリアスな指揮官がタクシーや新幹線で隣に座らせて言葉を聞かせ、時に眠りに落ちる姿さえ見せた記者がいたとは。この本の内容は、門外漢よりも野球道に通じた識者によって改めて評論され、語られるべきだということは初めに断っておきたい。

しかし私はその記者の名前に覚えがあった。ああ、鈴木忠平さんなのか――。直に会ったことはなかったが、以前隔月で一ページほどのコラムを連載させてもらっていた「Sports Graphic Number」で、たびたびその名前を目にしていたからだ。鈴木さんの書く言葉は、あたかもその勝負の瞬間の空の色をアスリートの隣で見ていたり、あるいは試合後に一人残ったロッカールームでのつぶやきを盗み聴いていたかのように写実的で、いかにもNumberらしい物語性とケレン味に溢れていたが、瞠目したのは清原和博さんの『告白』のインタビュー記事だった。

読者は、薬物使用で逮捕され、スターダムから転落した「キヨハラ」という怪物の現在地を知りたくてそのインタビューのページを開くが、鈴木さんのルポルタージュには、書き手である「私」の震えや戸惑いが太く介在している。私たちの知っている、八重歯の笑顔のあどけなかったスーパースターとは別人と化した表情のない中年男性と、無機質な部屋に対峙する一人の人間の緊張がひしひしと伝わってくるのだった。やけに躊躇するのだな、と感じさえする。スポーツ記者とは、こんなにも慎重なものだろうか。

記者という人たちは、取材し、書くことを生業としている。彼らは書かなければ生活できないし、こと対象が芸能人やプロスポーツの選手であれば、あんただって書いてもらってなんぼだろ、という持ちつ持たれつの認識もあるだろう。だから、取材対象の私生活の領域にも踏み入り、機嫌をとり、挑発し、時に傷をえぐることにも迷いはないのがプロだとも思っていた。その一方で、相手の有名性にかこつけてところかまわず奇襲し、スキャンダルや敗北に我先にと群がる姿を見ると、何か人間の浅ましさの煮凝りのような気がして、目を背けたくなることもある。

マスコミ嫌いと言われたイチロー選手が、記者の言葉の揚げ足をとって、その不勉強や観察不足をあげつらう姿は、まるで無責任な観客の私自身の無知と半端な好奇心を咎められてもいるようでハラハラしたが、あれを「取材者との真剣勝負」や「愛情」と解釈するべきか、シンプルな「敵意」や「軽蔑」と捉えるべきだったか。意地が悪いようだが私はやはり後者の配分が多いのではないかと想像していた。常に問いかけられる側の人は、答えた言葉が人質に取られたように一方的に持ち去られ、時に文脈を無視したかたちで世間にばら撒かれ、意図せず第三者を貶めることになったり、自分という存在を測られたりしてしまう。なぜ質問者の思考のレベルに下げられなければならないんだ。俺を晒すつもりなら、お前も同じだけ晒されてみろ。そんな気持ちが、生まれてもおかしくはない。長年注目を浴びてきたトップアスリートが、メディアに対して退屈な決まり文句を繰り返すか、喧嘩腰になるか、あるいは無言のまま拒否するか、そんな傾向になっていくのを見ながら、無理もない、と思うことも多くなった。きっと彼らは、書かれてしまった自分自身の言葉に、幾度も傷ついてきたに違いないからだ。

けれど鈴木さんの「私」が対象に近づくプロセスには、「知る権利」などという言葉を安易に振りかざすのとは程遠い足取りの重さがある。落合邸のガレージに初めて立った時のあの長々とした煩悶。自分は伝書鳩だ、青二才だ、末席の記者だ、全てはあらかじめ決められている、これは自分の意思じゃない、競争やお追従笑いもしたくない。眠い、鞄が重い、でも記者として、行かねばならない。行きたくない――端正で硬質な筆致なのにもかかわらず、読んでいるうちに私の中には笑いさえ込み上げてきた。スポーツ新聞の担当記者といわれる人たちの中にも、こんなにも普通人らしい屈託やためらいがあるのか。その取材者としての恐れや足踏みのようなものがあるせいで、読者を対象に一足飛びには近づかせない。「そんなものじゃないだろ」と、記者自らが読者に対してバリケードを張っているようにも読める。この態度が、私には信じられた。

本書の冒頭に登場する鈴木さんは、まだ二十代後半の駆け出しだ。三十路前の若い記者の、このいびつなまでの屈折と諦観は、年代の近い私にはよく理解ができる。世の中の器はまだ全て戦後の昭和の形を引き継いでいた。その中で、物語もスターも経済成長もピークアウトしてひたすら下降を続ける最中に社会人生活が始まった。この先、自分たちが切り開けるものなんかあるのかね、というシニシズムを抱えながら、なぜかペンを握り、重たい鞄を持って現場に向かう。重たい鞄の中身が役に立つことなど実際にはほとんどない。前時代性と非効率の象徴のようなものだと知っているのに、その重みを手放すことができないのだ。

若い日の鈴木さんが、誰にも援護されず、評価もされず（多少の自虐もあるのだろうが）、沼の泥を掻くようにしながら名古屋と東京の行き来を繰り返す中で、落合監督との距離をジリジリと詰め、またその現場に立った選手やスタッフの重い口を開かせて「落合という人は何を見ているのか」を紐解いていく道程は、まるで天候不良の登山のような苦しさだ。いや、山を登っているのか、谷に下っていっているのかもよくわからない。けれどおそらく鈴木さんも、どこかで分かっていたのではないか。自分自身の抱く鬱屈や、社内や記者仲間のどこにも属せないような孤立感こそが、落合博満という天才だが決してエリートではない異端の人の胸を唯一こじ開ける杖であるということを。

「お前、ひとりか？」といってタクシーに乗せる場面がある。おこがましいが、私にはそう声をかけた落合さんの気持ちはわかる気がする。自分自身に疑いも持っていないような人間に、幾千もの問いかけに心を削られてきた人が言葉を喋るものか、と思うからだ。

私は広島県の出身だが、落合さんがドラゴンズの監督在任期間中（2004〜2011）の地元広島東洋カープはどん底の低迷期だった。東京に暮らしていても、周囲にカープの戦いぶりに注目する人などはおらず、このまま永久にAクラス入りすることなくカープはどこかへ身売りするか自分は死ぬのだろうとさえ思っていた。

一方落合ドラゴンズはそつがなく、ド派手なスター選手や強さの印象はないのに、寡黙に勝ちをもぎ取っていた。現役時代の落合さんといえば、他の人と歩調を合わさない独立自尊のリアリストでありながら、常にニタニタと緩んだ笑みを浮かべて、場の空気にも流されずあっけらかんとホームランを放つユニークな魅力に溢れた人と記憶していたが、監督になって以後、かつての鷹揚な笑みは、温度を失った冷笑に見えるようになった。人の喜ぶところや泣くところに反応しない達観的な表情と采配は、激情型の星野監督時代の記憶とのコントラストも相まって、お世辞にも愛されているようには見えなかった。天才として生まれついた人には、不出来な者の気持ちはわからないというが、腕組みをして気だるそうにベンチに体を預けたその姿を見ると、落合さんほど野球勘のない選手——つまりそこにいる全員が「お話にならない凡人」に見えているのではないかと思え、ビジター目線からでさえ薄寒さを感じていたものだ。あんな冷たい野球をしてまで勝ってもらわなくていい、と思うのは、万年Bクラスのチームのファンの負け惜しみかと捉えていたが、本書を読んで、まさかここまでとは、と幾度も唖然とした。

「嫌われた」という表現は誇張でも逆説的なものでもないようだった。ここで読める限りでは落合さんが選手の人格を尊重して言葉を尽くすようなことはほとんどなく、冷徹な決断や解雇、情報漏れの監視や無情な定点観測のさまが具体的に炙り出されていく。選手を、人間を、ただの駒と見ている、と言われても仕方がないだろう。

選手生命の瀬戸際に立たされた投手や、期待を寄せられつつもレギュラーを取れないままハングリー精神を見失っていた中堅野手、日本シリーズ初の完全試合達成目前で降板させられる投手、球界一といわれた鉄壁の二遊間をコンバートされる守備の名手たち。誰一人、指揮官の意図について説明されないまま、問答無用の采配に翻弄され、同時に中日ドラゴンズ球団史上もっとも負けないチームを形成していった。恐ろしく厳しく、また恐ろしく殺風景な勝利街道である。

絶対的なチームの功労者と言われていたサード・立浪選手の三遊間を抜けていく打球が年々増えている、という呟きを著者が捉えた時は、身ぶるいがした。指揮官とは、ここまで見えているものなのか、という驚きと、ここまで見えてしまう目を持って生まれた人の宿命に対して。本人の中にも、そんな目を持っているのは自分くらいだ、という確信もあったのだろう。だから、誰もが見過ごしている選手の潜在能力や練習量を見逃さず、人気や実績や人望のあるレギュラーを降ろしてでも、チャンスを与えた。落合さんこそが、誰よりもフェアだったとも言えるが、ファンと地域と選手との情の濃く絡みつく日本のプロ野球という村の中において、本当の意味でフェアになるのは極めて難しいことではないかとも思う。多くの人から愛されたり、華があったり、他者と濃い結束を作ることができるのもまた、望んでも叶わない天賦の才の一つだ。強い光を浴びる存在になっても、そこの輪から外れる人間に対してのフラットな眼差しがあったとも言える。愛されなくてもいいじゃないか。それがなくても生きていく術を研ぎ澄ませば、お前は存在できる――そんなものを人は、温情とか優しさとは呼ばないだろうが。結局「嫌われることを辞さない」というところに行きつかない限りは、自らの目に嘘をつくことに陥る。自らがもっとも大切にしてきた世界で、不誠実に生きるかどうかということだ。

「監督」という呼称を冠する仕事はすべて、人に嫌われるものだと思う。自らは手を下さず汗を流さず、座って注文や判断だけをして、誤れば敗北や凋落が待っている。指揮下の人々は、指令通りに動く。「代打」と言ったら代打であり、では誰がいいですかねと全員で話し合うことなどあり得ない。納得していようと理不尽に感じていようと、指揮官の描く絵をかたちにするために誰もが黙って駒になる。その代わり、俺たちの蓄積や信念や生活や誇りを差し出した分の責任は取るんだろうな。お前の描く絵に、それだけの価値はあるんだろうな。彼らの汗は常に鈍く光り、黙ってその問いを向けてくる。

鉄拳制裁と共に熱く抱きしめようが、データと分析と哲学で育成しようが、平身低頭で気を配りまくろうが、家族のように守り愛しぬこうが、監督と冠する人々の孤独は、絶対である。またその認識のない人間に、信は置けないだろう。

　落合さんという人は、東北人の太い堪え性と強い美意識を持ってその孤独に耐え抜いた人だと思うが、決して情動のない人でもなかったのだろうとも読みながら端々に感じた。自らが授かった「神の目」が一体何を見ているか、その寒々とした残酷さも含めて、本当は誰かと分かち合いたい思いもあったのかもしれない。記者という存在は、アスリートにとってはしばしば仕事を妨害し、足元をすくう厄介な存在でもあるだろうが、ごくたまに、彼らがじっとそばで耳を傾けてくれることで、ゲームの中にも勝敗の中にも表すことのない、数字や評価とは無関係なため息のようなものが混じることはあると思う。ため息だったものがやがて問わず語りとなり、押し込めていた思いが哲学として語られることもあるし、あるいは、記事にする価値もない無様な愚痴や言い訳、誰からも言ってもらうことのない自画自賛が続くこともある。しかし記者という人種はそれに是もなく非もなく、ただ、黙って頷きつづけるだろう。そのことに、戦いに果てた者は救われている。必ずそういう瞬間がある。聞いてくれてありがとうとも言わず、むしろお前のために喋っているのだと言わんばかりに不遜に言葉を連ね、しかし密かに、なんとか自分が自分であって良いのだという思いに辿り着いている。記者は、多くの人を殺してもいるが、そうやって生かしてもいるのだろう。落合さんの八年間に、鈴木忠平さんが存在したことが、良かったと思った。

（映画監督）

本文写真　共同通信社（P18, P69, P317, P350, P373, P400, P423）
時事通信社（P184, P238, P284, P352）
産経新聞社（P20, P118, P158, P241, P286）
東京中日スポーツ（P161）
文藝春秋写真部（P66, P120, P314, P497）

単行本　二〇二一年九月　文藝春秋刊

本書は「週刊文春」二〇二〇年八月一三日・二〇日号から二〇二一年三月四日号まで掲載した「嫌われた監督　落合博満は中日をどう変えたのか」に新たな取材と大幅な加筆修正をしたものです。

なお、文中の敬称は省略しています。

文春文庫

嫌(きら)われた監督(かんとく)　落合博満(おちあいひろみつ)は中日(ちゅうにち)をどう変(か)えたのか

定価はカバーに表示してあります

2024年10月10日　第1刷

著　者　鈴木忠平(すずきただひら)

発行者　大沼貴之

発行所　株式会社 文藝春秋

東京都千代田区紀尾井町 3-23　〒102-8008
TEL 03・3265・1211(代)
文藝春秋ホームページ　https://www.bunshun.co.jp

落丁、乱丁本は、お手数ですが小社製作部宛お送り下さい。送料小社負担でお取替致します。

印刷製本・TOPPANクロレ

Printed in Japan
ISBN978-4-16-792288-7

（　）内は解説者。品切の節はご容赦下さい。

沢木耕太郎
## 敗れざる者たち

クレイになれなかった男・消えた三塁手・自ら命を断ったマラソンの星——勝負の世界に青春を賭け、燃え尽きていった者たちを描く、スポーツノンフィクションの金字塔。（北野新太）

さ-2-21

鈴木忠平
## 清原和博への告白
甲子園13本塁打の真実

清原和博、甲子園での十三本塁打。あの怪物との勝負は、打たれた投手たちに鮮烈な記憶を残し、後の人生をも左右した。三十年の時を経てライバルたちが語るあの時。（中村順司）

す-25-1

高野秀行
## 辺境メシ
ヤバそうだから食べてみた

カエルの子宮、猿の脳みそ、ゴリラ肉、胎盤餃子……。未知なる「珍食」を求めて、世界を東へ西へ。辺境探検の第一人者である著者が綴った、抱腹絶倒エッセイ！（サラーム海上）

た-105-1

中村　航
## 赤坂ひかるの愛と拳闘

北海道からボクシングチャンピオンを。その夢を叶えたただ一人の男・畠山と、ボクシング未経験の女性トレーナー・赤坂ひかるの、二人三脚の日々。奇跡の実話を小説化。（加茂佳子）

な-52-3

野口美惠
## 羽生結弦 王者のメソッド

日本男子フィギュア初の五輪金メダル、世界記録更新——「僕はレジェンドになりたい」という少年が〝絶対王者〟に至るまでの軌跡、更なる高みに挑む姿を、本人の肉声とともに描く。

の-22-1

誉田（ほんだ）哲也
## 武士道シックスティーン

日舞から剣道に転向した柔の早苗と、剣道一筋、剛の香織。勝ち負けとは？　真の強さとは？　青春時代を剣道にかける女子をみずみずしく描く痛快・青春エンターテインメント。（金原瑞人）

ほ-15-1

益子浩一
## 伏見工業伝説
泣き虫先生と不良生徒の絆

「スクール☆ウォーズ」のモデルとなった伝説の伏見工業ラグビー部。0対112という屈辱の大敗から全国制覇へ。泣き虫先生の愛情と不良生徒たちの努力が起こした奇跡と絆の物語。

ま-42-1

（　）内は解説者。品切の節はご容赦下さい。

石田雄太
**大谷翔平　野球翔年 Ⅰ**
日本編2013-2018
投打二刀流で史上最高のプレーヤーの一人となった大谷翔平はいかにして誕生したのか？　貴重なインタビューを軸にしたノンフィクション。文庫オリジナル写真も収録。（大越健介）
い-57-2

生島　淳
**奇跡のチーム**
ラグビー日本代表、南アフリカに勝つ
二〇一五年九月、日本ラグビーの歴史を変えたW杯南アフリカ戦勝利に至る、エディー・ジョーンズHCと日本代表チームの闘いの全記録。『エディー・ウォーズ』を改題。（畠山健介）
い-98-2

植村直己
**エベレストを越えて**
一九八四年二月、マッキンリーに消えた不世出の冒険家が、一九七〇年の日本人初登頂をはじめ、五回にわたる挑戦を通じて人類を魅きつけてやまないエベレストの魅力のすべてを語る。
う-1-5

植村直己
**青春を山に賭けて**
エベレスト、モン・ブラン、キリマンジャロ、アコンカグアなど五大陸最高峰の世界初登頂の記録と、アマゾン六千キロに挑むイカダ下り。世紀の冒険野郎の痛快な地球放浪記。（西木正明）
う-1-6

植村直己
**極北に駆ける**
南極大陸横断をめざす植村直己。極地訓練のために過ごした地球最北端に住むイヌイットとの一年間の生活、彼らとの友情、そして大氷原三〇〇〇キロ単独犬ぞり走破の記録！（大島育雄）
う-1-7

角幡唯介
**極夜行**
太陽の昇らない冬の北極を旅するという未知の冒険。極寒の闇の中でおきたことはすべてが想定外だった。犬一匹と橇を引き、4カ月ぶりに太陽を見たとき、何を感じたのか。（山極壽一）
か-67-3

角幡唯介
**極夜行前**
天測を学び、犬を育て、海象に襲われた。本屋大賞ノンフィクション本大賞、大佛次郎賞をW受賞した超話題作『極夜行』。その「エピソード1」といえる350日のすべて。（山口将大）
か-67-4